항만물류계획론

남기찬 권오경 김상열

博 英 社

본서는 한국해양대학교 항만물류전문인력양성사업단에서
국토해양부의 지원사업으로 출간되었다.

머 리 말

물류의 기본 개념이 국내에 소개된 지 그리 오랜 세월이 흐르지 않았으나 우리 사회의 물류에 대한 인식과 관심은 물류의 역사가 우리보다 수배나 긴 외국에 비하여 손색이 없을 정도이다. 물론 과거 선진국들이 물류를 얘기하던 시대에 비하여 경제·사회 전반의 국제화가 빠르게 진전되고 물적, 인적 교류가 활발해진 상황에서 물류의 진전 정도는 빠를 수밖에 없겠으나 바야흐로 물류 전성기라 할 정도로 공항 및 항만을 중심으로 하는 동북아 지역의 물류 경쟁 환경, 다국적 물류기업의 투자 의향 등이 우리 언론 매체의 일상적인 얘깃거리가 되고 있다. 이것은 기업경영 측면 외에 정부의 '동북아물류 중심지 구축'이라는 정책 기조나 동북아 관문적인 우리나라의 지정학적 입지와도 무관하지 않을 것이다.

현재 정부 및 기업에서 추진하고 있는 물류시설의 확충 및 제도의 정비도 중요하겠으나 물류 문제를 진단하고 평가하며 기획할 수 있는 관리 능력의 중요성이 더욱 강조되어야 할 때이다. 특히, 동북아시아의 경우 주변 국가간 물류 중심지 선점을 위한 경쟁이 치열하게 진행되는 상황에서 물류 고도화를 통한 차별화가 핵심 전략이 될 수 있으며, 이를 위해서는 지식기반 물류관리 능력이 필요하다.

이러한 측면에서 그동안 물류를 강의하면서 모은 자료들을 정리하여 책으로 편찬하게 되었다. 기존 물류관련 문헌들이 물류개념 이해나 국제운송 관점에서 물류 운영을 주로 다룬 점을 감안하여 물류전략 및 물류계획에 초점을 맞추어서 기존 문헌과 차별화하고 또한 기존 문헌이 부족한 부분을 보완하는 데 주안점을 두었다.

본 서의 구성은 3편 14장으로 이루어져 있다. 1편은 물류개론 부문으로서 물류환경, 물류 시장 및 산업, 물류관리 등을 내수 중심의 물류 관점을 넘어 글로벌 물류 관점에서 다루었다. 2편은 물류전략 부문으로서 물류전략 수립, 물류원가관리 전략, 물류아웃소싱 전략 등을 담고 있다. 3편은 물류계획 및 평가 부문으로서 물류계획 문제를 물류기능별로 나누어서 다루었으며, 물류 및 공급사슬의 성과 평가 부문을 포함하고 있다. 내용의 깊이 측면에서는 물류시스템학을 전공하는 학부 3학년 학생들과 인접 학문을 전공하고 물류학을 시작하는 대학원생들에게 눈높이를 맞추었다. 기업에서 물류관리를 담당하는 실무자들에게도 참고 도서가 될 수 있을 것이다.

본 서를 내면서 앞서 발간된 문헌의 도움을 많이 입었다. 특히, 물류시스템이 학제적인 성격이 강하고 OR 등 기초 학문 분야는 오랜 학문적 역사가 정립되어 있기 때문에 기존 관련 문헌의 예제 등 일부 내용을 인용하였음을 저서의 해당 부분에 밝히고 있다. 또한, 본 서의 공동저자들이 저술한 관련 문헌 내용을 출처를 밝히고 재 게재하였다.

여러 가지로 부족한 상태에서 현실적인 강의 교재의 필요성에 의해 졸작에 대한 불편한 마음을 애써 떨쳐내고 초판을 내게 되었다. 강의와 연구를 통하여 향후 부족한 면을 수정 보완해 갈 것이다. 원고정리를 도와준 대학원생들에게 고마움을 전한다.

2009년 2월

저자 일동

차 례

제 1 편 물류개론

제 2 편 물류전략

물 류 개 론

1

제 1 장

항만물류환경 변화 및 전망

제 1 절　항만물류 수요환경 변화

1. 항만 이용자 물류환경 변화

1) 기업의 물류환경 변화

경제의 성장과 생활수준의 향상으로 이전보다 더 다양한 제품과 서비스가 생산·제공되면서 기업의 물류활동과 이와 관련된 물류비용이 증가하게 되었다. 그러나 지난 20년간 전체 GDP에서 물류비용이 차지하는 비율은 오히려 감소하고 있는데, 이는 기업 내 물류시스템의 효율성이 전반적으로 크게 향상된 것에 기인한다.

이와 같은 물류시스템의 효율화는 크게 다음의 네 가지 기업물류환경변화에 따른 것으로 볼 수 있다.

첫째, 소비자의 권리가 강화된 점을 들 수 있다. 오늘날 소비자들은 인터넷과 같은 정보통신기술의 발달로 예전의 소비자들에 비해 더 많은 정보를 가질 수 있게 되었고, 다양한 제품의 비교를 통하여 생산자에게 보다 나은 제품과 서비스를 요구하게 되었다. 또한 맞벌이 부부의 증가와 같은 인구통계학적 변화로 소비자들이 '시간'을 매우 중요한 요소로 여기게 되면서, 고객의 스케줄에 맞춘 서비스와 빠른 배송이 필수요인이 되었다. 이러한 변화에 대응하기 위해 기업들은 물류서비스를 종전의 오전 9시에서 오후 6시까지의 영업방식에서 벗어나 24시간/주 7일로 서비스시간을 확대해서 제공해야만 하는 상황에 놓이게 되었다. 따라서 각 기업들은 낮은 물류비용으로 늘어난 물류수요를 충족시키기 위해 효율적인 물류시스템을 구축하게 되었다.

둘째, 공급사슬망에서 권력의 주체가 생산자로부터 대규모 소매상으로 이동한 것을 들 수 있다. 전통적으로 생산자가 전체물류경로에서 주도적인 역할을 해왔지만, 최근에는 월마트와 같은 초대형 소매상들이 경로의 리더로 등장하게 되었다. 이러한 현상은 생산기업의 물류에 상당한 영향을 미치게 되었는데, 이는 대규모 소매상들이 취하는 전략 때문이다. 이들은 보다 낮은 가격의 제품을 공급받기 위해 생산기업들의 경쟁을 유발하였고 다빈도 소량배송시스템과 그들의 주문에 맞춘 수량별 포장을 요구하였다. 이러한 소매상들의 전략은 물류시스템의 효율화를 촉진시키는 역할을 하게 되었다.

셋째, 운송부문의 규제완화를 들 수 있다. 1984년 미국의 해운법개정에서 시작된 운송부문의 규제완화는 운송업자들간의 경쟁을 유발하여 낮은 운송비와 높은 수준의 서비스를 가능하게 하였다. 또한 운송업자들은 단순한 운송서비스뿐만 아니라 일괄운송, 재고관리, 창고, 주문처리 등의 분야로 서비스를 확대하여 종합물류기업으로 변화하게 되었다.

넷째, 생산과 소비의 세계화를 들 수 있다. 생산기업의 환경이 국제화되고, 국제교역이 자유화되면서 기업들은 전 세계를 대상으로 어디서 생산할 것인지, 어디에서 구매할 것인지, 어디에서 판매할 것인지, 어느 지역에 창고와 물류센터를 건설할 것인지, 어떤 국제운송전략을 사용할 것인지를 결정할 수 있게 되었고, 이는 국제간의 물류활동을 증대시키는 역할을 하였다. 예를 들어 미국 제조업자의 경우 중국, 한국, 동남아시아의 국가들로부터 저렴하고 품질이 좋은 원자재와 부분품을 수입하고, 인건비가 많이 드는 공정은 멕시코의 마킬라도라 지역에서 수행한 후, 완성된 제품은 전 세계로 판매하게 되었다. 이로 인해 기업의 물류활동의 범위가 넓어지고, 물류채널이 길어지게 되어 기업 내에서 물류의 중요성이 증대되게 되었다. 또한 최근의 다국적 기업간의 경쟁은 기업과 기업간의 경쟁에서 벗어나 각 기업의 전체 공급사슬망과 경쟁기업의 전체 공급사슬망의 경쟁으로 확대되었다. 따라서 생산자의 경쟁력뿐만 아니라 전체 공급사슬망에 참여하는 기업들의 경쟁력도 시장경쟁력을 좌우하는 요인이 되어 전체 공급사슬망의 최적화가 중요한 이슈가 되고 있다. 이외에도 정보통신기술의 발전은 정보의 흐름을 원활하게 하고 시간적인 측면에서 비용을 감소시켜줌으로써 물류의 효율화에 기여하고 있다.

2) 화주의 물류환경 변화

과거에는 국가정책이나 규정이 물류환경변화를 주도하였으나 오늘날에는 각국 정부의 규제완화로 기업의 경영전략과 거래방식이 물류환경에 더 큰 영향을 미치고 있다. 거시적인 기업의 경영전략과 거래방식 변화를 살펴보면 [그림 1-1]과 같다.

화주의 물류환경 변화를 살펴보면, 첫 번째로 원자재의 조달과 제품의 생산

그림 1-1 경영 및 거래방식의 변화가 물류환경에 미치는 영향

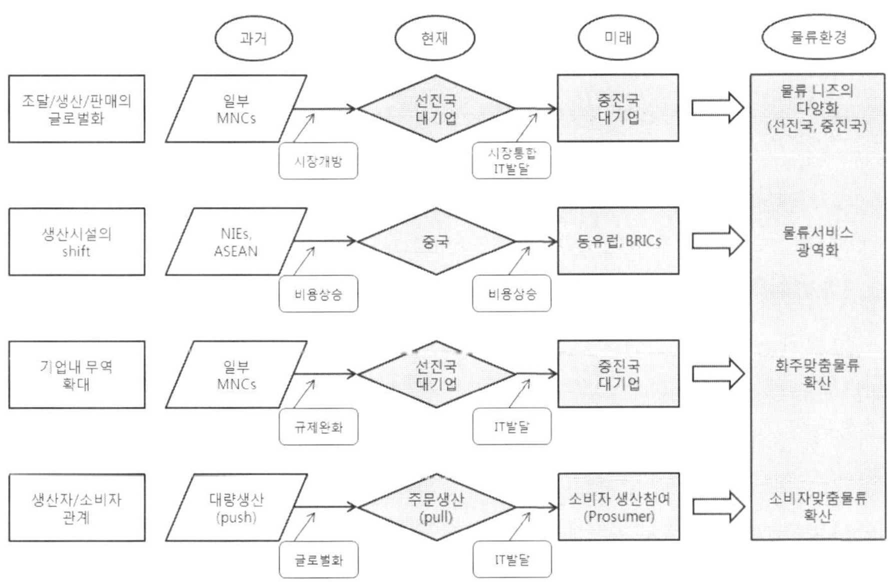

자료: KMI 세계물류환경변화와 대응방안(2003).

및 판매의 글로벌화를 들 수 있는데, 이러한 글로빌경영은 다국적기업뿐만 아니라 선진국의 대기업들로 보편화되고 있다. 앞으로는 시장통합의 확대 및 정보통신기술의 발달로 중진국의 대기업들 사이로도 점점 확산될 것으로 예상되며, 이로 인한 물류니즈가 한층 더 다양해지고 틈새물류수요가 크게 증대될 전망이다.

두 번째로는 비용경쟁력을 강화시키기 위해 다국적기업들의 생산시설이 중국으로 집중되는 현상을 들 수 있다. 과거에는 한국, 대만, 싱가포르 및 동남아지역에 분산 배치되었으나 이제는 노동력과 천연자원이 풍부한 중국을 비롯하여 인도, 브라질, 러시아 등으로 생산시설이 이동할 것으로 보인다. 이러한 생산시설의 분산·이동으로 물류서비스가 광역화되고 더욱 복잡해질 것으로 보인다.

세 번째로 글로벌네트워크의 보편화로 기업 내 무역이 크게 증대될 것이다. 시간과 비용을 절약하기 위해 글로벌경영을 하는 선진국 기업들 사이에서 기업 내 무역이 활발히 이루어지고 있으며, 앞으로는 신기술의 발달로 중진국의 기업들로도 확대될 것으로 예상된다. 이러한 기업 내 거래의 활성화는 화주맞춤물류의 보편화를 초래할 것이다.

마지막으로 생산자와 소비자의 거래관계가 변화되었다는 점이다. 소품종 대량생산체제를 유지하던 과거와는 달리 이제는 생산자가 소비자들의 다양한 욕구를 충족시키기 위해 다품종 소량생산체제를 추구하게 되었으며, 또한 인터넷 주문시스템의 발달로 소비자의 생산참여가 보편화될 것으로 보인다. 따라서 생활물류와 소비자맞춤물류가 발달될 것으로 전망된다.

2. 공급사슬망관리(Supply Chain Management)의 도입

1) 공급사슬망관리(Supply Chain Management)의 개념

공급사슬망관리는 기업의 전체 물류활동영역을 하나로 보고 통합적으로 관리하여 최적화시키면서 동시에 효율성과 효과성을 높이는 것이다. [그림 1-2]는 광의의 물류개념을 나타낸 것으로 각 물류활동 또는 물류채널에 참여하는 기업간에는 상쇄관계(trade-off relations)가 존재하여 개별적인 최석화는 선제의 최적화를 유발하지 못하므로 공급사슬망 전체적인 관점에서 최적화하자는 개념으로 이해할 수 있다.

그림 1-2 광의의 물류개념

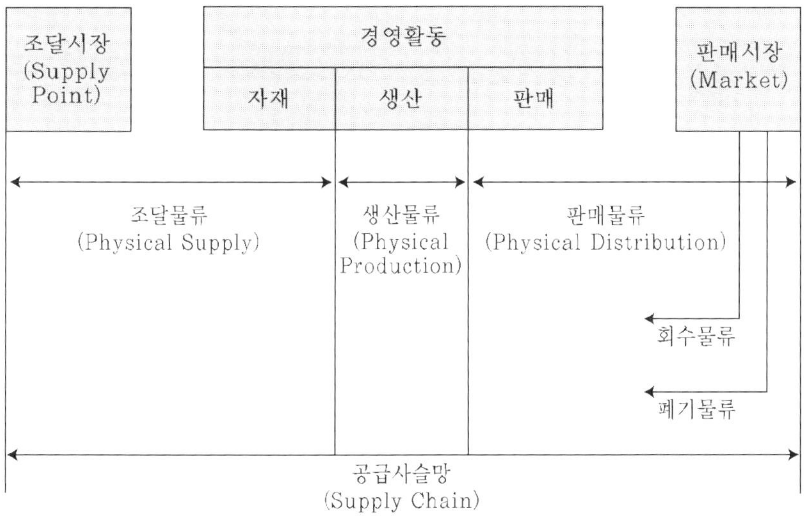

그림 1-3 기업의 물류 흐름도

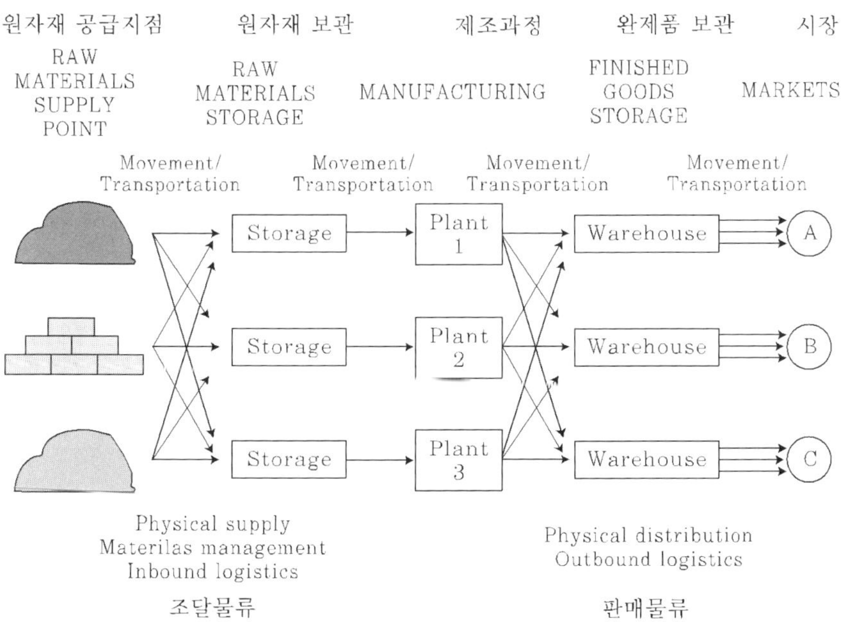

자료: Coyle et al.(2003), The Management of Business Logistics.

그림 1-4 통합물류관리

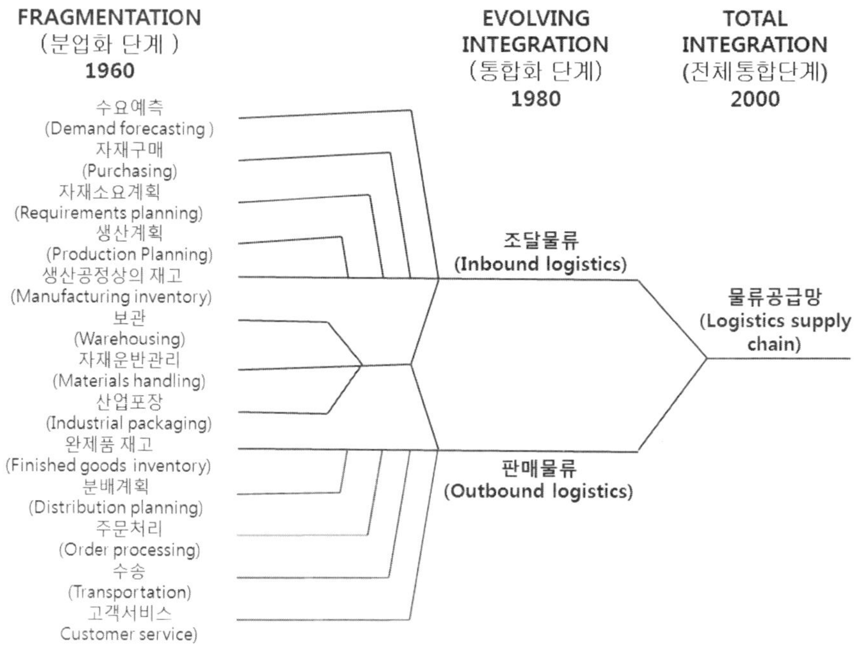

자료: Coyle et al.(2003), The Management of Business Logistics.

공급사슬망관리에서 전체최적화가 중요한 개념으로 등장하면서 이를 위한 방안으로 통합(Integration)이 제시되었고, 이에 따라 기업의 공급사슬망 관리 통합이 이루어지고 있다. [그림 1-3]과 [그림 1-4]는 1980년대에 시작된 조달물류와 판매물류가 통합되어서 관리되는 개념을 보여주는 것이다. 기업 내 물류활동간의 상쇄관계를 고려하여 전체를 최적화시키는 총비용관점에서 물류를 관리하게 되면 기업의 물류활동은 보다 효율적, 효과적으로 관리될 수 있다.

2) 공급사슬망관리(Supply Chain Management)의 특성

앞서 살펴본 공급사슬망관리의 개념은 원자재의 공급에서 최종 소비에 이르기까지 제품, 정보, 자금의 흐름을 통합적으로 관리하여 불확실성을 줄이고 전체최적화를 달성하여 궁극적으로는 최소의 비용으로 최상의 고객서비스를 달성하고

자 하는 것이었다. 이처럼 기업의 물류활동에 중요한 역할을 하는 공급사슬망관리의 특성을 살펴보면 다음과 같다.

① 재고 가시성(Inventory Visibility): 재고 가시성은 공급사슬망의 재고흐름을 투명하게 하여 불확실성을 제거함으로써 안전재고를 줄이는 것을 의미한다. 재고의 흐름과 재고수준은 공급사슬망 관리의 성공에 중요한 요인이 되므로, 기본적으로 고객이 원하는 시간에 원하는 제품을 배송할 수 있는 수준의 서비스를 제공할 수 있는 재고량을 가짐과 동시에, 공급사슬망 참여자간의 재고관련 정보를 공유함으로써 불필요한 안전재고 보유를 최소화하여 전체 공급사슬망 상의 재고량을 줄이자는 의미이다.

② 풀 시스템(Pull system): 고객의 수요에 대응하여 제품의 생산과 흐름을 관리함으로써 진부화된 재고와 낮은 재고 회전율 및 높은 재고수준을 방지할 수 있다. 이 시스템은 예측된 수요를 바탕으로 제품을 생산하고 물류활동을 수행하는 push system에서 발생될 수 있는 불확실성을 제거함으로써 전체 공급사슬망의 재고수준을 낮추는 역할을 한다.

③ 총비용(Total cost): 공급사슬망의 최종 비용을 의미하며, 물류채널에 참여하는 각각의 기업들은 채널의 일부를 구성하고 있는 한 부분임을 인식하고 자신의 비용최적화가 다른 경로 참여자들에게 미치는 영향을 고려해야 한다는 의미이다. 만약 채널에 참여하는 한 기업의 비용최적화로 발생하는 이익보다 전체 기업들에게 미치는 손해가 더 크다면 전체 물류경로의 경쟁력이 떨어지게 된다. 따라서 전체 참여기업의 협력을 통해 경로전체의 비용을 절감하는 것이 공급사슬망관리의 핵심 개념이라고 할 수 있다.

3) 공급사슬망관리의 보편화로 인한 물류니즈와 물류환경 변화

공급사슬망관리(SCM)는 기업들이 지속적인 경쟁우위를 확보하고 핵심역량에 집중하기 위해 실시하는 아웃소싱의 확대를 위해서 꼭 필요한 개념이라 할 수 있다. 공급사슬망관리가 원활한 경우 원자재, 부분품, 완제품 등과 관련한 물류비용을 줄일 수 있게 되며, 양질의 제품 생산도 가능해진다.

기업경영이 세계화되면서 공급사슬망 역시 세계화되는 추세를 보이는데, 이처럼 공급사슬망관리가 세계적으로 보편화되면 [그림 1-5]와 같이 물류니즈에 다양한 변화가 일어나게 된다.

그림 1-5 공급사슬망관리(SCM) 보편화가 물류니즈에 미치는 영향

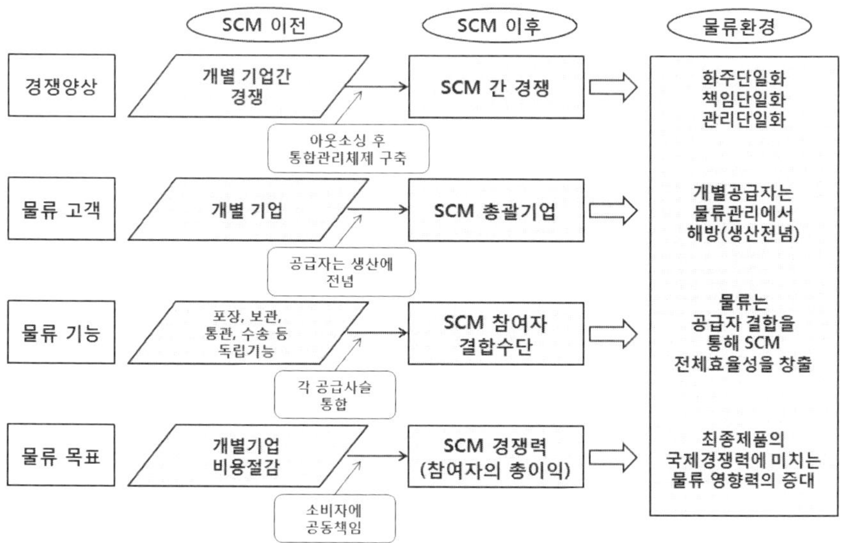

자료: KMI 세계물류환경변화와 대응방안(2004).

첫 번째로 공급사슬망이 통합되기 전에는 상품의 생산 및 판매가 공급사슬망 각 부분에서 독립적으로 수행되고 경쟁의 주체 역시 개별기업이었지만, 공급사슬망의 통합관리가 보편화되면 공급사슬이 경쟁의 주체가 된다. 또한 공급사슬망관리의 총괄기업이 화주로 단일화되면서 물류책임의 통합, 물류관리의 통합 및 물류니즈의 통합을 수반하게 된다.

두 번째로 공급사슬망관리의 도입으로 물류가 공급자 결합수단으로 기능하게 된다. 공급사슬망관리를 도입하기 이전에는 포장, 보관, 수송 등의 물류서비스들이 각기 다른 주체들에 의해 독립적으로 이루어졌으나, 공급사슬망관리의 도입 이후에는 이러한 물류서비스 영역들이 단일관리시스템으로 통합되면서 종합물류업의 수요가 증대될 것으로 보인다.

세 번째로는 물류의 목표 역시 개별기업의 비용질감에서 공급사슬망에 참여하는 전체 기업의 비용절감을 통한 총이익창출로 변화하게 된다.

요약하면 공급사슬망의 보편화로 공급사슬망 전체효율성을 향상시키는 것을 목표로 한 새로운 물류니즈가 형성되게 된다는 것이다. 즉, 공급사슬망 각 구간에서

다음 구간으로 전환되는데 소요되는 물류비용과 시간을 최소화시키면서 공급사슬망에 참여하는 공급자들 사이에 일체감을 조성하고, 더 나아가 공급자-생산자-소비자의 의사소통 증대가 필요하게 된 것이다. 이처럼 새롭게 요구되는 물류통합능력은 기존의 개별적 물류업체들이 수행하기에는 현실적으로 어렵기 때문에 통합물류업체들인 3자물류(Third Party Logistics)에 대한 요구가 늘어나고 있다.

3. 3자물류(Third Party Logistics: 3PL)의 활성화

물류활동이 글로벌화 되면서 전 세계를 거점으로 하는 물류체계가 형성되고, 국제물류관리가 더욱 복잡해짐에 따라 운송과 포장, 보관, 통관, 유통 및 가공 등의 종합물류서비스를 제공하는 전문 물류업자의 활동이 증가하게 되었다. 이에 1980년대 후반부터 미국과 유럽을 중심으로 물류활동의 일부 혹은 전부를 물류전문회사에 위탁하는 외주(outsourcing)혹은 3자물류(Third Party Logistics:3PL)가 등장하게 되었다.

물류 아웃소싱에 따른 종합물류서비스 수요가 증가하면서 수·배송, 보관 등 단순 물류서비스를 제공하던 전통적인 물류기업들이 제휴, 인수 및 합병 등을 통해 물류서비스의 범위와 규모를 확대하고 전문성 강화를 꾀하고 있다. 오늘날에는 다국적 3PL 물류업체와 공급사슬(Supply Chain)전반을 담당하는 4PL(Fourth Party Logistics)제공자로까지 발전하고 있다.

국제물류에서 아웃소싱의 대상이 되는 업무는 다음의 [표 1-1]과 같다.

표 1-1 아웃소싱 대상 업무

업무내용	
·화물관리정보시스템과 화물추적	·운송인(carrier)과의 운임율 절충
·세관신고와 수출입통관	·해외 supplier와의 조정
·B/L 등의 서류작성	·제품의 조립, 점검, 상표부착, 관련 마무리 업무
·운임청구서의 점검 및 검사	·운송인의 선정
·항만까지의 내륙수송 관리	·운송인의 목표달성도 조사
·창고업무	·기타 제3자가 소유하고 있는 정보시스템이나 해외의 전문지식
·Traffic coordinator의 화주기업내 주재	

이처럼 기업들은 부가가치가 적은 화물의 혼재, 창고운영, 운행관리, 반품업무, 운송인의 선택과 같은 물류활동을 아웃소싱하는 경향을 보이고 있다. 구미의 화주기업들은 국제운송주선인(International freight forwarder)에게 대부분의 국제물류관련 업무를 위탁하고 있으며 이를 통한 물류비용 절감의 효과가 크다고 평가하고 있다.

4. 항만물류서비스 변화

경영의 세계화 추세와 기업간의 시장경쟁 심화로 인해 글로벌기업들은 생산비용이 저렴한 국가, 정시배송이 가능한 항만, 고객서비스를 비롯한 국제물류활동이 편리한 항만배후지로 진출하는 경향을 보이고 있다. 즉, 기업물류활동이 유리한 지역 및 수요가 많은 지역으로 생산 및 배송시설을 옮겨가는 것이다. 이처럼 항만 배후부지가 항만과 연계되어 하나로 기능하게 되면서 항만의 물리적인 범위가 내륙으로 확장되고 있다. 이러한 글로벌 기업들을 유치하기 위해 세계 각국에서는 항만배후에 글로벌기업들이 입주할 수 있는 특구를 마련하고 있으며 국가별 특구 현황은 다음의 [표 1-2]와 같다.

이로 인해, 항만배후부지의 기능이 기존의 하역·보관 위주의 단순한 물류기능에서 제품의 재포장, 전시, 판매 등의 각종 물류부가가치 활동으로 확대되고 있다. 글로벌 물류기업들이 글로벌 생산기업의 물류활동을 뒷받침하기 위해 항만배후로 진출하면서 항만에는 24시간 세계 각국으로 수송 가능한 체제가 구축되었고, 항만은 세계 각국을 연결하는 항로서비스를 제공하게 되었다.

이러한 항만배후부지의 확대와 더불어 오늘날 항만은 국제물류의 핵심시설로 변모하고 있다. 과거의 항만은 하역, 보관 등 단순물류기능을 수행하고 육상운송과 해상운송을 연결하는 운송경로(LINK)인 터미널로 간주되었지만, 1990년대 이후부터 글로벌 생산기업과 물류기업의 입주거점과 제조 및 물류부가가치 창출지역으로 변화하고 있다. 1960년대 산물을 주로 취급하던 제1세대 항만으로 시작하여, 산물·건화물 및 액체화물을 취급하는 제2세대 항만을 거쳐, 1980년대 이후에는 컨테이너 화물을 취급하는 제3세대 항만시대로 진입함에 따라 항만이 고부가가치를 창출하는 종합물류공간으로 탈바꿈한 것이다. 즉, 항만이 산업, 물류, 비즈니스 공간을 넘어 부가가치 창출 거점으로 확대·재편되면서 공급사슬망의 중심고리

표 1-2 국가별 특구 현황

국 가	경제특구
싱가포르	– 터미널 배후에 Free Trade Zone을 설치 · 1969년에 Free Trade Zones Act를 제정하여 국제물류활동 촉진기반을 마련 · FTZ 에서는 최소한의 절차로 저장, 판매, 전시, 분리, 재포장, 조립, 분배, 분류, 등급 부여, 반출(관세영역반입, 타FTZ운송), 멸각 가능 · 터미널 직배후에 5개 Free Zone을 설치
말레이시아 (PTP항)	– 항만배후에 자유산업지역(Free Industrial Zone)과 자유상업지역(Free Commercial Zone)을 설치 · 1990년 Free Zone Act를 제정하여 현재 각각 1개의 자유산업지역과 자유상업지역을 설치
네덜란드 (로테르담항)	– 항만배후에 산업·물류단지를 설치 · 3개 Distripark 및 5개 Industripark을 설치 · 1989년에 Eemhaven, 1990년에 Botlek, 1995년에 Maasvlakte Distripark를 각각 개장
대만 (카오슝항)	– 항만배후에 수출가공구를 설치 · 1966년 수출가공구 제도를 도입하고 6개 수출가공구를 설치 · 1997년에는 수출가공구에 물류기능을 추가
일본	– 수입촉진지역을 설치 · 1992년 수입·대내투자법을 제정하여 항만배후에 17개 수입촉진지역을 설치
중국	– 보세구 및 경제기술개발구를 설치 · 1980년 경제특구제도를 도입하여 현재 5개 특구 설치 · 1984년 경제특구제도를 도입하고 현재 51개 경제기술개발구를 설치 · 운영 · 1990년 보세구 제도를 도입하고 현재 14개 보세구를 운영

역할을 하게 된 것이다.

운송거리를 단축시키고 물류비용을 절감하기 위해 대다수 화주 및 물류기업이 항만 배후부지로 이전함에 따라 다양한 부가가치 활동이 이루어지는 물류센터들이 항만배후부지에 등장하고 있다. 다음의 [표 1-3]은 일본과 싱가포르의 배후부지에 있는 물류센터를 정리한 것이다.

표 1-3 일본과 싱가포르 배후부지의 물류센터 현황

일 본	싱가포르
· 동경항의 이오미유통센터	· Keppel Distripark
· 요꼬하마항의 요꼬하마국제유통센터	· Alexandria Distripark
· 오사카항의 남항유통센터	· Pasir Panjang Distripark
· 고베항의 고베국제유통센터	· Tanjong Pagar Distripark

이와 같이 항만환경이 변화함에 따라 각국의 항만들은 배후부지에 물류센터를 마련함으로써 항만경쟁력을 강화하고 있다.

5. 전자상거래의 활성화

전자상거래와 정보통신기술의 발달로 글로벌 기업들의 물류환경에도 많은 변화가 일어나고 있다. 예전에는 중간유통사슬이 많이 존재하였으나 정보통신기술의 발달로 생산자와 소비자 사이에 정보교환이 쉬워지면서 직거래가 가능해졌다.

생산자와 소비자의 직거래가 가능해지면 B2B, B2C, C2C 등의 거래에서 유통업자의 개입없이 생산자와 소비자가 직접 정하는 다양한 물류수요가 발생하며, 사이버마켓 등을 통해 거래가 이루어지면 공급자가 구매자에게 상품을 인도해야 하기 때문에 공급자물류수요가 증대되고 물류체제에 있어서 공급자의 역할이 크게 강화된다. 정보통신 및 전자상거래의 발달로 조달, 생산, 판매에서 국경장벽과 정보의 차이가 극복될 수 있기 때문에 공급사슬망이 빠르게 확장되고 물류의 범위도 크게 확대된다. 아울러 인터넷이나 EDI기반의 종이 없는 물류프로세스가 가능해졌기 때문에 인허가나 통관 등의 행정서비스는 물론 대금결제나 주문과정도 전자화됨으로써 물류관리의 혁신이 가능해졌다. 끝으로 공급사슬망에 있어서도 과거에는 계약서에 근거해 상호 대면하는 사후관리 시스템을 이용하였으나, 현재는 공급사슬의 정보공유체제를 구축함으로써 정보기반의 실시간 관리가 가능해졌기 때문에 통합 공급사슬망이 보편화될 수 있게 되었고, 따라서 통합물류수요가 확대될 것으로 보인다.

제 2 절 항만물류 공급환경 변화

1. 운송부문의 변화

1) 국제적인 운송시스템의 출현

오늘날 국제간 무역형태는 지속적으로 변화를 거듭하면서 심도있게 발전하고 있으며 국제운송과 관련된 여러 관행 및 개념도 빠르게 변화하고 있다.

운송부문의 주요 변화 중 먼저 해운부문을 살펴보면 선사들이 선형의 크기를 늘림으로써 단위운송비용과 운송시간을 줄여 해상운송시 규모의 경제를 이루고자 함에 따라 선박의 대형화가 급속히 진전되고 있다. 이에 따라 선사들간의 경쟁이 치열해지면서 보다 빠르고 저렴한 화물운송을 위해 전통적인 항만간 항로를 몇 곳의 중심항과 나머지 여러 곳의 환적항으로 이루어진 허브 앤 스포크 형태의 운송을 통해 해운활동의 범위를 확장해 나가고 있다.

게다가 오늘날 국제간 무역에서는 생산지에서의 원료구입으로부터 최종소비자에게 이르기까지 생산, 수송, 보관, 배송 및 정보 등을 하나의 수송망상에서 유기적으로 통합하고자 하는 물적유통 개념이 새로 도입되었는데, 이러한 물류개념이 궁극적으로 추구하는 것은 고객이 "원하는 제품(right thing)"을 "원하는 시간(right time)"에 신속하고 안전하게 "원하는 장소(right place)"에 운송하는 것이다. 이를 위해서는 복합일관수송체제가 필수적이며, 해상운송, 육상운송, 항공운송에서 일괄적으로 사용될 수 있는 표준화된 용기인 컨테이너의 등장으로 국제무역운송에서 복합일관수송체제가 대규모로 이루어질 수 있게 되었다.

1998년 발효된 미국 외항해운개혁법(OSRA)과 운임동맹(Liner Conference) 폐지 움직임 등 일련의 정기선시장의 경쟁촉진 정책들로 인해 선사 간 전략적 제휴 및 인수합병이 활성화되고 있으며 이는 결국 소수 대형선사들의 시장지배력이 더욱 강화되는 결과를 낳을 것으로 보인다. 또한 중국과 인도의 부상에 따라 향후 이들 나라를 중심으로 한 글로벌 해상네트워크가 강화될 것으로 전망되고 있다.

철도의 경우, 미국은 화물연계교통강화 프로그램(Freight Gateways Program)을 마련하는 등 복합운송강화정책을 추진하고 있으며, 유라시아 대륙의 경우 러시아의 TSR, 중국의 TCR, 그리고 한국의 TKR의 연계가 향후 성공적으로 추진되어 유라시아 랜드브리지(ELB)가 구축되면 유럽과 아시아 간 철도물류시장과 해상운송에 새 장이 열릴 것으로 보인다. 한편 베링해협(Bering Strait)을 통해 유라시아랜드브리지와 아메리카랜드브리지(ALB)가 연결될 경우 대륙철도물류에 큰 변화가 예상되나 높은 투자비용과 열악한 기후조건이 문제점으로 지적되고 있다.

도로부문의 경우, 미국시장은 규모의 경제 추구, 복합운송시장의 확대, 그리고 물류회사와 트럭운송업체들 간 인수합병으로 업체의 대형화가 향후에도 지속될 전망이다. 유럽의 경우에는 동유럽의 EU 가입에 따른 시장확대로 전 유럽을 대상으로 하는 대규모 트럭업체들이 부상할 전망이다. 또한, EU는 1992년 연계수송(Combined Transport)사업의 일환으로 2001년부터 MarcoPolo프로그램을 실시하여 도로운송을 해운 및 철도로 전환하는 Modal Shift정책을 추진하고 있어 유럽에 있어서 향후 도로운송의 수송부담률은 지속적으로 떨어진 전망이다. 반면 개도국들에 있어서는 향후 경제성장에 따라 도로운송수요가 지속적으로 증가할 전망이다. 특히 아시아지역에서는 1992년부터 UN 아시아·태평양 경제사회위원회(ESCAP)가 아시아육상교통인프라사업(ALTID)을 추진하고 있는 등 향후에도 역내 도로운송망 구축사업이 지속적으로 모색될 전망이다.

2) 항만장비와 물류기지의 변화

항만에서는 선박 대형화에 발맞추어 항만시설의 대형화가 촉진되고, 크레인 등 항만장비의 대형화와 함께 신속한 화물처리를 위한 고속화가 이루어지고 있다. 이러한 변화를 위해서 항만은 첫째, 선석 길이, 수심, 컨테이너야드 등 인프라스트럭처의 확대와 더불어 갠트리 크레인을 비롯한 수퍼스트럭처의 현대화를 진행하고 있다. 둘째, 선주와 화주의 적기수송(JIT Delivery) 수요에 대응하기 위한 자동화터미널 등 하역시스템의 고도화와 더불어 터미널 운영시스템의 전산화 등 항만의 정보화를 진전시키고 있다. 셋째, 글로벌 기업들의 물류효율화전략에 따라 향후 항만배후지역에 국제물류거점을 마련하는 등 항만의 기능이 과거의 단순한 국제운송거점에서 지능형 종합비지니스거점(Intelligent Business Hub)으로 변화해 가고 있다.

한편, 내륙운송 및 해상운송부문에서도 화물운송장비의 전문화가 이루어지고 있는데, 화물전용기차, 특히 컨테이너의 대량운송을 위한 DST(Double stack train), 해상운송에서의 특수선형 등을 예로 들 수 있다. 오늘날 기존의 다목적용 선박은 제한된 범위의 화물에만 국한될 수밖에 없으며, 항로도 제한적일 수밖에 없다. 따라서 대부분의 국제무역은 특수목적의 선박에 의해 이루어지고 있는데, 곡물전용선 및 컨테이너전용선이 대표적인 예이다. 이 밖에도 RO/RO선, 자동차전용선(PCC), 복재운반선(Log Carrier)등이 있다. 이러한 특수목적의 선박과 함께 규모의 경제를 이루고자 하는 해운선사의 경영방침으로 인해 선형이 점차 커지고 있는데, 컨테이너 선박 선형별 운항비 구조는 이러한 추세를 잘 반영하고 있다([표 1-4] 참조).

표 1-4 Mega - Post - Panamax 컨테이너선의 연간 운항비

선박의 크기(TEU)	연간 운항비	1 TEU 비용
4,000	9,259	2.315
6,000	11,822	1.970
10,000	14,494	1.149

자료: Drewry Shipping Consultants, Post−Panamax Containership : The New Generation, August 2001.
주 : 1) 비용은 태평양항로 투입시 연간 8.7항차 기준임
2) 인건비는 국제선박등록 기준임
3) 연료비 소모는 22.5 노트 기준이며, 벙커유는 톤당 135달러로 산정함

3) 항만물류시장 참여자의 역할 확대

종래 물류시장에서는 운송업, 특송업, 국제포워딩업, 전문물류업 등 독립된 시장에서 동종업체 간 경쟁형태가 주를 이루었다면 최근에는 통합물류수요가 확대됨으로써 물류시장에서 이종업 간 경쟁으로 전환되고 있다. 즉, 국제물류업계에서 전략적 제휴나 인수합병 등을 통한 통합화(Integration)로 인해 운송 및 공급사슬에 있어 시장참여자들 간 권력이동(Power Shift)이 일어나고 있는 것이다. 따라서 글로벌 물류기업들은 치열한 경쟁에서 살아남기 위해 고객에게 물류관련 서비스들을 통합하여 제공하는 통합물류서비스 제공업자(Integrated Logistics Service Provider)로서의 새로운 비즈니스모델을 구축하고 있다. 선사의 경우 수평적 통합(Horizontal Integration)으로 해운시장 지배력을 강화하는 동시에 내륙운송업체 인수 등 수직적 통합(Vertical Integration)을 병행함으로써 화주의 원스톱 서비스 수요에 부응하기 위해 노력하고 있다. 항만운영업체들 역시 선사의 시장지배력 강화에 대응하기 위해 글로벌 항만네트워크(Global Port Network)전략을 추진하는 한편, 내륙운송사업으로 사업영역을 확대해가고 있다.

철도회사들은 Block Train 서비스 등 복합운송서비스를 확대함으로써 향후 선사와 전략적 제휴관계를 강화해 나갈 것이며, 도로운송업체들은 선사들의 내륙운송사업 진출 확대 및 화주의 문전수송(Door to door delivery) 수요 증대에 대응하기 위해 대형 전문트럭운송회사로의 전환을 모색하고 있다.

2. 항만부문의 변화

산업연관분석에 의하면 항만산업은 후방연쇄효과가 매우 강한 것으로 나타나고 있다. 이는 항만산업 자체가 다른 산업발전의 원동력이 되는 것이 아니라, 국가경제 내의 여러 산업의 발전이 이루어지게 되면 이를 지원하는 형태로 항만산업이 발전한다는 것을 의미한다. 따라서 좁은 의미에서 항만은 해륙운송의 공통접속영역으로서 해상운송 및 육상운송수단의 변화에 민감하게 반응할 수밖에 없어 해운환경의 변화에 더욱 민감하다. 또한 넓은 의미에서 항만은 국가경제 전반의 발전에 따라 수·출입 물동량이 늘어나게 되었을 때 이를 처리하기 위한 기간시설로서의 역할도 수행해야 한다.

그러므로 항만환경은 선박의 대형화 및 자동화, 복합일관수송체제의 도입 등에 기인한 해운환경의 변화 및 국가의 경제발전에 발맞추어 시기적절하게 변화해야 한다. 특히 항만개발에는 리드타임이 존재하기 때문에 필요성을 느껴서 개발을 시작하게 되면 이미 그때는 시기적으로 늦어지게 되며, 항만의 개발 시기를 놓침으로 인해 사회 또는 경제적으로 막대한 직·간접적 손해를 입을 수 있다.

1) 대외적 국제무역환경 변화

항만이 중요한 연결고리 역할을 수행하는 국제운송은 급격히 변화하는 세계무역의 결과로 기술적 발전을 거듭하고 있다. 항만은 이러한 변화에 따라 새로운 역할을 수행해야만 하므로, 국제무역 및 국제운송에서의 새로운 환경적 변화를 살펴보는 것이 중요하다고 할 수 있다.

지난 30여 년 동안, 국제간의 무역이 활발히 이루어짐에 따라 물동량도 급증하였다. 이러한 현상은 해운을 비롯하여 항만 및 내륙운송에 커다란 영향을 미쳤으며, 국제간의 운송시스템에도 경제적 및 기술적으로 새로운 환경을 조성하기에 이르렀다. 국제무역 환경의 주요한 변화를 살펴보면 첫째, 국제무역중심지의 다양화와 국제경제단위의 블록화, 둘째, 국제무역 관행상 새로운 특징의 출현, 셋째, 생산과 소비형태의 국제화, 넷째, 국제무역환경에서 수송을 위한 새로운 요건의 등장 등을 들 수 있다.

국제간의 활발한 무역거래는 오늘날 세계경제를 하나의 경제시스템으로 통합하였으며, 이러한 관계는 국제간의 운송시스템을 통해 극명하게 드러나고 있다.

이전에는 주로 북서유럽 및 북미동안에 세계 무역중심지가 집중되어 있었으나 최근에는 태평양연안국의 산업 생산활동이 활발해짐으로써 점차 새로운 세계경제 질서를 구축하고 있으며 세계적인 무역패턴은 이전의 모습과는 다른 형태로 바뀌어 가고 있다.

국제간 무역중심지의 다양화 이외에도 국제간의 무역성장에 있어서 새로운 특징들이 나타나고 있는데, 1970년부터 1988년 사이에 세계무역량은 가격측면에서 8.7배 늘어났지만 물동량에서는 같은 기간에 1.4배 증가에 그치고 있다. 이러한 성장패턴은 당분간 계속 이어질 것으로 전망되고 있는데, 이는 컨테이너를 통한 국제무역운송에서 화물 톤당 평균가격이 점차 인상되고 있음을 의미한다. 따라서 국제무역에서 컨테이너를 통한 무역량 및 상대적으로 차지하는 비중은 점차 증대될 것으로 예상된다. [표 1-5]는 2000년부터 2007년까지 컨테이너 무역량의 증가추세를 나타내고 있다.

표 1-5 세계 항만의 컨테이너 물동량

(단위: 백만)

년도	물동량	증가율
2000	236.2	17.1
2001	248.1	5.1
2002	277.3	11.8
2003	316.8	14.2
2004	363.7	14.8
2005	400.6	10.1
2006	441.9	10.3
2007	485.1	9.8

자료: 1) Drewry Shipping Consultants Ltd, Annual Container Market Review and Forecast 2006/07, 2006. 9
2) Clarkson, Container Intelligence Monthly

2) 항만간의 경쟁

(1) 항만의 통폐합

국제간의 무역 및 운송요구에 부응하기 위해 현대적인 항만은 점차 부두를 증설하고 시설을 확충하여 이를 관리하는 데에 막대한 투자를 필요로 하게 되었다. 이와 같은 막대한 건설비용으로 인해 최소한의 물동량의 확보 또는 정기적인 해운선사의 항만기항을 보장받지 않는 한 대규모의 항만투자가 이루어지기는 어려운 상황이 되었다. 선박의 전용선화 및 컨테이너화, 복합일관수송체제의 도입과 같은 새로운 수송기법은 집화체제의 변화를 야기시켰으며, 이로 인해 선박의 기항형태도 바뀌었다. 따라서 운송기법의 발전과 규모의 경제를 이루고자 하는 해운환경의 변화로 인해 항만의 통폐합이 이루어졌으며, 새로운 '중심항만' 개념이 등장하게 된 것이다.

환적운송이 늘어나고 항만이 통폐합되는 현상이 일어나면서 국제적으로 항만이 중심항만과 피더항만의 두 부류로 나뉘고 있다. 그러나 주간선항로 상에 위치하여야 하고 배후지물동량 역시 적정수준 이상이어야 한다는 등의 제약요소들 때문에 모든 항만이 대규모 중심항만(환적항만)이 될 수는 없다. 따라서 기존 항만을 대규모 환적항만이 될 수 있도록 만드는 현실적이고도 적용 가능한 방법으로서 기존의 항만을 제 3 세대항만의 형태로 바꾸는 것이 대전제가 되고 있다. 만일 항만의 목적이 총비용을 줄이고 항만이용자 및 항만자체의 부가가치를 극대화하는 것이라면 제 3 세대항만이 되는 것이 유일한 방법이라고 UNCTAD 보고서는 제안하고 있다.

기존의 항만을 제 3 세대항만으로 바꾼다는 의미는 단지 하나의 대안으로서가 아닌 항만의 생존과 경쟁력 제고를 위한 방안으로 제시되고 있다. 향후 선박의 대형화로 중심항만과 피더항만으로의 항로 체계가 변하게 되면 유럽, 아시아 및 북미동안의 경우 단지 3~4곳의 항만만이 중심항만으로 남을 것으로 예측되고 있다. 이와같은 현상은 최근의 초대형 컨테이너선의 선주들이 항만의 기항수를 더욱 줄이고 있고 주력선박사이즈를 10,000 TEU 급 이상으로 늘리고 있어, 피더선에 의해 서비스되고 있는 항만도 점차 늘어나고 있고 있기 때문이다.

(2) 국내외적인 항만간의 경쟁

다른 산업과 서비스 활동에 비해 과거 항만은 비교적 경쟁이 적은 편이었다. 개개의 항만은 자신만의 고객을 확보하고 있어 이들을 위한 제반 활동은 항만지역 내 또는 인근 배후지에 한정되이 이루어졌으며 이는 항만관리의 형태가 전통적으로 보수적일 수밖에 없음을 의미하였다. 그러나 최근에는 항만이 기존의 독점적인 배후권을 공유하면서 물동량 확보를 위해 치열한 경쟁을 벌이게 되었다.

오늘날 항만은 다음 [표 1-6]과 같이 3가지 범주의 경쟁에 놓이게 되었다.

표 1-6 항만의 경쟁형태

경쟁형태	경쟁내용
항만간의 경쟁	1. 국내항만간의 경쟁 - 유럽대륙행 화물에 대한 영국의 동안 항만들과 남안 항만들의 경쟁 - 미국의 캘리포니아에서의 오클랜드항과 샌프란시스코항의 경쟁, 롱비치항과 로스엔젤레스항의 경쟁 - 유럽행화물에 대한 호주의 시드니항과 브리스베인항의 경쟁. 최근 컨테이너화물에 대한 멜번항과 아델레이드항의 경쟁 - 일본의 같은 만 내에 있는 도쿄항과 오코하마항, 오사카항과 고베항의 경쟁 - 미국의 시애틀항과 타코마항의 경쟁
	2. 일정 권역 내에서의 경쟁 - 남부유럽의 볼로, 리야카, 트리에스테, 제노아, 마르세이유, 포스 등과 같은 항만은 취급하는 화물의 종류에 대하여 상호간에 경쟁하고 있으며 함부르크, 로테르담, 엔트워프 등의 북유럽 항만들과 경쟁 - 북미서안의 항만들은 동안의 항만들과 경쟁관계
	3. 국가간 항만의 경쟁 - 캐나다 벤쿠버 항만의 경우 미국서안을 경유하는 컨테이너물동량에 대하여 시애틀, 타코마항과 경쟁하고 있으며 할리팩스, 몬트리올항이 뉴욕 볼티모어항과 경쟁. - 유럽에서는 벨기에의 엔트워프항, 갠트항이 로테르담항, 암스테르담항과 경쟁 - 고베항과 한국의 부산항 경쟁 - 싱가포르항에 대한 말레이시아의 탄종펠레파스, 켈랑, 조호르항과 인도네시아의 수라비야 등의 대규모 개발
복합일관운송상의 경쟁	- 최근 전 세계적으로 항공운송은 2자리 숫자의 증가율을 보이면서 성장을 거듭하고 있는데, 전통적인 해상운송으로부터 점차 고부가가치 화물을 빼앗아가고 있음 - 육상운송과도 경쟁관계에 있는데, 예를 들어 SLB는 일본에서 서유럽이나 중동으로 가는 컨테이너화물의 일부분을 담당하고 있게 때문에 이는 이들 2지역의 항만뿐만 아니라 해운선사에게도 영업상 손해를 끼치게 됨 - 유럽, 북미, 일본 등 선진국에서의 연안화물운송은 점차 공로 또는 철도로 대체되고 있는데, 이는 항만활동에 크게 영향을 미치고 있음
항만내 경쟁	- 항만내 경쟁은 항만의 제반시설의 효율성과 제반 서비스를 제고하기 위한 관리기법으로 작용 - 오늘날 모든 항만이 현대적인 하역기법의 도입 및 규모의 경제를 추구하고 있기 때문에 항만내 경쟁에 대한 타당성을 제공

먼저 항만간의 경쟁을 살펴보면 개도국의 항만은 비록 현재의 경쟁이 심각한 정도에 이르지는 않았다고 하더라도 항만간의 경쟁에 주목하지 않으면 안되게

되었나. 선진국 항만의 경험에 비추어보면 다음과 같은 요소 —내륙운송시스템, 환적상태, 화물운송주선업 또는 복합화물운송업, 국제적인 정치·경제적인 상황— 중 어느 일부 또는 전부가 변하는 경우 항만간의 경쟁이 점차 치열해진다는 것을 알 수 있다.

그 중 첫 번째로 동일국 내에서 대형항만간의 경쟁은 빈번한 서비스의 제공이나 광범위한 화물도착 목적지의 제공 등의 이점을 가지고 있다. 한편 일정 권역 내에서의 경쟁을 살펴보면 유럽 지역 내 항만들은 유럽의 산업중심지를 대상으로 서비스를 제공하고 있는데, 복합일관운송시스템과 보다 효율적인 장거리운송 즉, 도로, 철도 더블스택컨테이너수송, 철도환적시스템을 도입함에 따라 경쟁이 더욱 치열해지고 있다. 대부분의 경우 이와 같은 일정 권역 내에서의 경쟁을 통해 항만이 배후지역을 넓히고 있으며, 따라서 항만간의 경쟁도 촉진되고 있다. 또한 국가간 항만 경쟁이 치열해지면 해당 국가는 여러 투자 정책을 통해 자국의 중심항만을 육성할 수 있도록 지원책을 강구하게 된다.

한편 항만은 다른 운송수단간의 경쟁에 의해서도 크게 영향을 받고 있다. [표 1-6]에서처럼 항만은 항공 및 육상운송과도 경쟁관계에 있다. 이러한 현상은 선진국뿐만 아니라 개도국에서도 일단 육상운송시스템이 개선될 경우 나타날 것임이 분명하다. 이처럼 복합일관운송상의 경쟁에 직면해 있는 항만은 비용, 통과시간, 배송관련 서비스 등의 측면에서 어떻게 대처하여야 하며, 경쟁력을 제고하기 위해 항만이 얼마나 중요한 역할을 수행할 수 있는가에 관해 적극적으로 살펴보아야 한다.

이외에도 항만관리자는 항만 내 경쟁에도 대처할 수 있어야 한다. 항만당국 또는 항만 그 자체에 있어서 항만 내 경쟁은 항만제반활동의 효율성을 제고하기 위한 관리기법으로 작용하고 있다. 동일항만 내에서 제반시설의 제공자 또는 운영업자간의 경쟁은 일반적으로 항만의 효율성을 높일 뿐만 아니라 제반 서비스의 질도 향상시킨다.

(3) 항만경쟁력의 결정요소

항만의 입지를 강화시키는 과정에서 모든 항만은 지속적인 발전 및 존립을 위해 서로 경쟁하게 된다. 항만간의 경쟁이 있든 없든, 항만의 개발전략을 수립하고 항만운영상의 효율을 극대화하기 위해서는 항만의 경쟁력을 강화시킬 수 있는

표 1-7 항만경쟁력의 6가지 결정요인

결정요인	내 용
지리적인 입지조건	– 항만의 경쟁력을 결정짓는 가장 중요한 요소 – 전략적으로 유리한 항만의 입지적인 요건은 다음의 3가지 특징 중에서 하나를 가지고 있어야 함 ① 주항로상에 위치한 항만 (싱가포르, 포트사이드, 크리스토발, 말타, 콜롬보 등) ② 생산지 또는 소비지 가까이에 위치한 항만 (로테르담, 동경, 뉴욕/뉴저지, 산토스 등) ③ 수심이 좋고, 천여저인 방파제가 있으며, 넓은 부지에 개발가능성이 있는 항만
배후지와의 연계수송체제	– 종종 항만의 자연적인 조건으로 치부되어 어찌할 수 없는 조건으로 간주하고 있으나, 이는 실제로 사실과 다름 – 효율적이고 값싸며 믿을만한 철도/공로 및 내륙수로를 이용한 항만으로부터의 연계수송체제는 항만이 화물을 유인할 수 있도록 하는데 대단히 중요한 역할을 수행 – 일반적으로 경쟁항만간의 운송비 차이는 해상운송시보다 육상운송시에 더 중요한 비중을 차지
항만의 서비스수준 (시설의 이용가능성과 효율성)	– 제반 항만서비스는 부두활동으로부터 부두 밖 활동에 이르기까지 다양 – 항만의 2대 주요고객인 선주와 화주를 위해 봉사하고 있는 해운대리점 및 화물운송주선업자와 협의하고 제반 문제를 해결하기 위한 노력 – 다양한 항만환경을 유지하기 위해 자유로운 항만내 경쟁환경의 조성과 민간분야의 참여를 북돋우는 분위기가 조성되어야 함
제반 항만관련 서비스의 가격	– 국제적인 운송 및 배송과 관련하여 점차 화주들은 제반 관련 서비스의 가격보다는 서비스의 질적 수준 또는 효율성에 중점을 두고 있는 추세 – 비록 서비스의 제공비용은 비싸더라도 효율성이 좋은 항만은 점차 값싸고 비효율적인 항만보다 경쟁력면에서 우위를 차지 – 항만서비스와 관련된 제반 가격은 아직도 가장 중요한 요소 중에 하나이며, 항만의 경쟁력을 위한 중요한 요소
사회·경제적인 안정성	– 사회·경제적인 비안정성이란 내전 또는 소요뿐만 아니라 파업, 보이코트, 안전상의 제반문제, 불안정한 서비스기준 및 제반 요금 등을 말함. 일단 한번 구축된 항만의 이미지는 바꾸기가 힘들기 때문에, 항만당국사 및 항만운영자들은 모두 제반 항만서비스와 관련하여 주목해야 함 – 현대적인 대형 컨테이너선사들은 시간단위로 항해계획을 세우고 있으며, 항만작업의 일시적인 중단은 받아들일 수 없는 상황으로 간주
통신 (정보의 교환)	– 점차 선주는 항만을 이용하여 자신들의 화물을 처리하고자 할 때, 화물의 이동을 추적할 수 있는 수단을 제공하지 못하는 항만을 기피 – 오늘날 항만은 세계 각지를 연결하는 EDI, IDD, 전화, 팩스 등의 통신시스템을 잘 구축해 놓지 않으면 화물 특히 컨테이너화물을 유치하기에 어려움 – 선진공업국의 몇몇 항만은 항만이용자 및 다른 항만을 연결할 수 있는 컴퓨터시스템을 구축

표 1-8 항만선택 기준에 관한 연구

구 분	Willingale (1982)	Murphy 외 (1992)	김학소 (1993)	여기태 외 (1999)	장영태 (2005)
대상국가	유럽지역	세계각국	국내	동북아 항만	국내
분석대상	선사	항만당국, 선사 (미국 60개)	수출입화주 및 선사	문헌자료 및 설문조사	원양항로 및 근해항로 선사
항만선택 결정요인	· 항해거리 · 시장규모 · 배후지근접성 · 항만접근성 · 항만시설 · 선석 가용성 · 터미널 운영 · 기존항로패턴 · 항만요율 · 이용자합의 · 항만소유권 · 고객 접근도 · 항만규모	· 장비의 보유 · 손상손해빈도 · 적기인도처리 · 화물처리비용 · 대형선입항 가능성 · 특수수요 이행성 · 선적정보제공 · 특수화물의 하역능력 · 클레임 처리지원	· 연간 발송량 · 톤당화물가격 · 해상수송거리 · 내륙수송비용 · 선적시간 · 항만평균 체선 시간	· 입지시설 · 물동량 · 비용 · 서비스	· 지역물량 · 물동량 · 화물처리비용 · 선석의 가용 정도 · 항만위치 · 환적물량

자료: 1) 항만선택 기준에 관한 실증연구(내적·외적 요인의 구분과 외적요인의 중요성), 김율성 외 2인, 한국항해항만학회지 제28권 제 6호
2) 컨테이너 선사의 항만결정요인 분석, 장영태, 해운물류연구 제 47호

수단에 대해 알아볼 필요가 있다. 항만경쟁력을 결정짓는 요인으로는 [표 1-7]에서와 같이 6가지가 있는데 이들 요소들은 모두 한 가지 공통의 원칙 즉, 항만이용자에게 어떻게 하면 보다 나은 서비스를 제공할 수 있는가와 직결된다.

항만운영의 효율성은 종종 제반 항만서비스의 신속한 처리 및 정확성을 의미한다. [표 1-8]에서 보는 바와 같이, 1982년부터 2005년 기간에 이루어진 연구에 의하면 항만선택 시 고려되는 공동 관심사는 비용과 시간 요인임을 알 수 있다.

3) 항만의 역할 변화

국제물류란 생산과 소비가 2개국 이상 사이에서 이루어지는 경우 그 생산과 소비의 시간적, 장소적 차이를 극복하기 위한 포장, 하역, 운송, 보관 등의 물류활동을 총칭하는 것이다. 다음의 [표 1-9]는 물류에 있어서 링크(link, 운송경로)와 노드(node, 물류결절점)의 관계를 나타낸 것이다. 링크상의 운송수단이 물류의 중추적인 역할을 담당하며, 각 운송수단 마다의 노드가 터미널로 발전한 것을

알 수 있다. 이러한 링크와 노드와의 관계를 물류사업자의 관점에서 보면, 주로 링크로서 기능하는 운송인(carrier)과 노드로서 기능하는 운송주선인(freight forwarder)으로 나눌 수 있다.

이 중 반도국가인 우리나라의 국제물류는 해상운송과 항공운송에 전적으로 의존하고 있으며, 항만과 공항이 각각의 노드이다. 이러한 국제물류를 완결시키기 위해서는 항만과 공항을 연결하는 육상운송이 필요하며, 이를 위한 트럭 터미널과 철도역이 설비되어 있다.

표 1-9 물류에 있어서 링크와 노드의 관계

mode	link			node	
	수단	통로	carrier	terminal	forwarder
해운	선 박	항 로	해운업	항 만	항운업
공운	항공기	공 로	공운업	공 항	혼재업
육운	트 럭 철 도	도 로 철 로	트럭업 철도업	화물역 철도역	육운업 통운업

자료: 문성혁, 국제물류의 이론과 실무 (2005).

3. 항만물류부문 규제 완화

최근 세계 경제변화와 이로 인한 극심한 경쟁으로 인해 선진국을 중심으로 각 국가들은 공공분야의 기업을 효율적으로 관리하기 위해 경제개혁조치를 취하고 있다. 이러한 개혁을 위한 구조조정프로그램은 운송분야를 포함한 대부분의 경제분야에 영향을 미쳤으며 그 중에서도 항만분야에서는 자유화와 비규제화라는 제도적 개혁이 이루어지게 되었다.

항만분야에서 항만행정과 관련한 개혁조치를 도입한 이면에는 국가별로 여러 가지 목적이 있다. 영국의 경우, 민간소유권이 공공소유권보다 훨씬 효율적이라는 생각으로 항만을 민영화하고 구조 조정하였다. 아르헨티나, 칠레, 멕시코 등의 일부 국가는 시장경제체제에 맡기는 것이 항만의 적정능력을 결정하는 가장 효율적인 방법이며 관련 산업을 촉진하는 가장 좋은 방법이라고 생각하였으며, 벨기에, 네덜란드 등은 자유화 또는 비규제 정책만이 관련 산업분야에 대한 정부의 통제를 줄이고 항만당국에 더 많은 자치권을 줄 수 있는 방법이라고 여겼다. 이러한 개혁프로그램은 치열한 경쟁 속에서 항만관리의 효율성을 개선시키고자 하는 공통된 목표를 가지고 있다.

전통적으로 국가의 경제구조 내에서 운송분야는 크게 규제되어 왔으며 경쟁이 제한되어 왔다. 그러나 해운, 도로 등의 운송분야에 대한 규제가 이용자의 선택폭을 제한하고 생산성을 저해시킨다는 주장이 커졌으며, 운송분야 중에서도 항만은 변화가 가장 시급한 분야로 대두되었다. 항만의 효율성을 개선하고 고객서비스를 향상시키기 위해 우리나라를 포함한 다른 여러 나라들이 비규제화(Deregulation)를 위한 개혁을 추진하고 있다. 운송분야와 관련하여 비규제화는 안전하고 효율적이며 경제적인 수송서비스를 제공하기 위해 정부당국이나 공공기관이 실시하고 있는 각종 제한적인 규정의 제거 또는 자유화를 의미한다. 항만의 비규제화는 다음 [표 1-10]의 목적을 달성하기 위한 시도라고 할 수 있다.

항만의 비규제화는 항만서비스의 제도적 틀을 바꾸는 소규모 변화에서부터 영국, 말레이시아 등과 같이 완전한 항만민영화에 이르기까지 다양한 형태를 보인다.

표 1-10 항만 비규제화(Deregulation)의 목적

비규제화의 목적
· 항만내의 여러 경제활동에 대한 정부의 직접적인 간섭 규모의 축소 · 관리제도의 개선 및 사용자요구에 부응하는 기업환경의 조성 · 오늘날의 시장환경에 적합한 상업적 정책의 추구 · 공공분야에서 민간분야로 고용의 이전 · 보다 융통성있는 고용조건 및 작업환경의 도입 · 노동조합의 영향력 축소 및 보다 효율적인 인력정책의 도입 · 새로운 시설 및 서비스를 위한 필요 투자재원의 제공 · 정부재정을 위한 수입의 증대 또는 정부의 재정적 의무의 축소(보조금 축소) · 규제지향적인 여러 규정, 통제 및 반경쟁적 관행의 제거 · 피고용인에 의한 주식 소유의 조장 및 일반인의 주식소유권 증대

제 3 절 항만물류전략의 발전

원래 군사물자의 배급과 보급 즉 병참(兵站)을 의미하는 군사용어로 사용되었던 로지스틱스(Logistics)란 기업이 생산단계에서의 원재료 조달로부터 제품의 판매에 이르기까지 전체적인 물(物)의 흐름을 기업전략 차원에서 일괄적으로 관리하는 것을 말한다. 이른바 물류(Physical distribution) 개념을 포괄한 전략물류라고도 하며, 단순히 물류의 틀에만 국한하지 않고 생산 및 유통 과정을 포함한 종합관리기술이라고 할 수 있다.

기업의 해외 진출에 이은 세계화(Globalization)의 진전으로 국제 로지스틱스가 현재 주목을 받고 있다. 이는 다국적기업이 원재료, 반제품, 완성품 및 이와 관련된 정보의 흐름(Flow)이나 재고(Stock)를 생산거점으로부터 소비거점에 이르기까지 효율적으로 관리하면서 동시에 비용대비 최대 효과를 얻기 위한 것과 관련이 있다. 즉, 다품종, 소량화된 제품을 국제간에 적기(Just–In–Time)인도로 리드타임(Lead time)을 단축하여 수송하는 것을 목표로 하고 있으며 이는 대폭적인 재고의 삭감을 가능하게 하였으며 제품원가의 절감에도 크게 기여하고 있다.

다국적기업은 모회사와 해외 자회사의 로지스틱스 전략에 따라 자재 및 부품의 상호공급체제를 확립하고 완성품의 적기(JIT)인도를 위해 공급수송체제를 정비하고 있다. 이러한 국제 로지스틱스 전략으로 통합적인 물류관리체제와 재고축소를 도모하고 있는 것이다.

또한 국제 로지스틱스 전략의 일환으로 허브 앤 스포크(Hub & Spoke system)시스템을 전개하고 있는데 이는 허브(Hub)를 차축의 중심, 스포크(Spoke)를 수송경로로 한 물류방식이다([그림 1-9] 참조.). 이때 허브는 물류중계거점으로서 주요 도시나 적화, 중계지에 설치되어 화물의 보관, 하역, 집배를 총괄하는 기지이며 허브에 화물을 집중하여 허브와 단말수송센터를 연결하고, 효율적으로 수·배송하게 된다. 이와 같은 방식으로 수송비용을 절감할 수 있고 허브가 크면 클수록 규모의 경제를 이룰 수 있다.

국제 로지스틱스의 관점에서 허브 앤 스포크 시스템을 보면 주요 판매시장에는 집약수입 허브 센터, 주요생산거점에는 집약수출 허브 센터를 설치하고 그 사이의 간선수송은 대규모로 집약하여 허브 센터에서 짧은 시간에 분류, 집화, 집배를

행하는 시스템이라고 할 수 있다.

그림 1-9 허브 앤 스포크 시스템

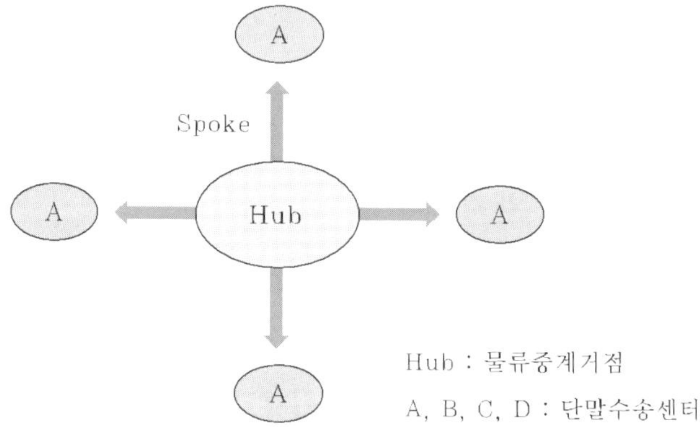

자료: 문성혁·백인흠 공저, 국제물류의 이론과 실무(2005).

제 4 절 글로벌 항만물류 체계 변화

1. 지역별 교역구조와 항만물류 체계의 변화

지난 10여년(1992년~2003년)동안의 세계 교역구조변화를 지역별로 살펴보면, 아시아, NAFTA, 동유럽, 남미가 부상한 반면, 서유럽의 비중이 감소하였다. 향후에도 이러한 변화는 지속될 것이며, 세계교역구조는 아시아권을 중심으로 급속도로 재편되고 있다. 특히 세계 교역에서 아시아지역의 비중은 1992년 22.4%에서 2003년 25.5%로 증가한 데 이어 오는 2020년에는 30.5%로 늘어날 것으로 예측되고 있다. 유럽의 경우 동유럽지역은 EU의 생산기지로 발전함에 따라 세계교역에서 차지하는 비중이 2020년에 4.2%로 증가할 전망이지만 서유럽의 경우 2003년 39.7%에 이어 2020년에는 36.3%로 감소할 전망이다. 이에 따라 세계물류환경의 중심이 중국을 중심으로 하되 인도 및 동유럽으로의 서진현상을 보일 것으로 전망된다.

교역 품목별로는 농산물 및 광물의 교역비중이 줄어든 반면 공산품 특히,

IT 등 첨단산업제품의 교역량이 증가될 것으로 보인다. 이로 인해 국제해상운송에 있어서 벌크화물의 수송수요 증가율이 둔화될 것으로 전망되며 화주들의 운송요구에 부응한 프리미엄 서비스가 등장하고, 첨단제품을 중심으로 항공운송에 대한 수요도 크게 증가할 것으로 예상되고 있다..

2. 국가별 교역구조와 항만물류 체계의 변화

지난 10여년간 독일, 영국 등의 서유럽국가들과 일본 및 러시아의 교역비중은 감소한 반면, 중국, 미국, 한국, 인도와 브라질 등의 비중은 증가하였다. 국가별 교역구조를 살펴보면 향후 중국과 인도의 비중은 지속적으로 증가할 것으로 보이나 독일, 영국, 프랑스, 일본, 한국, 브라질의 교역비중은 상대적으로 저하될 전망이다. 특히, 최근 급부상하고 있는 중국의 교역비중은 오는 2020년에는 현재의 두배 이상으로 증가하여 세계 최대 교역국으로 부상할 전망이다. 또한 최근 BRICs국가로 불리며 주목받고 있는 나라 중 중국과 인도를 제외한 러시아와 브라질의 교역비중은 현상유지 또는 감소할 것으로 예상되며 그 동안 동아시아의 경제발전을 선도해 온 한국과 대만 등 아시아 신흥공업국(ANIES)들의 비중도 점차 감소할 것으로 보인다. 이에 따라 중국과 인도를 중심으로 한 글로벌 물류네트워크가 급속히 확대될 것으로 보이며 브라질 등 남미국가들의 부상이 본격화될 경우 기존 동서기간항로 외에 남북항로에 대한 수송수요가 크게 증가할 전망이다.

참고문헌

KMI (2004), 제5장 화주의 물류수요변화.
KMI (2004), 제6장 물류공급부문의 변화.
KMI (2004), 제3장 지역별 교역구조 변화 및 전망.
남기찬 외 (2005), 「물류계획론」, 다솜, pp. 7–8.
문성혁 외 (2005), 「국제물류의 이론과 실무」, 다솜, pp. 33–34, pp. 44–50.
문성혁 (2005), 「현대항만관리론」, 다솜, pp. 128–133.
한국해양수산개발원 (2006), 「항만물류산업의 클러스터화 및 활성화 방안 연구」, pp. 19–23.
물류신문사 편집부 (2009), 「물류산업총람 2009」.

제 2 장

국내외 물류산업 현황

제 1 절 국내 물류산업 현황

1. 국내 물류업체의 범위

「물류정책기본법」에서는 물류사업(제 2 조 제 2 호)을 화주(貨主)의 수요에 따라 유상(有償)으로 물류활동을 영위하는 것을 업(業)으로 하는 것으로 정의하고 있으며 다음과 같은 사업을 포함한다.

가. 자동차·철도차량·선박·항공기 또는 파이프라인 등의 운송수단을 통하여 화물을 운송하는 화물운송업

나. 물류터미널이나 창고 등의 물류시설을 운영하는 물류시설운영업

다. 화물운송의 주선(周旋), 물류장비의 임대, 물류정보의 처리 또는 물류컨설팅 등의 업무를 하는 물류서비스업

이러한 물류사업 정의의 근거가 되는 「조세특례제한법」(제 6 조 제 3 항) 에서는 대통령령이 정하는 '물류산업'을 운수업 중 화물운송업, 화물취급업, 창고업,

표 2-1 한국표준산업분류 상의 물류산업 분류(2008년)

대분류	중분류	소분류	세분류
화물 운송업	육상화물 및 파이프라인 운송업	철도운송업	
		화물 자동차운송업	일반화물 자동차 운송업
			용달 및 개별 화물 자동차 운송업
		파이프라인 운송업	
	해상화물 운송업	외항 화물 운송업	
		내항 화물 운송업	
		내륙 수상 화물 운송업	
		항만 내 운송업	
		기타 내륙 수상 운송업	
	항공화물 운송업	정기항공 운송업	
		부정기 항공 운송업	
	소화물 전문 운송업	택배업	
		늘찬 배달업	
물류 시설 운영업	보관 및 창고업	일반 창고업	
		냉장 및 냉동 창고업	
		농산물 창고업	
		위험물품 보관업	
		기타 보관 및 창고업	
	화물 터미널 운영업	철도 운송지원 서비스업	
		화물자동차 터미널 운영업	
		항구 및 기타 해상터미널 운영업	
		공항 운영업	

대분류	중분류	소분류	세분류
화물 운송 관련 서비스업	화물 취급업	항공 및 육상화물 취급업	
		수상화물 취급업	
	도로 및 관련시설 운영업		
	기타 화물 운송 관련 서비스업	화물운송 중개, 대리 및 관련 서비스업	
		화물포장, 검수 및 형량 서비스업	
		그 외 기타 분류 안 된 운송 관련 서비스업	
	물류정보시스템 개발 및 통합 서비스업	컴퓨터 프로그래밍 서비스업	
		컴퓨터시스템 통합 자문 및 구축 서비스업	
물류 장비 임대업	기타 운송장비 임대업		
	그 외 기타 산업용 기계장비 임대업		
물류 장비 제조업	운송용 컨테이너, 화물 자동차 및 물품 취급 장비 제조업	운송용 컨테이너 제조업	
		화물차 및 트레일러 제조업	화물차 및 기타 특수목적용 자동차 제조업
			차체 및 특장차 제조업
			트레일러 및 세미트레일러 제조업
		산업용 트럭 및 물품 취급장비 제조업	
		파렛트 제조업	목재깔판류 및 기타 적재용 판 제조업
			포장용 플라스틱 성형용기 제조업
			그 외 기타 조립금속제품 제조업
	강선건조업		
	항공기, 우주선 및 보조장치 제조업		

화물터미널운영업, 화물운송주선업, 화물포장업, 화물검수서비스업, 화물형량서비스업 및 「항만법」에 의한 예선업과 기타 산업용 기계장비 임대업 중 파렛트 임대업으로 규정하고 있다[1].

물류산업의 업종 분류는 정부 기관이나 민간 등 주체에 따라 다양하게 이루어져왔다. 연구기관에서는 수송, 하역, 보관 등 물류기능을 중심으로 물류산업을 분류하는 것이 일반적이다. 부산광역시의 경우 부산항을 중심으로 하여 '항만물류산업'으로 물류산업을 규정하고 운송, 하역, 포장, 정보, 보관, 서비스 및 관련제조업 등으로 세부 산업을 분류하였다.

'한국표준산업분류'에서 물류산업은 '특수분류' 부문으로 규정되어 있다.[2] 여기서는 물류산업을 '화물운송업', '물류시설 운영업', '화물운송관련 서비스업', '물류장비 임대업', '물류장비 제조업' 등 5개 분야로 구분하여 세분화하고 있다([표 2-1]).

2. 국내 물류업체 특성

우리나라는 선진국에 비하여 전문물류업체를 육성하기 위한 정책적인 지원 및 방안이 조기에 수립되지 못하였으며, 기업문화의 개방성 부족으로 인하여 아웃소싱에 대한 인식이 낮아서 전문물류업체의 활동이 널리 확산되지 못하였다. 그 동안 우리나라의 제조업체나 유통업체는 자가물류체계를 중심으로 자체적으로 물류활동을 수행 하였으며, 이는 자가 물류시설 확충을 지원했던 과거 물류정책과도 밀접하게 관련되어 있다. 그러나 물류 및 유통환경이 변화되고 IMF를 통한 기업구조 개편, 물류정책 변화 등으로 인하여 차츰 물류서비스 아웃소싱에 대한 관심이 확대되고 있다. 현재 국내 물류전문업체시장은 물류자회사와 3자물류(3rd Party Logistics; 3PL)가 함께 존재하는 형태이며, 기존의 도매 배송업과 물류자회사들이 물류전문업체인 3PL로 발전하는 과정에 있다고 할 수 있다.

---

1) 통계표준분류 www.nso.go.kr.
2) 통계표준분류 www.nso.go.kr.

1) 전통적 물류업체

(1) 육상 화물운송업

우리나라 육상운송 부문에 있어서 영업용 차량의 비중은 5%미만으로서 비효율적인 운송시장 구조를 가지고 있어서 높은 공차율, 낮은 적재율 등의 문제점이 심각하다. 이는 아직까지 화주들의 아웃소싱에 대한 인식이 부족하고 고객의 욕구를 충족시킬 만한 전문물류업체가 없기 때문이기도 하다. 또한, 국토면적이 좁고 타 수단에 비하여 도로망이 잘 구축되어 있고, 대규모 고정자본 투자 없이 문전운송이 가능한 특성으로 인하여 총 화물운송의 90%이상이 화물자동차로 처리되고 있으나 2006년 기준 일반화물자동차업의 경우 업체당 평균 차량 대수가 27대이며, 개별화물자동차운송업의 경우 1대 수준으로 그 규모가 영세하고, 사업용 화물차의 90%이상이 지입제[3])로 운영되고 있는 실정이다.

표 2-2 육상 화물운송업 현황

업 종	기업체 수	종사자 수	차량 대수
일반화물자동차운송업	5,947	193,522	158,118
택배화물운송업	31	19,473	17,395
용달화물자동차운송업	80,439	80,689	80,611
개별화물자동차운송업	63,402	63,566	63,566

자료: 건설교통부, 건설교통통계연보 2007.

그러나 최근 TV쇼핑, 인터넷쇼핑, 통신판매 등 무점포판매의 수요 급성장, 다빈도·소량 배송수요의 확산 및 전자상거래의 발달로 택배사업의 경우 매년 40~50%내외로 시장규모가 성장하고 있으며, 2013년에는 약 3.8조원에 이를 것으로 전망하고 있다.

수출입 컨테이너를 수송하는 컨테이너운송업은 CY업체 또는 항만운영업체가 겸하는 경우가 30% 정도이고, 나머지 중소업체들은 CY업체의 하도급업체로서 활동하고 있으며, 대형 운송업체 역시 소규모 자사치량을 확보하고 대부분 지입차량을 통하여 운송사업을 영위하고 있기 때문에 개인 및 소규모 운송업체의 경우 영세성을 탈피하기 어려운 실정이다.

향후 전문물류업체로의 성장 가능성은 차량보유대수가 많은 전국화물업체가

3) 지입제란 사업면허기준대수를 보유하지 못한 화물차주(지입차주)가 명의보유 사업자에게 명의(면허권)을 빌리는 대가로 차량관리비 명목의 지입료를 납부하는 사업형태를 말함.

높으며, 현재처럼 단순한 도로수송만이 아닌 배송, 수송계획, 자문 등 부가적인 서비스를 제공할 수 있을 때 전문물류업체로 활동할 수 있을 것이다.

(2) 보관/창고업

보관/창고업은 물류정책기본법 또는 관세법에 의해 창고업 또는 보세장치장(보세창고)으로 영업을 수행하며, 창고의 상당수는 제조업체, 운송업체 또는 운송 관련업체가 직영하고 있다. 우리나라 영업 창고의 약 80%이상은 농산물 창고이며, 제조업과 직접 관련되는 일반창고는 1% 수준에 불과하다.

일반 창고업의 경우 기업체 수는 166개이며, 업체당 창고 수는 약 8개이다. 냉장 및 냉동 창고업의 경우 업체 당 창고 수는 2개에 불과할 정도이다. 운영에 있어서는 영업용 창고업체의 대부분이 단순보관과 임대사업을 중심으로 하고 있어서 이들 보관/창고업체는 전문물류업체로서 활동하기 어려울 것으로 판단된다.

표 2-3 창고업 현황

업 종	기업체 수	종사자 수	창고 수
일반창고업	166	4,473	1,260
냉장 및 냉동 창고업	138	2,482	294
농산물 창고업	821	3,040	10,880
위험물품 보관업	34	775	915
기타 창고업	4	98	48

자료: 건설교통부, 건설교통통계연보 2007.

그러나 최근 건설된 자동화창고나 집배송단지는 배송서비스나 종합물류서비스를 제공할 수 있는 현대화된 시설을 갖추고 있어 향후 고객의 욕구를 충족시킬 수 있는 정보시스템과 효율적인 집배송시스템을 구축하면 전문물류업체로 발전할 수 있는 가능성도 있다.

영업용 창고를 이용하는 대부분의 고객은 수배송거점으로 이용하기보다는 자가창고의 부족시설을 보완하는 기능으로 활용하고 있는데 이것은 국내 보관창고업의 영세성과 창고운영의 미숙, 수배송거점으로서의 역할 미흡에 기인한 것으로 볼 수 있다.

따라서, 국내 보관/창고업이 고객의 요구를 충족시키는 전문물류업체로 성장하기 위해서는 현대화된 시설과 장비를 갖추고 수배송, 크로스도킹, 유통가공,

정보처리 등 고도화된 물류서비스를 제공할 수 있는 능력을 갖추어야 한다.

(3) 컨테이너선사, 항공사 및 포워더

수출입 화물의 수송과 혼재업무를 담당하는 컨테이너선사, 항공사, 포워더 등은 국제물류 업체로서의 역할이 강조되고 있다. 국적 컨테이너선사로서 기간항로에 취항하고 있는 한진해운, 현대상선은 대부분 대형 컨테이너선 외에 주요 거점지역에 항만을 운영하고 있고 정보시스템을 구축하고 있으며, 특히, 한진해운과 현대상선은 국내 육상운송부문의 (주)한진, 한진택배, 현대물류 등과 연계되어 있어서 전문물류업체로서 성장하는 데 한층 유리한 위치에 있다. 그러나 외국의 전문물류업체처럼 해외에까지 네트워크를 구축하고 서비스망을 확대하여 고도화된 물류서비스를 제공하는 데에는 서비스수준이나 네트워크구축이 다소 미흡한 측면이 있다.

한진해운, 현대상선 외에 동남아해운, 흥아해운, 남성해운 등 중소규모의 컨테이너선사는 일본, 중국, 동남아지역에 취항하고 있으나 전문물류업체로서 지위를 확보하기에는 네트워크나 서비스의 질적인 면에서 부족한 점이 많은 실정이다.

대한항공과 아시아나항공사의 경우 물류 수요가 고가화 되는 추세 속에서 항공수송 시장이 확대될 것으로 예상되고 있어서 항공화물수송을 중심으로 하는 항공물류전문업체로 성장할 가능성은 있다. 특히, 인천국제공항이 동북아 거점공항으로 자리매김하면서 국적 항공사들도 서비스 수준의 향상과 네트워크 구축을 통하여 전문물류업체로 성장하는 전략을 적극 추진해야 할 시점이다.

운송주선, 화물혼재 등의 물류업무를 수행하는 포워더는 현재 1,200여개 이상이 등록될 만큼 영세한 업체들이 많으며, 수행하는 업무 또한 수출 또는 수입 포워더 등으로 구분하여 서비스 범위가 제한적이고, 특히 글로벌 네트워크 구축 측면에서 극히 미흡하기 때문에 전문물류업체로 성장하는 데 어려움이 많을 것으로 예상된다.

2) 물류자회사와 도매배송업

국내 기업들도 물류활동의 중요성을 인식하면서 물류부문 자회사 형태로 분리시켜 운영하거나 최근 대기업을 중심으로 이루어지는 구조조정을 통하여 물류부문을 분사화 하는 사례가 증가하고 있다. 분사화는 아웃소싱 대상 분야

표 2-4 대기업으로부터 분사화된 물류기업의 예

모기업	신설기업	주요기능	직원	설립일
삼성전자	토로스 (분사화)	물류로서 자재납품, 완재품의 사내 및 판매물류, 수출제품의 재륙, 해상수송, 통관, 수출지원, 폐가전 회수와 처리	370	1998.4
삼성전기	엑스파트	제품을 거래선에 배송하고 본사의 각 납입창고에 납품대행, 항공수출입 물류를 연계시켜 운송차량의 효율화 도모		1998.9
삼성전기	로젝스	삼성전기 생산제품의 선적 및 출하관리까지 종합 물류관리	100	1997.5
삼성코닝	세렉스(종업원지주제)	물류로서 수원공장의 제품운송, 재고관리, 지게차 통합관리	71	1998.12
삼성물산	로지텍	삼성물산에 대한 물류관리대행과 복합운송주선업	20	1998
삼성물산	시모스(종업원지주제)	SS패션의류의 물류센터 물건입고로부터 매장도착까지	95	1998.5
LG산전	한국수송산업	수직반송기 등 물류설비의 제조판매	11	1998.4
LG산전	대광산업전자	물류센터 및 자동창고의 건설운영	15	1998.4
LG전자	에스엘에스	창고입출고로부터 각 지역의 물류센터까지 배송 및 물류센터로부터 소비자 문전까지 배송, 폐기물류, 회수물류	230	1999.3
LG상사	안양물류 일원상사 J.SPEC	안양물류센터의 입출고 대구이현창고의 반품, 출하, 재고관리 등 신사복 제외한 모든 자재의 입출고, 자재수급업무	96 27 10	1998.4 1998.5 1998.10

자료: 주요 경제신문이나 전문지의 자료를 정리.

특히 물류, 정보시스템, 상비·설비관리 부서나 사업부를 별도법인으로 분리, 독립시킨 후 용역계약을 통하여 해당 분야의 서비스를 제공받는 방식이다.

우리나라 물류자회사는 초기에는 모기업의 물류활동만 위탁받아 수행하는 정도였지만, 현재 여러 제조업과 유통업체가 공동으로 투자한 공동물류회사를 설립하여 모기업의 물류를 공동으로 수행하고, 점차 도매배송업 등 유통업분야에도 진출하는 등 물류 활동범위가 확대되고 있다. 현재 20여개의 도매배송업체가 활동 중에 있으며, 물류망 확대, 물류서비스 전문성 제고 등을 통하여 이들 기업들은 전문물류업체로서 성장할 수 있는 잠재력이 상대적으로 높은 편이다.

3. 국내 제3자 물류시장 환경과 전망[4)]

한 동안 우리나라의 물류산업은 진입, 가격분야에 대한 규제위주의 정책추진으로 경쟁력을 상실하여, 일부 대형업체를 제외하고는 기업이 요구하는 다양한 형태의 물류서비스를 제공할 수 있는 역량을 제대로 키우지 못하여, 기업이 물류아웃소싱을 추진할 수 있는 여건을 제대로 형성하지 못해 자가물류 위주의 물류활동구조가 초래되었다. 이러한 자가물류 위주의 물류활동구조는 기업의 고 물류비 현상을 초래하였을 뿐만 아니라 물류업체의 수익성도 저하시키는 Lose-Lose관계를 심화시켜 왔다.

정부에서는 이러한 문제를 인식하여, 물류분야에 대한 규제완화 정책을 집중적으로 추진하고 있으며, 화물운송 분야 화물자동차운수사업법을 기존의 자동차운수사업법에서 별도로 분리하고, 진입 및 가격규제를 대폭 완화하는 등 물류업체의 시장참여와 서비스개발을 보다 용이하게 하는 물류산업환경을 조성하려는 정책을 추진하고 있다. 이러한 진입 및 가격규제의 완화는 향후 많은 신규업체의 시장진입이 가능하게 되어, 새로운 물류서비스의 개발과 화주에 대한 서비스경쟁이 촉진될 것으로 보인다.

미국의 경우 1980년대 초반 운수산업 전반에 걸쳐 실시한 규제완화의 결과로, 물류산업의 생산성이 크게 증가하였을 뿐만 아니라 대 화주 제공서비스의 가격과 품질이 향상하여, '81년 GDP대비 17.9%까지 상승하였던 국가물류비가 90년대 중반 10.5%까지 감소되는데 크게 기여한 것으로 분석되고 있으며, 이러한 물류산업 환경의 변화는 80년대 후반부터 제3자 물류서비스시장이 확대되는데도 크게 기여한 것으로 분석되고 있다.

우리나라는 최근 전통적인 운송, 보관 등 단일의 물류서비스에서 벗어나 보다 종합적인 물류서비스를 제공함으로써 기업의 물류아웃소싱 시장에 적극적으로 참여하려는 시도가 상당히 진척되고 있다.

특히 대형운송업체, 대기업 물류자회사, 공동물류회사, 도매배송업체 등에 기반을 둔 전문물류기업들이 제3자 물류서비스 시장을 개척하기 위한 노력이 활발히 이루어지고 있다. 이 중 대형운송업체로는 대한통운, 한진, 현대택배, 제조업체/유통업체 물류자회사로는 GLOVIS(현대자동차), 삼성전자 로지텍, SEDEX(신

4) 본 절의 일부는 평택대학교 백종실 교수와 공동으로 작성하였음.

세계), CJ-GLS(CJ), 용마유통(동아제약), Pantos Logistics(前 범한종합물류)(LG전자), 한솔CSN(한솔), 공동물류회사로는 前 레스코(동원산업, 대한통운, 삼양사, 애경산업, 미쓰비시), 도매배송업체로는 콜럼버스 코퍼레이션, 한국물류 등을 대표적인 사례로 들 수 있다.

1) 물류아웃소싱 실태와 특징

대한상공회의소(2005)가 최근 100개 제조·유통기업을 대상으로 실시한 조사결과에 따르면 물류아웃소싱 비율(물류비 기준)은 55.6%로 2001년의 33.8%에 비해 21.8%, 2003년의 48.4%에 비해 7.2% 증가한 것으로 나타났다.

물류서비스별 이용비율은 수·배송 65.4%, 보관·재고관리 25.5%, 하역 37.8%, 포장·유통가공 16.2%, 물류정보 12.3%로 타나났다.

기업규모별 물류아웃소싱 비율은 대기업이 57.8%, 중소기업이 47.3%로 나타났고, 업종별로는 제조업이 54.7%, 도소매업이 58.8%로 나타나 대기업, 도소매업의 아웃소싱이 상대적으로 활성화 되고 있는 것으로 타나났다.

기업이 물류부문 아웃소싱을 하는 목적은 물류비용 절감(66.7%), 물류서비스 향상(12.1%), 물류인력의 부족(9.1%), 물류장비 및 시설부족(7.1%)의 순으로 나타났다. 하주기업이 물류업체를 선정하는 방식은 공개경쟁 입찰(34.4%), 기존 거래업체(25.3%), 시장조사 후 수의계약(26.2%), 물류자회사 및 관계사(14.1%) 등의 순으로 나타났다. 특히 공개경쟁 입찰의 비중이 2003년 22.4%에 비해 증가한 것은 바람직한 현상으로 여겨진다.

물류업체 선정 시 주요 평가요소는 가격수준(계약단가)(52.5%), 서비스 수준 및 범위(25.3%), 재무 안정성 및 신뢰성(11.1%) 등을 중요하게 고려하고 있는 것으로 나타났다. 하지만 계약단가의 비중이 2003년 43.3%에 비해 높아진 것은 물류업체의 가격인하 압박으로 작용하여 보나 고품질의 서비스를 개발하는데 장요요인으로 작용할 것으로 여겨진다.

하주기업들은 평균 6.1개의 물류업체와 계약을 하는 것으로 나타났다. 또한 물류업체와의 위탁 계약기간은 1년 단위 계약(81.8%)이 가장 많았으며, 1년 이상의 장기계약은 17.2% 정도로 나타났다. 이러한 단기계약 위주의 물류아웃소싱 패턴은 물류업체가 하주기업을 위한 투자를 꺼려하는 요인으로 작용하여 제3자 물류시장의 활성화를 저해하는 요소로 작용할 가능성이 있다.

2) 제3자 물류업체 경영실태

우리나라의 경우 기존 물류산업에 대응한 제3자 물류산업이 독립적인 업종으로 구분되어 있지 않고 각종 통계조사, 실태조사가 부족하여, 시장규모나 이용실태를 정확히 파악하기가 어려운 실정이며, 1999년 상공회의소가 실시한 제3자 물류업체에 대한 경영실태조사가 아마도 최초의 본격적인 실태조사라 하겠다.

이 조사결과에 따르면 제3자 물류서비스를 지향하는 물류전문업체의 78.3%는 1990년 이후에 설립되었으며, 평균 영업기간이 4년(기존 화물운송업체의 평균 영업기간 27년) 정도로 우리나라의 경우 아직 시장도입기에 있음을 나타내고 있다. 이들 물류전문업체의 초기 사업형태는 대기업 물류자회사에서 출발한 경우가 34.8%로 가장 높은 비중을 차지하고 있고 공동물류회사, 화물운송업체도 각각 17.4%, 13.0%를 차지하고 있는 것으로 나타났다. 이들 업체들은 대부분 향후 제3자 물류시장이 계속 성장할 것으로 전망하고 있으며, 응답 업체의 60%가 2000년에 20%이상의 성장률을 보일 것이라고 응답하였다.

기존 화물운송업체와 물류전문업체의 물류서비스 제공 실태와 향후 서비스 강화 분야를 조사한 결과에 따르면, 기존 화물운송업체의 경우 운송서비스(100%), 보관서비스(51.6%), 하역서비스(37%), 물류공동화서비스(37%) 등 전통적인 물류서비스에 초점을 두고 있으며, 복수의 물류서비스 제공이 일부 진행되고 있는 현상을 보여주고 있으며, 향후에는 택배서비스, 포워딩서비스, 정보서비스 분야가 강화될 것으로 나타났다.물류전문업체의 경우 화물운송업체에 비해 다양한 서비스를 제공하고 있는 것으로 나타났다. 특히, 종합물류서비스(70%), 컨설팅서비스(70%), 물류공동화서비스(65%), 포워딩서비스(60%), 유통가공서비스(50%) 등 기존 화물운송업체와는 차별화된 서비스에 초점을 두고 있으며, 향후에도 종합물류서비스, 물류공동화서비스, 정보서비스 분야를 강화할 것으로 응답하여 종합적인 물류서비스의 제공에 초점을 두고 있는 것으로 나타났다.

3) 종합물류기업 인증제의 도입

최근 정부는 물류전문기업을 육성하기 위해 종합물류기업 인증제도 및 지원 등을 포함하는 제3자 물류 활성화 정책을 추진하고 있다. 이러한 정책적 지원은 성장단계로 진입하고 있는 우리나라 제3자 물류서비스 시장의 활성화와 물류전문기

표 2-5 화물운송업체 및 물류전문업체의 물류서비스 제공 실태 및 향후 강화 분야

(단위: %)

	화물운송업체		물류전문업체	
	현재 서비스	향후 강화 분야	현재 서비스	향후 강화 분야
운송서비스	100	100	90	87.5
택배서비스	25.9	40	50	56.3
포워딩 서비스	29.6	40	60	75
하역서비스	37	48	45	43.8
보관서비스	51.6	60	55	50
정보서비스	33.3	48	55	62.5
유통가공 서비스	3.7	4	50	56.3
컨설팅 서비스	18.5	24	70	56.3
물류공동화 서비스	37	44	65	75
종합물류서비스	29.6	36	70	75
기타	3.7	4	-	-

자료: 상공회의소(1999).

업의 경쟁력 제고에 상당히 기여할 것으로 보인다. 정부는 2005년 1월 화물유통촉진법을 개정하였으며 2006년부터 종합물류기업 인증제를 도입·시행하기로 하였다.

물류기업들이 종합물류기업 인증을 받기 위해서는 화물운송, 물류시설운영, 물류서비스의 3가지 서비스를 종합적으로 제공해야 하고, 제3자 물류 비중이 20%이상 되어야 하며, 나아가 서비스의 다양성, 기업 규모, 발전가능성 등을 종합적으로 평가받게 된다.

<종합물류업자>

대분류	화물운송업		물류시설운영업		물류서비스업
세분류	육상/해상/항공/파이프라인	+	창고업/화물터미널운영	+	화물취급/주선/장비임대/정보처리/컨설팅

※ 각 대분류 업종별로 최소 1개 이상 세분류 업종을 함께 영위

표 2-6 종합물류기업 인증대상

기업명 (제휴기업명)	제휴업체	인증부처
(주)동방	-	건교 · 해수
대한통운(제휴)	대한통운(주), 대한통운국제물류(주)	건교 · 해수
(주)선광	-	건교 · 해수
유니온스타 로직스	태영상선(주), 우련통운(주), 우련육운(주) 한국통운(주), 태영산구국제물류(주)	건교 · 해수
천일정기화물 자동차(제휴)	천일정기화물자동차(주), (주)천일모터프레이트	건교
한솔CSN(제휴)	한솔씨에스엔(주), 삼육트렉터(주)	건교
(주)한진	-	건교 · 해수
(주)현대택배	-	건교
KCTC(제휴)	(주)케이씨티시, 고려종합국제운송(주)	건교 · 해수
LOEX(제휴)	동원산업(주), (주)동영콜드프라자 조양국제종합물류(주)	건교

자료: 종합물류기업인증센터 http://cilc.koti.re.kr.

향후 인증기업들에게는 ① 통관업무 대행 권한 부여 ② 정부 자금 지원 (해외진출, 물류정보화, 표준화, 물류시설확충, IT투자) ③ 물류시설(화물터미널, 유통단지, 산업단지) 입주권 우선 부여 ④ 부지확보 지원 및 사업자금 일부 융자 등의 혜택이 주어질 예정이다. 2006년에 1차로 선정된 종합물류인증기업은 다음과 같다.

우리나라의 최근 경제여건 하에서 기업은 경쟁력을 높이고, 사내의 인적, 물적 자원을 보다 효율적으로 활용하기 위해, 핵심역량이 있는 사업부문을 제외한 상당부분의 기업 활동을 아웃소싱하여야 한다는 인식이 확산되고 있다. 이러한 여건변화는 향후 물류부문에서 제조업체와 유통업체간, 화주와 물류업체간 전략적 제휴를 활성화하여, 상호 Win-Win관계를 추구하고 공급사슬 전체의 효율성을 제고하려는 노력을 가속화시킬 것으로 보인다. 이러한 노력을 종합적인 물류서비스의 제공을 지향하는 제3자 물류업체의 영업 전략과도 일치하게 때문에, 향후 기업의 제3자 물류의 도입을 촉진시켜 제3자 물류서비스 시장이 본격적으로 확대될 것으로 선망되어진다.

제 2 절 국외 제3자 물류 시장 동향과 전망[5)]

1. 북미, 유럽, 아·태 지역의 3PL 동향

1) 3PL 이용비율과 아웃소싱 비용의 비중

2003년을 기준으로 북미, 유럽, 아·태 지역의 3PL 이용비율은 각각 78%, 79%, 58%로 나타났다. 유럽과 북미 화주의 아웃소싱 비율은 거의 유사하나 아시아 지역 화주의 아웃소싱 비율은 약 20% 정도 낮은 것으로 나타났다. 아시아 지역 화주는 북미나 유럽의 화주에 비해 아웃소싱에 대한 인식이 미흡하고, 다소 폐쇄적인 기업문화의 특성 때문에 선진국에 비해 3PL 시장이 활성화되지 못하고 있다. 북미 및 유럽의 화주들이 3PL을 주로 이용하는 산업분야는 컴퓨터와 주변기기, 소비재 상품이며, 점차 자동차부품, 화학, 소매유통업체들도 점차 소수의 3PL을 이용하는 것으로 나타났다.

그림 2-1 지역별 3PL 이용비율

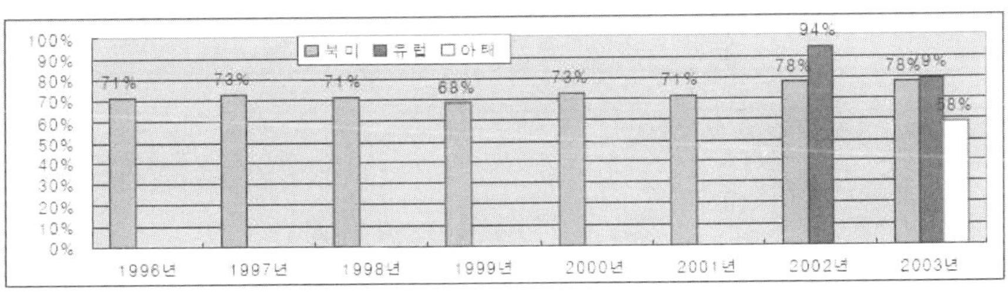

자료: Langley, Allen and Colombo(2003).
주: 2002년 유럽의 3PL 이용비율이 높았다가 2003년 낮은 이유는 표본수의 차이 때문임.

화주들이 지출하는 총 물류비 중 아웃소싱 비용의 비중은 유럽이 가장 높은 65%, 북미 49%, 아·태 지역 50% 순으로 나타났다. 향후 지속적으로 아웃소싱이 확대될 것으로 예상되는 가운데 2006~2008년의 아웃소싱 비용의 비중은 북미 56%, 유럽 81%, 아·태 지역 60%에 이를 것으로 전망되고 있다.

---

5) 본 절은 권오경 교수와 평택대학교 백종실 교수 공동으로 작성하였음.

그림 2-2 총 물류비 중 아웃소싱의 비중에 대한 현황과 전망

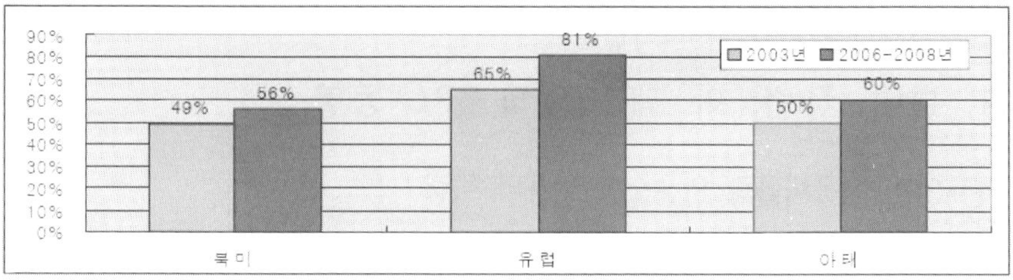

자료: 상게서(2003).

한편 북미 및 아·태 지역 화주들은 3PL을 이용하지 않는 이유로서 물류를 핵심역량의 하나로 인식하고 있거나 경영전략상 아웃소싱하기에 너무 중요한 업무라는 이유가 높게 나타났다. 일반적으로 3PL을 이용하지 않는 이유로 제시되는 물류비 절감 곤란, 고객과의 접촉기회 부족으로 인한 통제권 약화 때문이라는 비중은 다소 낮았다. 특히 아·태 지역 화주들은 비용증가, 서비스 수준의 향상 미흡, 고객 불만 증가 등을 이유로 3PL을 이용하지 않는다는 의견이 북미 화주보다 높게 나타났다.

그림 2-3 3PL을 사용하지 않는 이유

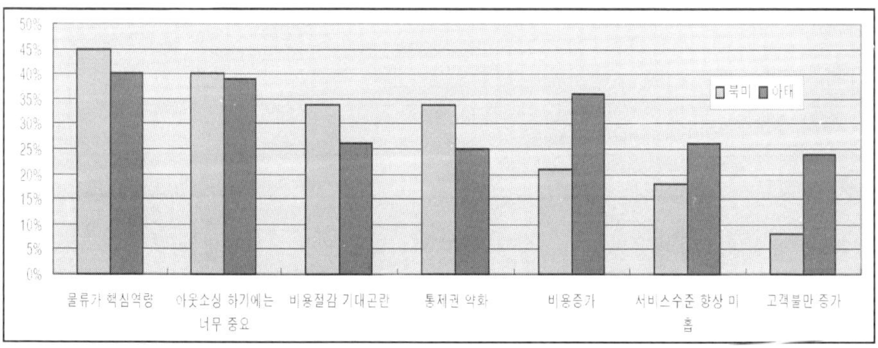

자료: 상게서(2003).

2) 주요 아웃소싱 서비스

각 지역 화주들이 3PL로부터 주로 아웃소싱 하는 물류서비스는 보관과 수송서비스이고, 이외에도 통관수속과 포워딩 서비스는 북미와 유럽 지역 화주가 50% 이상 이용하고 있다. 유럽화주들은 화물혼재, 회수물류, 반품처리·수선, 상표부착과 같은 서비스에 대해 북미 화주보다 많이 아웃소싱하고 있는 것으로 나타났다.

아·태 지역 화주는 주로 수송서비스를 아웃소싱하며, 창고, 포워딩, 크로스도킹(cross docking)의 순으로 아웃소싱하고 있으며 창고, 통관, 포워딩, 운임지불, 화물혼재, 컨설팅 등 부가가치 물류서비스의 아웃소싱 비율은 북미와 유럽의 화주보다 낮게 나타났다. 한편 고객과 밀접한 주문이행과 입력, 고객서비스, 정보시스템, 컨설팅, 물류조달, 4PL 서비스 등의 아웃소싱 비율은 3개 지역 모두 낮게 나타났다.

표 2-7 주요 아웃소싱 물류서비스

물류서비스	북미	유럽	아태	물류서비스	북미	유럽	아태
창고	73	91	46	상표부착 및 표시	20	33	17
수송(반출, 수출)	71	95	87	운임협상	19	10	6
통관수속대행	66	57	-	재고관리	19	14	24
수송(반입, 수입)	62	71	62	반품처리 및 수선	16	43	5
통관	62	67	33	정보기술	12	38	21
포워딩	57	67	41	차량/장비 관리	12	38	21
운임정산과 지불	54	24	8	주문입력 및 처리	10	10	6
크로스독킹	37	43	33	조립 및 설치	9	14	8
화물혼재/유통	37	62	16	유통관리	9	5	11
컨설팅서비스	29	14	10	고객서비스	9	14	14
회수물류	28	38	-	4PL 서비스	7	10	-
운송인 선정	24	24	19	재고보유	6	9	-
주문이행	23	24	19	팩터링 등 금융서비스	2	5	5
물류주선	23	29	-	SCM관리자	-	-	6
특정한 제조활동	23	19	-				

자료: 상게서(2003).

3) 화주들이 3PL에 요구하는 아웃소싱 서비스

화주는 핵심적인 물류서비스에 대한 노하우와 전문물류인력을 확보하고, 부가가치 물류서비스를 제공할 능력을 갖춰야 하며, 특정 산업에 적합하고 광범위한 네트워크를 구축하고, 적절한 비즈니스 인프라를 구축하고 있는 3PL을 선호한다. 3PL이 갖춰야 할 인프라 중 중요한 요소는 정보기술을 얼마나 잘 활용하여 고객의 비즈니스와 정보시스템을 연계하여 서비스를 제공할 수 있는가 하는 점이다. 현재 3PL이 정보시스템을 기초로 제공하는 물류서비스는 창고 및 물류센터운영, 화물추적, 수출입 · 포워딩과 통관, 웹기반 통신, 수송관리 등이다. 그러나 고객주문관리, 전자업체의 수송 관리와 상품 수직화, 공급자관리시스템, 공급사슬계획시스템 분야의 서비스는 아직 초보단계 수준에 머물고 있는 것으로 나타났다.

그림 2-4 3PL이 IT기술에 기초하여 제공하는 물류서비스

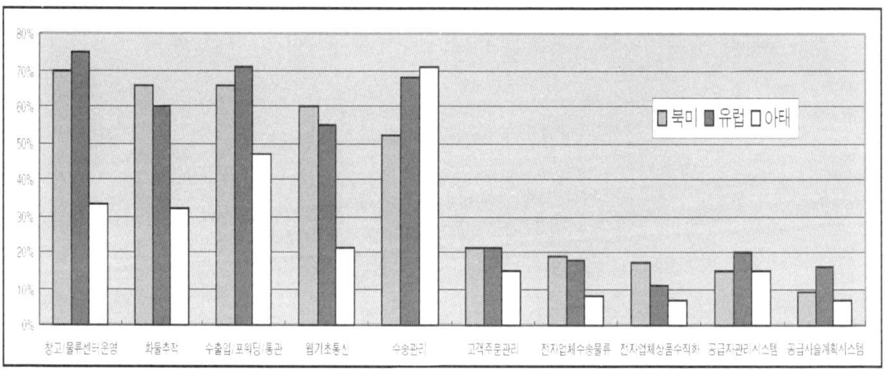

자료: 상게서(2003).

화주들은 3PL을 이용하더라도 정보시스템은 내부적인 과제로 인식하는 경우가 많다. 북미 화주들은 정보시스템을 포함한 기술과 관련한 서비스를 내부적으로 해결하는 비중이 46%, 기술업체로부터 제공받는 경우가 33%, 3PL 업체로부터 지원받는 경우가 18%로 3PL에 대한 의존도는 그리 높지 않은 것으로 나타났다. 유럽 화주들도 자체적으로 해결한다는 의견이 59%, 기술업체에 의존하는 비율은 6%, 3PL 업체로부터 아웃소싱 하는 비율은 29%로 나타났다. 아·태 지역 화주들은

자체해결 하는 비율은 56%, 3PL 업체로부터 아웃소싱 하는 비율은 32%로 나타났다.

또한 북미 및 유럽 화주들은 향후 3PL이 IT 기술에 기초하여 제공해야 할 서비스는 공급자관리시스템, 전자업체의 수송 관리와 상품 수직화, 공급사슬계획관리 분야를 꼽았고, 아·태 지역 화주들은 전자업체의 수송관리, 웹기반 통신, 공급사슬계획관리, 창고 및 물류센터관리 등을 제시하고 있다.

북미 및 유럽 화주의 94% 이상과 아·태 지역 화주의 74%는 3PL 업체가 IT 기술을 필수적으로 보유해야 하는 것으로 인식하고 있으며, 적절한 IT 소프트웨어를 구비해야 한다는 의견은 북미 95%, 유럽 81%, 아·태지역 52%로 나타났다.

그림 2-5 향후 3PL이 IT기술에 기초하여 제공해야 할 물류서비스

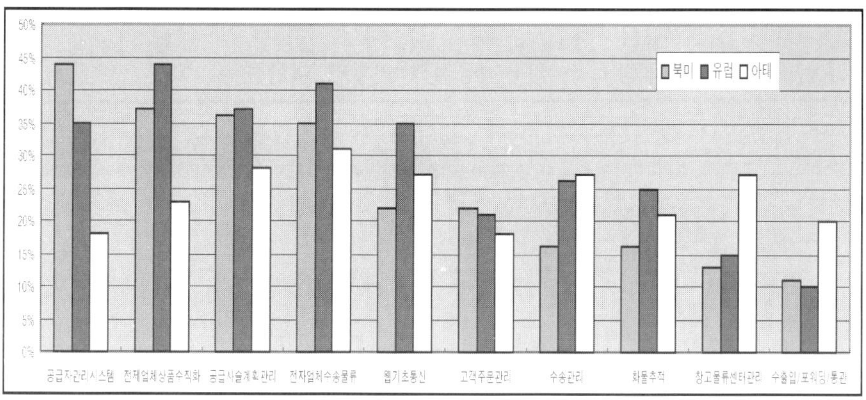

자료: 상게서(2003).

4) 3PL 이용시 효과와 3PL이 향상시켜야 할 서비스 요소

북미 및 유럽의 화주들은 3PL 이용 시 물류비감소, 고정자산 감소, 평균주문시간 단축, 총재고 감소, 현금흐름 개선의 효과가 있는 것으로 인식하고 있다. 3PL 이용시 효과에 대한 인식 비율은 다음과 같다.

한편 3PL을 이용 중인 화주의 대부분은 3PL업체가 지속적으로 고객과의 관계를 개선하고, 새로운 부가가치 물류서비스를 제공하기 위해 노력하고 있기 때문에 3PL에 대해서 대체로 긍정적으로 평가하고 있는 것으로 나타났다. 평균적으로 북미 및 유럽 화주의 80% 정도가 3PL을 경영자원 제공자라고 인식하고 있으며,

표 2-8 3PL 이용시 효과에 대한 인식 비율

지역	물류비감소	고정자산 감소	평균주문시간단축	총재고 감소	현금흐름 개선
북미	9%	16%	9.8일→7.9일	8%	25.6일→18.3일로 회수기간 단축
유럽	7%	5%	4.2일→2.0일	13%	-

자료: 상게서(2003).

경영자원 관리자 39%, 문제점 해결자 37%, 수송전략가 31% 순으로 나타났고 종합관리자라고 인식하는 경우는 11%에 불과하다.

3PL 업체들은 고객서비스 향상과 비용절감을 위해 지속적으로 노력하고 있으나 화주들은 아직도 기대에 미치지 못하는 것으로 인식하고 있다. 화주들이 3PL 업체에 서비스 향상을 요구하는 분야는 아래 표와 같이 나타났다.

그림 2-6 3PL 제공자의 역할에 대한 평가

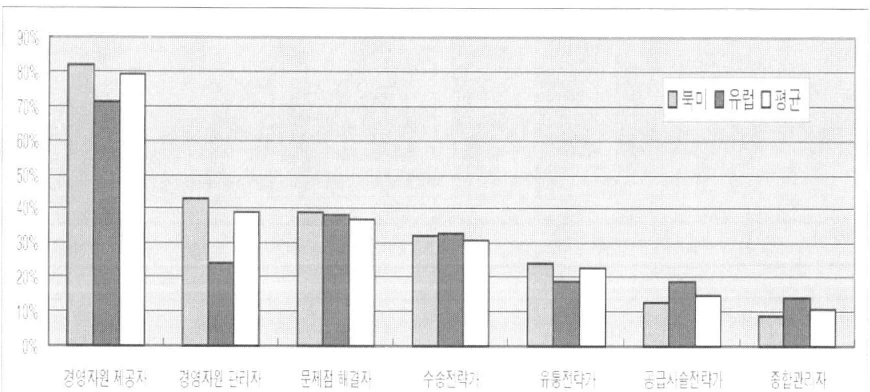

자료: 상게서(2003).

북미나 유럽도 3PL 업체의 능력에 대한 명확한 평가 기준은 없으나 특정 산업에 특화된 서비스를 제공하는 능력을 가장 중시하고, 종합적이고 일관성 있는 서비스를 제공하며, 아울러 글로벌 네트워크를 구축하고 단일 계약으로 서비스를 제공할 수 있는 3PL을 선호하고 있는 것으로 나타났다. 물류서비스의 아웃소싱이 성공적으로 이루어지기 위해서 가장 중요한 점은 3PL의 능력과 고객의 욕구가 조화를 이뤄야 하며, 3PL은 시행이 용이하고 증명된 솔루션을 제공할

표 2-9 화주들이 3PL업체에 요구하는 서비스 향상 분야

서비스 향상 분야	북미	유럽	아태
약속한 서비스 수준의 이행 미흡	66	69	22
물류에 투자하는 시간과 노력 감소 미흡	43	50	19
물류비 절감 실현 곤란	43	56	22
계약 후 지속적으로 비용 및 물류비 증가	51	38	-
시행단계 동안 업무 이전에 불만족	30	69	-
전략적 관리기술 부족	53	63	50
글로벌 네트워크 부족	22	50	43
첨단정보기술에 대한 추적 미흡	26	31	41
기술능력을 가지고 있으나 고객에게 이전 미흡	23	44	43
컨설팅 및 지식기반기술의 부족	30	38	38
신뢰성 있는 관계구축 능력 미흡	30	44	13
지속적인 서비스 향상 노력 미흡	53	63	21

자료: 상게서(2003).

수 있어야 한다. 또한 3PL을 이용하는 고객도 자신의 핵심역량과 아웃소싱 하는 물류서비스의 범위를 명확하게 인식하고 내부적으로 수행할 때의 중복 업무 등을 제거해야 성공할 수 있다.

2. 미국, 유럽, 아시아 지역의 3PL 시장 현황

1) 미국의 물류 및 3PL 시장

2002년 미국의 GDP는 10조 4,700억 달러이며 물류비는 9,100억 달러로 GDP 대비 8.7%를 나타냈다. 미국의 GDP 대비 물류비 비중은 1994년 10.1%를 기록한 후 2000년까지 10%대를 유지하다가 2001년 9.5%로 감소한 후 2002년에는 8.7%로 급격히 감소하였다.

한편 2002년 미국의 물류비 9,100억 달러 중 수송비는 5,710억 달러로 가장 큰 비중을 차지하고, 재고와 관련된 비용은 2,980억 달러로 나타났다. 수송비 중 도로수송과 관련한 비용은 4,620억 달러로 다른 수송수단과 관련한 비용의 4배 이상을 차지하였다. 도로수송비용 중 주간(州間) 트럭수송비용은 3천억 달러로 지역 내 트럭수송비용의 2배를 차지하는 것으로 나타났다.

표 2-10 물류서비스의 아웃소싱을 확대하기 위한 방안

구분	3PL 이용자	3PL 제공자
사 람	·패러다임 변화 인식 – 무엇과 어떻게 등을 정의 – 표준과 허용 ·상호 기능팀의 요구사항을 명확화	·컨설팅 능력 – 고객의 욕구를 분석하는 것이 중요 – 전담요원 필요 ·판매, 운영, IT에 응답할 수 있는 판매팀 통합 ·판매와 인도를 분리
프로세스	·입찰과정 등을 재설계 – 심층적인 질문서 작성과 경험축적에 대한 질문 – 고객과 직접 대화 – 계약 및 협상기간 – 구체적인 기대치 제시 ·보유해야 할 능력과 보유하면 좋을 능력을 구분 ·내부 수행부분과 3PL로부터 아웃소싱할 부문 명시	·3PL과 고객이 이용할 수 있는 RFI/RFP 제공 ·고객에게 판매 toolkit를 제공 ·수익률 및 비용에 대한 명세 제공 ·성공할 수 있는 조치에 대한 매트릭스 개발 ·프로세스 맵 제시 – 로드맵 – 변화를 위한 계획 수립
기 술	·표준화, 단순화 ·보고서 작성 및 추적	·표준화, 단순화 ·탄력적, 개방적, 현대화된 구조 ·의사결정지원 수단

자료: 상계서(2003).

그림 2-7 미국 물류시장 규모 추이

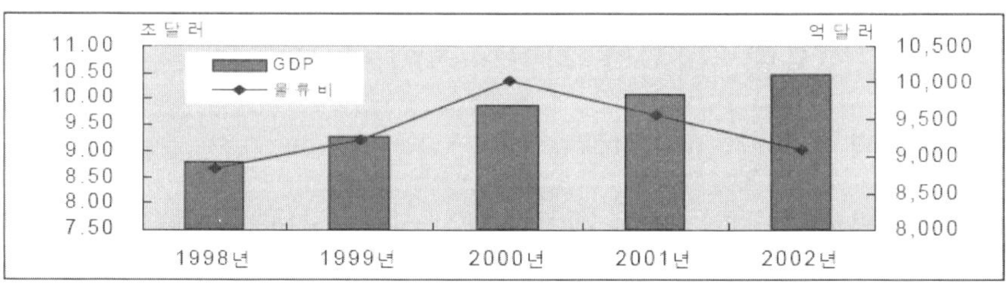

자료: National Income and Products Accounts(2003).

미국의 3PL 시장 규모는 1996년 310억 달러에서 2002년 650억 달러로 2배 이상 증가할 만큼 아웃소싱 시장이 활성화되고 있다. 1999년 450억 달러 기록 후 2000년 570억 달러, 2001년 610억 달러로 계속 증가하였다.

표 2-11 미국의 물류비 구성(2002년)

<table>
<tr><th colspan="3">구 분</th><th>금 액</th><th colspan="2">구 분</th><th>금 액</th></tr>
<tr><td rowspan="10">수송 비용</td><td rowspan="3">트럭수송비</td><td>주간트럭수송</td><td>3,000</td><td rowspan="4">재고관련비용</td><td>이자</td><td>230</td></tr>
<tr><td>지역 내 트럭수송</td><td>1,620</td><td>세금, 보험, 감가상각 등</td><td>1,970</td></tr>
<tr><td>소 계</td><td>4,620</td><td>창고</td><td>780</td></tr>
<tr><td rowspan="6">다른 수송수단</td><td>철도수송</td><td>370</td><td>소 계</td><td>2,980</td></tr>
<tr><td>해상소송</td><td>270</td><td>화주관련비용</td><td></td><td>60</td></tr>
<tr><td>파이프라인</td><td>90</td><td>일반관리비용</td><td></td><td>350</td></tr>
<tr><td>항공수송</td><td>270</td><td colspan="3" rowspan="3"></td></tr>
<tr><td>포워더</td><td>90</td></tr>
<tr><td>소 계</td><td>1,090</td></tr>
<tr><td colspan="2">수송비용 소계</td><td>5,710</td><td colspan="2">총 합 계</td><td>9,100</td></tr>
</table>

자료: US DOC(2003).

그림 2-8 미국 3PL 시장의 성장 추이

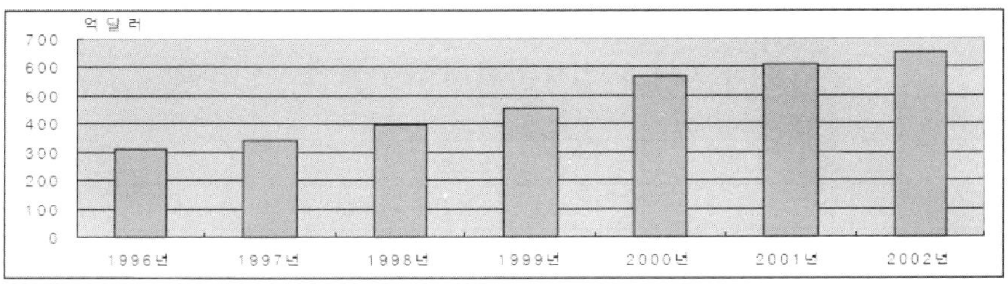

자료: Armstrong & Associates(2003).

2002년 미국 3PL 업체의 분야별 매출액 규모는 2001년에 비해 6.9% 증가하였다. 분야별로는 국내 수송분야가 195억 달러로 가장 크고, 부가가치 창고 및 유통분야와 국제 수송분야는 각각 169억 달러, 166억 달러를 나타냈다. 특히 2003년 미국 화주들이 60% 이상 이용하는 3PL 서비스는 운임지불, 화물혼재, 전담수송(dedicated transportation), 통관업무, 창고관리 등으로 나타났다.

미국에서 활동 중인 20대 3PL 업체의 총순수입액은 162억 달러에 이르며, 그 중 영국계 3PL인 EXEL America사의 순 수입액은 15억 달러를 기록하였다. 20대 3PL 업체의 총 종사자는 14만 6천명이며, 10대 업체의 종사자는 5천명을 상회하고 있다.

그림 2-9 미국 화주들이 3PL로부터 주로 아웃소싱 하는 서비스

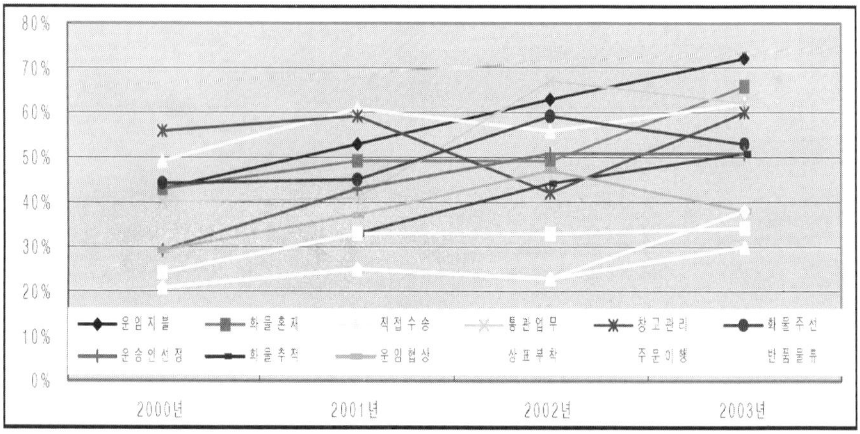

자료: Lieb and Bentz(2003).

표 2-12 미국 20대 3PL업체의 순 수입액 및 종사자(2002)

업체명	순수입(백만달러)	종사자(인)	업체명	순수입(백만달러)	종사자(인)
EXEL America	1,499	19,000	Eagle	672	3,200
Ryder	1,492	16,674	TNT Logistics	635	5,900
UPS Solutions	1,402	1,000	JB Hunt	628	5,663
DHL Danzas	1,336	13,416	Americold	550	6,200
Schnieder	1,134	9,350	nAL	499	1,400
Penske	1,054	10,352	CH Robinson	484	3,814
Caterpillar	1,000	7,200	USCO	403	2,000
Tibbett & Britten	908	12,500	Menlo	388	15,000
APL Logistics	723	4,500	Bax Global	355	850
Expeditors	682	8,001	Werner	334	750

자료: Armstrong & Associates(2003).

현재 미국 3PL 시장에서 활동 중인 외국계 물류업체는 주로 유럽계 물류업체로 EXEL, Vopak, Geodis, TNT, T&B, Kuehne & Nagel, Hays, Danzas, Panalpina, ABX, Schenker 등이며, 홍콩의 Li Fung, 싱가포르의 SembCorp Logistics 등이 활동 중인 것으로 나타났다.

한편 글로벌 비즈니스 활동을 수행 중인 다국적 기업 등 주요 화주들은 소수의

3PL이 전 세계적으로 고객이 요구하는 물류서비스를 제공하는 데 한계가 있기 때문에 대체로 6개 이상의 3PL을 활용하는 것으로 나타났다. 예를 들면 GM, Ford등은 18~22개의 3PL을 활용하나 BMW, 3M, Nissan 등은 6~8개의 3PL을 활용하는 것으로 나타났다.

표 2-13 미국 주요 화주가 이용하는 3PL의 수(2002년)

화주 기업명	3PL 이용업체 수	화주 기업명	3PL 이용업체 수
GM	22	BMW, Compaq, Kimbery-Clark, Kraft, Mitsubishi, Nestle, Philips Electronis, Sara Lee, Unilever	8
DaimlerChrysler, Ford	18		
GE, HP	17	3M, Abbot Labs, Coca-cola, Georgia Pacific, Goodyear, Honeywell, Kmart, Lucent Technologies, Xerox	7
Procter & Gamble	16		
Sears, Toyota	13		
Dupont, IBM, Siemens, Wal-Mart	12	Anheuser Busch, Colgate-Palmolive, Dell Computer, Honda, John Deeree, Maytag, Nissan, Nortel, Pepsi, Quaker Oats, Whirlpool	6
Volkswagen	11		
Glaxo	10		
Home Depot	9		

자료: Container Age, July 2003.

2) 유럽의 물류 및 3PL 시장

1999년 유럽의 물류시장 규모는 약 1,540억 달러이며, 3PL 시장 규모는 423억 달러. Datamonitor사는 2005년 유럽의 물류시장 규모를 2,120억 달러 규모로 추정하고 있으며, 3PL시장은 약 649억 달러에 이를 것으로 추정한 바 있다. 현재 유럽의

표 2-14 유럽 주요국의 물류비 규모(1999년)

국 가	GDP(억달러)	물류비(억달러)	물류비 비중(%)	자가물류 비중(%)
영 국	1,151	122	10.6	61
독 일	2,353	306	13.0	74
프 랑 스	1,538	171	11.1	70
이탈리아	1,214	137	11.3	86
스 페 인	582	67	11.5	80
네덜란드	393	45	11.3	74

자료: Container Age, August 2000.

물류비는 GDP의 8% 수준이고, 유럽의 물류산업 종사자는 약 500만 명으로 추정하고 있으며, 3PL 시장 규모는 350~400억 달러 수준으로 추정하고 있다.

그동안 EU 전 지역에 네트워크를 구축해 왔던 물류업체는 포워더였으나 EU 통합 이후 포워더 외에 3PL, 특송회사, 컨테이너선사, 철도회사, 각국 우편국 등도 다른 업체와 전략적 제휴 또는 인수합병 등을 통하여 유럽 전역에 걸쳐 물류네트워크 구축을 추진 중이다. 2003년 유럽20대 물류업체의 총매출액은 443억 유로(Euro)이며, 각 업체의 매출액 규모는 아래 표와 같다.

표 2-15 유럽의 20대 물류업체(2003년)

물류업체	매출액(백만유로)	물류업체	매출액(백만유로)
DPWN(Danzas)	6,607	ABX Logistics	1,797
Schenker	4,896	Gefco	1,574
Exel	3,342	Hays	1,285
Geodis	3,319	Groupe Cat	1,273
Kuehne & Nagel	3,220	Fiege	1,273
DSV	2,331	Christian Salveen	1,220
TNT Logistics	2,122	Stef TFE	1,165
Wincanton / P & OTE	2,096	Tibbett & Britten	1,111
Panalpina	1,848	Hellman	1,007
Dachser	1,810	Norbert Dentressangle	972

자료: Eyefortransport and Logistik(2003).

유럽의 물류업체는 수·배송, 복합운송, 창고, 회수물류 등의 서비스를 제공하고 있으며, 다수의 창고를 보유하고 전자, 예비품, 의류, 화학제품, 의약품, 자동차부품 등에 특화된 서비스를 제공하고 있다. 참고로 네덜란드 10대 물류업체의 특화분야 및 핵심 사업을 살펴보면 다음과 같다.

3) 일본의 물류 및 3PL 시장

일본의 1998년 물류시장 규모는 48조 엔(円)이며, 물류비 비중은 GDP 대비 9.47%로 1997년 9.53%보다 다소 감소하였다. 일본의 2000년 물류분야별 비중은 수송비 52.7%, 보관비 19.7%, 포장비 6.8%, 하역작업비 12.3%, 일반관리비 8.6%로 나타났다.

2000년 8월 Nittsu 연구소가 일본의 3PL에 대해 조사한 바에 의하면 조사대상

표 2-16 네덜란드 10대 물류업체 현황(1999)

(단위: 백만길더, 인, 천평, 개)

	회사명	매출액	종업원	창고면적	창고수	특화분야	네트워크	핵심사업
1	TPG	3,348	25,100	1,512	392	a, b, c, d, f, g, h, k, l, n	세계	1, 4, 5, 6, 9
2	Frans Maas	1,354	6,600	302	174	a, b, c, d, f, g, h, k, l	세계	2, 3, 6
3	Danzas Benelux	1,078	4,000	201	42	a, b, c, d, f, g, h, k, l	세계	1, 2, 3, 4, 5, 6, 8, 9
4	Harry Vos	709	3,600	109	32	a, d, g, h, I, j, k, n	세계	1, 2, 3, 4, 5, 6, 7
5	Ewais Group	603	1, 271	51	9	a, b, d, f, g, h, I, j, k, l, m, n	유럽	1, 2, 3, 4, 5, 6, 7
6	Vitesse(Geodis)	301	600	45	5	a, b, d, f, h, j, k, l, m, n	유럽	2, 3, 4, 5, 6, 9
7	Wim Bosman	242	1,013	57	13	a, b, d, f, g, h, I, k	유럽	1, 2, 3, 4, 6
8	Exel	226	1, 160	56	10	a, b, f	세계	1, 2, 3, 4, 5, 6, 7, 8, 9
9	Kuhne & Nagel	NA	NA	NA	NA	a, j, k, l	유럽	1, 2, 3, 4, 5, 6
10	Van der Graaf	224	1, 250	51	11	a, b, d, f, g, h, I, j, k, l, n	세계	2, 3, 4, 5, 6

자료: LogistiekKrant(2001).

주 : 1) 특화분야 중 a : 전자, b : 예비품, c : 의류, d : 화학제품, e : 가구, f : 의약품, g : 음식료, h : 비식품, i : 자가품, j : 항공화물, K : 자동차부품, l : 국내장비, m : 유리제품, n : 종이제품, o : 기타

2) 핵심사업 중 1 : 유통, 2 : 단위화물 3 : LTL화물, 4 : FTL화물, 5 : 복합운송, 6 : 창고서비스, 7 : 벌크화물, 8 : 특송서비스, 9 : 회수물류

기업의 58%가 물류활동이 핵심역량이 아니라고 답변하였고, 20%는 물류활동이 핵심역량이라고 응답하였나. 또한 조사대상 기업의 52%가 물류서비스를 아웃소싱할 의향이 있고, 41%는 아웃소싱에 관심이 있다고 응답한 것으로 미루어 아직 일본의 3PL 시장이 활성화되지는 않았으나 향후 발전할 가능성은 상당히 높다고 볼 수 있다.

현재 일본 화주기업들이 물류업무를 아웃소싱하고 있으며 향후로도 확대시킬 예정이라고 응답한 업체는 26.6%, 현재와 동일한 수준을 유지하겠다는 업체는 41.4%로 물류업무의 아웃소싱 비율은 68%에 이른다. 향후 점차 아웃소싱비율을

축소하겠다는 업체는 3.2%에 불과하며, 향후로도 아웃소싱을 하지 않을 예정이라고 응답한 업체의 비율도 14.4%로 나타났다.

표 2-17 일본 화주기업들의 물류업무 아웃소싱에 대한 의견(2001)

아웃소싱에 대한 의견	응답비율(%)
향후로도 현재와 동일한 수준의 아웃소싱 유지	41.4%
현재보다 한층 아웃소싱 비율 증대	26.6%
향후로도 아웃소싱을 하지 않을 예정	14.4%
잘 모르겠다.	12.8%
현재 아웃소싱 중이나 점차 아웃소싱 비율 축소예정	3.2%

자료: Nitttsu, 2001. 2.

물류업무인 수송, 보관, 하역, 포장서비스에 대한 일본 화주의 아웃소싱 비율은 상당히 높고, 물류주변업무 중 폐기물처리는 아웃소싱비율이 다소 높으나 수발주, 조립 및 가공, 대금회수, 정보처리 등 업무의 아웃소싱비율은 비교적 낮다. 특히 일본 화주의 90% 및 60%가 각각 수송서비스와 보관·하역서비스를 아웃소싱하고 있으나 조립·가공, 대금회수, 수발주는 10% 미만에 머물고 있다.

일본 화주의 대부분은 향후 물류분야의 아웃소싱을 확대할 의향을 가지고 있으나 현재보다 10% 정도 확대할 예정이라고 응답한 경우가 대다수이며, 물류업무 중 유통가공, 물류주변업무 중 수발주, 조립가공, 대금회수, 물류관리업무 중 전부를 아웃소싱 하겠다는 비율은 비교적 낮다. 일본 화주의 물류분야별 현재 아웃소싱 비율과 향후 아웃소싱 전망에 대한 설문조사 결과는 [표 2-18]과 같다.

일본의 3PL로서 국제물류서비스를 제공하는 물류기업은 선사를 포함하여 2~3개의 자산형 물류업체, 대형 제조업체, 그리고 종합상사를 모기업으로 하는 소수의 화주계열 기업 등이며, 외국계 물류기업이 다수 활동 중이나 유럽이나 미국처럼 3PL 시장이 크게 활성화되지는 않았다.

일본의 3PL과 공급사슬관리(SCM)가 발전하지 않은 것은 정보인프라의 부족이 21%, 전문물류인력 부족이 21%, 화주 등 업계의 폐쇄적인 기업문화가 13%, 3PL과 SCM 발전에 대한 확신부족이 9%, 규제완화의 지연 6%의 순으로 나타났다. 일본 물류기업의 3PL 및 SCM이 발달하지 않은 이유는 다음 표와 같다.

표 2-18 물류분야별 아웃소싱 현황과 아웃소싱 전망(2000)

		물류업무					물류주변업무						물류관리업무		물류시스템구축
		수송	보관	포장	하역	유통가공	검품	수발주	조립가공	대금회수	정보처리	폐기물처리	관리업무일부	관리업무전부	
현재	제조업	89.6	61.7	45.7	62.1	20.8	19.6	7.6	5.3	3.5	12.7	35.8	31.2	4.8	5.8
	도매업	85.0	48.3	25.0	35.8	20.8	25.8	7.5	3.3	3.3	10.0	30.0	17.5	2.5	8.3
	계	88.6	58.8	41.2	56.4	20.8	21.0	7.6	4.9	3.4	12.1	34.5	28.2	4.3	6.3
장래	제조업	89.6	64.2	51.0	65.6	24.2	26.6	15.0	8.5	4.6	21.0	42.7	37.2	12.9	14.1
	도매업	85.8	56.1	30.3	50.0	31.8	36.4	22.7	4.5	7.6	13.6	30.3	34.8	7.6	16.7
	계	88.8	62.7	45.9	60.9	24.4	28.0	15.7	7.6	5.2	19.9	41.6	35.3	11.4	14.1

자료: 상게서, 2001. 2.

표 2-19 일본 3PL및 SCM이 발달하지 않은 이유

이유	정보인프라 부족	전문인력 부족	화주의 보수적 성향	3PL/SCM의 발전전망 불투명	규제완화 지연	시스템에 대한 이해, 화주/물류업체간 신뢰부족	화주의 위탁화물 규모 소량
비율(%)	21	21	13	9	6	4	4

자료: 織田政夫(2001).

일본의 물류업체는 일본계 물류업체는 물론 외국의 포워더나 물류업체와 제휴를 통해 고객서비스 향상과 글로벌 네트워크 구축을 강화하고 있다. 1998년 12월 일본 최대 포워더인 日本通運은 FedEx와 제휴를 통하여 FedEx의 전 세계적인 항공특송화물 네트워크를 활용하고, FedEx는 日本通運에 대도시 이외 지역의 집배송 서비스를 위탁하여 수출입 화물의 문전서비스를 강화하였다.

1999년 말 일본 포워더인 近鐵Express는 TPG와 제휴를 통하여 TPG의 유럽역내 네트워크를 활용함으로써 유럽행 혼재화물의 수송시간 단축, 수송비 절감을 도모하고, TPG는 近鐵Express의 일본 내 네트워크를 활용함으로써 특송화물의 수·배송 서비스는 물론 글로벌 물류서비스를 강화하였다.

1999년 말 西濃運輸와 Schenker는 제휴를 통하여 西濃運輸는 Schenker의 국제물류 네트워크와 노하우를 활용하고, Schenker는 西濃運輸의 일본 육상수송 네트워크를 활용하는 전략을 추진하였다. 西濃運輸와 Schenker는 특히 3PL 서비스를 강화하기 위하여 2000년 2월 일본에 3PL 합병회사인 西濃 Schenker Logistics를

설립하여 영업을 수행하고 있다.

표 2-20 일본 물류업체와 해외 물류업체 간 제휴

제휴기업	업종	시기	제휴내용
日本通運과 FedEX	국내포워더/해외특송업	1998. 12	· 국제 항공택배편으로 fedEX의 서비스 이용 · 일본통운은 수송일수를 단축한 신상품을 개발, 판매 · fedEX는 일본 대도시 이외 지역의 집배송을 일본통운의 국내수송망을 활용하여 서비스 제공
西濃運輸와 Schenker	육상운송업/해외포워더	1999. 11	· Schenkerdml의 국제수송망과 물류노하우 활용 · 西濃運輸의 국내수송망 활용 · 3PL사업 합병회사의 공동설립, 2000년 영업 개시
近鐵Express와 TPG	국내포워더/해외특송업	1999. 12	· 近鐵Express는 일본에서 유럽으로 수출되는 혼재화물을 TPG가 운행하는 유럽역내 항공편과 육상수송망을 활용하여 수송력 강화 · TPG는 일본에서의 물류사업 전개

자료: 淺井俊一(2001).

4) 중국의 물류 및 3PL 시장

현재 중국의 3PL 시장은 아직 초보단계이나 최근 고도의 경제성장에 따른 물동량과 물류산업의 발전에 따라 3PL 시장 또한 빠르게 성장하고 있다.

특히 중국의 WTO 가입 후 다국적 물류기업의 진출이 활발하게 이루어지고 있으며 중국 화주들 또한 3PL에 대한 인식이 높아져 수요가 지속적으로 증가하고 있다.

2004년 중국의 3PL 시장 규모는 약 800억 위안(元)으로 2003년 대비 20% 이상 성장하였으며(한국무역협회, 2006), 2001년 400억 위안에 비해서는 2배 규모로 성장하였다. McKinsey & Company에 따르면 향후 중국의 3PL 시장규모는 2010년까지 14,004억 위안에 달할 것으로 예상되고 있다(이헌수, 2005).

2004년 중국 공상기업의 물류아웃소싱 비율은 35%이며 아웃소싱 기업 중 22.9%가 향후 자사의 물류아웃소싱 비율을 70% 이상으로 할 것으로 표명하고 있는 것으로 나타났다(한국무역협회, 2006).

현재 중국에서 활동 중인 3PL 업체의 매출액 규모는 630만 달러 미만이 31%,

630~2,500만 달러가 46%, 2,500만 달러 이상은 23%로 나타나 북미나 유럽에 비해 3PL 업체의 대형화는 아직 미흡한 실정이다(백종실, 2004).

중국의 3PL 업체는 그 특성에 따라 4가지 유형으로 분류할 수 있다(Huang and Kadar, 2002).

표 2-21 중국 3PL 업체의 유형

Foreign logistics companies		Emerging logistics companies	
· APL · Maersk · HTB · Panalpina · Exel · Danzas	· TNT · Schenker · Fedex · UPS · DHL	· EAS · St-Anda · PGL · Hurry Top · China overseas logistics · Jiuchuan logistics	
International logistics departments of Chinese companies		**Traditional Chinese transportation companies**	
· Annto logistics · Haier logistics · Attend logistics · Ding Xin logistics	· TCL · Bright Dairy & Food · Konka	· COSCO · Sinotrans · CMST · China Shipping	· China Resources · China Post · CRMLC · CRE

자료: Huang and Kadar(2002).

첫째, APL과 Maersk 같은 외국계 물류기업들로 주로 중국에 진출하여 글로벌 니즈를 충족시키려는 외국계 기업들에게 서비스를 제공하고 있다. 이들 외국계 기업들은 IT 시스템, 운영상의 전문성, 세계적 네트워크가 강한 것이 장점이지만 중국의 물류기업들과 비교해 높은 서비스 비용이 단점을 지적되고 있다.

둘째, COSCO와 Sinotrans 같은 중국의 전통적인 국영물류업체로 수송, 창고 자산에서 강점을 가지고 있으며 중국 내 네트워크가 강하고 중앙 · 지방정부와 우호적인 관계를 유지하고 있다. 이러한 중국 국영물류기업들이 가지고 있는 문제점은 직원들을 필요 이상으로 가지고 있고 고객지향적인 성격이 약하다는 점과 서비스를 개선하려는 의지가 부족하다는 점 등이 지적되고 있다.

셋째, Haier Logistics와 Attend와 같은 제조업체의 물류 자회사들로 기업 내 고객들에게 서비스를 제공하기 위해 설립되었다. 이와 함께 중국 및 외국 물류기업이 중국 제조업체와 합작투자회사를 설립하여 물류서비스를 제공하는 사례도

그림 2-10 외국계와 중국계 물류업체 이용시 이점

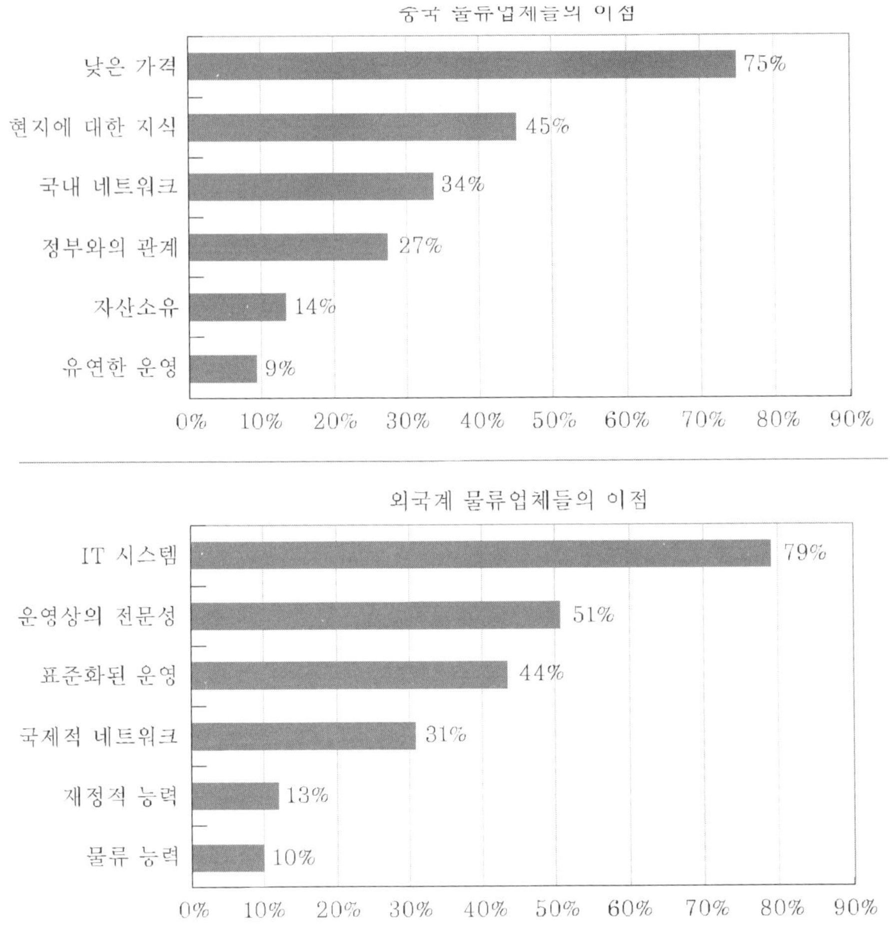

자료: Kadar and Huang(2002).

증가하고 있다. 예를 들어, COSCO Logistics사는 가정용품 제조업체인 광둥의 Kelon사 및 상하이의 Little Swan사와 합작으로 Attend Logistics사를 설립하여 물류 서비스를 제공하고 있으며, TNT Logistics사는 Haier사와 합작투자로 물류기업을 설립하여 가전제품 등의 물류서비스를 제공하고 있다.

마지막으로 EAS와 PGL 같은 중간규모의 중국 물류기업들로 대부분 지난 10년 안에 성장한 회사들이다. 특히 PG Logistics는 1995년 Procter & Gamble사의

SCM관리를 담당하기 위해 중국에서 최초로 설립된 3PL 업체이다. 이들은 대개 한 두 가지 핵심 서비스에 초점을 두고 적은 자산과 높은 효율성으로 빠르게 성장을 해왔지만 충분한 재정적 지원, 그들의 이윤과 성공을 유지할 조직 구조를 발전시켜야만 하는 도전에 직면하고 있다.

2002년 미국의 컨설팅 회사인 Mercer Management Consulting사는 중국시장에 서비스를 제공하고 있는 화주들과 물류업체를 대상으로 중국에서의 수송·물류 서비스의 성장에 영향을 미치는 전반적인 요인이나 경향을 상세히 파악하기 위한 대규모 설문조사를 실시하였다(Kadar and Huang, 2002).

그림 2-11 3PL 물류업체들의 성장을 위해 직면한 문제점

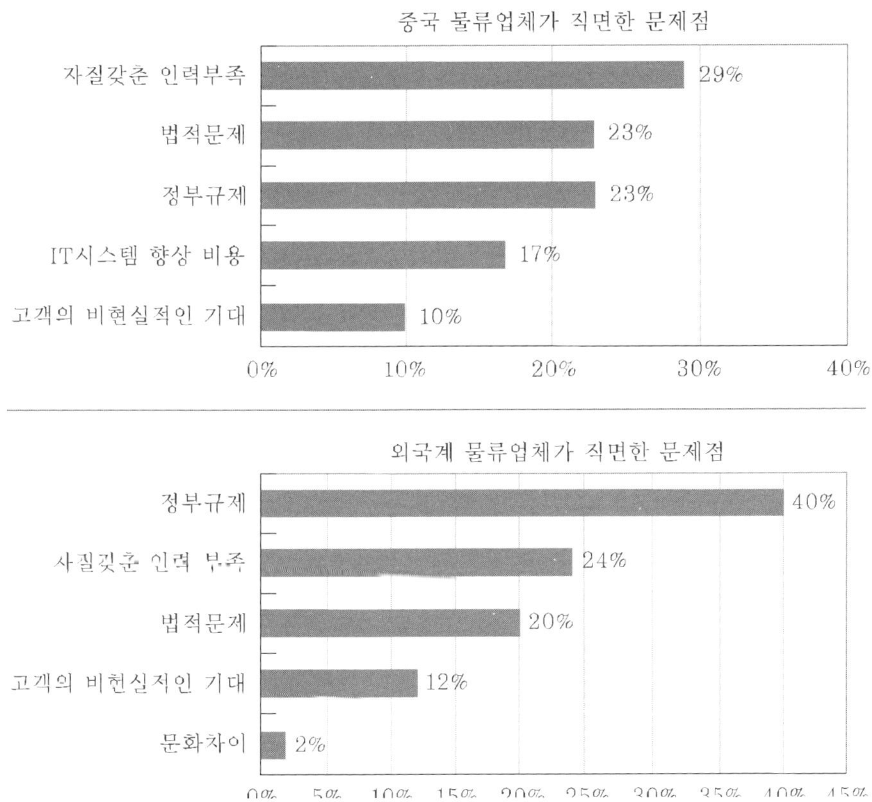

자료: Kadar and Huang(2002).

중국에서 화주들이 물류 부문을 아웃소싱 하는 이유에 대한 질문에서는 33%가 물류비용의 절감을 아웃소싱의 가장 주된 이유로 들었고 다음으로 핵심역량에의 집중(27%), 고객서비스향상(24%) 등을 들고 있다.

또한 화주들은 외국계와 중국의 3PL 업체를 선택할 때에 있어서 다른 선정 기준을 가지고 있는 것으로 나타났으며 화주들이 외국계 3PL 업체를 선택하는 주된 동기는 IT 시스템(79%), 운영상의 전문성(51%), 표준화된 물류운영(44%), 국제적인 네트워크(31%) 등을 들었고, 중국계 3PL 업체에 대해서는 낮은 가격(75%)과 현지 에 대한 지식(45%), 국내 네트워크(34%), 정부기관과의 관계(27%) 등인 것으로 나타났다.

앞으로 3PL 업체의 성장을 위해 직면한 문제점으로는 중국과 외국계 3PL 업체들 모두 자격을 갖춘 물류인력, 정부의 규제, 불분명한 정책 등을 문제점으로 꼽았다. 다음으로 중국의 3PL 업체들은 IT 시스템을 발전시키는 것을 앞으로의 과제라고 하였고, 외국계 업체들은 화주들이 물류업체에 대해 비현실적인 기대를 하는 것이 문제점이라고 응답하였다.

최근 중국 물류시장의 주요 동향 중의 하나는 물류 네트워크의 확장과 시장 점유율의 확대를 위해 자신의 약점을 보완할 수 있는 파트너 기업을 찾고 있다는 점이다. 이에 대해 중국계 업체들은 재정적인 역량을 갖추고 물류서비스 경험이 풍부하며 해외 네트워크를 공급 할 수 있는 파트너 물류업체를 찾고 있으며 외국계 업체들은 특히 현지 운영능력과 국내 네트워크를 가지고 있는 파트너 물류업체들을 찾고 있는 것으로 나타났다.

3. 주요 지역 3PL 시장의 시사점

북미, 유럽, 아시아 지역의 3PL 시장으로부터 도출될 수 있는 시사점은 다음과 같이 몇 가지로 정리 될 수 있다.

① 북미와 유럽은 시장경제원리의 도입과 규제완화를 통한 물류효율화 추진

북미와 유럽은 1980년대부터 물류산업에 대한 규제완화를 추진하여 자유경쟁을 유도한 결과 물류업체 간 경쟁이 심화되면서 물류비 인하, 물류서비스의 고도화, 고부가가치화를 촉진시켰다. 물류업체들은 기존의 단순한 수·배송 또는 보관서비스에서 탈피하여 혼재, 포장, 상표부착, 특송서비스, 공급사슬관리 등 부가가치 서비스를 제공하면서 3PL로 성장하였다.

② 화주기업의 지속적인 물류서비스 아웃소싱 확대

물류서비스의 아웃소싱 비율은 80% 수준으로 수송, 보관서비스는 물론 통관, 포워딩, 혼재 등 업무도 50% 이상 아웃소싱하고 있다. 화주기업은 아웃소싱을 통하여 물류비 및 고정자산 감소, 평균주문시간 단축, 총재고 감소, 현금흐름 개선 등을 도모하고 있다. 북미와 유럽의 화주들은 비교적 개방적인 기업문화와 합리적인 시스템을 선호하고, 선진화된 물류기법을 학습하려는 태도 등을 갖추고 핵심역량이 아닌 물류활동은 아웃소싱 하는 것이 유리하다는 점을 충분히 인식하고 있다.

③ 화주기업은 능력을 갖춘 소수의 3PL을 활용

화주기업은 핵심적인 물류서비스에 대한 노하우와 전문물류인력을 확보하고, 부가가치 물류서비스를 제공할 능력을 갖추며, 특정 산업에 적합한 광범위한 네트워크를 구축하며, 적절한 비즈니스 인프라를 구축하고 있는 3PL을 선호한다. 특히 고객의 비즈니스와 정보시스템을 연계하기 위한 정보기술을 활용하여 실시간 화물추적, 공급자관리, 공급사슬계획관리 등을 수행 할 수 있는 소수의 3PL과 장기적인 파트너 관계를 구축하고 있다.

④ 3PL을 이용하는 산업분야의 확대

물류서비스의 아웃소싱을 확대하는 고객들은 주로 물류서비스가 핵심역량이 아닌 산업분야에서 선도적으로 추진해 왔고, 점차 다른 산업분야로 확대되는 추세이다. 컴퓨터, 자동차 산업분야가 3PL 서비스를 활용하는 이유는 정보시스템을 바탕으로 ERP나 SCM 등 선진화된 경영기법을 선도적으로 도입하여 고객서비스 향상, 비용절감을 적극 추진하기 위해서이다.

⑤ 3PL은 대형화, 전문화, 네트워크화 추진

2003년 미국에서 활동 중인 20대 3PL 업체의 총순수입액은 162억 달러이며, EXEL America의 순수입액은 15억 달러이고, 2002년 유럽의 20대 물류업체의 총매출액은 443억 유로이며, Deutsche Post World Net(DPWN)의 매출액이 66억 유로에 이를 만큼 3PL이 대형화되었다. 북미와 유럽 3PL은 특정사업이나 특화된 분야에 초점을 둔 계약물류서비스를 제공하고 있으며, 기존의 단순한 수·배송 또는 보관서비스에서 탈피하여 혼재, 포장, 상표부착, 특송서비스, 공급사슬관리 등 부가가치 서비스를 제공하면서 3PL로 성장하였다. 급속히 발전하는 정보통신기술을 기반으로 위치추적, 실시간 재고관리 등 서비스 고도화를 추진하고 있다. 유수의 3PL은 컨설팅 및 물류체제 재구축 등 고도화된 물류서비스를 제공하기 위하여 4PL을 지향하고 있다.

고객의 글로벌 경영활동을 지원하기 위하여 자국 또는 주변 국가까지 물류네트워크를 확장하고, 동종 또는 이종 분야의 외국의 기업 등을 인수하거나 제휴를 통하여 글로벌 네트워크를 구축하고 있다.

⑥ 아시아 지역의 3PL 시장은 이제 성장단계에 진입

우리나라를 비롯한 일본, 중국의 3PL 시장은 북미나 유럽에 비해 발전하지 못하였고, 이제 성장단계에 진입하고 있다. 기본적으로 기업문화의 풍토가 폐쇄적이기 때문에 물류서비스를 아웃소싱 할 경우 영업기밀 누출 등을 우려하는 경향이 높고, 물류산업의 중요성에 대한 인식을 늦게 자각했기 때문에 3PL 시장이 활성화되지 못하였다. 결과적으로 화주기업은 물류서비스를 3PL로부터 아웃소싱함으로써 기술개발이나 생산최적화 등 핵심 사업에 역량을 집중하는 데 주저하고 있다. 화주는 자신이 요구하는 물류서비스를 제공할 수 있는 능력을 갖춘 3PL이 부족하기 때문이라고 주장하고, 3PL은 화주들의 아웃소싱이 활성화되어 있지 않기 때문에 물류시설이나 장비의 투자 등이 이루어지지 못하여 외국의 3PL과 같이 전문화, 대형화 추진이 어렵다고 호소하고 있다.

최근 Lieb(2005)는 지난 10년 간 수행한 미국 3PL 시장에 대한 조사결과를 바탕으로 미국 3PL 산업에 대해 다음과 같은 주요 시사점을 제시하고 있다.

① 시장 참여자의 변화

지난 10년간 미국의 3PL 산업구조는 커다란 변화를 겪었다. 1994년 최초 조사에 참여한 21개 기업 중 8개 기업이 인수 합병, 도산 등으로 시장에서 사라진 것으로 나타났다. 실제로 지난 10년 동안 거의 대부분의 주요 물류기업이 M&A 활동에 관여되었던 것으로 나타났다.

② 제휴의 확산

인수에 대한 대안으로 많은 3PL 기업이 서비스 포트폴리오 및 서비스 지역의 확대를 위해 제휴를 활발히 추진하고 있는 것으로 나타났다. 1994년 조사에서는 21개 기업 중 16개 기업이 하나 이상의 제휴파트너를 가진 것으로 응답하였으나 현재는 거의 모든 기업이 복수의 제휴파트너를 가지고 있다고 응답하고 있다.

③ 시장 집중화 현상

지난 10년간 3PL 산업구조가 변화하면서 시장에 남아있는 기업들의 매출액이 급격히 증가하는 현상을 보이고 있다. 1994년 CEO 조사에 참여한 기업의 연평균 매출액이 200백만 달러였으나 2004년 조사에서는 894백만 달러로 증가한 것으로 나타났다. 특히 이 중 5개 기업의 매출액은 십억 달러가 넘는 것으로 나타났으며, 추가로 4개 기업이 차 년도에는 이를 초과할 것이라고 응답한 것으로 나타났다.

④ 서비스 제공범위의 확대

1994년 이후 3PL 서비스 제공범위는 이용자의 one-stop shopping 요구에 대응하여 획기적으로 확대되어왔다. 3PL 기업은 자체적으로 서비스를 개발하기도 하지만, 특정 서비스를 제공할 수 있는 기업과 인수나 제휴와 같은 다양한 방식을 통해 서비스 제공범위를 확대 하고 있는 것으로 나타났다. 최근 3PL 산업은 부품조달, 설치, 수리와 같은 공급사슬의 끝단에서 이루어지는 부가가치 서비스(end-of-supply chain service)의 제공이 강조되고 있으며, 동시에 상당수의 3PL 기업이 재무서비스, 계약생산, 구매지원과 같은 비전통적인 영역으로 서비스를 확대하고 있다.

⑤ 산업별 특화 현상

3PL 성장 초기 단계에는 3PL 기업들이 고객 믹스(customer mix)를 결정하는데 많은 어려움을 겪었다. 그러나 시장이나 영역의 확대에서 매출액의 증대로 초점이 바뀌면서 어떤 고객이 우량한 고객인가를 평가하게 되었고, 그 결과 모든 고객을 위한 모든 서비스(everything to everyone)를 제공하는 것이 아니라 특정산업과 특정고객에 초점을 두는 전략으로 변화하고 있다. 최근 조사결과에 의하면 미국의 경우 3PL의 타겟이 되는 산업은 소매, 자동차, 전자, 하이테크, 소비재 제조 및 의약분야 등으로 나타났다. 이제 3PL 기업들은 경쟁기업과 차별화를 위한 수단으로 특정산업에 특화된 경험과 역량을 개발하는데 초점을 두고 있다.

⑥ 3PL 산업의 글로벌화

타 지역과 마찬가지로 미국의 3PL 산업도 글로벌화가 급속히 진행되고 있다. 2004년 CEO 조사에서 23개 기업 중 8개 기업을 유럽이나 아시아 기업이 소유하고 있는 것으로 나타났다. 10년 전 최초 조사에서는 25개 기업 중 3개 기업이 미국 밖에서 매출이 발생한다고 응답하였으나 현재는 거의 모든 기업이 유럽이나 아시아에서 영업활동을 하고 있는 것으로 나타났다.

⑦ **3PL 시장침투 및 고객규모의 확대**

지난 10년 동안 3PL 서비스 고객기업들이 성장하였으며 이와 함께 3PL 업체와 계약규모를 지속적으로 확대하고 있는 것으로 나타났다. Fortune 500대 기업의 경우 3PL 이용비율이 1994년 38%에서 2004년 80%로 증가하였으며, 전체 물류예산 중 3PL 업체에 지출하는 비중이 2004년 40%에서 향후 3년 내 46%로 증가할 것으로 전망되고 있다.

⑧ **수익성에 대한 초점의 강화**

미국의 주요 3PL 기업들은 점차 고객의 수익성에 초점을 두는 경향이 나타나고 있다. 이러한 맥락에서 3PL 기업들은 협력적 관계의 개발에 관심이 있고 장기계약의 가능성이 있는 특정 산업 내 일정 규모 이상 기업에 대한 영업활동을 강화하고 있는 추세이다.

⑨ **첨단기술의 활용 증대**

많은 3PL 기업들이 RFID와 같은 최신의 IT 기술을 활용하여 고객이 서비스 요구에 부응하고 시장에서 자신들의 서비스를 차별화하려는 노력을 계속하고 있다.

이상에서 제시된 미국과 주요 지역 3PL 시장의 시사점은 이제 도입단계를 지나 발전단계에 접어들고 있는 우리나라 제3자 물류산업에도 많은 시사점을 줄 수 있을 것이다.

제 3 절 물류산업 육성[6)]

1. 물류전문업체 발전 배경

1) 규제의 완화와 경쟁의 심화

선진국의 경우 육상운송 및 해운업, 항공업 등의 부문에 있어서 기존 법규를 완화하고 새로운 법규를 제정하여 물류시장이 개방되면서 그 규모가 확대되었으며, 업체간 경쟁이 심화되었다. 이러한 경쟁의 심화로 인하여 기업은 핵심역량

6) 「남기찬 외(2003), 3PL·4PL 등 물류패턴 변화에 따른 항만분야 대책 연구, 해양수산부」 해당 내용 재정리.

부문에 집중적인 투자를 하여 경쟁우위를 실현하였고, 물류부문은 전문업체를 통한 아웃소싱으로 해결하고 있는 추세이다.

2) 경제 및 기업의 활동범위의 세계화

선진 글로벌 기업의 경우 세계적인 생산 및 판매체제를 갖추어야 했고, 자사의 유통망을 전 세계로 확장하기 위해서는 보다 전문적인 물류체계의 구축이 필요했다. 이와 같이 기업 활동의 범위가 확대됨으로써 자체적인 물류 활동은 한계를 보이게 되었으며, 보다 전문적인 지식과 능력을 갖춘 물류기업이 필요하게 되었다. 또한, 이러한 세계화로 인해, 공급망의 구조가 더욱 복잡해지면서 국제 물류 체계에서 수배송을 포함한 물류관리의 효율적인 운영이 중요시 되게 되었다.

3) 산업구조의 변화

경제 선진국을 중심으로 1980년대 이후로 산업구조 및 시장 집중화가 빠르게 진전되었으며, 특히, 기업간 인수·합병이 촉진되었다. 합병을 통해 대규모화된 기업은 전사적으로 물류업무를 통합해서 효율성을 높임으로써 물류관리를 기업의 전략적 차원에서 인식하고 경쟁력 제고의 주 요소로 부각시키게 되었다. 결국, 기존 물류업체가 물류전문업체로 발전한 주배경은 물류업체간 인수·합병과 전략적 제휴였다고 할 수 있다.

표 2-22 선진국의 물류전문업체로의 발전배경

국가	발전배경	사업모체	발전방법
미국	·1970년 Motor Carrier Act의 개정 ·자유운임 및 트럭운송사업 등의 규제 철폐 ·시장개방에 의한 물류업자의 난립 ·사업다각화에 의한 물류효율화 및 비용절감	트럭운송업자, 창고업자, 물류자회사 등	M&A 서비스제휴
유럽	·1968년 교통법 개정에 의한 규제철폐 ·1970년 면허제도 및 운임규제의 자유화 ·물류시장에서의 경쟁심화	우편업자, 운송업자, 포워더 등	M&A 서비스제휴
일본	·1990년 물류2법에 의한 운송업의 규제철폐 ·규제완화에 의한 물류업자의 수익악화 ·기업의 물류자회사 설립 증가	물류자회사, 유통업사, 종합상사 등	서비스 업태전환

2. 국내외 물류산업의 비교

1) 외국의 3PL·4PL과 국내 물류산업의 비교

미국 및 유럽 등 선진국의 경우 물류전문업체들이 1970년대부터 등장하여 제3자물류업체로 성장한 반면 국내의 경우 1990년대 이후부터 나타나기 시작하였다. 선진국들은 각종 규제를 철폐하고 물류산업을 적극 지원함으로써 물류산업발전을 촉진하였으나, 우리나라의 경우 물류시장 규모가 크지 않고 국토가 협소한 지형적 특성과 시장 진입을 통제했던 폐쇄적인 규제정책으로 인하여 물류산업 발전이 지연되었다.

물류기업의 규모 측면에서 볼 때 선진국의 경우 물류업체간 M&A와 전략적 제휴 등을 통하여 평균 종업원 수가 5,000여명에 달할 정도이나 우리나라의 경우 400명 이하 수준이다. 이러한 소규모로 인하여 국내 물류전문업체는 국내시장을 중심으로 하는 국내 물류네트워크에 한정하여 물류서비스를 제공하고 있다.

물류기업들이 제공하는 서비스의 경우 선진국의 물류전문업체들은 물류기획, 관리 등을 중심으로 부가가치 물류활동이 포함된 종합물류서비스를 제공하고 있으나, 국내 물류전문업체는 물류자회사의 범위를 넘지 못하여 모기업의 물류를 주로 담당하면서 부분적으로 물류전문업체로서의 기능을 수행하고 있는 실정이다.

표 2-23 선진국과 국내 3PL·4PL의 비교

구분	선진국 3PL·4PL	국내 물류전문업체
규모	평균 종업원 수 5,000명 수준	평균 종업원 수 10-400명 수준 자본금 1억원 미만 다수
사업개시	1990년대 이전	1990년대 이후
서비스 범위	종합물류 서비스	개별 물류서비스 및 결합물류 서비스
물류시장 범위 및 규모	전 세계 다국적 기업	국내 시장 중심
물류네트워크	글로벌 물류망	국내 물류망
전문성	물류기획, 관리 중심	물류운영 중심
3PL·4PL	3PL, 4PL 성숙기	2PL, 부분적 3PL
물류 환경	아웃소싱 중심	자가물류 중심
경제 환경	규제완화	규제

2) 외국의 3PL·4PL 도입사례 시사점

미국이나 유럽에서는 3PL과 SCM시장이 활성화되어 있어 화주기업들도 물류서비스의 아웃소싱을 널리 활용하고 있다. 그러나 국내 기업의 경우 문화의 폐쇄성, 3PL에 대한 인식 부족, 전문인력과 노하우의 부족, 물류인프라 부족 등의 문제점으로 가까운 시일 내에 3PL 시장이 활성화되기는 어려울 것으로 전망된다. 국내 화주기업 및 물류기업들이 미국 및 유럽과 같이 3PL 및 SCM 시장의 활성화를 도모하여 물류비용 절감 및 고객서비스 향상을 위하여 추진해야 할 방향은 다음 [표 2-24]와 같다.

표 2-24 외국의 3PL·4PL 도입 시사점

구분	선진국 현황	시사점
물류기업	·고객에게 적합한 최적의 물류시스템을 설계하고 제안함 ·3PL을 넘어서 4PL로 점차 확산되고 있음	·물류계획능력 개발 및 네트워크 구축 필요 ·첨단화된 정보시스템 기술능력 및 전문물류인력 확보 필요
화주기업	·고도화된 물류시스템 구축으로 고객서비스 향상 ·물류관리를 최고관리자가 결정함 ·고객기업의 기존 인력을 최대한 활용함	·경쟁우위의 원천이 물류유통서 비스임을 인식 필요 ·물류관리의 우선순위를 다른 분야보다 높여야 함 ·전문물류인력의 육성과 재배치 필요

3. 개선 과제

1) 화주 부문

(1) 물류 아웃소싱에 대한 인식 제고

과거 국내 제조업체와 유통업체들은 필요한 물류활동을 자체적으로 수행하여 물류시설 투자 증가, 물류비 상승, 서비스 수준의 저하 등 여러 가지 문제점을 야기해왔다. 미국, 유럽 등 선진국의 경우와 같이 전문물류기업이 활성화되기 위해서는 물류 수요자인 제조·유통업체들이 물류 부문을 아웃소싱하고 자사의 경영자원을 핵심역량에 집중하여 경영의 효율화와 합리화를 도모해야 한다. 이러한 과정에서 제조·유통업체는 적절한 전문물류업체를 선정하고, 전문물류업체와의 적절한 파트너 쉽을 통해 물류효율화를 높이기 위하여 노력하는 것이 경쟁력을 갖추는 중요한 요소임을 인식해야 한다.

(2) SCM 활성화

제조업 및 유통업체를 중심으로 관련 주체들을 통합하는 공급체인 구축은 재화의 발생에서부터 최종소비에 이르기까지 물류 기능을 통합하는 것을 의미하며, 이는 곧 물류전문업체의 시장을 확대하는 결과를 가져온다. 따라서, SCM 도입을 활성화함으로써 물류전문업체의 활성화를 달성할 수 있다.

(3) 전략적 물류관리

2001년 상공회의소의 조사에 의하면 우리나라 화주기업의 물류관리 목표는 물류비 절감(약 64%)이 주를 이루고 있다. 이를 위해서는 주먹구구식의 물류관리보다는 물류 서비스 개선, 서비스 차별화 등을 통한 기업 경쟁력 제고를 추구하는 전략적 물류관리가 필요하다.

2) 물류산업 부문

(1) 전문물류업체의 전문성 제고

우리나라의 전문물류기업의 가장 큰 문제점은 물류업체가 영세하여 화주기업의 서비스요구를 충족시킬 만한 시설 및 장비가 부족하며, 다양하고 특화된 서비스를 제공할 수 있는 노하우나 전문 인력이 부족한 것이다.

전문물류업체는 수요자인 제조·유통업체에 최적의 물류서비스를 저렴하게 제공할 수 있는 물류거점과 장비를 확충하고, 컨설팅능력, 정보시스템구축 등을 통한 전문성을 높여야 하다. 특히, 정보통신기술과 시스템 통합기술을 바탕으로 정보시스템을 구축하여 물류서비스의 최적화를 도모해야 한다. 또한, 화주의 요구에 부합되는 부가가치 서비스 개발을 통해 차별화를 추구하고, 국내 및 국제 네트워크의 구축을 통하여 범위의 경제, 규모의 경제 등을 누릴 수 있는 전략을 추진해야 한다.

(2) 규모의 경제 달성

대나수의 국내 물류업체는 영세하여 다양한 물류서비스를 제공하기 어렵기 때문에 물류업체간 인수·합병이나 제휴를 통해 서비스 범위를 확대하고 전문화를 꾀하여야 한다. 제조업체, 유통업체 등 물류 수요자들은 관련업체간의 SCM 구축을 추진하고 있고, 경쟁 환경이 개별 기업간 경쟁에서 제휴 그룹간 경쟁으로 변화되고 있기 때문에 물류기업들은 전문물류업체간 또는 운송, 보관 등 물류기업과 인수·합병 또는 전략적 제휴 등을 통한 상호협조체제를 구축하여야 한다.

(3) 경쟁우위 확보

물류시장의 개방으로 인하여 기존 물류업체, 물류자회사, 공동물류업자, 도매배송업자 등 여러 주체간의 전방위 경쟁이 촉진됨에 따라 경쟁력 강화를 위한 전략을 적극 추진해야 한다. 물류기업의 경쟁전략으로는 가격우위 전략, 서비스차별화 전략, 집중화 전략으로 대별할 수 있다. 가격우위 전략으로는 저 비용운영체제 강화, 규모 및 범위의 경제효과를 통한 저 가격 서비스 제공 등이 있고, 서비스차별화 전략으로는 부가가치 물류서비스 개발, 고객주문형서비스 개발, 고품질 서비스 개발 등이 있으며, 집중화 전략으로는 대상품목, 서비스 종류, 기업 특성, 지역 등을 기준으로 특화된 물류서비스 제공을 의미한다.

표 2-25 물류기업의 경쟁 전략

경쟁 전략	내 용
가격우위 전략	·저 비용운영체제 강화 ·규모 및 범위의 경제효과를 통한 저 가격 서비스 제공
서비스차별화 전략	·부가가치 물류서비스 개발 ·고객주문형서비스 개발 ·고품질 서비스 개발
집중화전략	·대상품목, 서비스 종류, 기업 특성, 지역 등을 기준으로 특화된 물류서비스 제공

(4) 사업 구조 조정

물류업체는 규모 확대, 전문성 제고, 서비스의 다양화 및 사업 영역 확대, 동종 및 이종 물류기업 간 공동화 등 구조조성 선략을 직극 추진함으로서 경쟁력을 높여야 한다. 규모 확대 및 전문화 전략으로는 전략적 제휴를 통한 공동화·협업화를 확대하여 대형화 및 전문화 실현이며, 서비스의 다양화 및 영역 확대 전략으로는 통합물류서비스 제공와 글로벌 물류네트워크 구축이 있으며, 공동화 전략으로는 중소 물류업체간 전략적 제휴를 통한 물류네트워크 확대가 있다.

표 2-26 물류기업의 구조 조정 전략

구조 조정 전략	내 용
규모 확대 및 전문화전략	·전략적 제휴를 통한 공동화·협업화를 확대하여 대형화 및 전문화 실현
서비스의 다양화 및 영역확대전략	·통합물류서비스 제공 ·글로벌 물류네트워크 구축
공동화전략	·중소 물류업체간 전략적 제휴를 통한 물류네트워크 확대

3) 정부 부문

물류산업의 발전과 전문물류업체 활동영역의 확대를 위해서는 철도, 도로 등 기반시설과 주요 물류거점시설 및 장비가 우선적으로 확충되어야 한다. 특히, 다국적 기업을 유치하기 위해서는 현재 조성 중인 항만 및 공항 배후물류단지가 조기에 완공되고 운영 활성화를 위한 제반 제도적 지원이 이루어져야 한다.

또한, 인수·합병이나 전략적 제휴를 통한 물류업체의 대형화, 전문화가 보다 활발해질 수 있도록 양도 소득세 등의 관련세제를 현실적인 실효성이 있을 정도로 과감하게 개선할 필요가 있다.

표 2-27 국내 물류산업 개선을 위한 과제

주체	문제점	개선과제
화주	·자사내의 물류수행으로 물류비 상승, 자산투자 증가, 서비스 수준저하가 발생함 ·물류 기능이 통합화 되어있지 않음 ·선진국 대비 물류비용이 높음	·물류 아웃소싱에 대한 인식 제고 ·SCM 활성화를 통한 물류전문업체 촉진 ·전략적 물류관리 도입
물류산업	·영세성으로 인해 화주기업의 요구에 대응하지 못함 ·다양한 물류서비스를 제공하지 못함 ·단일 서비스 제공	·전문물류업체의 전문성 제고 ·규모의 경제 추구 달성 ·SCM 제공자
정부	·물류시설 및 장비부족 ·물류산업관련 규제가 많음	·물류 기반시설 확충 ·제도 및 법규정비

참 고 문 헌

건설교통부, 건설교통통계연보 2007.

권오경, "제3자물류: 정의, 적용추이와 향후 연구방향," 로지스틱스연구, 제7권 제1호, 1999. 6.

권오경, 글로벌 경쟁력과 SCM 전략, 경제연구총서 355, 대한상공회의소, 2001.

남기찬 외, 3PL·4PL 등 물류패턴 변화에 따른 항만분야 대책 연구, 해양수산부, 2003.

대한상공회의소, 2003년 물류 아웃소싱 실태조사, 2003. 12.

대한상공회의소, 2005년 국내 물류서비스 이용 실태조사, 2005.

대한상공회의소, 제3자물류업체의 경영실태조사, 1999. 8.

박진수, 아웃소싱 활성화를 위한 정책과제, 산업연구원, 연구보고서, 2002.

정종석, "물류산업 고도화를 위한 제3자물류 발전방안," 제3자물류촉진방안 세미나, 대한상공회의소, 1998.

통계표준분류 www.nso.go.kr

Armstrong & Associates, Who's Who in Logistics, 11th edition, Vol. 1, 2003.

Huang, Diana and Mark Kadar, "Third-Party Logistics in China: Still a Tough Market," Mercer on Travel and Transport, Fall 2002/Winter 2003. Mercer Management Consulting.

Kadar, Mark and Diana Huang, "The Third Party Logistics Market in China: Opportunities and Challenges," Mercer on Transport and Logistics, Fall 2002/Winter 2003, Mercer Management Consulting, 2002.

Langley, G.J., Gray R. Allen, Mark J. Colombo, Third Party Logistics Study: Results and Findings of the 2003 Eighth Annual Study, September 2003.

Lieb, R..C. and H.L. Randall, "A Comparison of the Use of Third-party Logistics Services by Large American Manufacturers, 1991, 1994, and 1995," Journal of Business Logistics, Vol. 17, No. 1, 1996.

Lieb, Robert C. and Brooks A. Bentz, Use of Third Party Logistics Services by Large American Manufacturers, 2003.

National Income and Products Accounts, Survey of Current Business, March 2003.

제 3 장

물류관리 개요

제 1 절 물류관리의 중요성

1. 기업경쟁력과 물류

1) 비용의 관점

Bowersox(1997)의 연구결과에 의하면 1996년 한해 동안 전 세계적으로 물류활동에 지출한 비용은 전 세계 GDP의 11.7%에 해당하는 3,425조 달러에 이르는 것으로 보고 있다.

Delaney(2003)가 조사한 "State of Logistics Report"에 의하면 2002년 한 해 동안 미국의 기업들이 물류관련 활동에 지출한 비용은 미국 GDP의 8.7% 수준인 9,100억 달러라고 분석하였다. 또한 日本 ロジスティクスシステム協會(2002)의 자료에 따르면 일본의 1998년 국가물류비는 GDP대비 9.5% 수준인 것으로 나타났다. 한편 교통개발연구원(2003)의 조사결과에 따르면 우리나라의 국가물류비는 2002년 GDP의 12.4%에 이르는 것으로 나타났다.

표 3-1 세계적으로 물류활동에 지출한 비용

	물류비용(십억달러)	GDP 대비(%)
북미	915,209	10.77
유럽	941,146	11.79
태평양 지역	652,500	11.64
기타	916,168	12.94
전 세계	3,425,023	11.74

자료: Bowersox, Donald and R. Calantone, “A View of Global Logistics Costs”, 1997.

이처럼 여러 국가에서 상당히 높은 비용이 물류활동에 지출되고 있다는 것은 아직 이들 국가의 물류체계 전반에 상당한 개선의 여지가 있다는 것을 의미하며, 특히 국가별로 나타나는 물류비용 수준의 차이는 결국 글로벌시장에서 국가간 경쟁력의 차이를 초래하기 때문에, 개별기업 차원의 물류시스템 혁신과 함께 국가차원에서도 물류관련 사회간접자본의 확충이나 제도적 개선과 같은 정책적 노력이 적극 요구되는 것이다.

기업차원에서는 국가전체의 물류비용 수준보다는 경쟁관계에 있는 국가의 기업들이 물류활동을 위해 어느 정도의 비용을 지출하고 있는지가 더욱 관심의 대상이 될 것이다. 최근 대한상공회의소(2002)의 조사결과에 의하면 2002년 우리나라 기업의 매출액대비 물류비 수준은 11.1%로 1999년 12.5%에 비해 다소 감소된 것으로 나타났으나, 여전히 미국(9.44%, 2000년), 일본(5.45%, 2001년), 유럽(5.8%, 1995년) 보다는 매우 높은 수준을 보이고 있다.

이러한 높은 물류비는 대개 공급사슬상의 과다한 재고보유나 비효율적인 운송방식 등 공급사슬 운영의 비효율성으로 인해 불필요한 비용이 발생하기 때문이다. Kurt Salmon Associates(1993)의 연구결과에 따르면 미국 식품산업에서 효과적인 공급사슬관리 전략을 도입할 경우 전체 비용의 10.8%에 달하는 연간 300억 달러를 절감할 수 있는 것으로 분석하고 있다.

2) 제품과 서비스의 관점

오늘날의 고객들은 보다 질 높은 서비스를 요구하며 보다 고객맞춤형의 제품과 서비스를 요구하고 있다. 경쟁이 심화됨에 따라 이러한 경향은 더욱 확산될 것이며, 이러한 제품의 폭과 깊이의 증가는 판매예측, 재고관리, 생산계획. 고객 서비스 등을 한층 어렵게 만들 것이다.

제품의 라이프사이클이 보다 짧아지고 있는 것도 공급사슬관리에 영향을 미치게 될 것이다. 개인용 컴퓨터와 같은 기술제품의 주기는 이제 9~12개월에 불과하다. 기술이 급변하고 있으며 신제품들이 지속적으로 출시되고 있어서, 특정 업체가 출시하는 제품의 수가 증가하고 있을 뿐만 아니라 이들 제품들이 시기적으로 중복 출시되는 경우도 늘어나고 있다. 때문에 제품라인 나아가 기업의 성공여부는 신제품, 기존 제품 모두의 공급사슬을 효과적으로 관리할 수 있는가에 달려있다.

2. 국가경쟁력과 물류

1) 국가경제와 물류부문의 관계

물류부문의 효율성은 경제 각 부문의 생산성과 밀접한 관련이 있음. 물류부문이 효율화되면 우선 상품과 서비스의 이동에 따른 비용과 시간이 절감되게 된다. 노동, 자본과 마찬가지로 물류활동은 생산의 주요 투입요소이기 때문에, 물류비용은 상품과 서비스의 가격과 생산자의 이윤에 직접적으로 영향을 미치게 된다.

물류부문에 대한 적절한 투자는 물류시스템의 처리능력, 효율성, 신뢰성, 서비스를 증대시키고 이는 물류비용의 절감, 리드타임의 단축, 산업입지의 적정배치로 연결되어 궁극적으로 경제 각 부문의 생산성을 증대시키게 된다. 이러한 생산성의 증대는 곧 국가와 산업의 경쟁력을 제고시키는 원동력이 된다.

대부분의 국가들은 이러한 물류부문의 중요성을 일찍부터 인식하고 보다 효율적인 물류시스템을 구축하기 위해 물류인프라에 대한 투자와 물류산업의 경쟁력 제고를 위해 노력해오고 있다.

나아가 일부 국가들은 전략적 입지소건과 항만, 공항 등 우수한 인프라를 기반으로 지역경제권의 주변지역에 물류서비스를 제공함으로써 물류부문에서 새로운 부가가치를 창출하는 지역 물류중심지로 성장하기 위해 집중적인 노력을 기울이고 있다.

2) 물류산업이 국가경제에서 차지하는 비중

2001년을 기준으로 국내총생산(GDP)의 33.8%가 제조업에서 43.9%가 서비스

그림 3-1 국가경제와 물류부문의 관계

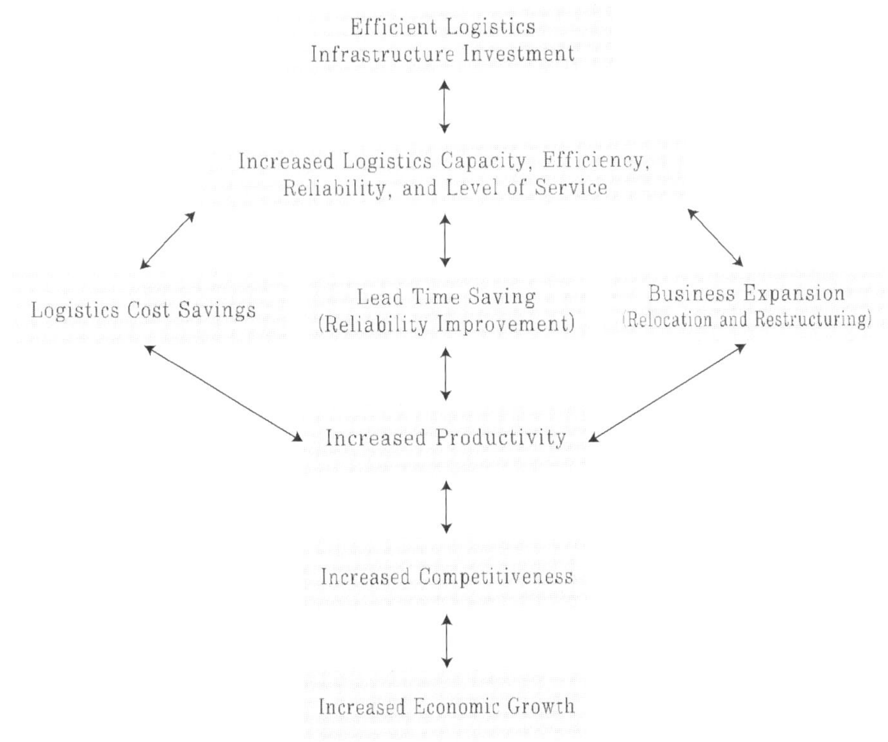

표 3-2 산업별 GDP 기여도

	농림어업	광업	제조업	서비스업
GDP 비중	5.2	0.3	33.8	43.9
취업 비중	9.9	0.1	18.9	60.3

표 3-3 물류산업 사업체수와 종사자수

	물류산업	
사업체수(개)	265,598	8.8
종사자수(명)	765,300	5.6

업에서 발생하고 있다.

2000년을 기준으로 물류산업은 전체 사업체수의 8.8%, 종사자수의 5.6%를 차지하고 있다.

2001년을 기준으로 물류산업은 GDP의 4.6%를 차지하고 있으며, 1991~2001년 기간동안 연평균 5.8%의 성장률을 보였다.

산업발전기획단의 "2010 산업비전 산업 4강으로 가는 길"에 의하면 물류업은 제조업의 아웃소싱 확대 등의 추이에 따라 2002~2010년 기간 동안 연평균 7.1%의 성장을 하여 2010년 GDP에서 차지하는 비중이 5.1%에 달할 것으로 전망하고 있다.

표 3-4 물류산업의 GDP 기여도

	GDP 대비 (%)		연평균 성장률 (%)	
	2001	2010	2001	2010
제조업	33.8	34.0	8.5	6.1
물류업	4.6	4.6	5.8	7.1

타 물류중심지에 비해 우리나라는 물류부문의 경제적 기여도가 상대적으로 낮은 편이다.

– 싱가포르(7.8%), 네덜란드(7.1%), 우리나라(4.6%)

따라서 물류중심지화 전략의 추진을 통한 高 부가가치 물류산업의 육성이 필요하다.

그림 3-2 물류부문의 경제적 기여도 비교

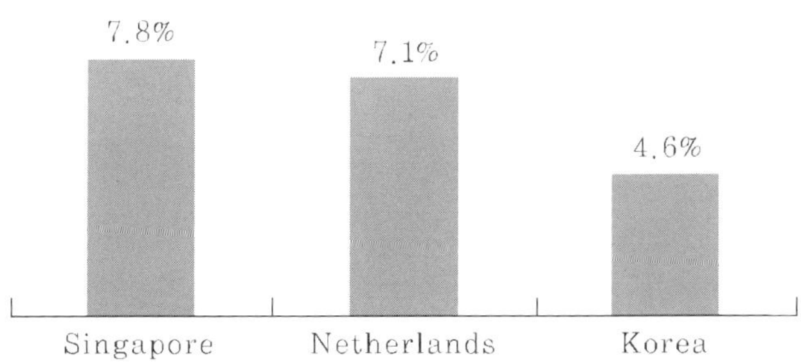

3) 물류중심지화를 통한 경제적 효과

(1) 싱가포르

2000년을 기준으로 싱가포르의 물류부문은 연간 127억 S$에 달하는 부가가치를 창출하고 있으며 GDP의 7.8%에 달하는 비중을 차지하고 있다. 또한 전체 고용자의 5.6% 수준인 93,000명이 물류부문에 종사하고 있다.

싱가포르는 최근 Global Integrated Logistics Hub 비전 보고서에서 매년 8~11%의 실질 성장률을 달성하여 2012년까지 물류부문의 부가가치를 GDP의 9~13% 수준인 300~420억 S$ 규모로 성장시키고, 고용자수를 120,000~170,000명 수준으로 증대시킨다는 전략적 목표를 설정하고 있다.

표 3-5 싱가포르의 현재 및 장래 물류부문의 경제적 기여도 목표

관련 지표	2000	2012 (현 패턴)	2012 (전략 실현)
부가가치 (십억 S$)	12.7	15~21	30~42
부가가치 성장률 (실질)	'90~'95: 7.6% '95~'00: 4.4%	'00~'12: 2~4%	'00~'12: 8~11%
경제 기여도 (GDP 대비)	7.8%	5~7%	9~13%
고용자 수 (천명)	93	85~113	120~170

(2) 네덜란드

2002년을 기준으로 네덜란드의 물류부문은 연간 294억 EURO에 달하는 부가가치를 창출하고 있으며, 전체 GDP의 7.1%에 달하는 비중을 차지하고 있다.

특히 네덜란드는 유럽 내에서 글로벌 기업들의 유럽물류센터(EDC)를 가장 많이 유치하고 있으며, 이러한 EDC 유치를 통해 연간 20억 US$에 달하는 부가가치를 창출하고 있으며, EDC 자체에 18,000명, 관련 산업에 25,000명 등 43,000명의 고용을 창출하는 경제적 효과를 달성하고 있다.

또한 네덜란드는 물류중심지화 전략을 통해 물류부문에서 부가가치를 창출하고 있을 뿐만 아니라 물류활동과 전·후방으로 연계된 다양한 비즈니스 활동을 함께 유치하는 성과를 달성하고 있다.

네덜란드에 지역물류센터(RDC)를 설치한 기업들 중 지역물류센터만을 설치하고 있는 기업은 36%, 지역물류센터와 연계하여 지역본부(RHQ), 콜 센터(call center), 제조센터, R&D 센터 등을 함께 설치한 기업이 64%에 달하는 것으로 나타나고 있다.

그림 3-3 네덜란드의 지역물류센터 유치에 따른 전·후방 연계 효과

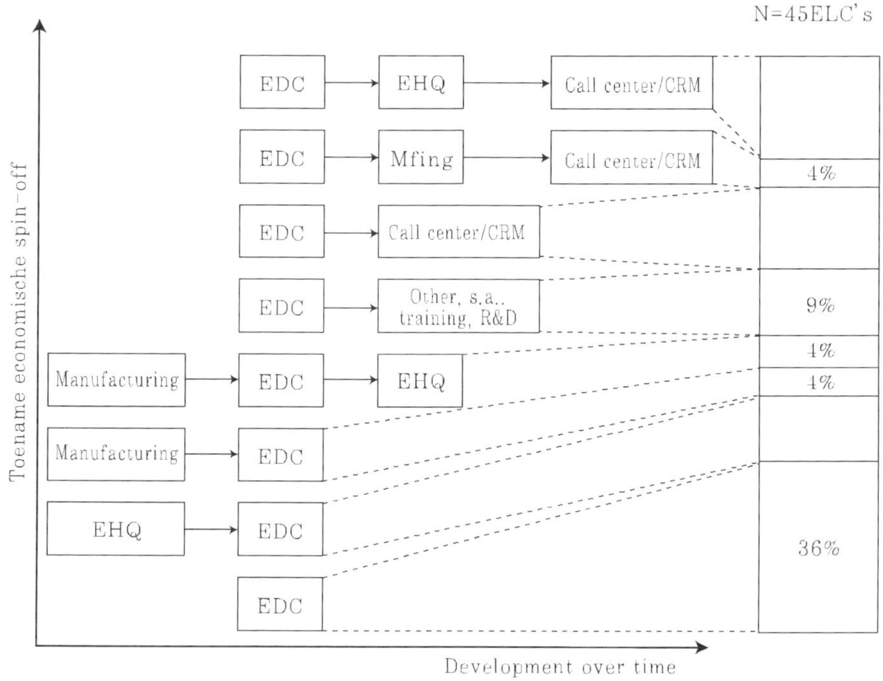

제 2 절 물류의 개념과 활동

1. 물류의 개념

Council of Logistics Management(CLM, 1986)에 의하면 물류(Logistics)란 "고객의 요구를 충족시키기 위한 목적으로 원산지에서 소비지까지 원자재, 중간재, 최종재 및 관련 정보의 효율적이고 비용 효과적인 흐름과 저장을 계획, 실행, 통제하는 프로세스"라고 정의하고 있다.

그림 3-4 물류의 두 가지 흐름

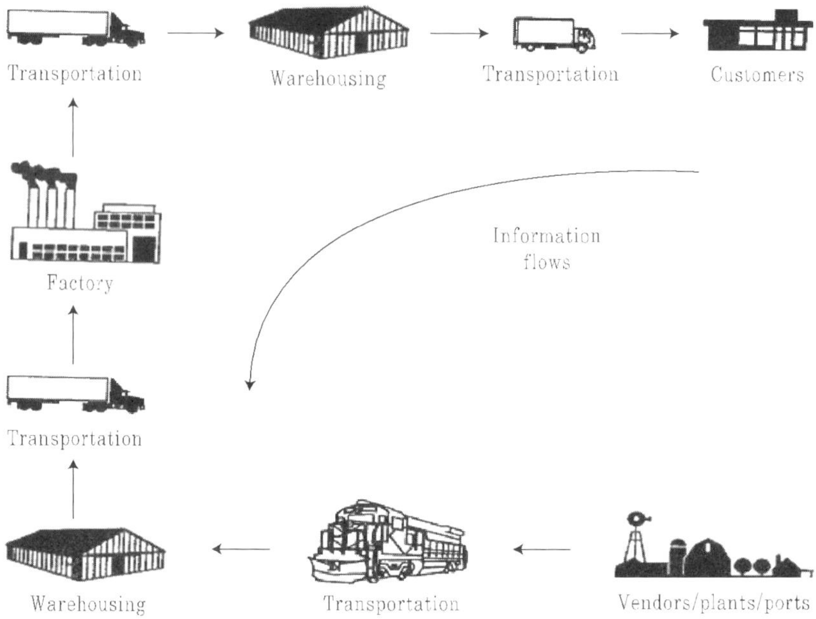

자료: Ballou(2004).

2. 물류활동

물류활동에는 공급지에서 생산지까지 원자재의 물적공급(physical supply)과 생산지에서 소비지까지 상품의 물적유통(physical distribution)을 위한 활동들이 포함된다.

물류활동은 크게 주 활동과 지원활동으로 구분할 수 있다. 전자는 모든 기업의 물류관리에 포함되는 기존적인 활동이며, 후자는 기업의 상황에 따라 포함 여부가 결정되는 부가적인 활동이다.

1) 주 활 동

(1) 고객서비스 기준

- 고객의 니즈와 물류서비스 요구사항 파악
- 현 서비스에 대한 고객의 반응 파악

그림 3-5 물류활동의 범위

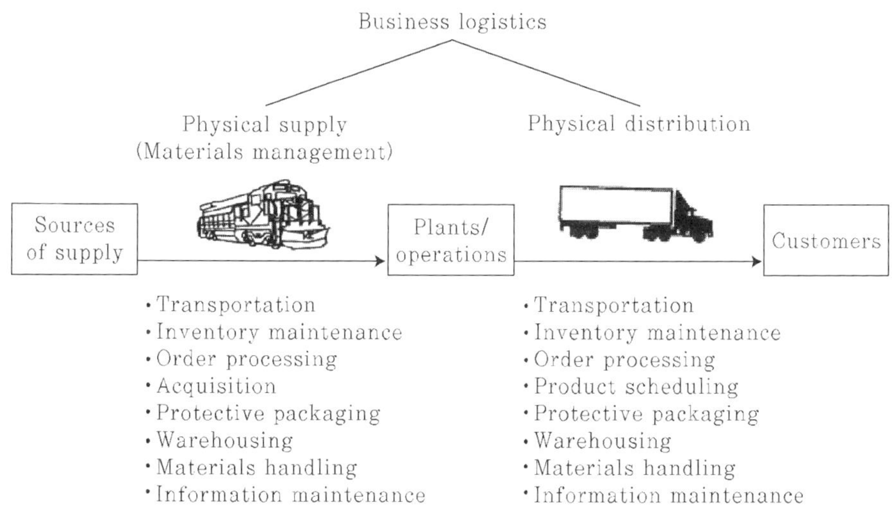

자료: Ballou(2004).

- 서비스 기준 결정

(2) 운 송

- 운송수단 및 서비스 선정
- 화물혼재(consolidation)
- 경로설정(routing)
- 스케쥴링(scheduling)

(3) 재고관리

- 원자재 및 완제품의 재고정책
- 단기 판매예측
- 재고처(stocking point)의 제품믹스(product mix)
- 재고처의 수, 규모, 위치 결정
- "push" 대 "pull" 전략

(4) 주문처리

- 판매주문-재고의 연계

- 주문정보 전송방식
- 주문처리 원칙

2) 지원활동

(1) 보 관

- 스페이스 소요 결정
- 창고 내 배치와 입출하 시설계획
- 세부적인 창고 시설계획
- 재고 배치

(2) 자재관리

- 장비 선정
- 장비교체 정책
- 주문-피킹 절차
- 입출고 방식

(3) 구 매

- 공급처(supply source) 선정
- 구매시기 결정
- 구매량 결정

(4) 포 장

- 취급방식
- 보관방식
- 멸실이나 손상으로부터의 방지

(5) 생산 스케줄링

- 생산량 결정
- 생산일정 결정

(6) 정보관리

- 정보의 수집, 저장, 가공

– 데이터 분석
– 통제 절차

제 3 절 물류관리의 목표

1. 정의 및 필요성

1) 물류관리의 정의

물류시스템을 구성하는 요소는 원자재 공급처, 공장, 물류거점, 판매상 등과 운송수단 그리고 관련된 인원을 들 수 있다. 즉 물류시스템이란 물류조직, 물류시설, 운송수단, 인원 등을 유기적으로 결합한 것이라고 할 수 있다. 이러한 물류시스템은 생산과 소비의 시간적 공간적 거리를 극복하는 기능을 할 뿐 아니라 물류조직을 구성하고 물류활동을 계획하며, 통제, 평가하는 관리기능까지 포함한다.

물류관리의 중요성이 대두되면서 관리수준이 고도화되고 물류관리의 영역이 광범위하게 되었다. 단순한 오퍼레이션 수준이 아니라 보다 높은 관리수준이 확립되는 개념으로 변화하였고, 생산 및 판매계획에 대응한 정확한 물류관리 계획이 요구된다. 또한 물류센터의 입지문제, 주거문제와 공해문제 등의 사회문제 등이 대두된다. 이러한 상황에서 보다 높은 차원의 물류관리가 요구된다. 즉, 물류정책의 수행성을 평가·관리하며, 물류활동의 타당성, 효율성, 발전성을 평가·관리하고, 물류관리를 시스템화하여 종합적으로 평가·관리하는 것이다. 이러한 물류관리는 구체적인 관리영역, 관리의 대상과 관리의 기준 그리고 관리 기법을 통해서 이해할 수 있다([표 3-6], [표 3-7]).

2) 물류관리의 필요성

물류관리의 필요성은 물류비용을 절감하고 기업의 경쟁력을 강하하며 판매를 촉진시키는 측면에서 생각할 수 있다.

① 물류비용 절감측면

전통적으로 물류는 마케팅의 부수적인 활동 또는 보조활동으로 여겨졌으며, 가격, 제품, 유통경로, 광고, 판매 촉진 등의 마케팅 활동에 비하여 상대적으로

그림 3-6 물류관리의 구성요소

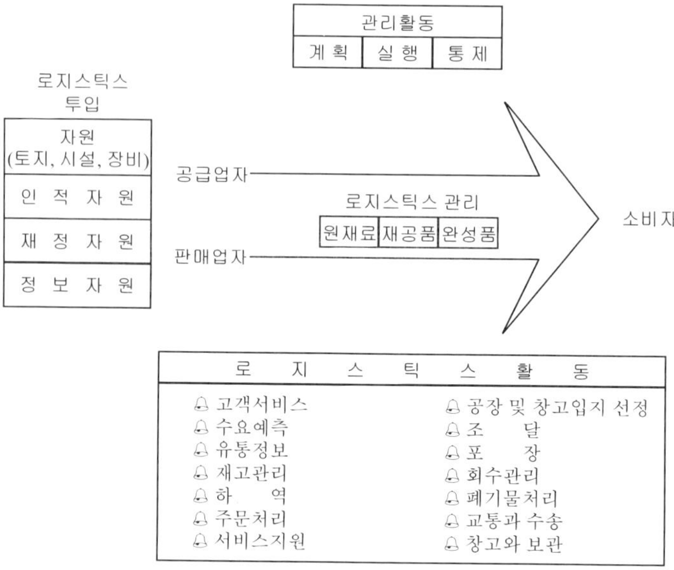

자료: Lambert et al.(1982)

표 3-6 물류관리 영역

관리 영역	관리 내용
기능관리	수·배송 관리, 하역관리, 보관관리, 포장관리, 유통가공관리, 수·발주관리, 창고관리 등
정책적인 관리	재고관리, 리드타임의 관리, 물류서비스관리 등
물류체계관리	물류 네트워크, 물류거점관리, 물류조직관리 등

표 3-7 물류관리의 대상, 기준 및 기법

관리대상	관리기준	관리기법
사 람	노동생산성	작업기준설정
시 간	리드타임	기준설정(시간 단축)
비 용	물류예산	물류예산수립
운 영	효율성	기준설정
설 비	생산성	작업기준설정

관심을 끌지 못하였으나 물류비가 제품 원가에서 차지하는 비중이 높아지면서 그 중요성이 커졌다.

제품을 생산하여 판매하는데 있어서 비용은 크게 제조원가와 영업비로 구성되며, 영업비는 판매비, 물류비, 일반관리비 등으로 세분된다. 대부분의 기업은 제조시설의 기계화와 원가관리기법의 도입을 통하여 제조원가는 상당한 수준으로 절감하였으며, 판매비는 판매 촉진을 위해서 증가하는 특성이 있고, 일반관리비는 성질상 대폭적인 절감이 어렵다. 따라서 비용을 절감할 여지가 있는 부문이 물류비가 된다.

물류활동이 효율적으로 이루어지지 않을 때 물류비가 증가하게 되고 결국 제품 가격의 상승과 기업의 경쟁력 약화로 이어지게 된다. 예컨데 원자재와 제품의 재고를 과다하게 보유하면 재고비용이 증가하고, 수·배송체제가 효율적이지 못할 때 수송비가 증가하고 판매기회를 상실할 수 있다.

저성장 시대에는 판매활동의 강화를 통한 매출액의 증대는 크게 기대하기 어렵기 때문에 기업 내부의 문제인 물류관리의 합리화를 통하여 물류비를 절감함으로써 이익 증대 효과를 얻을 수 있어서 물류관리의 필요성이 강조된다.

② 경쟁력 강화 및 판매촉진 측면

물류관리의 목표는 비용 절감외에 고객이 요구하는 서비스 수준을 충족시켜주는 것이다. 따라서 물류관리의 또 다른 필요성은 보다 높은 수준의 물류서비스를 고객에게 제공함으로써 기업의 경쟁력을 강화한다는 점이다. 제품의 가격과 질면에서 기업간에 큰 차이가 없기 때문에 고도의 물류서비스의 제공 여부가 기업의 차별화 및 경쟁 우위 확보에 있어서 중요한 요소가 된다. 또한 양질의 물류서비스는 판매를 촉진시키는 직접적인 효과를 가져온다.

오늘날 물류환경은 양적·질적으로 많은 변화를 맞고 있으며, 물류 역시 이러한 환경 변화에 부응하여 고객의 욕구를 완전하게 충족시켜 주는 고도의 물류서비스 시대가 전개될 것이다. 구체적으로는 물류의 신속성, 정확성, 안전성, 편리싱, 경제성을 고려한 고객지향적인 물류서비스를 전개하는 것이 필요하며, 결국 물류관리의 필요성이 강조된다고 힐 수 있다.

2. 물류관리의 기본 원칙

전술한 것처럼 물류의 목적은 물류환경 변화에 부응하여 고도의 물류서비스를 고객에게 제공하는 것이며, 이 목표를 달성하기 위해서 물류관리에 있어서 고려하는 원칙들이 있다. 3S 1L의 원칙으로 통하는 이것은 물류서비스의 신속성, 정확성, 안전성, 편리성, 경제성 등을 포함한다. 3S 1L의 원칙하에 물류의 하부기능인 수송, 보관, 하역, 포장, 유통가공, 정보 등을 종합적으로 통합·조정하여 관리할 때 물류합리화를 이룰 수 있다.

그림 3-7 3S 1L 원칙

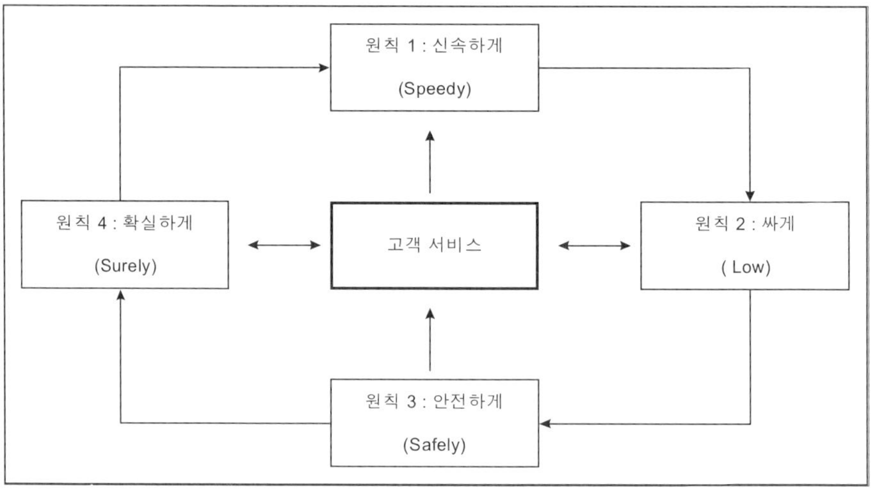

자료: 안태호(1996).

이외에 물류관리의 원칙으로서 미국 미시간 대학의 스마이키(E.W. Smykey) 교수가 제창한 7R의 원칙을 들 수 있다. 이것은 물류 고객 서비스의 기본 요건을 정의한 것으로서 ① 적합한 상품을 ② 적합한 품질로써 ③ 적합한 물량을 ④ 적합한 시기에 ⑤ 적합한 장소로 ⑥ 좋은 이미지를 심어주며 ⑦ 적정 가격으로 수요자에게 전달하는 것이다.

적합한 상품이란 수요자의 요구에 부합하는 상품을 의미하며, 적합한 품질이란 상품 자체의 품질뿐만 아니라 수송 중의 품질관리를 포함하는 것이다. 적합한 물량이란 주문량을 정확하게 공급하는 것이며, 적합한 시기란 수요자가 제때에 주문품을 인수하는 것을 말한다. 적합한 장소는 지정된 장소를 의미하며, 좋은 이미지란 제품뿐만 아니라 포장을 포함해서 수요자에게 좋은 인상을 심어 주는 것을 뜻하고, 적정 가격이란 수요와 공급의 관계에 의한 가격구조에 의해서 결정되는 가격을 말한다.

3. 물류관리 목표

1) 요구되는 물류 고객서비스 제공

고객서비스란 고객요구를 만족시키는 것을 말하며, 고객요구에 대한 만족도를 기준으로 서비스 상태를 측정하고 물류관리를 위한 지표로서 사용되기 때문에 중요하다. 물류서비스는 구축된 물류체계에 의하여 제공되는 물류활동의 결과로서 물류시스템의 유효성을 측정하는 수단이기도 하다. 기업이 제공하는 물류 고객서비스 수준은 제품의 판매량과 물류원가에 영향을 미치며 궁극적으로 기업의 이윤획득에 영향을 미친다.

일반적으로 고객서비스는 마케팅 서비스, 물류서비스, 경영·기술서비스 등으로 구성된다. 마케팅 서비스는 가격서비스가 주가 되며, 물류서비스는 제품의 공급과 직접 관련되는 납품서비스, 시간서비스, 품질서비스, 재고서비스 등이 주가 된다.

기업에 있어서 적정 고객서비스 수준은 관행이나 경영자의 개인적 판단 또는 과거경험에 의하여 결정되기 때문에 고객이 원하는 수준을 충족시키지 못하거나 기업의 이익을 극대화시키지 못하는 경우가 많다. 따라서 고객서비스 정책은 고객의 필요에 기초를 두고 전체 마케팅 전략과 일치되며 장기적으로 기업이익에 공헌할 수 있는 방향으로 이루어져야 한다. 이를 위해서는 먼저 고객서비스 감사를 통하여 고객서비스의 주요 요소를 정확히 파악하고 이를 기초로 하여 각 서비스에 대한 기준을 설정하여야 한다. 물류 고객서비스에 대한 자세한 내용은 별도의 장에서 나눈다.

2) 물류 비용절감

비용이란 어떤 활동을 금액으로 평가한 것으로서 서로 다른 활동들을 동일한 척도로 비교할 수 있는 단위가 된다. 물류관리는 각 물류활동을 비용으로 나타내고 요구되는 고객서비스 수준을 최소의 비용으로 실현하는 것이다.

물류활동은 생산 및 판매활동을 지원하는 측면이 있기 때문에 물류서비스 수준은 판매정책에 의하여 결정된다. 따라서 물류비는 부분적으로 생산이나 판매부문에 위해서 영향을 받는다. 즉, 판매부서에서 권한을 가지고 있는 경우에 해당 물류비는 판매정책에 의하여 결정된다. 이 외에 물류관리자가 직접 관장하는 영역에 있어서는 물류관리자에 의하여 물류비가 결정된다.

물류활동의 결과물로 나타나는 물류비는 몇 가지 특징을 가지고 있다. 첫째, 물류비용은 물류활동 실태를 반영하기 때문에 비용을 통하여 물류활동의 문제점을 파악할 수 있다. 즉, 물류활동이 합리적으로 이루어지지 않았으면 비용은 상대적으로 크며, 반대로 합리적으로 행해지면 비용은 작게 나타난다.

둘째, 제반 물류 활동을 비용이라는 단일 척도로 나타냄으로써 이질적인 활동을 동일한 기준에서 비교 분석 평가할 수 있다. 이와 같이 물류활동을 비용으로 나타내는 것이 관리를 위해서 유용하기 때문에 물류관리에 있어서 비용은 중요하다.

물류의 목표는 제품을 물적으로 이동시키고 저장하는 데 드는 비용을 최소화하면서 요구되는 수준의 고객서비스를 제공하는 것이다. 즉, 운송, 보관, 창고입지, 재고통제시스템, 자재운반관리, 내부정보의 흐름, 고객서비스기준, 포장 등의 활동이 결합하여 기업이 설정한 고객서비스수준을 충족시키면서 총물류비용은 최소가 되는 것이다.

이때 개별 물류활동은 서로 유기적으로 연결되어 있기 때문에 특정 하부시스템 비용의 최소화는 다른 하부시스템 비용에 영향을 미치는 비용 트레이드 오프관계가 존재한다. 따라서 물류관리에 있어서 물류비용을 정확하게 산정하고 물류활동 내에 존재하는 트레이드 오프관계를 고려한 총비용의 최소화를 목표로 하여야 한다. 물류비용에 관한 자세한 내용은 별도의 장에서 다룬다.

4. 물류관리의 대상 활동

1) 물류시스템 관리

물류합리화의 대상은 크게 도로, 철도, 항만, 물류센터, 화물터미널, 유통단지 등의 물류시설과 수송, 하역, 보관, 포장, 유통가공 등 물류활동으로 나눌 수 있다. 전자의 경우 시설의 확충을 통한 용량증대, 시설 개선을 통한 효율 증대 등이며, 후자의 경우 제반 물류활동을 계획적으로 수행하고 사후 평가를 통하여 물류활동의 효율을 증대시키는 것이다.

그림 3-8 물류개선대상

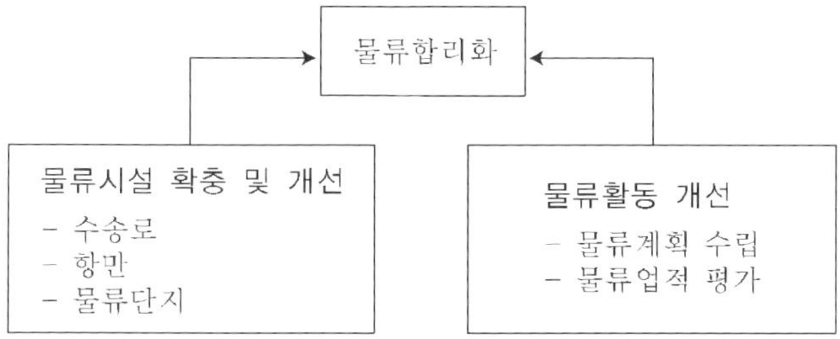

자료: 안태호(1996).

물류 관련 주체별로 물류 합리화 방안은 크게 정부와 개별 기업 측면에서 모색할 수 있다. 정부는 국민경제 측면에서 물류기반 시설에 대한 투자를 수행하고 물류관련 제도 및 법규를 정비하여 물류활동이 원활하게 이루어질 수 있도록 지원한다. 또한 물류부문에 대한 재정지원 및 세제혜택을 통하여 물류합리화를 유도할 수 있다.

개별 기업은 자사의 물류시설에 대한 투자를 통하여 시설을 확충하고 현대화함으로써 물류합리화의 기틀을 다질 수 있다. 또한 물류조직을 구축.정비하고 물류관리 체계를 확립하여 물류비용 절감을 실현할 수 있다. 물류정보화를 추진하여 보다 신속하고 정확한 물류활동이 이루어질 수 있도록 하는 것 역시 중요한 방안이다.

그림 3-9 주체별 개선대상

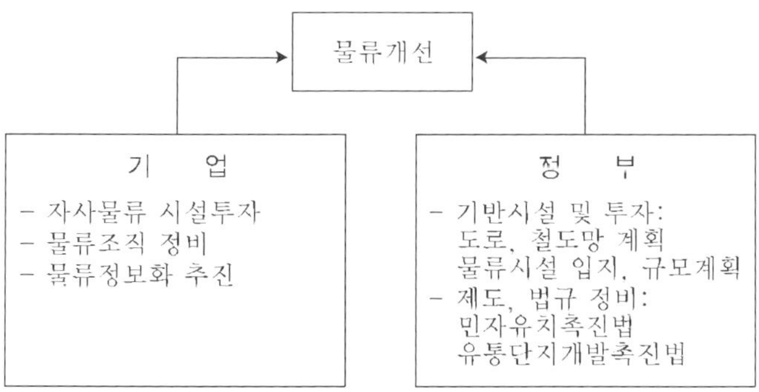

2) 기업물류 관리 대상

기업의 물류활동은 재화를 그 생산지에서 소비지로 이동시키는 기능을 수행하며, 물류시스템은 생산지와 소비시장 사이에서 중계지(Node)의 역할을 수행하는 물류거점과 거점 사이를 수송수단에 의하여 연결되는 네트워크로 형성된다.

전술한 물류관리 목표를 달성하기 위해서 관리의 대상이 되는 활동은 물류네트워크 상에서 이루어지는 제반 물류활동과 이를 효율적으로 운영·관리하는 활동으로 대별할 수 있다. 이러한 활동들은 각 기업의 특성에 따라 차이가 있을 수 있지만, 일반적으로 [그림 3-10]과 같은 활동들을 포함한다. 구체적인 내용은 [표 3-8]과 같다.

그림 3-10 물류관리 활동

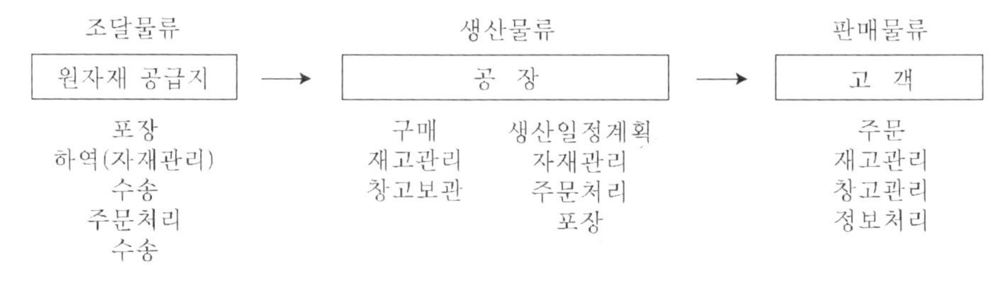

표 3-8 물류관리 방안

관리대상 및 목표	관 리 방 안
시간 단축	창고입지계획 및 재고관리정책(중앙과 지방의 재고문제) 영업운송 수단 이용을 통한 운송 효율화(대량화물의 장거리 운송) 자가운송 수단 이용을 통한 집배송 효율화(지역내 말단 집배송) 하역, 보관, 포장활동 등의 인력절감, 기계화, 자동화 추진 계절변동 등에 대한 작업계획 및 조정을 강화하여 탄력적인 운영 모색
물류비용 절감	물류원가계산제도 도입 물류예산관리제도 도입 물류기능별 단가(표준원가) 산정 물류사업부 회계제도 도입
사람(동기부여)	물류관리 담당자 교육 직장간담회, 불만처리위원회 활성화를 통한 동기부여 물류의 품질관리

제 4 절 물류관리에서 공급사슬관리로

1. 물류관리 개념의 발전과정

미국에서 기업활동과 관련하여 물류의 중요성이 인식되기 시작한 시점은 1950년대 중반부터라고 볼 수 있다. 이 시기는 기업경영에 있어서 마케팅의 중요성이 인식되고 그 개념이 학문적으로 정립된 시기였다. 그러나 이때까지도 기업은 물류문제 보다는 구매문제에 더 관심을 가졌으며, 물류의 중요성이 널리 인식되지는 못하였다. 그러나 2차 대전 이후 빠르게 성장하던 경제가 침체기에 접어들고 기업이 장기적이 불황에 빠져들게 되면서 기업들은 생산성을 향상시킬 수 있는 새로운 접근방법을 모색하게 되었는데, 이때부터 물류부문이 비용절감을 이룰 수 있는 중요한 분야가 될 수 있다는 점이 인식되기 시작하였다. 아마도 물류가 기업경영에 본격적으로 도입되게 된 가장 큰 동기는 1970년대 초에 있었던 오일쇼크 사태일 것이다. 이 당시 유가상승의 급등은 수송비용의 증가를 가져왔고 더불어 자본비용의 증가는 재고비용의 증가를 가져왔는데, 이로 인해 경영자들은 물류부문이 비용절감에 중요한 역할을 한다는 것은 인식하게 되었다. 이 시기에 들어서 1950년대에서 1970년대에 걸쳐서 형성된 물류의 개념과 원리가 실제 기업경영에 도입되게 되었다. 물류의 개념과 원리가 발전하여 현재의 공급사슬관리가 등장하기까지의 발전과정은 크게 다음과 같은 단계로 나누어 살펴볼 수 있다.

첫 번째 단계는 1970년대 이전까지로 물류문제에 대한 인식단계이다. 이 기간동안 물류는 단순히 수송, 보관 등 생산과 판매를 위한 상품의 이동과 보관을 담당하는 말단의 운영활동으로 간주되었다. 즉 공급과 수요에 따른 거래의 결과로 발생하는 후처리업무로서 물류관리를 수행하던 시대라고 할 수 있다. 미국에서는 1963년 NCPDM (National Council of Physical Distribution Management)이 창설되면서부터 물류분야에 대한 체계적인 연구와 조사가 진행되기 시작하였다. NCPDM (1976)은 물류(Physical Distribution)란 "생산지에서 소비지까지 원재료, 재공품 및 완제품의 효율적인 흐름을 계획, 실행, 통제하기 위해 두 가지 또는 그 이상의 관련 활동들을 통합하는 과정"이며, 구체적으로 이러한 활동에는 고객서비스, 수요예측, 정보전달, 재고관리, 자재취급, 주문처리, 부품 및 서비스 지원, 공장 및 창고 입지선정, 조달, 포장, 반품처리, 폐기물 처리, 운송, 창고관리 및 보관 등이 포함된다고 정의하였다. 이때는 기업들이 운송관리의 합리화, 창고관리의 효율화, 재고비용의 절감 등 주로 기능별 물류비용의 감소에 초점을 둔 시기라고 볼 수 있다.

두 번째 단계는 1970년대에 들어서 총 비용관리(Total Cost Management)에 초점을 둔 시기라고 할 수 있다. 이 시기에는 개별 물류기능들을 통합함으로써 운송, 창고, 재고, 고객서비스 간의 상호작용을 더욱 밀접하게 관리할 수 있게 만들고 각 기능을 어떻게 전체적인 시스템의 관점에서 최적화 시킬 수 있는 가에 대해 관심을 둔 시기였다. 즉 개별 물류활동의 비용보다 총 물류비용을 최소화시키기 위한 계획과 관리에 중점을 둔 시기라고 할 수 있다.

그림 3-11 운송수단의 선택의 총 비용 분석

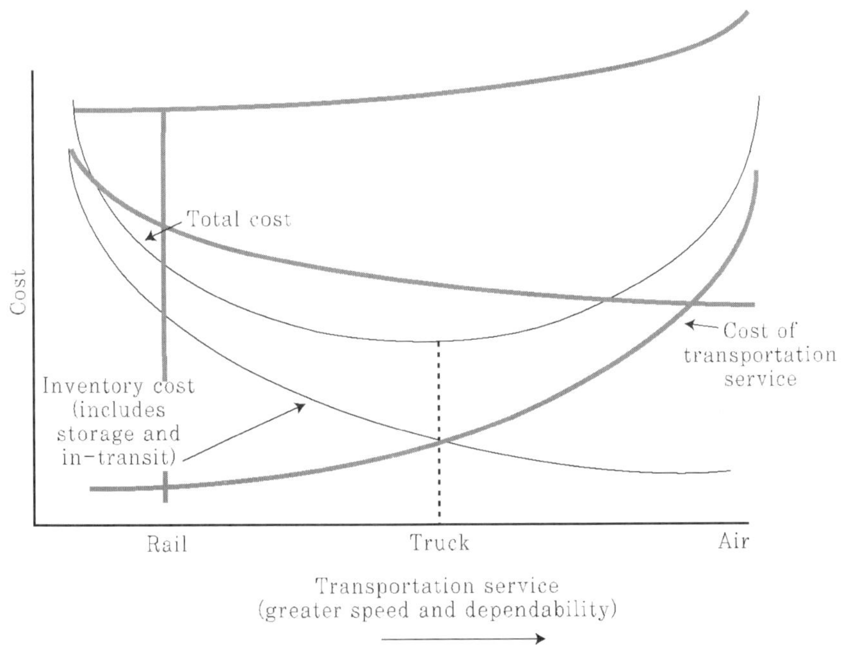

이러한 총 비용관리의 개념이 세 번째의 물류관리(Logistics Management)의 개념으로 정립된 것은 1980년대 들어서이다. 기업들은 물류를 합리화하기 위해

그림 3-12 물류센터 수의 결정

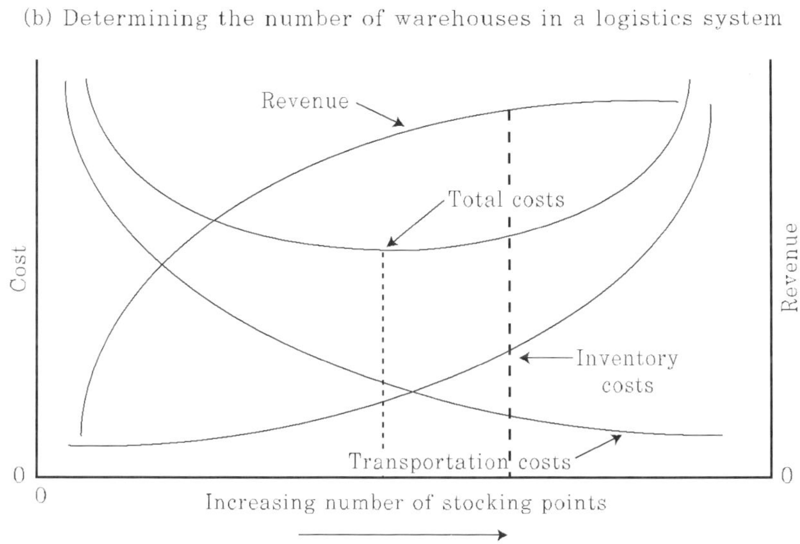

기존에 분산되어 있었던 물류기능을 통합하고 이를 위한 물류조직을 만들기도 하는 등 나름대로 노력을 기울이고 있다. 그러나 물류부문에서 재고를 줄이려고 해도 마음대로 되지 않는 경우가 많다. 이는 생산부문과 판매부문이 협력하지 않기 때문이다. 생산부문은 가동률과 생산성에 초점을 두기 때문에 가능한 한 제품을 계속하여 대량생산하려는 경향이 있다. 반면 판매나 구매부문은 제품이나 원재료가 결품되는 일이 없도록 가능한 재고를 많이 가지고 가려는 경향이 있다. 이러한 이유로 물류비용에 초점을 두어 주로 기능별 물류효율화를 추구하던 물류관리에 대한 새로운 접근이 필요하게 되었다.

물류관리는 기업 전체의 물류프로세스를 효율화하여 부분 최적화보다는 전체 최적화를 추구하는 개념이다. 특히 정보기술의 발전으로 기업내 부문간 정보교환이 보다 용이하게 되면서 이러한 통합적인 물류관리의 도입이 빠르게 확산되었고 실제 기업의 물류프로세스를 개선하는데 크게 기여한 것으로 나타났다.

네 번째 단계는 1990년대 이후 공급사슬관리(Supply Chain Management)의 개념이 기업경영에 도입된 시기이다. 1990년대 중반 이후 최초의 공급자에서 시작하여 최후의 고객에 이르는 제품과 정보의 흐름을 관리하기 위해 조직 경계를 넘어 기업 간에 전략적 관계를 형성하는 프로세스를 의미하는 공급사슬통합(supply chain integration) 전략이 나타나게 되었다.

전문가들은 글로벌 경쟁의 심화 등 경제 환경의 변화에 따라 앞으로 경쟁의 양태가 기업 대 기업의 차원에서 벗어나 공급사슬 대 공급사슬의 차원으로 발전할 것이라고 전망하고 있다.

2. 공급사슬관리의 개념

최근 공급사슬관리 개념이 상당히 보편화되고 있기는 하나, 조직에 따라 그리고 같은 조직이라 하더라도 관리자에 따라 매우 다양한 형태로 나타나고 있다. 또한 공급사슬관리에 대한 개념은 기업이 공급사슬에 대한 경험을 축적함에 따라 계속 진화하는 양태를 보이고 있다.

Global Supply Chain Forum에 의하면 공급사슬관리(SCM)란 "고객 및 이해관계자들에게 부가가치를 창출할 수 있도록 최초의 공급업체로부터 최종 소비자에 이르기까지의 상품, 서비스 및 정보의 흐름이 이루어지는 비즈니스 프로세스들을 통합적으로 운영하는 전략"이라고 정의하고 있다(Lambert, Cooper and Pagh, 1998).

Simchi-Levi(2000)는 공급사슬관리란 "고객의 요구를 만족시키면서 시스템 전반의 비용을 최소화하기 위해, 제품이 적정한 수량으로, 적정한 장소로, 적정한 시간에 생산, 유통될 수 있도록 공급업체, 제조업체, 물류업체, 소매업체들을 효율적으로 통합하기 위한 일련의 접근방법"이라고 정의하고 있다.

공급사슬관리(SCM)는 고객, 공급업체, 제조업체 및 유통업체로 이루어지는 네트워크에서의 자재, 정보 및 재무 흐름을 다룬다. 자재의 흐름은 사슬을 통한 공급업체에서 고객으로의 물리적인 제품의 흐름과 함께 반품, 서비스, 리사이클링, 폐기에 따른 역 흐름을 포함한다. 정보의 흐름은 주문정보의 전송, 배달상태 등을 다룬다. 재무흐름은 신용상태, 지불일정 등을 다룬다. 이들 흐름은 기업 내 및 기업 간 복수의 관련 부서에 걸쳐 발생하게 된다. 따라서 기업 내 및 기업 간에 이루어지는 이러한 흐름들의 조정 및 통합이 효과적인 공급사슬관리의 핵심이 된다.

이러한 흐름들을 효과적으로 관리하는 것은 매우 어려운 과제로, 글로벌 기업에서는 특히 그러하다. 다국적 기업의 제품 및 서비스의 공급사슬은 매우 복잡할 수 있으며, 최근의 수직적 계열의 해체 추이는 이를 더욱 복잡하게 만들고 있다. 글로벌 기업의 공급사슬은 세계 여러 나라에 위치한 복수의 기업들로 구성되며, 이들 각 기업은 다시 주문충족, 국제조달, 새로운 정보기술의 도입, 고객 서비스 등의 공급사슬활동을 수행하게 된다. 또한 복수의 공급업체가 복수의 고객을 지원하거나 특정 공급업체가 경우에 따라 고객이 되거나 사슬의 다른 부문에서는 경쟁자가 되는 등 복잡한 관계를 가지게 된다. 이러한 복잡성을 고려하여 공급사슬(supply chain)을 "공급네트워크(supply network)" 내지 "공급웹(supply web)"으로 부르기도 한다.

그림 3-13 물류 네트워크의 구조

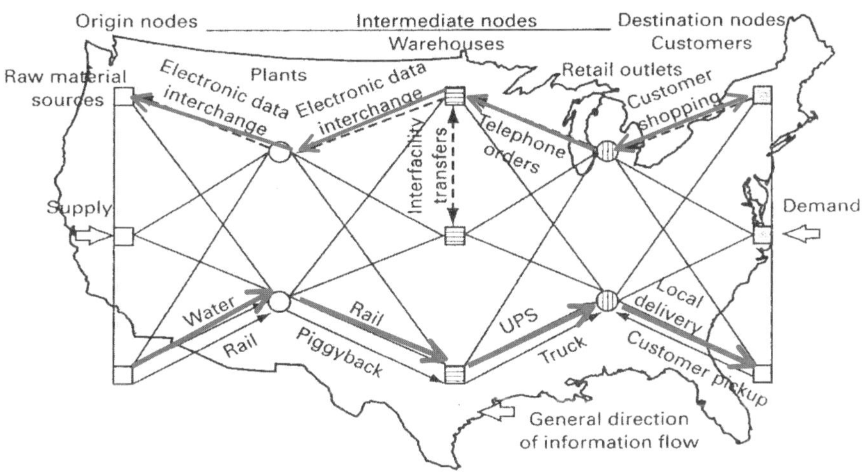

FIGURE 2-4 An Abbreviated Network Diagram for a Logistics System

3. 물류관리와 공급사슬관리

공급사슬관리는 물류관리와 유사한 개념으로 받아들여지기도 한다. Council of Logistics Management(CLM, 1986)에 의하면 물류(Logistics)란 "고객의 요구를 충족시키기 위한 목적으로 원산지에서 소비지까지 원자재, 중간재, 최종재 및 관련 정보의 효율적이고 비용 효과적인 흐름과 저장을 계획, 실행, 통제하는 프로세스"라고 정의하고 있다. 즉, 물류관리는 고객서비스의 개선이라는 공동의 목표를 가지고 원재료의 조달을 담당하는 구매부문, 생산을 담당하는 생산부문, 제품의 판매를 담당하는 판매부문이 효율적이고 비용 효과적인 물류프로세스를 실현하기 위한 경영전략이라고 할 수 있다.

그림 3-14 물류관리의 범위

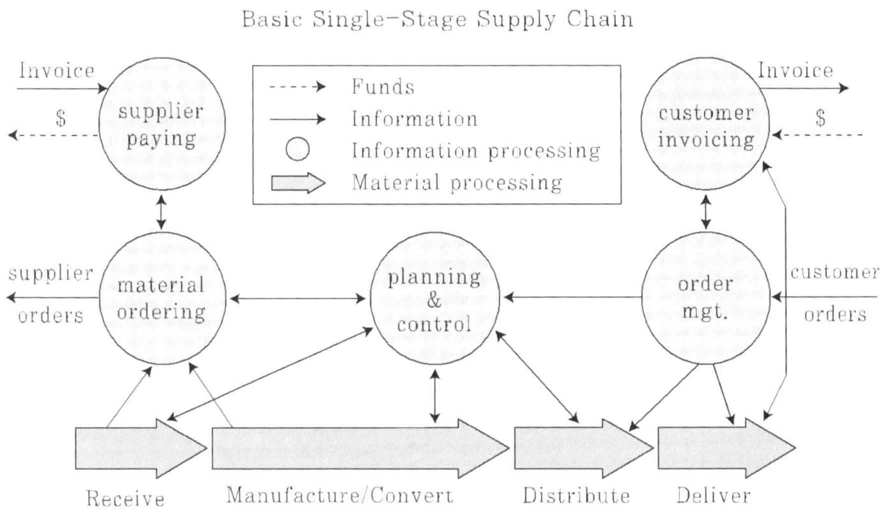

위의 두 정의에서 볼 수 있듯이 공급사슬관리와 물류관리는 비용절감과 서비스 수준 향상을 위해 시스템내의 각기 다른 구성요소간의 통합을 강조하고 있다는 점에서는 두 개념은 공통점을 가진다고 볼 수 있다. 하지만 물류관리가 주로 특정기업의 물류프로세스의 통합관리에 초점을 두는 반면 공급사슬관리는 공급사슬내의 참여기업간 물류프로세스의 통합관리에 초점을 둔다는 점에서는 두 개념은 차이점을 가진다고 볼 수 있다.

이러함 차이점을 고려하여 공급사슬관리를 물류관리의 확장된 개념으로 받아들이는 것이 최근의 경향이다. 최근 CLM(1998)은 물류를 "고객의 요구에 부응하기 위해 원산지에서 소비지까지 상품, 서비스 및 관련 정보의 효율적이고 효과적인 흐름과 저장을 계획, 실행, 통제하는 공급사슬 프로세스의 한 분야"라고 새롭게 정의한 바 있다.

그림 3-15 공급사슬관리의 범위

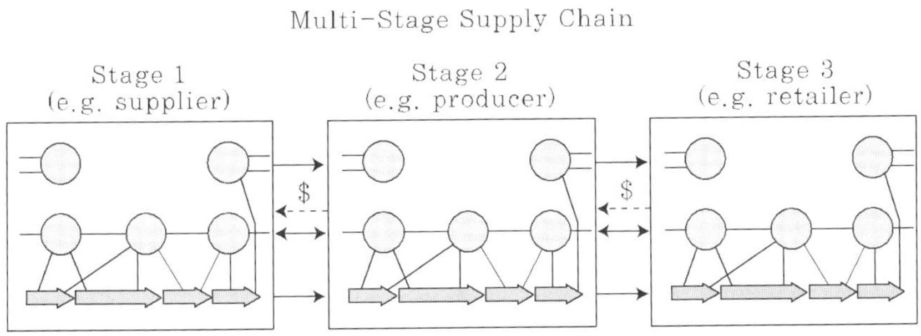

구체적으로 공급사슬관리의 정의에는 다음과 같은 새로운 관점들이 포함되어 있다. 첫째, 특정 기업의 조달, 생산, 유통활동에 수반되는 전체 물류프로세스 효율화에 초점을 두었던 물류관리가 공급업체, 제조업체, 유통업체, 고객을 포함하는 공급사슬 전반의 효율화에 초점을 두는 공급사슬관리로 발전한다는 것이다. 둘째, 공급사슬관리는 전체 공급사슬을 효율적이고 비용 효과적으로 만드는데 있기 때문에, 비용측면에서 공급사슬 전반에 걸쳐 발생하는 비용, 즉 자재의 조달, 제품의 유통, 제품의 재고관리 및 운송에 이르기까지 관련된 모든 비용을 최소화해야 한다. 즉, 공급사슬관리는 부분적인 최적화보다는 전체 시스템의 최적화를 강조하는 개념이다. 셋째, 공급사슬관리는 공급업체, 제조업체, 유통업체, 물류업체 등 공급사슬 구성원간의 효과적인 협력관계를 기초로 이루어질 수 있기 때문에 파트너 관계의 형성, 정보의 공유, 협력적 운영 등 보다 장기적이고 전략적인 차원의 접근이 요구된다.

4. 공급사슬관리의 편익

공급사슬관리의 도입은 다음과 같은 관점에서 기업의 경쟁우위를 확보할 수 있는 기회를 제공하게 된다.

- 보다 경쟁력 있는 가치를 제공하면서 고객의 수요에 신속히 대응할 수 있다.
- 비용을 절감하고 이익을 증대시킨다.
- 공급사슬 파트너십을 통해 핵심역량에 집중할 수 있다.

- 경쟁력을 갖춘 경로 파트너(channel partners)와 협력관계를 통해 장래 경쟁우위를 확보할 수 있다.
- 위험을 감소시킬 수 있다.

이러한 경쟁기회를 확보하기 위해 많은 기업들이 경쟁전략에 도입에 있어서 공급사슬관리에 높은 우선순위를 부여하고 있다.

공급사슬통합을 채택한 기업들은 상품개발 리드타임의 단축, 생산성의 향상, 품질의 개선 등 많은 편익을 얻고 있으며, 대개 이들 분야에서 10~20% 정도의 개선효과를 달성하고 있는 것으로 나타나고 있다.

PRTM의 자회사인 PMG(Performance Measurement Group)가 매년 실시하고 있는 공급사슬관리 벤치마킹 결과에 의하면 가장 효율적으로 공급사슬을 운영하고 있는 기업과 평균적인 기업의 총 공급사슬비용(total supply-chain management cost)의 차이가 매출액의 3~6%에 이르는 것으로 나타났다. 이는 공급사슬관리를 효율화할 경우 매출액 이익률이 3~6% 개선된다는 것을 의미하는 것이다.

또한 원자재 구매에서 판매대금 회수까지 소요되는 시간을 나타내는 현금화 사이클타임(cash-to-cash cycle time)도 효율적인 기업과 평균적인 기업간에 40~65%의 차이가 있는 것으로 조사되고 있다. 즉, 공급사슬에 대한 효율적인 관리가 기업의 경쟁력 확보에 매우 중요한 영향을 미칠 수 있다는 것을 보여주고 있다.

그림 3-16 공급사슬관리 벤치마킹 결과

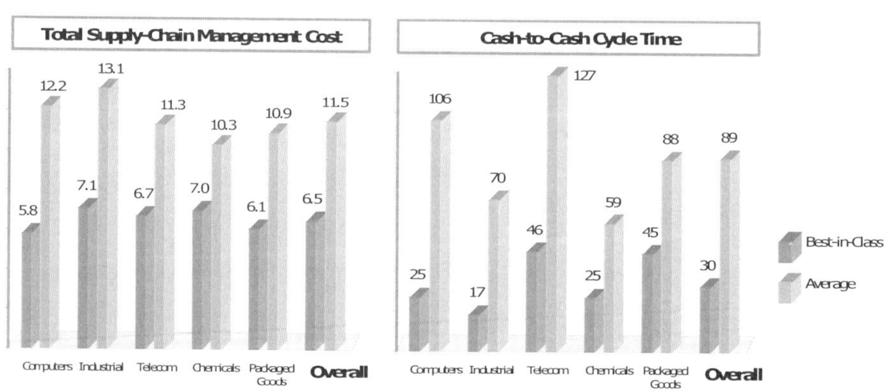

참 고 문 헌

교통개발연구원, 2003 국가물류비 산정 및 추이 분석, 2005.
김현주,정승우, 알기쉬운 물류, 삼성경제연구소, 1992.
대한상공회의소, 2002년 기업물류비 실태조사 보고서, 2002. 12.
안태호, 「현대 물류론」, 도서출판 범한, 1996.
전준수, 「종합물류의 이해」, 박영사, 2004.
진형인, 「국제물류의 이해」, 박영사, 2002.
전국경제인연합회, 동북아 물류중심지 건설과 국내 물류체계 효율화 과제, 2004. 2.

Ballou, Ronald H., Business Logistics/Supply Chain Management, Fifth Edition, PEARSON, 2004.
Bowersox, Donald and R. Calantone, "A View of Global Logistics Costs," 1997.
Delaney, R., 14th Annual State of Logistics Report, National Press Club, Washington, DC, 2003.
Lambert, Douglas M. and James R. Stock, Strategic Physical Distribution Management, Richard D. Irwin Inc., 1982.
European Logistics Association, European Logistics Comparative Costs and Practice 1995, 1995. 6.
Herbert W. Davis and Company, Davis Database Vol. 26. No. 1, 2001. 6.
Kurt Salmon Associates, Efficient Customer Response: Enhancing Consumer Value in the Grocery Industry, 1993. 1.
Lambert, Douglas M., Martha. C. Cooper and Janus D. Pagh, "Supply Chain Management: Implementation Issues and Research Opportunities," The International Journal of Logistics Management, Vol. 9, No. 2. 1998.
PRTM, 1997 Integrated Supply-Chain Benchmarking Study.
Simchi-Levi, David, Philip Kaminsky, Edith Simchi -Levi, Designing and Managing the Supply Chain, Irwin McGraw-Hill, 2000.
Wilson, Rosalyn and Robert V. Delaney, 14th Annual "State of Logistics Report," Cass and ProLogis, 2003. 6.

日本 ロジスティクスシステム協會, 2001年度 業種別 物流コスト 實態調査報告書, 2002.

물 류 전 략

2

제 4 장

물류전략 개요

제 1 절 물류전략과 의의

1. 물류전략

기업의 경영진은 재정, 성장, 시장 점유율 등 기업경영과 관련된 목표를 달성하기 위해서 전략을 수립하게 되고 이러한 전략에 따라 기업이 나아갈 전체적인 방향인 기업활동 계획을 수립한다. 기업 전사적인 계획은 다시 마케팅, 생산, 물류 등 기업 업무의 각 기능에 대한 하부 계획으로 나누어진다([그림 4-1]). 이러한 하부 계획들은 많은 특정 의사결정을 필요로 한다. 즉, 물류 부문에 있어서 창고의 입지 선정, 재고 정책의 설정, 주문 접수, 주문 접수시스템의 설계, 그리고 수송 수단의 선택 등이 있다. 물류담당자는 물류에 관한 다양한 개념과 의사결정 기법을 이용하여 이러한 사항들에 대한 의사결정을 수행하게 된다.

1) 기업전략

기업전략은 이윤 극대화, 시장 점유율 확대, 성장 등 기업의 목표를 설정하고 이를 달성하기 위한 새로운 방안을 모색하는 것이다. 이때 소비자, 공급자(vendor), 경쟁사, 그리고 전략 수립의 주체가 되는 기업에 대하여 장·단점, 지향 목표, 현황, 전망 등을 평가하고 경영진과 전문가들의 의견을 수렴하여 적절한 전략을 수립하게

그림 4-1 전략적 물류계획수립 과정

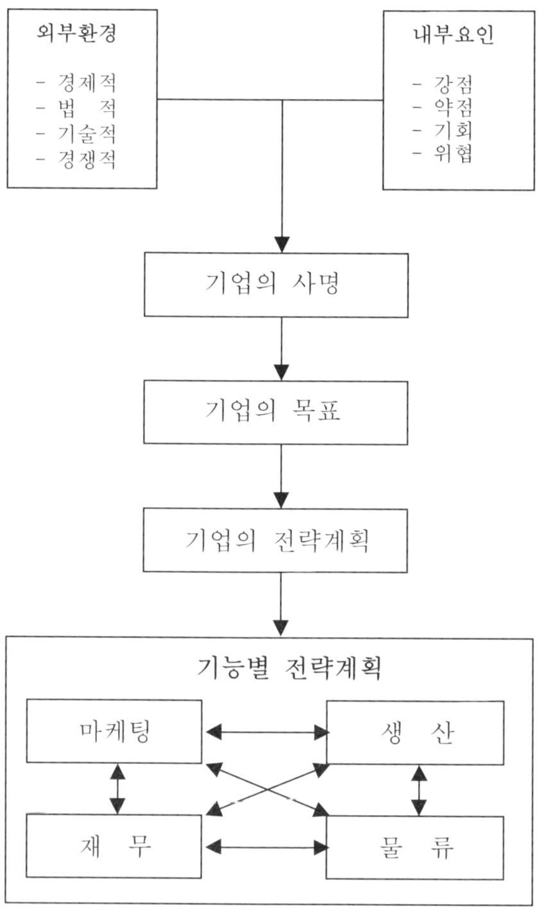

자료: 서현진 외(1999), 물류관리, 율곡출판사, p. 76.

된다. 일반적인 비전의 예로서는 세계 일류기업으로서의 위상 정립, 고객 만족도 1위 달성 등 다양한 것을 들 수 있다.

이어서 포괄적이고 일반적인 비전 전략들을 좀더 세부적인 계획으로 변환할 필요가 있다. 기업의 비용, 재무구조, 시장 점유율 수준, 자산 기준과 배치, 외부 환경, 경쟁력, 그리고 고용자의 기술 등을 명확히 이해해서 기업이 직면하고 있는 위험과 가능성으로부터 도출되는 대안 전략들을 선택하게 된다. 이러한 전략은 수립된 비전이 어떻게 성취될 것인가를 좀더 명확하게 나타낸다.

2) 물류전략

물류전략은 고객 만족을 극대화하기 위한 것이며, 고객서비스 제공을 통하여 경쟁우위를 확보할 수 있는 방안을 포괄적이고 통합적으로 수행하는 것이다. 이것은 물류서비스에 대한 장래 수요를 예측하여 공급연쇄(供給連鎖) 전 과정이 보유한 재 자원(諸資源)을 관리하는 방법으로 달성된다. 물류전략 수립은 기업의 전체 경영 목표와 계획의 범위 내에서 실시된다.

종합하면 복잡, 불투명, 변동적인 환경 하에서 물류의 구체적 목표를 달성하기 위한 해결방안이 물류 전략이다. 즉, 트럼프 게임에 있어서 프레이어가 가지고 있는 카드가 전략인 것이다. 이 카드를 어떠한 순서로 짜 나갈 것인가를 모색하여 조합을 짜 나가는 것이 전략계획화라 할 수 있을 것이다. 각 전략계획을 실행하기 위해서는 경영 자원을 투입하게 되며, 한정된 경영자원을 투자효과가 최대가 되도록 배분하는 것이 편성의 기본논리이다.

기업전략에 따라 물류비전이 설정되고 이를 실현하기 위한 물류전략이 고객서비스, 물류네트워크 등 세부 물류 부문과 관련하여 수립된다([그림 4-2]). 이어서 물류계획이 수립되고 계획에 따라 물류활동이 실행, 관리된다.

물류전략은 기업의 경영 전략의 틀 속에서 수립되는 하부 전략이다. 기존의 관행이나 직관에 매이지 않고 창의적이고 혁신적인 방안을 모색하는 것이 훌륭한 물류전략을 수립하는 것이다. 즉, 현재의 물류업무를 개선하여 비용절감과 서비스 수준을 향상할 수 있는 새로운 방안을 모색하는 것이다.

한 예로서 가전제품 생산업체의 물류전략을 생각해보자. 현재 고객 서비스수준을 향상시키기 위해서 거점 서비스센터에 수리공들을 광범위하게 배치하여 운영하고 있다. 이에 따라 상당수의 숙련된 수리공들을 고용함으로써 높은 인건비

그림 4-2 경영전략 수립과 하부 전략 수립 과정

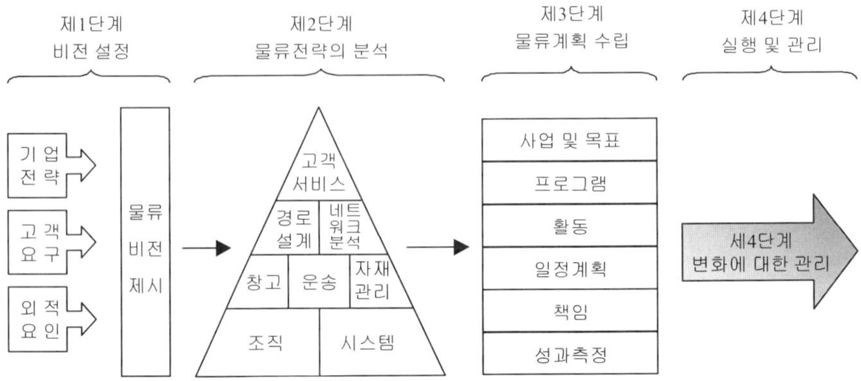

자료: 노부호 외, 물류관리의 종합적 이해, 형설출판사, 1998, p. 60.

가 발생하게 되었다. 경영진은 이를 해결하기 위해서 물류전략을 새로 수립하기로 하였다. 최종적으로 결정된 전략은 물류시스템을 재 설계해서 임대용 가전제품의 재고를 전국에 걸쳐 배치해 두고 제품 고장이 발생하면 대체 제품을 소비자에게 보내고 고장난 제품은 서비스 센터로 보내서 수리한 후 소비자에게 배달하는 것이다. 이렇게 함으로써 수리공을 소수의 수리센터에 배치하여 수리관련 비용을 줄일 뿐만 아니라 고객 서비스를 향상시킬 수 있다.

물류전략은 기업의 특성에 따라 다양한 방안이 될 수 있으나 일반적으로 비용절감, 자본절감, 서비스 개선 측면에서 모색될 수 있다([표 4-1]). 비용절감을 목표로 하는 경우 물류활동과 관련된 가변비용을 최소화할 수 있는 방안을 모색하게되며, 자본절감을 목표로 하는 경우 투자비를 최소화 할 수 있는 방아을 모색하게 된다. 서비스 개선이 목표인 경우 대 고객 서비스수준을 향상시킬 수 있는 방안을 모색한다. 이러한 전략 목표는 독립적으로 이루어지는 것이 아니라 상호 관련성을 가지고 이루어지기 때문에 목표간의 상쇄 관계를 고려해야 한다.

노부호 외(1998)는 관련 문헌(Robeson et. al., 1994)을 인용하여 그림과 같이 물류전략을 최하부 단세인 실행난계와 최상부 단계인 전략단계, 그리고 중간단계에 해당하며 계획단계라 할 수 있는 구조적단계와 기능적 단계 등 4계층으로 구분하였다. 각 단계를 합하여 총 10개의 전략 요소를 구분하고 있다.

표 4-1 물류전략의 예

전략 목표	세부 목표	세부 전략
비용 절감	가변비용 최소화	- 적정 창고 입지 선정 - 적정 창고 수 결정 - 최적 창고, 소비지, 공장 배치 - 총물류비 최소화 수송수단 선정
자본 절감	투자 최소화	- 자가 창고 축소 - 자가 수송수단 처분
서비스 개선	고객 서비스 수준 향상	- 높은 재고 수준 - 신속한 수배송 서비스 - 리드타임 단축

그림 4-3 물류전략의 기본틀

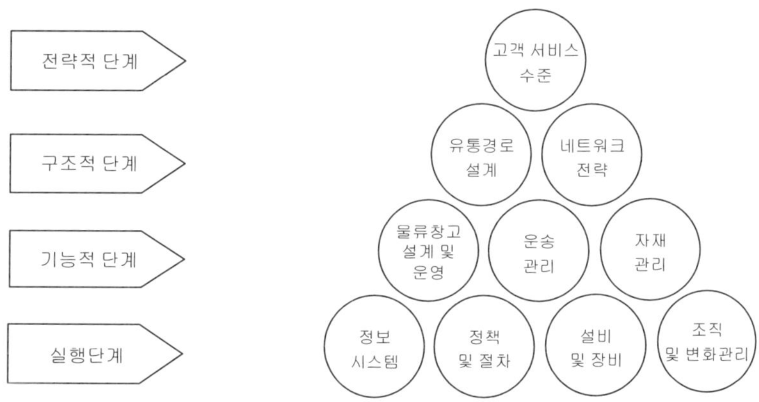

자료: 노부호 외, 물류관리의 종합적 이해, 형설출판사, 1998, p. 39.

2. 물류계획

물류계획은 수립된 물류전략을 달성하기 위한 구체계인 방법이다. 즉, 물류전략을 실징하었을 때 물류계획은 이를 달성하기 위하여 수행하는 시설 입지 결정, 수배송 방법 결정, 정보체계 구축, 재고 관리 방법 수립 등과 같은 구체적인 내용이 된다.

물류계획이 수립되기에 앞서 기업의 경영 목표와 이에 따른 전략이 수립되며, 물류활동을 통하여 고객에게 제공해야하는 서비스 수준이 설정된다. 이어서 이를 달성할 수 있는 물류체계를 계획하게 된다. 물류거점인 링크와 수송로인 노드로 구성되는 물류시스템의 각 링크는 통합물류 계획 과정에서 계획되고 서로 균형을 이루게 된다([그림 4-4]). 계획이 수립되면 이를 실행하고 운영을 관리하며, 그 결과를 평가하는 과정을 거치게 된다.

통상 대 고객 물류서비스 수준은 물류 전문가의 뛰어난 통찰력에 의해 설정되며, 일단 물류 서비스 전략이 수립되면 서비스 수준은 수립된 전략을 통해 달성되어야 한다. 이러한 물류 서비스 전략은 일련의 실행 대안들 중에서 특정 대안을 선택하는 것을 포함하고 있다. 또한 이와 같은 전략의 선택은 분석을 위한 여러

그림 4-4 물류계획 과정

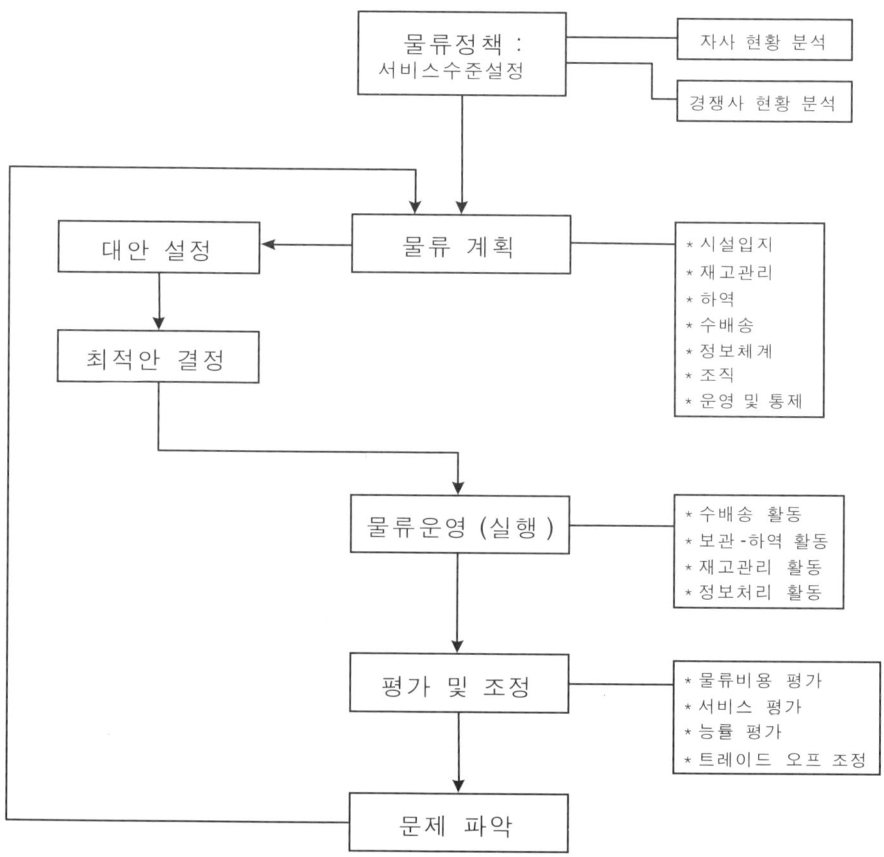

가지 개념과 기법들에 영향을 미친다.

제 2 절 물류전략 수립

1. 물류전략 수립 기준

좋은 물류전략을 수립하기 위해서는 물류현황을 분석하고 진단하며 문제점을 도출할 수 있는 전문지식이 필요하다. 또한 물류전략을 수립하는데 있어서 기준이 될 수 있는 원칙과 개념들에 대한 이해가 필요하다. 이러한 원칙과 지침은 물류전략이 어떠해야 하는가에 대한 통찰력을 제공하며 체계적으로 접근할 수 있는 기초가 된다.

이러한 기준으로서는 총물류비용 개념, 서비스 차별화 개념, 혼합 개념, 유예 개념, 혼재 개념, 표준화 개념 등을 들 수 있다.

1) 총물류비용 개념

물류시스템을 계획하고 설계할 때 평가의 기준점은 비용 트레이드 오프(trade-off) 분석이며, 이는 총물류비용 개념으로 귀착된다. 비용 트레이드 오프는 다양한 물류 활동과 관련된 비용이 서로 상충(conflict)되는 특성이 있기 때문에 관련 활동들을 균형을 이루도록 조정함으로써 전체적으로 활동을 최적화 하자는 것이다.

(1) 수송과 재고의 트레이드 오프

수송과 재고 수준의 관계는 대표적인 물류 활동의 트레이드 오프 관계를 나타낸다. 운임률이 낮은 수송 서비스를 이용하게 되면 수송비는 저렴한 반면에 느린 수송속도로 인하여 높은 재고량을 보유해야 함에 따라 재고유지비는 높게된다. 빠른 수송 서비스를 이용하는 경우에는 그 반대가 된다. 따라서 적정 수송 서비스는 수송비용과 재고유지비용을 합한 총비용이 최소가 되는 것이다.

(2) 서비스수준과 제반 물류비용의 트레이드 오프

대 고객 서비스 수준을 높게 설정하게 되면 판매가 증대되어 수익이 증대되는 결과를 가져오지만 서비스 수준 개선은 수송, 주문처리, 재고유지 등과 관련된 물류 비용의 증가를 가져오게 된다. 따라서 서비스 수준 향상으로 인한 이윤의 증가와 물류비용의 증가를 동시에 고려할 필요가 있다.

(3) 물류센터의 수와 수송비의 트레이드 오프

일반적으로 물류센터의 수가 증가하게 되면 공장에서 창고까지의 간선 운송비(인바운드 운송)는 증가하고 센터에서 소비자에게 소량 제품을 배송하는 배송비용(아웃바운드 운송비)는 감소하게 된다. 이때 인바운드 운송은 대량운송이며, 아웃바운드 운송은 소량 다빈도 운송이기 때문에 후자의 비용 절감액이 전자의 비용 증가액을 초가하게 되어 전체 수송비용은 감소하게 된다. 그러나 물류센터의 수가 증가하게 되면 재고비용과 보관비용은 증가하게 된다. 따라서 설정된 소비자 서비스 수준을 유지하면서 수송비와 재고유지비의 합이 최소가 되는 물류센터 수를 결정해야 한다.

그림 4-5 물류비용 트레이드오프 관계

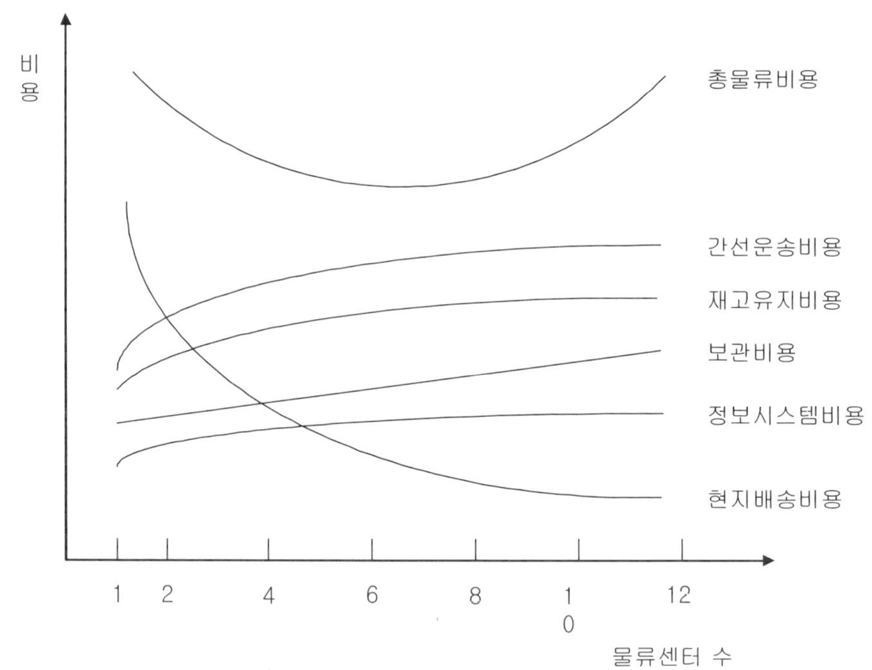

(4) 안전재고 수준과 판매 손실비의 트레이드오프

안전 재고(safety stock)는 수요와 리드타임의 불확실성에 대비하여 보유하는 여분의 재고이다. 안전 재고 수준을 증가시키면 주문에 대한 재고의 가용성을 높여서 판매 기회 상실 비용(the cost of lost sales)을 감소시킨다. 반면에 재고 수준의 증가는 재고 유지비용의 증가를 초래하기 때문에 안전재고 수준은 이들 비용을 합한 총비용이 최소가 되는 지점에서 결정되어야 한다.

2) 서비스 차별화

서비스 수준의 차별화는 물류계획에 있어서 고려되어야 하는 기본 원칙으로서 모든 고객, 제품 등에 대해서 동일한 수준으로 고객 서비스를 제공할 필요는 없다는 것이다. 즉, 기업의 이익 관점에서 보다 귀한 고객과 제품에 대해서는 보다 높은 서비스를 제공하고 기여도가 낮은 고객과 제품에 대해서는 낮은 수준의 서비스를 제공함으로써 총물류비용을 최소화하고 수익은 극대화 하자는 것이다. 이러한 차별화는 몇 가지 관점에서 생각할 수 있다.

(1) 대상에 따른 차별화

– 고객에 따른 차별화

다양한 고객을 제품 구매량에 따라서 대고객과 소고객으로 구분하여 제공하는 물류서비스 수준을 달리하는 것을 고려할 수 있다.

– 제품 판매량에 따른 차별화

다양한 제품을 판매량에 따라서 구분하여 기업의 매출액에 큰 기여를 하는 제품군과 그렇지 않은 제품군을 구분하여 물류 서비스 수준을 차별화 할 수 있다.

– 주문 크기에 따른 차별화

주문 크기에 따라서 공장, 공급업자, 그리고 다른 공급지에서 소비자에게 직접 공급되는 제품과 창고를 경유해서 공급되는 제품을 구별하는 것이다.

– 정상적인 주문 처리와 백오더의 차별화

정상적으로 처리되는 수문과 백오더(back orders) 되는 주문처리를 분리하는 것이다. 즉, 정상적인 주문은 창고에서 처리되지만 창고에서 재고 고갈 상황이 발생하면 공장이나 다른 창고로 주문을 전달하는 백오더가 발생하게 되고 이때 정규 채널을 이용할 때보다 수송 거리가 길어지기 때문에 보다 신속한 특별 수송서비스를 이용하게 된다.

(2) 서비스 차별화 방안

– 수송서비스 차별화

주문이 빈번하게 발생하는 품목들은 정규적이고 서비스 수준이 높은 수송서비스를 이용하며, 판매 빈도가 적고 회전율이 낮은 품목은 서비스 수준이 낮은 수송을 이용한다. 또한 주문 크기에 따라서 차급화물(vehicle-load volumes)과 소량화물을 구분하여 적합한 수송 서비스를 제공한다.

– 재고 보관 거점의 차별화

주문이 빈번하게 발생하여 회전율이 빠른 품목들은 시장과 가장 근접해 있는 창고에 보관하고 판매량이 중간 정도인 품목은 지역 거점 창고에 보관하며, 판매량이 적고 회전율이 아주 느린 품목은 공장 창고에 보관하는 것이다.

– 창고내 제품 보관 위치의 차별화

창고내에 제품을 보관할 때에도 주문이 빈번하게 발생하는 품목은 반출 입구 가까이에 장치하고 판매량이 적은 품목은 창고 안쪽에 보관하는 것이다.

3) 혼합전략

혼합전략은 상황에 맞게 복수의 전략을 채택한다는 면에서 서비스 차별화 전략과 유사하다. 이것은 모든 대상에 대하여 동일한 서비스를 제공하는 단일 전략보다 총 물류비용이 절감되는 이점이 있다. 반면에 단일 전략은 규모의 경제 효과를 얻을 수 있고 일반 관리 문제가 단순하다는 장점은 있지만 물류 환경이 다양할 때 비경제적이라는 단점이 있다.

예로서 제품의 월별 판매량이 안정적인 제품군과 월별 수요의 차이가 상당히 큰 제품군을 보관하는 경우를 들 수 있다. 단일 전략은 전 품목군을 자가 물류센터에 보관하거나 영업 물류센터를 이용하는 것이다. 자가 시설을 이용할 경우 수요의 월별 편차가 심한 품목군의 경우 비수기 때 시설 공간의 이용률이 지나치게 낮게 되어 공간이용 효율이 떨어지고 불필요한 비용이 지출된다. 혼합전략을 채택하여 수요가 안정적인 품목군은 자가 시설에 보관하고 수요의 변동폭이 큰 제품군은 영업용 시설을 이용하게 되면 불필요하게 넓은 자가 공간을 확보하는 낭비를 막아서 총 물류비용을 절감할 수 있다.

그림 4-6 단일 및 혼합 보관 전략의 총비용 곡선

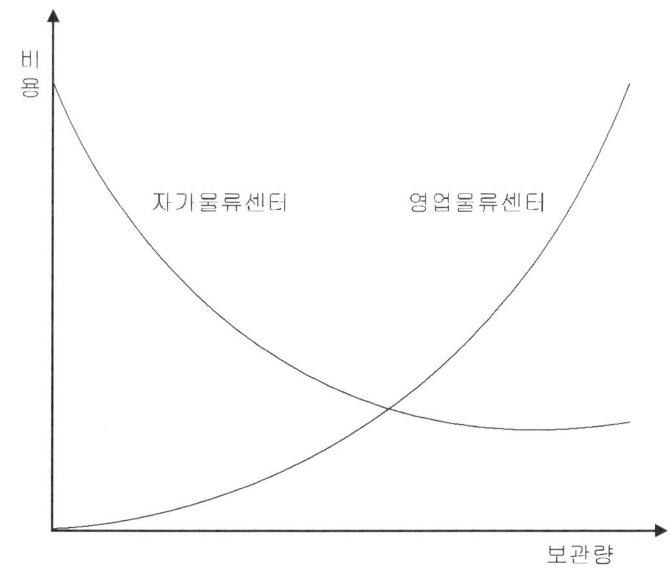

4) 유　　예

일반적으로 기업은 미래의 수요를 예견하여 제품을 생산하고 지리적인 수요의 분포 등을 감안하여 사전에 제품을 보관 거점에 운송한다. 여기서 유예는 제품의 최종 생산과 운송을 소비자의 주문이 있을 때까지 연기하는 것이다. 즉, 최종 제품을 완성하는 시간과 최종 제품 형태 결정을 수요가 발생할 때까지 연기하는 것이다.

우편으로 주문을 받아서 컴퓨터를 통신 판매하는 제조업자는 부품을 보유하고 소비자의 주문 요구에 따라 이를 조립하여 공급함으로써 제품의 형태 결성을 주문 때까지 연기할 수 있다. 또한 페인트 소매점은 모든 색상의 제품을 비축해 두는 대신 비교적 적은 수의 기본 색상을 보유하고 소비자의 요구에 따라 이를 혼합하여 다양한 색상의 페인트를 공급할 수 있다. 동일한 품목을 자사상표와 주문자상표를 부착하여 판매하는 경우 상표부착을 주문이 있을 때까지 연기하게 되면 두 종류의 제품을 보관하는 것을 한 제품으로 줄일 수 있어서 재고수준을 줄일 수 있는 효과가 있다.

이러한 전략은 수요에 맞지 않게 지나치게 많은 제품의 재고를 보유하는 것을 방지함으로써 상당한 비용 절감을 가져오는 효과가 있다.

Zinn과 Bowersox(1988)는 유예를 다섯 가지 형태로 분류하고 이에 해당하는 기업의 특성을 들었다. 그중 네 가지는 제품의 형태 결정을 소비자의 주문이 있을 때까지 연기하는 것으로써 상표 부착, 포장, 조립, 가공 등을 주문에 따라 행하는 것이며, 나머지 하나는 시간을 연기하는 것이다([표 4-2]).

표 4-2 유예(postponement) 원리의 적용 예

유예형태	관련업체
상표부착	- 한 제품을 여러 상표로 판매하는 경우
포 장	- 한 제품을 여러 규격으로 포장해서 판매하는 경우
조 립	- 조립하지 않은 상태로 운송을 하면 용적이 상당히 줄어드는 제품 (사무용 가구 등)
제 조	- 단위가격이 높은 제품
시 간	- 단위가격이 높은 제품

5) 혼 재

혼재(consolidation)는 작은 단위의 운송품을 모아서 대량으로 운송하여 수송비를 절감하는 방안이다. 해상운송에 있어서 소량화물(Less Than Container Load: LCL)을 모아서 대량화물(Full Container Load)로 만드는 것이 전형적인 예이다. 주문 처리에 있어서도 일정 기간 동안 주문을 모아서 한꺼번에 운송을 하게 되면 평균 적재량의 크기가 증가해서 평균 단위 수송비용을 줄이는 효과가 있다. 그러나 리드타임은 길어져서 소비자 서비스 수준이 낮아지는 문제가 발생하기 때문에 비용과 서비스 측면을 고려한 적정 수준의 혼재가 결정되어야 한다.

6) 표 준 화

제품이 다양해질수록 재고는 증가하고 적재 단위는 감소하게 되어 물류비용은 증가하게 된다. 따라서 물류비용을 크게 증가시키지 않고 소비자들이 원하는 다양성을 충족시키는 것이 중요한 과제이며, 이때 표준화와 유예의 개념이 적용될 수 있다.

상호 교환될 수 있는 부품들, 모듈화 될 수 있는 제품, 그리고 상표가 다른 제품의 표기를 통일함으로써 표준화를 이룰 수 있으며, 이는 품목의 수를 줄여서 다양한 부품과 자재 등의 물류 문제를 효율적으로 관리할 수 있게 한다. 최근 우리나라 자동차 메이커들이 부품을 표준화하여 상호 교환이 가능하게 하는 전략을 추진하여 생산비 및 물류비용을 절감하려는 시도가 있었다. 또한 유예 전략을 이용하여 제품 종류의 다양화로 인해 발생하는 문제들을 해결 할 수 있다. 예를 들면, 자동차 생산시 동일한 부품으로 다양한 제품을 만들거나 판매 지점에서 옵션을 추가하거나 대체함으로써 재고를 증가시키지 않고 끊임없이 제품의 다양성을 추구할 수 있다.

2. 재화 종류별 물류전략

1) 재화 특성과 물류

재화(goods)는 경제 및 산업 활동의 투입 및 산출과 관련된 모든 유형의 물적자산이다. 그 범위는 일용 생필품에서부터 철광석 등 원자재에 이르기까지 넓고 다양하다. 물류활동은 이러한 제반 재화를 운송하거나 보관하는 활동 및 연관활동이기 때문에 요구되는 물류체계나 물류기능은 재화의 특성에 따라 달라진다. 즉, 재화의 형태, 무게, 부피, 가격 등의 속성 차이에 따라 요구되는 물류기능이 달라지고 물류비용 역시 영향을 받게 된다. 따라서, 적절한 물류시스템을 구축하기 위해서는 재화와 관련된 기본적인 요소들을 명확하게 이해하는 것이 필수적이다.

(1) 제품 분류

제품의 분류는 다양한 기준에 의하여 이루어질 수 있으나 전통적인 분류 방법은 재화를 소비자 제품과 산업 제품으로 나누는 것이다. 소비자 제품은 최종 소비자에게 제공되는 제품으로서 편의품(convenience product), 선택매매품(shopping product), 전문품(specialty products) 등의 세 가지로 분류된다(Ballou, 2000).

편의품은 일용 생필품과 같이 소비자들이 인근 소매점에서 빈번하게 구매하며, 유사 제품들을 비교하거나 여러 매장을 둘러보지 않고 즉시 구입하는 재화이다. 일반적으로 광범위한 판매처를 통해서 넓은 지역에 유통되며, 제품 가용성(availability)과 접근성(accessibility)으로 표현되는 대 고객 서비스는 높은 수준으로

표 4-3 제품 분류

제품분류		제품 특성	구매 특성	물류특성	물류의 중요성
소비용품	편의품	- 식료품 등 일상용품	- 즉시 구매	- 광범위한 유통망 - 판매처 근접성 - 높은 제품가용성	높음
	선택매매품	- 패션 의류, 가구 등	- 비교 후 구매	- 소수의 판매처 - 낮은 제품가용성	중간
	전문품	- 고급 수공 악기 등	- 특정 상표 고집	- 물류관리와 무관	낮음
산업용품		- 부품 및 원자재	- 즉시 공급 - 대량 구매	- 부품 JIT 물류 - 원자재 대량 물류	가변적

유지되어야 한다.

선택매매품은 구매자가 여러 곳의 제품을 둘러보고 가격, 질, 성능 등을 비교한 후에 구입하는 제품으로서 유명 상표 의류, 자동차, 가구 등을 들 수 있다. 고객들은 제품 구입을 위해 여러 곳을 둘러보기 때문에 재고 거점의 수는 편의품의 경우와 비교해서 상당히 줄어들게 된다.

전문품은 주문에 의해 생산되는 고급 악기, 고급 승용차 등과 같이 구매자가 상당한 시간 동안 기다리면서까지 구매를 원하는 제품이다. 이때 구매자들은 특정한 상표를 고집하기 때문에 넓은 유통망이 필요하지 않으며, 물류의 중요성이 가장 낮다.

산업제품은 부품 및 원자재와 같이 다른 재화를 생산하기 위해서 이용되는 재화를 말한다. 원자재의 경우 소비용품과 달리 판매자가 구매자를 대상으로 마케팅 활동을 수행하며, 대량 구매, 대량 운송 등 대량 물류체계를 필요로 한다. 운송의 경우 컨테이너 선박보다는 벌크 선박이 적합하며 보관 역시 야적, 벌크 창고 등이 이용된다. 또한 대 고객 물류서비스 수준도 소비제품에 비하여 상대적으로 낮게 설정된다.

부품의 경우 완제품 생산에 투입되기 때문에 완제품 생산 일정계획에 따라 공급이 이루어진다. 자동차 부품 물류 부문에서 일찍부터 무재고 운동의 일환으로 JIT 개념이 도입되기도 하였으며, 재고관리 부문에서 설명될 자재소요계획(Material Requirement Planning; MRP)에 의해 생산 및 공급이 관리된다.

(2) 제품 수명 주기

새로운 제품이 시장에 공급되면 시간이 지나면서 판매량이 증가하게 되며, 어느 단계에 이르러서는 판매량이 감소하게 된다. 시간의 흐름에 따라 판매량이 변해가는 것을 기준으로 할 때 제품의 수명 주기를 도입기, 성장기, 성숙기, 쇠퇴기 등으로 구분할 수 있다. 판매량의 변화에 따라 물류 특성과 물류전략이 달라지게 된다.

표 4-4 제품 수명주기

	수요 특성	물류 특성	주요 물류전략
도입기	간헐적 수요 발생	물류망 구축 단계	- 판매거점 소수화 - 낮은 제품 가용성
성장기	판매량 증가	물류망 확장 단계	- 물류거점 확대 - 높은 제품 가용성
성숙기	판매 증가율 감소	물류망 안정화 단계	- 높은 제품 가용성
쇠퇴기	판매량 감소	물류망 축소 단계	- 물류망 재배치 - 재고 집중화

도입기는 새로운 제품이 시장에 출시되는 단계이며, 판매 실적은 미미하게 된다. 따라서 판매망을 상대적으로 소수의 지점에 제한하고 재고 거점을 소수에 집중하여 제품의 가용성(availability)은 낮게 유지한다.

도입기를 거치면서 제품에 대한 인지도 및 선호도가 높아지면서 판매량은 증가하게 되며 빠른 증가율을 나타내는 시기에 들어서면 이를 성장기로 볼 수 있다. 판매량이 증가하고 시장이 확대될 수 있기 때문에 성장기 단계에서는 재고 거점의 수를 증가시키고 재고 수준을 높게 설정하게 된다. 어느 시점에 이르면 판매량의 증가 정도가 둔화되다가 안정이 되는 성숙기로 접어든다. 제품의 유통 시역은 가장 넓게 되고 제품의 가용성을 높이기 위하여 많은 수의 재고 거점을 필요로 한다.

사람에게 노년기가 오듯이 모든 제품도 기술 변화, 경쟁 우위 품목 출시, 소비 패턴 변화 등으로 인하여 어느 시점에 이르면 판매가 감소하는 쇠퇴기에 이르게 된다. 이때 기업은 대체 품목을 개발하고 수명이 다한 제품의 생산을 점진적으로 줄이게 된다. 따라서 재고 거점의 수를 줄여서 소수의 지점에 재고를 집중하여 관리하며, 기존 물류체계를 재배치하게 된다.

제품의 수명 주기 단계에 따라서 물류 전략이 달라져야 하기 때문에 물류 관리자는 제품의 수명 주기 특성을 주의 깊게 관찰하여 요구되는 물류체계를 예견하고 사전에 이러한 요구에 맞는 물류 계획을 수립하여야 한다.

3. 재화 특성별 물류전략

전술한 바와 같이 재화의 종류에 따라 요구되는 물류 특성은 달라진다. 이것은 재화의 특성을 나타내는 무게, 용적, 가치, 부패성, 인화성(flammability), 대체성(substitutability) 등과 같은 속성의 차이 때문이다. 물류관리 측면에서는 재화를 이러한 속성의 결합체로 보고 수송, 보관, 하역, 등 제반 물류의사결정을 수행할 필요가 있다.

(1) 재화 무게와 부피

재화의 무게와 부피는 운임 및 보관료에 직접적으로 영향을 미치는 중요한 요소이다. 해상운송에 있어서 운임결정 기준은 무게 톤과 용적 톤 두 가지를 사용한다. 즉, 중량물의 경우 무게 톤을 적용하고 용적물의 경우 용적 톤을 적용한다. 운송과 달리 보관의 경우 대부분 용적을 기준으로 보관료를 산정한다. 이것은 철강석, 강판 등과 같은 중량물은 목화와 같은 경량품에 비하여 수송 수단 및 보관 시설을 효율적으로 사용할 수 있고 비용을 낮출 여지가 크기 때문이다.

(2) 재화 가격

재화의 가격은 물류비용 부담력 정도를 결정하기 때문에 물류전략을 수립할 때 고려해야 하는 주요 요소 중 하나이다. 제품 가격은 수송비 및 재고 유지비용과 밀접하게 관련이 된다. 벌크 화물과 같은 저가품은 재고 유지비와 보관비가 낮고 반면 제품 가격에서 차지하는 수송비는 높게 된다. 따라서 물류 핵심 전략은 수송비를 최소화하는 것이 된다. 반면 고가품은 높은 가격으로 인하여 재고유지비가 높고 양호한 보관시설이 필요하기 때문에 보관비가 높으나 제품 가격에서 차지하는 수송비의 비율은 낮다. 따라서 핵심 전략은 재고 보유량을 최소화하는데 맞추어진다([표 4-5]).

표 4-5 재화 가격과 물류의 관계

	가격에 대한 수송비 비율	재고유지비	보관비	핵심물류전략
저가품	높음	낮음	낮음	수송비 최소화
중가품	중간	중간	중간	수송비 및 재고비 절충
고가품	낮음	높음	높음	재고수준 최소화

(3) 대 체 성

재화의 대체성은 특정 제품과 경쟁 관계에 있는 타사 제품과의 유사성을 의미한다. 유사성이 높으면 높을수록 제품의 대체성이 높아지게 된다. 즉, 대체성이 높은 제품의 경우 선호하는 기업의 제품을 즉시 구입할 수 없을 때 고객은 경쟁 업체의 유사한 제품으로 대체하게 되는 것이다.

대체성이 높을수록 고객이 경쟁 제품을 선택할 수 있는 기회가 많아지기 때문에 공급자는 판매 손실을 입을 가능성이 커진다. 이를 방지하기 위해서는 고객이 찾을 때 항상 제품이 이용 가능하도록 제품 가용성을 높여야 한다. 물류 관리자는 신속 정확한 수송 서비스를 선택하거나 재고 보유량을 높여서 이를 달성할 수 있다.

(4) 위 험 성

재화의 위험성은 인화성, 폭발성, 도난 가능성, 부패성 등과 같이 재화 자체의 취약성을 의미하며, 취약성이 높을 경우 특별한 물류체계 및 기능을 요구하게 되고 물류비용은 증가하게 된다. 즉, 제품의 위험성이 커질수록 취급 및 수송에 있어서 특별한 주의가 요구되기 때문에 수송과 보관비용은 증가하며, 판매 가격에 대한 물류비의 비율이 높아진다. 보석류와 같은 도난 가능성이 높은 품목은 특수한 보관 시설이 필요하며, 육류 등과 같이 부패성이 높은 제품은 냉동시설이 필요하다.

4. 80-20 곡선의 활용

ABC 분석은 흔히 80:20 규칙 혹은 팔레토 법칙(Pareto principle)으로 불리며, 기업의 매출, 국가의 부, 국가의 인구 집중 등이 소수 제품, 소수 인구, 소수 지역에

편중되는 집중화 현상을 나타내는데서 도출되었다(David et al., 1994).

다수 기업을 대상으로 실제 판매 관련 실적을 조사한다면 기업에 따라 차이는 있겠으나 대략 전체 품목 가운데 20-30%에 해당하는 품목에서 총 판매액의 다수가 얻어진다는 것이 일반적인 견해이다. 이를 바탕으로 하여 기업 총 판매액의 80%는 취급하는 전체 품목의 20%에 의해 얻어진다는 80-20 관계가 정립되었다.

이러한 80-20 개념은 ABC 분석으로 이어진다. 즉, 판매 실적을 기준으로 하여 상위 20%를 차지하는 제품을 A, 다음의 30%를 차지하는 제품을 B, 그리고 나머지 제품을 C 제품군으로 분류한다. 18개 자동차 부품 재고를 관리하는 사례는 [표 4-6]과 같다.

표 4-6 자동차 부품 재고를 대상으로 한 ABC 분석

부품 코드	총 재고량에서 차지하는 부품 비율	부품의 누적비율	연간 가격	누적 가격	누적 가격비율	분류
WQ12	3.3	3.30	360,000	360,000	28.87	A
TA12	10.8	14.10	250,000	610,000	48.92	
LQ01	7.6	21.70	175,000	785,000	62.95	
BR24	7.6	29.30	140,000	925,000	74.18	
TQ23	1.1	30.40	50,000	975,000	78.19	
BW02	21.1	51.50	48,750	1,023,750	82.10	B
PE39	1.8	53.30	48,000	1,071,750	85.95	
RP10	2.1	55.40	44,000	1,115,750	89.47	
MW20	8.2	63.60	37,500	1,153,250	92.48	
CQ23	0.6	64.20	36,000	1,189,250	95.37	
ZA98	7.6	71.80	17,500	1,206,750	96.77	C
NL01	1.6	73.40	15,000	1,221,750	97.98	
CR01	1.8	75.20	8,000	1,229,750	98.62	
AX24	14.8	90.00	6,850	1,236,600	99.17	
MQ12	2.0	92.00	3,600	1,240,200	99.45	
SP00	1.4	93.40	3,250	1,243,450	99.72	
FE94	3.3	96.70	3,100	1,246,550	99.96	
WZ34	3.3	100.00	450	1,247,000	100.00	

자료: Gianpaolo et al., 2004.

80-20개념과 이를 기준으로 한 제품군의 분류는 물류 계획을 수립할 때 매우 유용하게 이용된다. 모든 제품에 대하여 동일한 수준의 물류 활동을 제공하지 않고 판매 실적에 기초하여 물류 전략을 차별화함으로서 총 물류비용을 절감하고 대 고객 서비스 수준을 높일 수 있다. 즉, A 제품군은 여러 개의 창고를 통해서 넓은 지역에서 유통되며 높은 제품 가용성을 가진다. 반면에 C 제품은 A 제품에 비해 총 재고 보유 수준이 낮으며, 공장과 같은 단일 중심 재고 보유 지점으로부터 유통된다. B 제품의 경우 소수의 지역 창고가 이용되는 중간 유통 전략이 적합할 것이다. 이러한 기준에 따라 창고 내에서 제품들을 한정된 수의 카테고리로 그룹핑 할 수 있으며, 각 군에 속하는 품목들의 재고 보유 수준을 서로 다르게 할 수 있다. 이 외에도 리드타임 및 정시성을 제품군에 따라 차등화 할 수 있고 재고 가용성 역시 차등화 할 수 있다.

표 4-7 ABC 분석에 따른 물류 전략 수립 방안

물류 부문	전략 지표	내 용
수 송	리드타임 정시성	– 제품군별 리드타임 차등화 – 제품군별 정시성 차등화
재 고	재고가용성	– 제품군별 재고가용성 차등화
보 관	보관거점 보관위치	– 제품군별 보관거점 차등화 – 제품군별 보관위치 선정

참고문헌

김태현, 서창적, 권오경, 이철웅, 김준석, 박영재, 박찬익, 「전략적 물류경영」, 한진물류연구원, 도서출판 범한, 2007.

노부호, 김우봉, 문상원, 민동권, 박광태, 원석희, 유석천, 유영목, 이호준, 장성기, 최경일, 「물류관리의 종합적 이해」, 형설출판사, 1998.

서현진, 노전표, 현병언, 김창은, 「물류관리」, 율곡출판사, 1999.

Ballou, R.H., Business Logistics Management, 3rd Edition, Prentice Hall, 1999.

Bowersox, Donald J., David J. Closs, M. Bixby Cooper, Supply Chain Logistics Management, McGraw-Hill, 2002.

Christopher, M., L. Ryals, "Supply Chain Strategy: Its Impact on Shareholder Value," International Journal of Logistics Management, Vol.10, No.1, pp. 1-10, 1999.

David Jessop, Alex Morrison, Storage and Supply of Materials, 6th Edition, Pitman Publishing, 1994.

Flint, Daniel J., Everth Lasson, Britta Gammelgaard, John T. Mentzer, "Logistics Innovation: A Customer Value-Oriented Social Process," Journal of Business Logistics, Vol. 26, No. 1, pp. 113-147, 2005.

Gianpaolo Ghiani, L. Gilbert, M. Musmanno, Introduction to Logistics Systems Planning and Control, John Wiley & Sons, Ltd., pp. 150-151, 2004.

Mentzer, Jone T., Mattew B. Myers, Theodore P. Stank, Handbook of Global Supply Chain Management, Sage Publications, 2007.

Murphy, D.J., M.T. Farris, "Time-based Strategy and Carrier Selection," Journal of Business Logistics, Vol.14, No. 2, pp. 25-40, 1993.

Van Ho다, Remko I., Harry R. Commandeur, Bart Vos, "Reconfiguuring Logistics Systems Through Postponement Sterategies," Journal of Business Logistics, Vol. 19, No. 1, pp. 33-55, 1998.

Zinn, W. and D.J. Bowersox, "Planning Physical Distribution with the Principle of Postponement," Journal of Business Logistics 9, no. 2, pp. 117-136, 1988.

제 5 장

물류원가관리 전략

제 1 절 물류원가의 기본개념

전 세계적 경쟁 환경 속에서 기업들은 효율적인 물류관리를 통하여 물류원가를 절감하고 기업의 이윤을 극대화시키기 위해 노력한다. 기업이 물류원가우위를 갖추게 되면 기업경쟁력이 높아지게 되고, 원가절감의 이익을 고객에게 되돌려줌으로써 고객서비스수준도 향상시킬 수 있기 때문이다. 따라서 오늘날 기업들의 물류관리에 있어서의 최종 목표는 물류원가 절감에 있다고 할 수 있다.

대부분의 기업물류원가가 재무관리상에 정확히게 나타나지 않고 다른 비용으로 계산되어 있기 때문에 기업들은 자사의 물류원가와 물류서비스 수준을 결정하는데 어려움을 겪고 있다. 기업이 물류원가를 절감함과 동시에 물류비를 합리화시키기 위해서는 총물류비(total cost)에 대한 정확한 파악이 우선되어야 한다. 또한 각종 물류활동에 어느 정도의 비용이 지출되고 있는지, 물류비예산을 어떻게 통제할지, 그리고 제품가격에서 물류비가 어느 정도를 차지하고 있는지 등에 대해서도 살펴보아야 한다.

1. 물류원가의 정의

1989년 제정되어 공표된 '기업물류비계산준칙'의 계산준칙 4조에 따르면 "물류비란 특정 제조업자의 제조와 판매활동에 수반되는 물류를 위하여 자사 혹은 타사가 소비한 경제 가치를 말한다."라고 정의하고 있다. 즉, 물류비란 물류활동을 수행하는데 직접 또는 간접적으로 사용된 재화나 서비스를 원가 또는 비용으로 파악하는 것을 말한다.

기업물류비에 대한 대표적인 정의로서, 미국 관리회계사협회(IMA)의 관리회계지침서 SMA-4P '물류의 원가관리'의 용어정의에 의하면 "물류비(logistics costs)란 원산지로부터 소비자까지의 조달, 사내 이동 및 판매, 재고의 전 과정을 계획, 실행, 통제하는데 소요되는 비용"이라고 하였다. 이는 최근 물류개념 및 관리대상의 확대를 반영한 것으로, 다음과 같은 세 가지 특징이 있다.

첫째, '원산지로부터 소비자까지'라고 물류비의 범위를 설정함으로써 물류비의 범위가 단순한 제품의 생산과 판매과정을 나타내는 것이 아니라 공급사슬 내 제품흐름의 전 과정을 포함한 개념이라 할 수 있다. 즉, 물류가 종래의 개별기업 활동뿐만 아니라 기업 간, 산업간 또는 국제적인 활동까지 포함하고 있는 것이다.

둘째, '조달, 사내 및 판매, 재고의 전 과정'이라고 물류비의 영역을 설정하여 과거의 물류영역에서 재고영역을 별도로 구분하고 있다. 이것은 물류비에서 차지하는 재고관리의 중요성에 기인한 것으로 효율적인 재고관리를 통해 재고비용을 절감하는 것이 기업경쟁력 확보의 수단이 될 수 있다는 것을 의미한다. 하지만 물류비를 계산하는데 있어서 염두에 두어야 할 점은 부분적인 물류비의 절감이 아닌 물류활동 전 영역을 대상으로 한 총비용적인 접근방식이 필요하다는 것이다.

셋째, 물류활동에 관한 '계획, 실행, 통제하는 데 소요되는 비용'으로 물류관리의 대상을 설정하고 있다. 기존에 물류비를 산정할 때에는 물류기능이나 영역을 주된 대상으로 여겼으나, 오늘날에는 그 대상을 물류관리의 프로세스까지 확대시켰다.

2. 물류원가의 분류

물류원가는 일반적으로 다음 [표 5-1]과 같이 발생형태별, 영역별, 기능별, 관리목적별로 구분된다.

1) 발생형태별 물류원가

발생형태에 따른 물류원가는 재무회계에 있어 비용의 발생을 기초로 한 분류로써 크게 자사지불 물류비와 타사지불 물류비로 구분된다. 이때 자사지불 물류비는 기업이 자체적으로 설비나 인력을 사용하여 물류활동을 수행할 때 소요되는 비용이다. 즉, 기업의 물류활동과 관련된 비용을 조달, 사내, 판매 등의 각 영역으로 구분하고 비용을 세분화하여 구체적으로 자사의 물류비를 계산하는 것을 말한다. 하지만 대부분의 기업이 자사의 물류비 실태를 정확하게 파악하고 있지 못하는 경우가 많다.

타사지불물류비는 제3자물류업체나 물류자회사에 부분적 또는 전체적인 물류활동을 위탁하여 수행함으로써 발생되는 비용을 말한다. 이 물류비는 주로 포장, 운송 및 보관 등의 활동을 위탁하는 경우에 발생하며, 일반적으로 총액으로 파악되기 때문에 물류비를 항목별로 세분화시켜 자사지불 물류비와 비교 및 분석에 활용할 수 있다.

2) 영역별 물류원가

제품의 이동에 따른 영역별 물류원가는 물류원가의 성격에 따라 분류한 것으로써 조달물류비, 사내물류비, 판매물류비, 반품물류비 및 폐기물류비가 포함된다. 이는 기업경영활동의 주요영역 중 어느 영역에서 발생하는 물류비인가를 식별하기 위해 구분한 것이다. 우리나라 기업들은 물류비를 산정할 때 주로 판매물류비만을 대상으로 해왔기 때문에 수송비가 물류비에서 가장 큰 비중을 차지하고 있지만 전체 물류비를 효율적으로 관리하기 위해서는 조달, 사내, 판매, 반품·폐기 등의 전 영역에 걸친 물류비 산정이 필수적이다.[1] 영역별 물류원가의 세부 항목은 다음 [표 5-2]와 같다.

1) 김태현 외, 전략적 물류경영, 범한, 2007, p. 376.

표 5-1 물류원가의 분류체계

분류체계	생산성본부의 분류 (1989)	상공회의소의 분류 (1995)	건설교통부의 분류 (1997)
발생 형태별	자사지불물류비 자가물류비 재료비 노무비 경비 공공서비스료 관리유지비 감가상각비 일반경비 투자보수비 위탁물류비 타사지불물류비	자가물류비 (형태별 세분) 변동비 고정비 지불물류비	자가운반비 위탁운반비 타사지불운반비 자가보관비 위탁보관비 타사지불보관비
영역별	조달물류비 사내물류비 판매물류비 반품물류비 폐기물류비	조달물류비 판매물류비(광의) 사내물류비 판매물류비(협의) 반품·폐기물류비	조달물류비 사내물류비 판매물류비
기능별	포장비 운송비 수송비 배송비 보관비 창고비 재고투자비 하역비 유통가공비 물류정보비 물류일반관리비	운송비 보관비 (하역비) 포장비 기타물류비 유통가공비 물류정보비 물류관리비	운반비 보관비 포장비 하역비 물류정보관리비
관리 목적별	원가중심점별 물류비 직접물류비 간접물류비 물류조업도별 물류비 변동물류비 고정물류비 관리가능성별 물류비 관리가능물류비 관리불능물류비	물류조업도별 물류비 변동물류비 고정물류비	부서 업체 수송수단 물류종류 물류지점

자료: 육근효, 물류원가관리의 혁신, 1998, p. 103.

표 5-2 영역별 물류원가 분류

분 류	내 용
조달물류비	물자가 조달처에서 운송되어 매입자의 보관창고에 입고되어, 생산공정에 투입되기까지 발생되는 물류비로, 운송, 하역, 검수, 입고, 보관, 출고 등의 물류과정에서 발생된 비용
사내물류비	생산 과정 중 공정과 공정간의 원재료나 반제품의 운송활동, 보관활동 및 생산된 완제품을 창고에 보관하기 직전까지의 물류활동에서 발생한 물류비
판매물류비	생산된 완제품 또는 매입한 상품을 창고에 보관 및 판매상에게 제품을 수송하는데 발생하는 물류비
반품물류비	판매된 제품이나 상품의 반품 물류활동에 수반되는 비용
폐기물류비	포장용기, 포장재료 등을 폐기하는 폐기 물류활동에서 발생하는 물류비

3) 기능별 물류원가

기능별 물류원가는 물류원가가 어떠한 물류기능 때문에 발생했느냐에 따라 분류한 것으로 운송비, 보관 및 재고관리비, 포장비, 하역비, 유통가공비, 물류정보비 및 물류관리비로 나뉜다([표 5-3] 참조).

표 5-3 기능별 물류원가 분류

분 류	내 용
운송비	· 물자를 물류 거점간 또는 소비자에게 이동시키는 활동에서 소비된 비용 · 수송비와 배송비로 세분화
보관 및 재고관리비	· 물자를 창고 등의 보관시설에 보관하는 활동에 소비된 비용 · 재고물품에 대하여 발생하는 이자를 포함
포장비	최종 소비자에게 인도되지 않고 이동과 보관을 용이하게 하기 위하여 실시하는 포장활동에 소비된 비용 (판매포장과 상대적인 개념)
하역비	물자의 운송과 보관활동에 수반되어 동일 시설 내에서 물자를 상하좌우로 이동시키는 활동에 소비된 물류비
유통가공비	물자의 유통과정에서 물류의 효율을 향상시키기 위하여 이를 가공하는데 소비된 비용
물류정보비	물류정보를 수집, 가공, 전달하기 위해 필요한 입력, 처리, 출력, 세어, 통신 등의 제활동을 컴퓨터 등의 전자적 수단을 사용하여 발생하는 비용
물류관리비	· 물류관리부문에서 발생하는 기타 모든 비용 · 물류활동에 대한 전반적인 계획, 조정, 통제를 위해 소비되는 비용

4) 관리목적별 물류원가

물류원가의 분류는 앞서 3가지 방식이 기본이지만 필요에 따라 물류의 계획정책이나 통제를 위하여 원가중심점별, 물류조업도별, 그리고 관리가능성별에 따라 [표 5-4]와 같이 분류할 수 있다.

표 5-4 관리목적별 물류원가 분류

분 류	내 용
원가중심점별 물류비	·물류활동과 관련된 관리단위를 조직, 제품, 판매지역, 고객, 물류경로, 주문 규모, 서비스수준, 운송수단 등으로 구분하여 물류비의 중점적 관리를 목적으로 함 ·직접물류비와 간접물류비로 분류
물류조업도별 물류비	·물류활동의 실시 정도를 나타내는 척도(개수, 거리, 면적, 용적, 작업시간 등)를 수량 또는 금액으로 파악한 데이터를 이용하여 물류조업도의 증감에 따라 물류비가 어떻게 발생하는가를 분석 ·변동물류비와 고정물류비로 분류
관리가능성별 물류비	·비용발생에 대한 특정계층 경영관리자의 관리, 통제가능 여부에 따른 분류 ·관리가능물류비와 관리불능물류비로 분류

제 2 절 물류원가의 계산

소비자 욕구의 다양화와 고도화로 다품종·다빈도·소량 물류형태가 급속히 진전됨에 따라 그에 따른 물류활동과 물류비용이 증대되었다. 하지만 이러한 다품종·다빈도·소량물류형태에 맞춘 물류서비스는 물류비 합리화와 상충관계에 놓여 있다. 물류서비스를 향상시킬 경우 물류비 상승이 초래되는 것이 그것이다. 따라서 물류활동과 관련된 기업의 의사결정과 그 성과를 측정하기 위해서는 체계적이고 정확한 물류원가계산이 매우 중요하다.

그러나 우리나라의 경우 체계적인 물류원가계산 방법이 도입되지 않은 상황이며, 아직까지 기업들의 물류비 산출방식 역시 초기단계라고 할 수 있다. 물류활동과 관련된 정확한 원가계산을 실시하고 있지 않는 기업이 많으며, 우리나라의 대다수 기업들이 직접 파악할 수 있는 비용만을 산출하고 있는 실정이다. 최근 기업물류비에 대한 관심이 높아지고 있는 시점에 물뉴활동을 계획·관리하고 실적평가를 위한 일관된 물류원가계산 체제의 확립이 요구된다.

1. 물류원가계산의 목적

물류원가를 계산하는 가장 주된 목적은 기업물류관리의 효율화와 합리화를 달성하기 위한 것이다. 물류원가를 계산하는 것은 물류업적평가회계(물류원가계산, 물류예산관리, 물류채산성 평가) 중 가장 기본적인 회계제도로써, 물류원가계산을 통해 물류활동의 규모와 문제점을 파악하고, 물류활동의 계획과 통제 및 업적평가를 위한 정보를 제공하며 효율적인 물류비 산정으로 원활한 생산과 판매활동을 할 수 있게 된다.

2. 물류원가계산의 절차

물류원가계산절차는 ① 물류원가 계산, ② 물류비 자료의 식별과 입수, ③ 물류비 배부기준 설정, ④ 원가계산 대상별 물류비의 배부와 집계, ⑤ 물류원가 계산의 보고로 구분되며, 각 절차별 구체적인 세부내용은 다음의 [표 5-5]와 같다.

표 5-5 물류원가계산 절차

절 차	세부내용
1. 물류원가 계산	· 니즈(needs)를 명시 · 원가계산 목표의 확인 · 원가계산대상의 설정
2. 물류비 자료의 식별과 입수	· 원가계산 대상별 관련자료의 식별 · 발생형태별 원가자료의 입수
3. 물류비 배부기준 설정	· 일반적인 원가배부기준 · 물류비의 배부방법
4. 원가계산 대상별 물류비의 배부와 집계	· 물류영역별 집계 · 물류기능별 집계 · 물류관리목적별 집계
5. 물류원가 계산의 보고	· 기간별 원가보고서의 작성 · 관리목적별 원가보고서의 작성

3. 물류원가계산의 대상

기업의 경영자가 기업 활동을 수행하는데 있어서 반드시 확인해야 할 중요한 세 가지 책임중심점(Responsibility Center)에는 원가중심점(cost center), 이익중심점

(profit center) 그리고 투자중심점(investment center)이 있다. 이러한 책임 중심점을 적절하게 관리하고 통제하여야만 기업이 성장하고 발전할 수 있다.

이러한 관점에서 볼 경우, 물류원가대상(Cost Objective)이란 물류원가발생에 책임이 되는 장소 내지는 부문(물류서비스, 운송 및 보관부문)으로서 발생된 원가가 적절하게 측정될 수 있는 물류원가발생활동으로 규정되며 물류원가중심점(logistics cost center)으로 정의할 수 있다.

4. 물류원가계산방식

물류원가를 측정하여 체계적으로 분류하고 산정하는 방법은 다음과 같이 발생형태별, 영역별, 기능별 및 관리목적별로 구분할 수 있다.

1) 발생형태별 물류비 계산

일정기간 동안 소비된 물류활동 관련 비용을 발생형태별로 분류하고 계산하는 방식이다. 이 방식을 통해 자가물류비와 위탁물류비를 파악할 수 있으며, 이 두 가지 방식의 물류비를 비교해봄으로써 위탁과 자가물류비의 타당성을 평가하고, 더 나아가 물류비 절감의 중요성을 인식할 수 있다. 무엇보다 이 방식은 영역별, 기능별 그리고 관리목적별 물류비 계산의 기초자료를 제공하는 중요한 역할을 수행한다는 점에서 중요하다. 발생형태별·영역별 물류비 계산표는 다음 [표 5-6]과 같다.

2) 영역별 물류비 계산

영역별 물류비의 계산은 영역별 물류비의 체계와 지급형태별 물류비의 체계를 절충한 방법으로 다음과 같은 계산내용을 포함하고 있다.

① 재료비의 계산: 직접재료비, 간접재료비

② 인건비의 계산: 직접인건비, 간접인건비

③ 용역비의 계산

④ 유지비의 계산

⑤ 일반경비의 계산

⑥ 특별경비의 계산

표 5-6 발생형태별 · 영역별 물류비 계산표

발생형태별					영역별	조달 물류비	사내 물류비	판매 물류비	반품 물류비	폐기 물류비	합 계
기업물류비	자사지불물류비	자가물류비	재료비		원·부자재비 연료비 소모공구비품비 기타						
기업물류비	자사지불물류비	자가물류비	재료비		계						
기업물류비	자사지불물류비	자가물류비	노무비		임금, 급료, 수당 잡금 퇴직금 복리후생비 기타						
기업물류비	자사지불물류비	자가물류비	노무비		계						
기업물류비	자사지불물류비	자가물류비	경비	공공서비스료	전력료 가스·수도료 통신비 기타						
기업물류비	자사지불물류비	자가물류비	경비	공공서비스료	계						
기업물류비	자사지불물류비	자가물류비	경비	관리유지비	수선비 운반비 세금과 공과 지급임차료 보험료 기타						
기업물류비	자사지불물류비	자가물류비	경비	관리유지비	계						
기업물류비	자사지불물류비	자가물류비	경비		감 가 상 각 비						
기업물류비	자사지불물류비	자가물류비	경비		일 반 경 비						
기업물류비	자사지불물류비	자가물류비			투 자 보 수 비						
기업물류비	자사지불물류비	자가물류비			자가물류비합계						
기업물류비	자사지불물류비				위 탁 물 류 비						
기업물류비	자사지불물류비				자사지불물류비합계						
기업물류비					타 사 지 불 물 류 비						
기업물류비					기 업 물 류 비 총 계						

자료: 송계의, 물류경영론, 1998, p.530

주 : 1) 물류정보비, 물류일반관리비도 각 영역 및 합계에 산입한다.

2) 자가물류비 합계 = 재료비+노무비+경비+투자보수비

자사지불 물류비 합계 = 자가물류비 합계 + 위탁물류비

기업물류비 총계 = 자사지불 물류비 합계 + 타사지불 물류비

⑦ 위탁물류비의 계산

⑧ 타사지급물류비의 계산

- 구입타사지급물류비 = 구입 수량 또는 구입 건수 × 견적비용원가
- 판매타사지급물류비 = 판매 수량 또는 판매 건수 × 견적비용단가

3) 기능별 물류비 계산

기능별 물류비 계산은 영역별·지급형태별 물류비 계산표를 물류·기능별로 분류·집계하여 다음의 세 가지 절차를 따라 계산한다.

① 각 명세표별 물류비 계산표를 사용하여 포장비·운송비·보관비·하역비 등과 같은 명세표를 작성한다.

② 각 명세표의 합계액을 기능별·지급형태별 물류비 계산표에 기입하여 그 합계를 산출하고 기능별 및 지급형태별로 비용지출 상황을 파악한다.

③ 각 명세표별 '기업물류비 합계'란의 금액을 기능별·영역별 물류비 계산표에 기입하여 그 합계를 구하고 다음 [표 5-7]의 자료도 작성한다.[2)]

기능별·영역별 물류비 계산표는 다음과 같이 구성된다.

표 5-7 기능별·영역별 물류비 계산표

기능별 / 영역별		물자유통비						정보유통비	물류관리비	합 계
		포장비	운송비	보관비	하역비	가공비	계			
조달물류비										
사내물류비										
판매물류비										
반품물류비										
폐기물류비										
합 계										
매출원가	금액 대 원가비									
매출원가	수량 단위당 금액									

자료: 안영일 외, 유통관리사2급, 2008, p. 220.

2) 안영일 외, 유통관리사2급, 시대고시기획, 2008, p. 220.

4) 관리목적별 물류비 계산

물류비의 관리목적에 따라 비용요소를 구분하고, 이것을 집계하여 계산하는 방식이다. 이 방법은 관리단위에 해당하는 원가중심점을 미리 설정하여야 하는데, 이는 물류활동의 중심적 관리목표에 의거해서 원가중심점을 대상으로 실시되기 때문이다. 관리목적별로 물류비를 계산하게 되면 특정 관리단위별로 성과측정을 하기에 유리하며, 이 정보를 채산분석이나 타당성분석에도 활용할 수 있다. 관리목적별 물류비 계산표는 다음과 같다.

표 5-8 관리목적별 물류비 계산표

기능별 / 제품별 직·간별		포장비	운송비		보관비		하역비	유통가공비	합 계
			수송비	배송비	창고비	재고투자비			
A제품	직접비								
	간접비								
	계								
B제품	직접비								
	간접비								
	계								
C제품	직접비								
	간접비								
	계								
전제품	직접비								
	간접비								
	계								

자료: 송계의, 물류경영론, 1998, p. 535.
주. 원가중심점에는 제품별 외에 조직별, 판매지역별, 고객별, 물류경로별, 주문규모별, 서비스수준별, 수송수단별 등이 있다.

5) 물류비의 계산방식

(1) 재무회계방식

재무회계방식의 물류비 계산은 주로 손익계산서에 나타난 과목 중에서 지불운송료, 지불임차료, 지불보관료 등의 물류관련 주요항목을 이용하여 계산하게 된다.

따로 물류원가계산제도를 확립할 필요가 없기 때문에 물류관리가 초기단계에 있거나 물류비 계산에 비용이 많이 소요되는 기업, 또는 물류원가계산 시스템이 확립되지 않은 기업이나 물류원가계산의 실시가 비용상 어려운 중소기업 등에서 참고자료로 유용하게 활용할 수 있다. 하지만 이 방식은 총매출액 대비 물류비의 약 1/3 정도밖에 나타나지 않는다는 단점이 있다.

(2) 관리회계방식

관리회계방식은 물류원가계산제도에 의해 물류활동에 대한 비용을 체계적으로 산정하기 때문에 일반적으로 물류비를 정확하게 계산할 수 있고, 산출된 물류비 정보를 활용하여 원가절감의 달성여부를 파악하기 쉽다. 그러나 이 방식을 적용하기 위해서는 기업의 물류특성에 맞는 물류비의 정의와 분류, 물류비 계산단위의 결정, 물류비 자료입수와 집계방법, 물류간접비의 배부방법과 기준설정, 물류비 보고서 작성방법을 포함하여 물류비관리의 목적에 알맞은 물류원가계산제도를 개발해야하는 어려움이 있다.

관리회계방식과 재무회계방식을 비교하여 보면, 첫 번째로 기본적인 관점의 차이를 들 수 있다. 관리회계방식은 물류관리의 목표를 효과적으로 달성하기 위한 활동에 관여하는 인재, 자금, 시설 등의 계획 및 통제에 도움이 될 회계정보의 작성을 목적으로 하고, 이 경우 기능별, 적용별의 업무평가나 계획입안이 가능한 것이 기본으로 되어 있다. 반면 재무회계 방식은 기업활동의 손익과 재무상태를 정적으로 명확한 회계제도 속에서 물류활동에 소비된 비용을 추출하여 물적유통비의 기간결과를 파악하는 것을 목적으로 한다.

두 번째로 산출방식의 차이를 들 수 있는데, 관리회계방식의 경우, 물류활동을 관리목적에 따라서 기능별로 나눠 각각의 기능영역에 있어서 발생한 비용을 집계하고 이와 같은 기능별, 적용별로 발생한 비용의 회계를 물류비로 산출한다. 재무회계방식은 재무회계의 형태별 비목 중에 물류활동에 소비된 비용이 혼입되어 계산되고 있기 때문에 이것을 비목마다 배부기준을 근거로 하여 산정하고 각각의 형태별 비목의 물류부분을 집계해서 물류비의 당해 회계기간의 총액으로 한다.

세 번째로, 관리회계방식과 재무회계방식의 장·단점을 살펴보면, 관리회계방식은 기능별로 발생한 비용을 집계하기 위해 업무마다 비용을 파악할 수 있는 것으로부터 예산대비의 차이가 회계시기와는 관계없이 명확하게 된다. 이 때문에 관리통제가 유효하게 행해질 수 있으며 물류활동의 개선안과 개선항목을 보다 명확하게 파악할 수 있다. 그러나 기록이 복잡하여, 현실적으로 행하기 위해서는 사무절차의 개선과 정리를 위한 많은 작업량이 필요하다는 단점을 가진다. 반면 재무회계방식을 물류비 총액과 분류 항목에 따른 비용을 파악할 수 있고, 또한 새로 물류비를 계산하는 절차 없이 당장 필요한 물류비 파악이 가능하여 많은 기업이 이 재무 회계방식을 행하고 있다.

그러나 관리회계방식과 같이 물류비의 기능별 파악은 어려워 구체적인 업무평가가 이루어지지 않고 개선목표가 세워지기 힘들다는 단점을 가진다.

제 3 절 물류비예산관리

1. 물류비예산관리

1) 물류비예산관리의 정의

물류활동을 수행하는데 있어서 물류관리의 방침에 의거해 물류관리자가 물류요원의 의견을 수렴하여 물류계획에 대한 예산을 편성하고, 예산의 집행에 있어서 비용지출을 조정 및 통제하는 것을 물류비예산관리라고 한다. 물류비예산관리는 목표달성의 수단으로서 물류관리의 효율화를 추진하는데 큰 역할을 하며, 또한 예산의 사전적 관리를 가능케 한다.

2) 물류비예산관리의 특징

물류관리 측면에서의 물류비예산관리는 다음과 같은 다섯 가지 특징을 가진다. 첫째, 장기적인 기업 물류정책이나 물류부문 방침에 의해 물류비예산이 편성되므로, 과학적이고 객관적인 활동규범을 제시할 수 있다. 둘째, 물류관리자를 중심으로 한 상향식(Bottom-up Style)방식에 의한 예산편성으로 물류담당자들의 자발적인 동기유발의 효과가 있다. 셋째, 객관적인 과거 통계자료에 의해 과학적으로 예산을 편성하는 방법으로 정상적인 물류활동으로부터 미래의 변동을 고려한다. 넷째, 물류비예산의 진행에 있어서 관련된 비용지출을 합리적으로 조정할 수 있도록 한다. 예를 들면 물류부문 내의 하부조직 단위별이나 기간별, 부서별로 조정 혹은 정책적인 측면에서의 시설예산이나 직원예산과의 조정 등이 있다. 끝으로 물류비 예산의 집행에 있어서 물류비 지출을 적절히 통제하고, 통제 기능을 이용해 예산범위 내에서의 목표달성을 유도하고, 더 나아가 예산의 집행 후 실적비교분석 등을 수행할 수 있다.

보다 효율적으로 물류예산관리를 수행하기 위해서는 우선 물류관련 담당자 모두가 물류관리의 목표나 특성을 잘 이해하고 서로 협력해야 하며, 경영층의 적극적인 지원 역시 필요하다. 그리고 물류관련 담당자가 자발적으로 예산목표를 달성할 수 있도록 물류예산을 편성할 때 참여할 수 있는 기회를 주어야 한다. 또한 물류비예산책임을 부과할 때에는 권한과 책임을 명시하여 이에 상응하는 통제가능한 비용만을 추구하고, 물류환경이 변화함에 따라 유연하게 활용할 수 있어야 한다.

2. 물류비예산의 주요 내용

1) 물류비예산의 종류

물류종합예산의 종류와 체계는 다음 [그림 5-1]과 같이 물류요원예산, 물류손익예산 및 물류시설예산으로 구성되며, 물류비예산은 다음과 같이 세분화된다.

물류비예산의 기초인 물류종합예산은 기업의 전 물류활동을 위해서 물류부문에 투입되는 예산으로 물류부문의 종합예산을 총칭한다. 먼저, 물류요원예산은 물류요원의 확보 대상의 예산이며, 물류손익계산은 물류활동에 의한 손실과 이익의 대상의 예산이다. 또한 물류시설예산은 물류시설의 건설이나 취득 대상의 예산이다.

물류손익예산은 물류수익예산과 물류비예산으로 구분되는데, 이 중 물류비예산은 물류활동을 통해서 수익을 창출해 내기 위해 지출되는 비용을 대상으로 한다. 즉, 물류예산은 일반적으로 물류비예산을 말하며, 물류예산관리의 대상은 주로 비용예산에 있으며 보통 1년을 기준으로 기간별 예산을 편성한다. 물류비관리에 있어서 예산제도를 활용하게 되면 정확하고 구체적인 물류관리계획을 설정할 수 있고, 물류관리 효율화를 위한 동기부여를 할 수 있으며 업적평가와 미래 물류관리 계획수립에 도움이 되는 정보를 제공할 수 있다.

그림 5-1 물류비예산의 종류와 체계

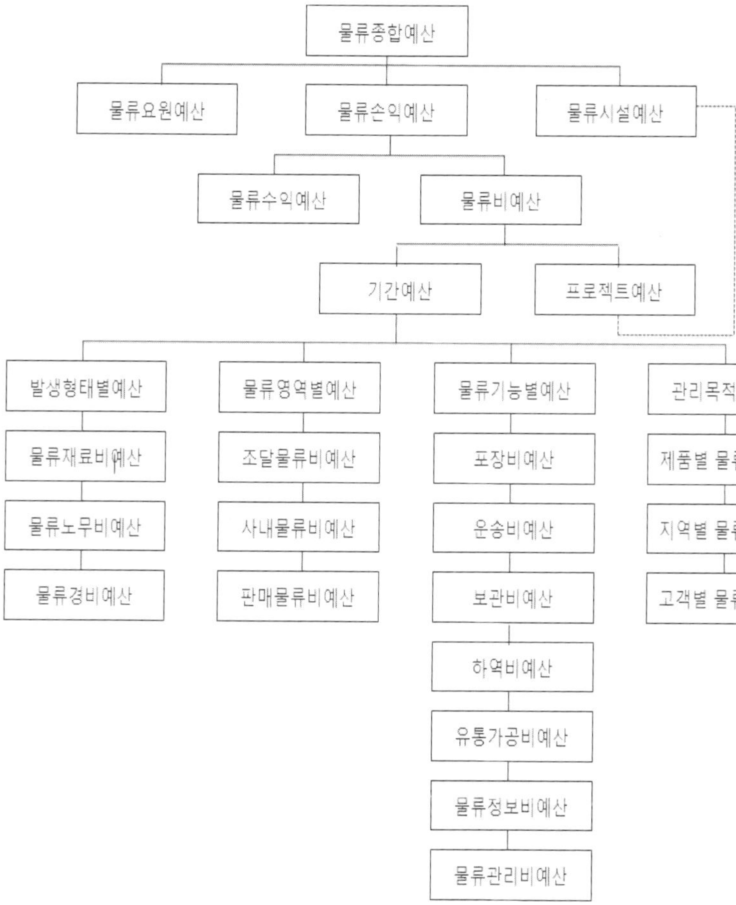

자료: 옥선종 외, 물류론, 1997, p. 323.

2) 물류비예산의 편성절차

물류비관리목표를 기초로 기업의 물류특성에 알맞은 물류비예산관리의 실시 여건을 파악한 후 물류비예산이 편성되는데, 기본적으로 ① 물류환경 조건의 파악, ② 장기물류계획의 설정, ③ 물류비예산 편성방침의 작성과 시달, ④ 물류비예산안의 작성과 제출, ⑤ 물류비예산안의 심의와 조정, ⑥ 물류비예산의 확정과 배분과 같이 6가지 단계로 구분할 수 있다.

그림 5-2 물류비예산 편성 절차

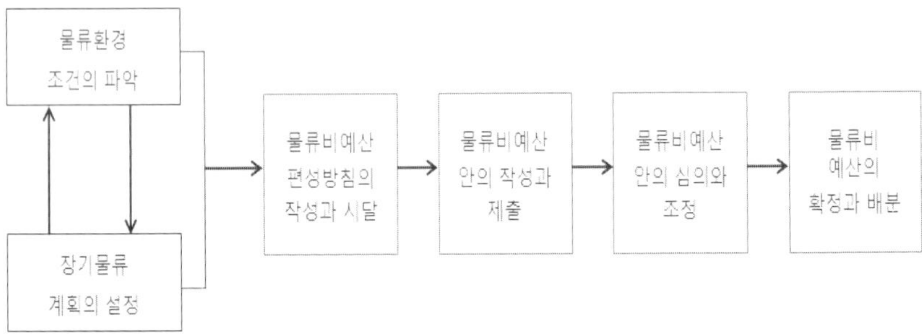

자료: 옥선종 외, 물류론, 1997, p. 324.

① 제1단계: 물류환경 조건의 파악

기업의 사내·외적인 물류요인을 분석하고 예측하는 과정으로 과거의 물류실태를 파악하는 것이 필수적이다. 이를 바탕으로 중장기적인 물류환경의 조건을 고려하고 객관적으로 파악하는 것이 필요하다.

② 제2단계: 장기물류계획의 설정

장기물류계획은 기업의 장기적인 경영전략에 의거한 물류전략과 정책을 바탕으로 물류환경을 고려해서 설정하게 되는데, 이때 장기적인 측면에서 일관성 있게 추진하는 것이 무엇보다 중요하다. 이를 위해서는 경쟁기업의 동향과 물류정책의 수립, 물류네트워크에 대한 경쟁기업과의 비교, 예상되는 물류량의 확대에 대비한 물류시설, 요원 및 자금의 확보 방안, 고객서비스의 증대를 위한 적정재고정책의 수립, 물류정보시스템 구축을 위한 장기전략의 수립, 그리고 물류비 절감을 통한 이익실현 전략의 수립과 같은 계획을 설정해야 한다.

③ 제3단계: 물류예산비 편성방침의 작성과 시달

연도별로 물류부문의 방침과 장기계획에 의해 물류비예산안을 편성하기 위한 지침서 역할의 물류예산 편성방침이 작성된다. 이 때, 당해 연도의 물류정책에 대한 최고 경영자의 의사와 일정액의 물류비 절감과 같은 예산 목표가 명시되어야 하는데, 이를 위한 예산시스템의 방침을 결정하는데 필요한 자료는 과거

자사의 물류활동에 대한 예산실적의 분석자료, 차기의 경기예측과 업계동향에 대한 조사자료, 최고경영층의 물류활동에 대한 정책표명, 차기 예산에 있어서 물류관련부문의 주요업무계획, 그리고 재료, 노동력 및 자금 등 물류자원의 조달능력이 있다.

④ 제4단계: 물류비예산안의 작성과 제출

예산편성 방침에 의거한 물류비예산안의 작성은 물류부문의 관리자가 하부직원의 의견을 수렴하여 이루어지는데, 물류비관리의 목적에 따라 발생형태별, 물류기능별, 제품별 등으로 자세하게 작성하는 것이 바람직하다.

⑤ 제5단계: 물류비예산안의 심의 및 조정

기업의 사업연도별 기업종합예산의 범위 내에서 물류부문의 원안을 최대한 존중하고, 타부문 예산안과 조정·비교의 과정을 거치게 된다. 또한 본사 차원에서 원안 작성을 하는 물류시설예산 등에 대해서는 물류종합예산의 차원에서 종합적으로 검토가 이루어지게 된다.

⑥ 제6단계: 물류비예산의 확정과 배분

심의된 예산안을 검토한 후, 기업의 최고경영자가 최종적으로 승인함에 따라 물류비예산이 확정되고 배분된다.

3) 물류비예산안의 작성법

물류비예산의 작성은 관리회계나 재무회계상의 비용자료를 기초로 한 발생형태별 예산안을 기초로 하여, 때에 따라 물류영역별, 물류기능별, 그리고 관리목적별 예산안을 작성하는 절차를 거친다.

기본적으로 물류비예산안을 작성할 때는 ① 물류관리목표의 확인, ② 현황파악 분석, ③ 물류량의 파악, ④ 물류개별계획의 검토, ⑤ 물류비 예산의 표시와 같은 다섯 단계를 거치게 된다.

(1) 발생형태별 물류비예산의 작성법

발생형태별 물류비예산의 작성은 ① 물류재료비예산, ② 물류노무비예산, ③ 물류경비예산, ④ 투자보수비예산, ⑤ 위탁물류비예산을 기준으로 작성되며 발생형태별 예산안을 작성하는 일반적인 산출식 및 세부내용은 다음 [표 5-9]와 같다.

표 5-9 발생형태별 물류비예산안 산출식

예산	세부내용
물류재료비예산	·물류활동과 관련하여 투입되는 재료에 필요한 예산 ·원·부재료비, 연료비, 소모품비 등이 포함 ·물류재료비예산 = 차기의 예산재료소비량 * 예정단가로 산출
물류노무비예산	·물류활동을 수행하기 위해서 투입되는 노동의 소비에 대해 발생하는 예산 ·급료, 임금, 수당, 복리후생비 등이 포함 ·물류노무비예산 = 차기의 예상작업량 * 예정임율
물류경비예산	·재료비와 노무비를 제외한 물류활동과 관련해서 지출되는 예산 ·공공서비스비(전력료, 가스, 수도료 등), 관리유지비(물류시설에 대한 수선비, 보험료, 조세공과 등), 일반경비(여비, 교통비, 접대비, 잡비 등) 및 감가상각비 등이 포함 ·물류경비예산 = 과거의 예산 실적을 기초로 해서 적절히 증감책정
투자보수비예산	·물류활동에 사용되는 설비나 기기의 장부가액에 적정할인율을 곱하여 편성
위탁물류비예산	·물류활동의 일부내지는 전부를 타사에 위탁하는 위탁물류비예산은 위탁회사에서 제출하는 견적서를 기초로 편성.

(2) 기능별 물류비예산안의 작성법

두 번째로 기능별 예산안을 작성하는 경우에는 발생형태별 물류비예산 자료를 이용하여 다음 [표 5-10]과 같은 계산식을 이용하여 산정한다. 이때 각 기능별 물류비표준을 어떻게 산출할 것인가가 관건인데, 무엇보다 물류원가계산에 의거해 산출된 기능별 물류비 자료가 필수적이다.

표 5-10 발생형태별 물류비예산안 산출식

예 산	세부내용
포장비예산	포장비표준 * 차기 예상물류량
운송비예산	운송비표준 * 차기 예상물류량
보관비예산	보관비표준 * 차기 예상물류량
하역비예산	하역비표준 * 차기 예상물류량
유통가공비예산	유통가공비표준 * 차기 예상물류량
물류정보비예산	과거의 예산실적을 기초로 증감계산
물류일반관리비예산	과거의 예산실적을 기초로 증감계산

(3) 관리목적별 물류비예산안의 작성법

관리목적별 물류비예산안을 작성하는 경우에는 관리목적에 부합하는 적합한 예산안을 작성하는 것이 중요한데, 이 중 제품별 물류비예산안을 작성하기 위해서는 발생형태별·기능별 물류비자료를 이용해 관련원가만을 기초로 집계를 하면 되는데, 제품의 종류, 명칭, 제품그룹, 제품형태 및 제조방법 등의 기준에 따라 미리 구분하여 제품별 예산단위를 결정하는 절차가 선행되어야 한다. 발생형태별·기능별 물류비 예산안의 작성표의 예는 다음과 같다.

표 5-11 발생형태별 · 기능별 물류비예산안의 작성표

기능별 / 발생형태별			물자유통비예산																물류 정보비 예산		물류 일반 관리비 예산		예산 합계	
			포장비 예산		운송비 예산				보관비 예산				하역비 예산		유통 가공비 예산		계							
					수송비		배송비		창고비		재고 투자비													
			●	○	●	○	●	○	●	○	●	○	●	○	●	○	●	○	●	○	●	○	●	○
기업물류비	자가물류비예산	물류재료비 예산 · 원부자재비 · 연료비																						
		물류노무비 예산 · 급료, 임금, 수당 · 복리후생비																						
		물류경비 예산 · 공공수수료 · 관리유지비 · 일반경비 · 감가상각비																						
		투자보수비계 예산																						
	자가물류비 예산합계																							
	위탁물류비 예산																							
기업물류비 예산합계																								

자료: 송계의, 물류경영론, 1998, p. 544.

4) 물류비예산의 통제

물류예산을 편성하는 것과 더불어 물류비 예산관리의 효율성 증진을 위해

물류활동수행시 예산목표 달성 여부나 예산범위 초과시 통제하는 기능이 필요하게 된다. 대표적인 물류비예산의 통제방법은 사전통제방법, 기중통제방법과 사후통제방법이 있다. 일반적으로 기중통제나 사후통제방법이 가장 널리 사용되나, 물류비관리의 성과를 향상시키기 위해서는 사전통제방법을 함께 사용할 필요가 있다.

표 5-12 물류비예산의 통제방법

통제방법	세부내용
사전통제방법	예산편성에 물류부문의 종사자를 직접 참여시킴으로써 자주적으로 통제기능의 수행을 유도하는 방법
기중통제방법	예산기간 동안 정기적으로 예산의 집행정도를 점검하고 관리하는 방법
사후통제방법	예산의 실시 후 예산과 실적을 비교하여 차이분석을 실시하는 방법

제 4 절 물류채산분석

1. 물류채산분석의 주요 개념

1) 물류채산분석의 정의와 특징

물류비에 대한 실태를 파악한 후 물류비절감을 위한 개선책을 강구하기 위해 실시하는 것이 물류비채산분석이다. 즉, 현재 실시하고 있는 물류비관리시스템에 대한 문제와 관련된 개선안의 채산성과 수익성을 파악하는 것이다. 물류비채산분석은 단기적인 분석이 대부분이며, 물류시설의 대체나 신규투자 등과 같은 장기적인 물류프로젝트인 경우에는 경제성 분석을 별도로 실시한다.

앞서 살펴본 물류원가계산과 비교해서 물류채산분석의 특징을 살펴보면 다음의 [표 5-13]과 같다.

2) 물류채산분석의 실시절차

물류채산분석의 절차는 ① 물류원가계산, ② 물류개선안의 작성, ③ 물류비의 측정, ④ 물류비의 비교, ⑤ 물류비예산관리로 구성되며, 세부적인 절차는 다음의 [그림 5-3]과 같다. 구체적으로 살펴보면, 1단계의 현 실태파악은 물류원가계산에

표 5-13 물류채산분석과 물류원가계산의 특징비교

항목	물류채산분석	물류원가계산
계산목적	현 물류업무를 어떻게 계산하는 것이 채산성면에서 유리한가에 대한 물류의사결정	현 물류업무가 효율적으로 운영되는지에 관한 물류업적 평가
계산대상	개선하려고 하는 특정 물류업무	현재 실시하고 있는 물류업무의 전반
계산기간	개선하려고 하는 특정 물류업무의 시작부터 완료까지의 전 기간	일반적으로 사업연도 또는 월차단위의 예산기간
계산시기	·물류개선에 관한 의사결정을 행할 필요가 있는 경우에만 실시 ·매번 동일한 분석이 반복되는 경우는 없음	동일한 원가계산이 각 예산기별로 반복 수행
계산방식	각 상황에 따라 상이	미리 일정한 계산 방식을 설정하고 이를 항상 일정하게 사용
계산의 계속성	임시적으로 첫 회에 한해서 계산	항상 반복적으로 계산을 수행
원가의 종류	미래에 발생하리라고 예상되는 미래원가	표준원가와 실제원가 및 그 차액
원가의 범위	직면하고 있는 의사결정에 따라 변동할 수 있는 차액원가(관련원가)	물류에 필요한 모든 원가(전부원가)를 계산해야 하고 어떠한 비용도 제외해서는 안됨
할인의 유무	의사결정과 관련해서 미래에 지출되거나 수입될 경제 가치를 적정한 이자율로 할인한 현작의 개념	물류원가계산은 그 대상기간이 짧기 때문에 현가의 개념을 사용하지 않음
사용하는 원가	차액원가, 기회원가, 매몰원가, 회복가능원가, 연기가능원가, 추가원가 등과 같은 특수원가도 사용	실제원가가 대상

의해서 가능하며, 2단계에서 현재의 물류를 개선할 수 있는 개선안을 모두 작성하여 3단계에서 각 개선안별로 물류비 견적을 낸다. 다음으로 4단계에서는 최소의 물류비가 발생하는 최적안의 비교를 수행한 후, 5단계에서 종합적인 평가를 거쳐 최종 물류개선안을 결정하게 된다.

2. 물류업무 채산분석의 주요 내용

1) 물류업무 채산분석 대상

물류업무개선분석의 주요대상은 첫째, 운송기능의 채산분석의 경우, 자가운송과 위탁운송에 대한 분석, 운송기관의 선정에 대한 분석, 운송경로에 대한 분석,

그림 5-3 물류채산분석의 절차

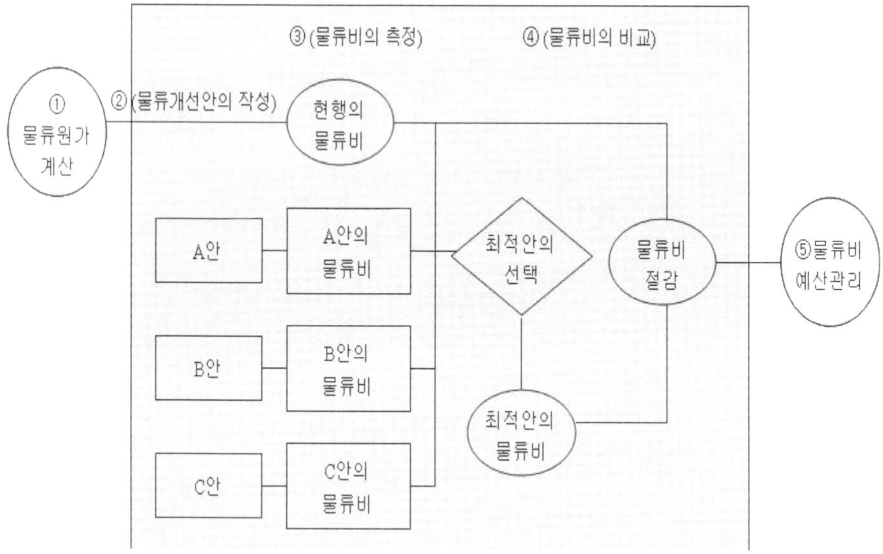

자료: 송계의, 물류경영론, 1998, p. 552.

운송체계에 대한 분석이 있다. 둘째, 보관기능의 채산분석은 자동창고의 대체여부에 대한 분석, 최적 물류거점수 결정에 대한 분석, 경제적 발주수량의 결정에 대한 분석, 창고의 입지선정에 대한 분석이 있으며, 셋째, 포장기능의 채산분석은 포장자동화의 대체여부에 대한 분석, 포장기기의 구입방법에 대한 분석을 들 수 있다. 마지막으로 하역기능의 채산분석의 경우 하역기계화의 여부에 대한 분석, 하역기기의 구입방법에 대한 분석, 하역인력의 적정화에 대한 분석이 있다.

2) 물류업무 채산분석 방법

물류채산분석은 크게 물류업무개선분석, 물류설비투자분석, 물류생산성분석으로 구분되는데, 이 중 물류업무개선분석은 주로 단기적인 분석이 이루어지게 된다. 이러한 물류업무의 채산분석방법으로는 비용상쇄분석과 총비용분석이 있으며, 간략한 주요내용은 다음과 같다.

(1) 비용상쇄(Cost Trade-off)분석

물류업무의 추진에 있어서 비용상쇄 관계가 발생하는 경우 원가비교를 중심으로 분석하는 방법이다. 이러한 상쇄관계는 물류업무를 수행하는데 있어서 자주 발생하는데, 예를 들어 고객서비스수준을 향상시키기 위해 수송을 더 자주 하게 되면 보관비용은 감소하나 오히려 총수송비는 증가하게 된다. 따라서 비용상쇄분석방식으로 물류업무를 분석하는 경우에는 수배송비용과 보관비용의 원가를 정확하게 분석하여 기업에게 유리한 방안을 선택하도록 해야 한다.

그림 5-4 비용상쇄(Cost Trade-off)관계

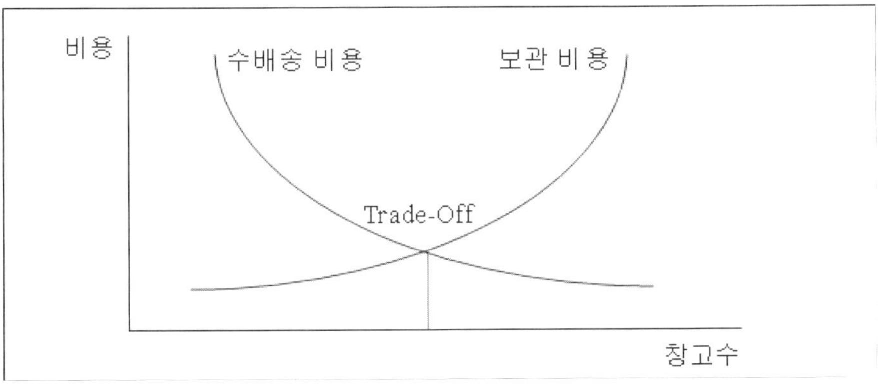

(2) 총비용(Total Cost)분석

물류개선에 관해서 요구되는 모든 비용 중에서 각 비용의 부분적인 절감이 아닌 총비용을 절감하기 위해 종합적으로 분석하는 방법이 바로 총비용분석이다. 총비용분석의 경우, 각 대안별로 상세한 원가정보를 입수해야 하는 어려움이 있기 때문에 비용상쇄분석과 총비용분석을 상호보완적으로 활용하는 것이 보다 합리적이다.

일반적으로 물류비 산정에서 타사에 지불한 위탁물류비만을 인식하고 자사의 물류활동과정에서 소요된 물류비, 물류활동에 투입된 인원, 물류시설에 들인 비용 등을 인식하지 못하는 경우가 많은데, 위탁물류비는 전체 물류비 중에서 극히 일부에 지나지 않는다. 물류빙산설이란 기업이 일반적으로 관리하고 겉으로 드러나 있는 위탁물류비는 극히 작고 대다수의 물류비가 기업 내에 숨어있다는 이론이다.

그림 5-5

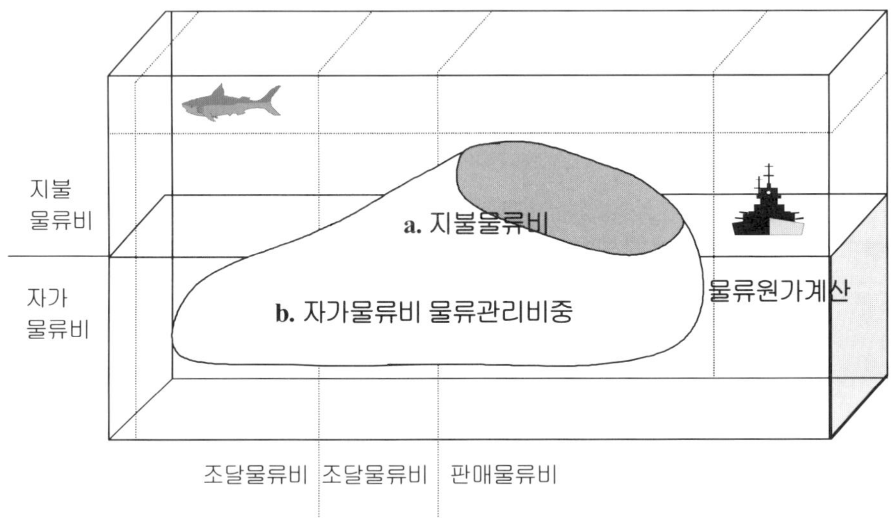

3. 물류설비투자의 경제성 분석

1) 물류경제성 분석

설비투자를 통해 물류합리화를 추진하는 경우 이러한 물류설비투자에 대한 경제적 타당성에 대한 분석이 필요하다. 이때 물류활동에 필요한 설비투자의 경제적 효과를 금액으로 평가하고 투자액의 채산을 판단하는 방법이 바로 물류경제성 분석이다.

2) 물류설비투자의 경제성 분석방법

물류설비투자에 대한 경제성을 분석하는 방법에는 다음과 같은 3가지 방법이 주로 사용된다.

① **회계이익률법**(ARR: Accounting Rate of Return)

투자에 의해서 얻어지는 평균이익을 분자로 하고 투자총액 또는 내용연수의 전간을 통한 평균 투자액을 분모로 계산한다.

② **내부 수익률법**(IRR: Internal Rate of Return)

투자로 인한 미래현금유입의 현가와 현금유출의 현가를 같게 하는 할인율을 현가표를 이용하여 시행착오법으로 구한다.

③ **현가법**(NPV: Net Present Value)

투자로부터 얻어지는 각 연도의 현금흐름을 일정한 할인율로 할인해서 현재가치를 구하고 공제한 후 순현가를 계산해서 금액이 양이면 투자안을 선택한다.

제 5 절 물류비절감전략

1. 물류비절감 목표

물류비절감목표를 설정할 때에는 아래의 물류부문계획에 대한 체계적이고 장기적인 검토가 필요하다.

① 물류환경의 개선: 물류 단지화 계획, 물류기구의 정비계획, 생산 및 판매업무의 제휴계획, 물류합리화 계획, 물류표준화 계획, 물류공동화 계획 등

② 물류관리구조의 개선: 물류센터의 건립계획, 물류정보시스템화 계획, 물류인력 보강 및 교육훈련 계획, 물류조직의 개편 계획 등

③ 물류업무의 개선: 물류온라인화 계획, 수·배송합리화 계획, 창고자동화 계획, 하역기계화 계획 등

일반적으로 기업경쟁력을 높이기 위해 물류서비스를 향상시키는 경우가 있는데, 이때, 물류비 상승이 초래된다. 이는 물류비와 물류서비스간의 상쇄(Trade-off) 관계에 기인한 것으로, 물류비절감목표를 설정할 때에는 이 두 요소간의 적정수준을 결정해야 한다.

2. 물류비절감계획의 절차

물류비 절감계획 수립시 주의해야 할 점은 목표와 필요성을 명확히 한 뒤, 절감방안을 수립하고 책임을 명확히 해야 한다는 것이다. 또한 물류비절감 분위기를 기업 내에 조성하고 일정계획을 수립한 후 계획을 수행 및 통제하며, 더 나아가

기업의 물류비절감의 성과를 측정하고 지속적으로 물류비를 절감하기 위해 노력해야 한다.

물류비를 절감하기 위해서는 물류이익계획수립을 전제로 물류비절감계획을 수립하여 양자의 차액으로 이익증대를 추구하는 것이 바람직하다. 또한 3·5·10년 단위로 전략적 장기물류계획을 수립하여 기업의 안정성을 확보하고 이익을 증대시켜야 한다. 이때 중요한 것은 무조건 물류비를 감소시키는 것이 아니라 물류생산성과 효율을 향상시키는 물류전략 강화를 통해 매출액대비 물류비율을 절감시키는 것이다. 그리고 단기물류비절감계획은 주로 1년 내의 단기적인 전술적 계획의 성질을 갖는데, 장기물류계획과 물류비절감계획의 종합계획에 준거하여 해당사업년도의 부분적인 계획으로 수립한다.

단기물류비절감계획을 살펴보면 다음 [표 5-14]와 같다.

표 5-14 단기물류비절감계획의 수립절차

단 계	내 용
개별물류 절감안의 집계	계획기간에 한정된 다수의 개별 원가절감 계획안을 수거한 후 각각의 부분계획을 작성하여 집계
전사물류비 절감계획안의 작성	개별절감안의 각 부분계획을 하나의 종합된 전사물류비 절감계획안에 정리
전사물류비 절감계획안의 검토	전사물류비 절감계획에 나타난 원가절감액을 토대로 이익에 미치는 영향 내지는 기여도를 분석 후 전사계획의 타당성 및 달성가능성 등을 검토
장기물류 프로젝트계획과의 조정	장기의 개별물류 프로젝트의 수행을 위해 전사물류비 절감계획안과 조정을 하고, 당해연도 물류프로젝트의 수행에 따른 원가절감 가능액을 중점적으로 예측
전사물류비 계획안의 결정	전사물류비 절감계획안과 물류프로젝트 계획에 의해 달성가능한 해당사업년도의 물류비절감 계획을 확정한 후, 이 계획을 물류비 예산의 편성에 반영

참고문헌

김기태 (2008), 「물류입문」, 대진.
김선민 외 (2002), 「물류관리론(Fundamentals of Logistics Management)」, 한올.
김용욱 외 (2002), 「물류관리론」, 한올, pp. 212-215.
김정환 외 (2000), 「신물류경영」, 문영각, pp. 769-777.
김창원 (2002), 「현대물류관리」, (주)학문사.
김태현 외 (2007), 「전략적 물류경영」, 범한, p. 376.
노부호 외 (2000), 「물류관리의 종합적 이해」, 형설, pp. 109-110, pp. 114-124.
서현진 (1999), 「물류관리」, 8장 물류감사, 율곡.
송계의 (1999), 「물류경영론」, 문영사, pp. 536-550.
안기명 외 (2005), 「현대해운경영론」, 다솜, pp. 378-380.
옥선종 외 (1997), 「물류론」, 영풍, p. 314, p. 318, pp. 328-330.
육근효 (1998), 「물류원가관리의 혁신」, 풀빛, pp. 101-102, pp. 157-170, pp. 343-354.
이위식 외 (2002), 「로지스틱스 관리론」, 한올.

제 6 장

물류아웃소싱 전략

제 1 절 아웃소싱의 일반적인 개념

1. 아웃소싱의 개념과 의의

최근 기업들이 한정된 자원을 보다 효율적으로 활용하기 위하여 중요한 핵심역량 분야에 자원을 전략적으로 집중시키고 카 분야의 활동은 해당 분야의 전문기업에게 맡기는 아웃소싱(outsourcing) 전략이 확산되고 있다.

아웃소싱은 핵심역량(core competence)경영과 더불어 현대 기업에 매우 중요한 전략이다. 이미 미국이나 일본에서는 아웃소싱이 핵심역량을 강화하고 고객의 가치를 창출하기 위한 생존전략의 일환으로 인식되면서 정보시스템을 시작으로 생산, 영업, 총무, 디자인, 연구개발 등 광범위한 영역으로 확대되고 있다.

아웃소싱전략이란 자신이 수행하는 다양한 활동 중 전략적으로 중요하면서도 가장 잘 수행할 수 있는 분야나 핵심역량에 모든 자원을 집중시키고, 나머지 활동들의 기획에서부터 운영까지 일체를 해당분야의 전문기업에게 아웃소싱함으로써 기업의 경쟁력을 제고시키는 전략이라 할 수 있다. 즉, 네트워크화를 통해 자사의 핵심역량을 공급업체의 핵심역량과 상호 연계시켜 기업 전체의 시너지 효과를 극대화하는 전략이다(이광현, 1998).

또한 미국의 Outsourcing Institute는 아웃소싱을 "과거에 내부의 인력과 자원으로 수행하던 활동을 외부자원을 전략적으로 사용하여 대체하는 것으로써 하청과 다른 점은 기업 전체의 구조 조정을 내포하고 있다는 점이다."라고 기술하고 있다(박진수, 2002).

치열한 글로벌 경쟁하의 저성장 시대, 고객 욕구와 기술이 엄청난 속도로 변하고 있는 지금, 기업들은 핵심역량을 제외한 기업 내의 기능, 부문 등을 해당 분야의 전문 기업에게 아웃소싱하고, 이들과 수평적인 협력관계를 강화함으로써 고정비를 변동비화 하고, 기업의 자원을 핵심역량에 집중시켜 고객의 가치를 창출해야만 생존할 수 있는 시대가 되었다. 이제 기업은 자신의 핵심역량과 외부기업의 핵심역량을 조화시켜 기업의 부가가치를 높이는 공생전략인 Win-Win 전략을 구사해야 한다.

아웃소싱을 전략적으로 활용할 수 있는 능력을 갖추는 것, 그것은 미래 초우량 기업의 기본조건이며 성공적인 네트워크기업을 향한 첫 걸음이 될 것이다.

2. 아웃소싱의 형태

아웃소싱의 형태는 비용절감형, 분사형, 네트워크형 아웃소싱, 그리고 핵심역량 자체의 아웃소싱으로 구분될 수 있다(이광현, 1998).

1) 비용절감형 아웃소싱

오직 비용절감만을 위해 중요하지 않은 기능을 아웃소싱 하는 형태로 현재 우리나라 기업들이 주로 이용하는 아웃소싱 방식이다. 이러한 비용절감형 아웃소싱은 고객관리, 해외출장, 자료정리, 행사대행 등 단순관리 분야에서 교육이나 전문관리 분야에 이르기까지 급속히 확산되고 있다.

2) 분사형 아웃소싱

분사형 아웃소싱은 기업 내의 특정 기능이나 조직을 분사화 시키는 것으로

그림 6-2 아웃소싱의 형태

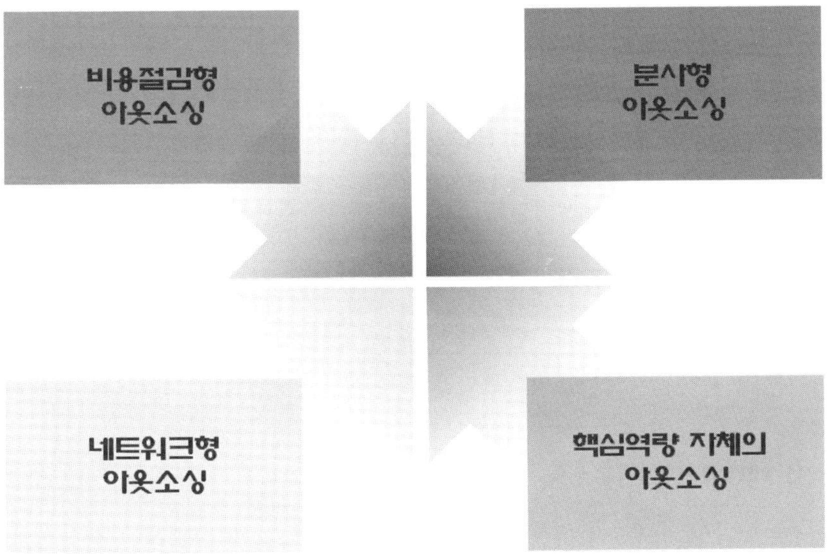

이익추구형(profit-center) 아웃소싱과 스핀오프형(spin-off) 아웃소싱으로 구별된다.

(1) 이익추구형(profit-center) 아웃소싱

이익추구형 아웃소싱이란 사내에서 크게 중요치 않으나 나름대로 전문성을 확보하고 있는 기능을 분사화시킴으로써 외부경쟁에 노출시켜 스스로 수익을 창출할 수 있게 하는 아웃소싱이다. 즉 분사화 된 기업이 모기업에 서비스를 공급하면서 외부 기업과도 거래하는 형태이다. 이 같은 분사를 통한 아웃소싱은 업무의 전문화와 함께 인력구조조정의 한 수단으로 활용될 수 있다.

(2) 스핀오프형(spin-off) 아웃소싱

지사가 보유한 일정 기술, 공정 제품, 역량 등을 분사화 하여 조직을 슬림화하는 아웃소싱이다. 우리나라 전자업계의 경우 사업부 조직 자체를 분리해 별도법인으로 독립시키거나 협력기업에 이관하는 등 스핀오프형 아웃소싱이 늘고 있다.

표 6-1 아웃소싱의 형태

형태		목적
비용절감형		·비용절감을 위해 중요하지 않은 기능들을 아웃소싱
분사형	이익추구형 (profit-center)	·사내에서는 크게 중요하지 않으나 나름대로 전문성을 확보하고 있는 기능을 외부화 하여 수익률을 제고시키려는 아웃소싱
	스핀오프형 (spin-off)	·자사가 보유한 일정 기술, 역량 등을 분사화 하여 비즈니스화 ·핵심역량 자체는 아웃소싱하지 않는 형태
네트워크형		·핵심역량 이외의 모든 기능을 아웃소싱하고 이들 공급업체와 네트워크를 형성하여 시너지 효과를 제고시키는 형태 ·복수의 주체가 각각 서로의 경영자원을 공유하고 상호보완적으로 활용하는 co-sourcing의 형태
핵심역량 자체의 아웃소싱		·핵심역량 자체를 외부화 시켜 경쟁에 노출시킴으로써 핵심 산업의 경쟁력을 더욱 높이려는 아웃소싱

자료: 이광현(1998).

3) 네트워크형 아웃소싱

네트워크형 아웃소싱이란 핵심역량이나 핵심제품 이외에 모든 기능을 아웃소싱하고 이들 공급업체와 수평적 네트워크를 형성하여 시너지 효과를 제고시키는 형태로 복수의 주체가 서로의 경영자원을 공유하고 상호보완적으로 활용하는 아웃소싱이다.

아웃소싱은 단순하게 말하면 활용하는 측이 전문적인 서비스를 전략적으로 외부에서 얻는 것이다. 복수의 공급주체가 경영자원을 서로 활용하고 아웃소싱 기능이 상호보완적으로 연결되도록 하면 아웃소싱을 활용하는 측만이 아니라 공급하는 측에서도 보다 더 부가가치가 높은 서비스를 창출할 수 있는 것이다. 이러한 아웃소싱의 발전적 형태로 복수의 주체가 서로의 경영자원을 공유하고 상호보완적으로 활용하는 형태를 co-sourcing이라고 한다.

흔히 말하는 네트워크기업 혹은 가상기업(virtual corporation)은 co-sourcing에 의한 새로운 조직형태로, 가상기업이란 종속적인 조직개념이 아닌 참여업체가 보유한 각각의 전문기능을 수평적이고 상호보완적으로 연결시킨으로써 보다 더 부가가치가 높은 서비스를 만들어내는 네트워크형 기업으로 정의할 수 있다.

네트워크 기업 혹은 가상기업은 참여업체가 가장 자신 있는 전문기능을 상호 활용하는 가상사업체라는 점에서 시장과 기술의 변화에 신속히 대응할 수 있어

사업효율을 향상시킨다. 때문에 경영자원이 한정된 벤처기업을 위한 좋은 조직모델이 될 수 있다.

4) 핵심역량 자체의 아웃소싱

핵심역량 자체를 외부화 시켜 경쟁에 노출시킴으로써 핵심사업의 경쟁력을 더욱 높이려는 아웃소싱이다. 이러한 발상은 아웃소싱이 약점을 보완하거나 고유업무 중 그다지 중요하지 않은 업무를 외부화 하는 것이라는 종래의 전통적 개념과는 정반대의 개념이라 할 수 있다.

제 2 절 공급사슬관리와 제휴관리

1. 공급사슬관리와 제휴의 확산

기업의 물류관리 전략의 발전과정을 간략히 살펴보면, 1980년대에는 기업내 물류기능 간 통합관리를 강조한 통합물류관리(integrated logistics management)가 중시되었다면, 1990년대 이후는 기업 간 물류활동의 외연적 통합을 통해 물류효율성을 제고하기 위한 공급사슬관리(SCM: supply chain management)의 개념이 본격적으로 확산된 시기라고 볼 수 있다.

이처럼 90년대부터는 경쟁관계의 설정과 보다 효율적인 물류시스템의 구축노력이 개별기업 차원에서 벗어나 공급사슬(supply chain)의 차원으로 확대되기 시작하였으며, 이에 따라 공급사슬 전체의 물류효율성 증대를 위한 관련주체간의 파트너십(partnership) 또는 제휴(alliance)의 형성이 매우 중요성 이슈로 등장하게 되었다. 파트너십이란 상호 합의한 일정 기간 동안 편익과 부담을 함께 공유하는 물류채널내의 두 주체간의 관계를 의미하며, 제휴란 특정 목적과 편익을 달성하기 위한 물류채널내의 독립적인 두 주체간의 계약적인 관계를 의미한다. 또한 전략적 파트너십 또는 제휴란 참여주체들이 중장기적인 상호편익을 추구하는 물류채널관계의 한 형태를 의미한다(The Ohio State University, 1989).

Frankel and Whipple(1996)은 이와 관련하여 지역별(북미, 유럽, 태평양), 산업별로 기업들의 물류관련 제휴동기에 대한 연구를 수행하였는데, 이 연구결과에 따르면, 지역, 산업에 관계없이 공통적으로 경쟁우위의 확보, 품질개선, 리드타임성과의 개선, 재고감축 등이 기업의 중요한 물류관련 제휴동기로 나타나고 있다.

중요도의 순서에 있어서는 지역별, 산업별로 차이를 보이고 있는데, 북미지역의 경우 경쟁우위의 확보, 품질의 향상이, 유럽지역의 경우 경쟁우위의 확보, 리드타임의 개선이, 태평양지역의 경우 리드타임의 개선, 품질의 향상이 각각 가장 중요한 제휴동기로 나타나고 있다. 산업별로는 제조업체와 유통업체가 같은 화주 군으로서 유사한 제휴동기를 보이고 있는 반면, 물류서비스의 제공업체는 다소 상이한 제휴동기의 우선순위를 보여주고 있다.

이러한 현상은 아직까지 물류서비스 사용자와 제공자의 목표가 완전히 일치하는 단계에는 이르지 못하고 있다는 현상을 설명하며, 이처럼 파트너간의 동기가 다를 경우, 제휴를 통한 Win-Win 관계를 달성하기 위해서는 상대방의 동기와 적절히 조화시키는 과정이 필요하게 된다.

표 6-2 지역별 산업별 물류관련 주요 제휴동기

제조업체	유통업체	서비스 제공업체
	북미지역 (North America)	
경쟁우위의 확보 품질의 향상 리드타임성과의 개선 재고감축 고객참여의 향상	경쟁우위의 확보 품질의 향상 재고감축 리드타임성과의 개선 고객참여의 향상	경쟁우위의 확보 품질의 향상 기술적 진보 고객참여의 향상 핵심사업부문의 경쟁력 강화
	유럽지역 (European)	
경쟁우위의 확보 리드타임성과의 개선 품질의 향상 재고감축 고객참여의 향상	리드타임성과의 개선 경쟁우위의 확보 재고감축 품질의 향상 고객참여의 향상	경쟁우위의 확보 품질의 향상 리드타임성과의 개선 재고감축 고객참여의 향상
	태평양지역 (Pacific Basin)	
리드타임성과의 개선 품질의 향상 경쟁우위의 확보 공급/수요의 안정성 재고감축	리드타임성과의 개선 재고감축 품질의 향상 경쟁우위의 확보 공급/수요의 안정성	리드타임성과의 개선 품질의 향상 경쟁우위의 확보 공급/수요의 안정성 재고감축

자료: Frankel and Whipple(1996).

주 : 1) 지역별 조사대상국가: 북미(캐나다, 미국), 유럽(프랑스, 독일, 네덜란드, 노르웨이, 스웨덴, 영국), 태평양(호주, 일본, 한국).

2) 지역별, 산업별 상위 5개 요인.

2. 공급사슬관리의 성공적인 도입과 제휴관리

공급사슬관리란 기존 조직의 경계를 넘어 서로 다른 조직 간에 부가가치 활동을 어떻게 조정하고 통합할 것인지가 매우 중요한 과제이다. 이에 대해 Fawcett(2000)는 다음 4가지 전략의 도입 여부가 공급사슬관리의 성공적인 도입을 결정한다고 보고 있다.

1) 조직 간 프로세스 통합

프로세스 통합은 기존의 역할이나 책임에 관계없이 해당 활동을 최적의 공급사슬 구성원이 수행함으로써 공급사슬 효율성을 최적화 하려는 전략이다. 이를 위해서는 우선 리드타임, 재고수준, 핵심 부가가치 활동의 역할 등을 포함하는 프로세스 맵(process maps)을 도출하여야 한다. 이러한 지도들은 총 비용과 사이클타임에 대한 분석을 가능케 함으로써 기존의 역할과 책임들이 과연 어떤 공급사슬 구성원에게 이전되는 것이 가장 적합한지를 판단할 수 있도록 한다.

예를 들어, 일부 구매조직은 핵심 공급자들과 함께 전체 구매소요를 파악하고 공급사슬의 1차 및 2차 공급자에 걸친 수요를 통합함으로써 레버리지를 증가시킬 수 있다는 것을 발견하였다. 1차 공급자들을 대신하여 2차 공급자들과 직접 계약을 체결함으로써 구매조직이 전체 공급사슬의 효율성 증대를 도모할 수 있다. 이러한 2차 구매계약은 공급사슬 구성원 사이에 역할과 책임을 이전하는 대표적인 예라 할 수 있다.

브라질 Resende에 위치한 Volkswagens 트럭조립공장의 경우 조립 프로세스에서 모든 주요 모듈을 운영하고 있는 직원의 90%가 공급업체에서 파견된 인력이다. 또한 공급업체는 차량이 최종 검사를 완료하고 생산 프로세스가 종료되기 전까지는 부품과 인력에 대한 비용을 청구하지 않는다.

2) 정보시스템 지원

정보교환은 다양하고 가끔은 지리적으로 분산된 공급사슬 구성원들을 연결하는 역할을 한다. 정보의 공유에는 두 가지 이슈가 있다. 첫째는 관계의 강점과 신뢰에 바탕을 둔 의지이다. 많은 기업들은 공급자와 수요패턴과 같은 민감한 정보를 공유하는 것을 꺼려하게 된다. 반대로 공급자는 기술이나 비용구조를 고객과 공유하는 것을 꺼려하게 된다. 둘째는 연결성에 대한 문제로 적시에 정확하고 신뢰도를 가진 정보를 공유할 수 있는 적절한 정보시스템 플랫폼을 갖추고 있는가 하는 것이다. 정보공유의 수준이 낮으면 공급사슬 전방에 재고가 증가할 수 있다. 또한 정보공유는 연기(postponement), 연속재고보충(CR: continuous replenishment) 또는 여타 시간기반(time-based) 경쟁전략을 통해 사이클타임을 압축하는 핵심 요인이다.

일부 선도기업들의 경우 완전한 주문 이력과 예측 수요패턴과 같은 자료를 공급자과 공유하는 웹 기반 정보시스템을 개발·운영하고 있다.

3) 성과측정시스템

올바른 전략적 방향을 설정하고, 경로 구성원 사이의 통합을 촉진하고, 지속적인 프로세스 개선을 위해서는 적적하고 일관된 성과측정이 공습사슬 구성원 간에 이루어져야 한다. 성과측정은 ① 핵심 고객의 니즈를 구체적으로 파악할 수 있도록 해주며, ② 공급사슬 구성원의 부가가치 역량을 이해할 수 있도록 하고, ③ 공급사슬 전반의 행동에 대해 영향을 미칠 뿐만 아니라, ④ 공급사슬 활동의 결과와 관련한 정보를 제공해 준다.

최근 구매 분야에 있어서 공급자 측정시스템이 확산되고 있다. 가장 널리 사용되는 기법으로 공급자 성과 스토어카드를 들 수 있다. 이러한 스코어카드는 기업의 규모나 공급사슬 내의 위치에 관계없이 적용할 수 있다. 많은 기업들이 성과평가 결과의 요약자료를 웹에 게시하여 공급자들이 자신들의 상대적인 성과를 진단할 수 있도록 하고 있다.

총 비용분석이나 ABC(activity-based costing) 등의 기법도 확산되고 있으며, 이들 기업들을 활용하여 구매자들은 제품, 공급자, 경로 수익성 등을 보다 구체적으로 평가할 수 있는 기반을 갖추게 되었다.

4) 제휴 관리(alliance management)

세휴 관리 또한 통합적 메커니즘의 실현을 위해 중요한 부분을 차지한다. 제휴(alliance)란 두 조직이 상호 편익을 얻기 위해 보다 밀접하게 업무를 수행하는 공식적인 협약의 형태라 할 수 있다. 특히 공급사슬관리에 있어서는 기존의 구매자/공급자 쌍무적인 제휴를 전체 공급사슬 구성원 간의 제휴로 확대되어야 한다.

공급사슬 통합과 공급사슬관리 전략의 차원에서 구매자/공급자 제휴는 매우 중요한 과제로, 개략적으로 다음과 같은 요건을 갖추는 것이 필요하다.

- 제휴 파트너의 선정을 위한 명확한 가이드라인과 절차의 활용
- 제휴를 모니터링 할 수 있는 명확한 가이드라인과 절차의 활용
- 보다 우수한 역량을 갖추기 위한 제휴 파트너 간 경험과 자원의 공유
- 위험과 보상의 공유
- 장기적이고 공식적인 계약관계의 수립

제 3 절 제3자 물류 개념의 발전

1. 제3자 물류 개념의 발전

1) 제휴의 관점

물류관리 개념의 발전단계에 비추어 볼 때, 공급사슬내 관련주체간의 파트너십 또는 제휴의 형성이 제조업체와 유통업체간의 전략적 제휴라는 형태로 나타난 것이 QR(quick response), ECR(efficient customer response) 이라면, 제조업체, 유통업체 등의 화주와 물류서비스 제공업체간의 제휴라는 형태로 나타난 것이 바로 제3자 물류라고 할 수 있다.

2) 아웃소싱의 관점

제3자 물류(3PL; third-party logistics)라는 용어가 본격적으로 사용되기 시작한 시기는 1980년대 후반부터라고 볼 수 있다. 1988년 CLM[1]이 화주를 대상으로 한 물류서비스 조사에서 제3자 제공자(third-party providers)라는 용어가 최초로 사용된 이후, 산업계의 급속히 관심을 받기 시작하였다. CLM의 정의에 따르면 제3자(third-party)란 물류채널내의 다른 주체와의 일시적이거나 장기적인 관계를 가지고 있는 물류채널내의 대행자 또는 매개자를 의미하며, 화주와 단일 혹은 복수의 제3자간에 일정 기간 동안 일정 비용으로 일정서비스를 상호합의하에

1) Council of Logistics Management, 현 CSCMP(Council of Supply Chain Management Professionals).

수행하는 과정을 제3자 물류 또는 계약물류(contract logistics)라고 정의하고 있다(The Ohio State University, 1989). 이처럼 제3자 물류는 기업이 사내에서 수행하던 물류기능을 아웃소싱 한다는 의미로 사용되기 시작하였다고 볼 수 있다.

물류아웃소싱이란 기업이 사내에서 수행하던 물류업무를, 전문업체에 위탁하는 것을 의미한다. 기업이 물류아웃소싱을 도입하는 이유는, 이를 통해 물류관련 자산비용의 부담을 줄임으로써 비용절감을 기대할 수 있고, 전문물류서비스의 활용을 통해 고객서비스를 향상시킬 뿐만 아니라, 자사의 핵심 사업 분야에 더욱 집중할 수 있어서, 전체적인 경쟁력을 높일 수 있다는 기대에서 출발한다. 이러한 물류아웃소싱을 특수관계가 없는 물류서비스 제공업체에게 위탁할 때 이를 제3자 물류라고 부를 수 있다.

3) 물류활동 수행주체의 관점

제3자 물류를 다른 방향에서 정의해보면, 다음과 같이 기업의 물류활동을 수행하는 주체가 누구인가에 따라 분류하는 방법을 따를 수도 있다. 첫째는, 기업이 사내에 물류조직을 두고 물류업무를 직접 수행하는 경우로 이를 자사물류(1PL, first-party logistics)라고 하며, 둘째는, 기업이 사내의 물류조직을 별도로 분리하여 자회사로 독립시키는 경우로 이를 자회사물류(2PL, second-party logistics)라고 한다. 셋째는, 외부의 전문물류업체에게 물류업무를 아웃소싱 하는 경우로 이를 제3자 물류(3PL)라고 부를 수 있다.

그림 6-2 물류활동 수행조직의 발전

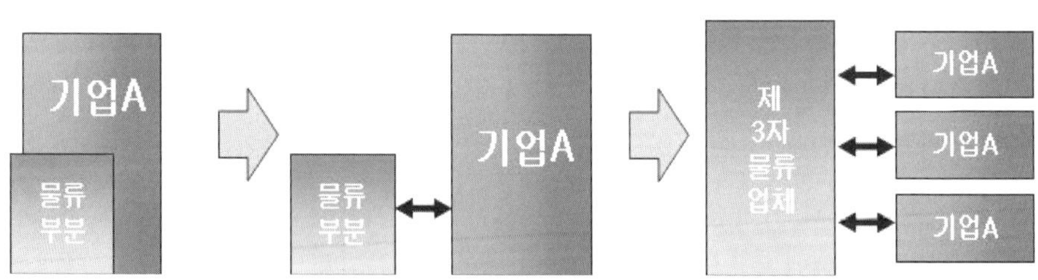

4) 기업물류조직 발전단계의 관점

최근에는 이러한 물류활동의 수행주체에 따른 분류를 기업물류조직의 발전단계로 연결하여 보려는 시각도 있다. 즉, 최초에는 기업이 물류업무를 직접 수행하다가, 사내 물류조직이 경쟁력이 있다고 판단되면 이를 자회사로 분리하고, 이 자회사가 경쟁력을 인정받아 모 기업의 물류업무뿐만 아니라 타 기업을 고객으로 확보할 경우 제3자 물류업체로 성장한다는 시각이다.

흔히 물류아웃소싱을 의미할 때 외주물류라는 용어가 사용되기도 한다. 그러나 외주물류와 제3자 물류는 서로 구분되어 사용되어야 한다는 시각도 있다. 즉, 외주물류는 제3자 물류로의 이행과정에 있는 중간 단계로 보아야 하며, 외주물류는 주로 운영 측면에서 원가절감 효과를 확대하는데 초점을 두고 있는 반면에 제3자 물류는 전략적인 관점에서 경쟁우위의 획득과 같은 원가절감 그 이상의 성과를 얻기 위한 것이라는 시각이다.

표 6-3 외주물류와 제3자 물류의 비교

	제3자 물류	외주물류
운영기간	중장기위주	단기 · 일시적
관계내용	밀접 · 협력 관계	느슨 · 일시 관계
신서비스제공	능동적 · 적극적(제안형)	수동적(수주형)
개입범위	운영 · 관리 · 전략	주로 운영
계약방식	경쟁계약	수의계약
의사결정점	최고경영층	중간관리층
자산특성	무자산형 가능	자산소유 필수
관리형태	통합관리형	분산관리형
하주와의 관계	협력관계	상하계약관계
서비스범위	종합물류 지향	기능별 서비스(수송, 보관)

자료: 정종석(1998).

이상에서 살펴볼 수 있듯이 제3자 물류의 정의에는 크게 두 가지 관점이 포함되어 있다. 첫째는, 기업이 사내에서 직접 수행하던 물류업무를 외부의 전문물류업체에게 아웃소싱한다는 관점이며, 둘째는, 전문물류업체와의 전략적 제휴를 통해 물류시스템 전체의 효율성을 제고하려는 전략의 일환으로 보는 관점이다.

궁극적으로 제3자 물류로의 방향전환은 화주와 물류서비스 제공업체의 관계가 기존의 단기적인 거래기반(transaction-based) 관계에서 중장기적인 파트너십(partnership)관계로 발전된다는 것을 의미한다고 볼 수 있다.

2. 제3자 물류의 전략적 관점

제3자 물류의 개념은 아직 진화과정에 있어 이를 명확하게 정의하기란 쉽지가 않다. 제3자 물류 개념의 발전 과정과 기업의 도입사례들을 비추어 볼 때 현대적 의미에서 제3자 물류는 다음과 같은 3가지 전략적 관점을 가져야 한다고 볼 수 있다.

그림 6-3 제3자 물류의 3가지 전략적 관점

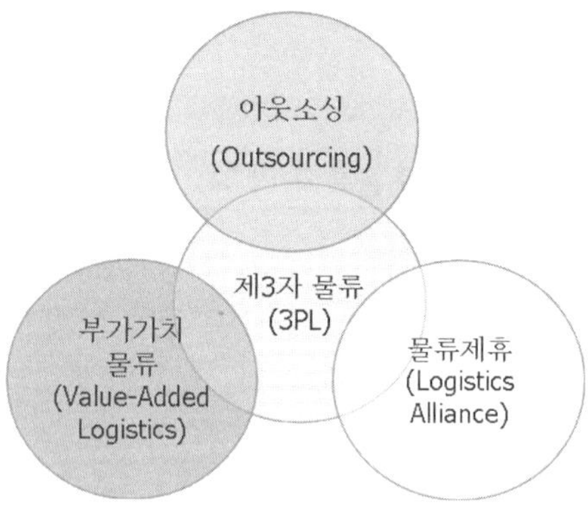

1) 아웃소싱의 관점

Lieb and Randall(1996)은 1991년에서 1995년 사이에 미국 제조업체에 의한 제3자 물류서비스 활용실태를 비교하면서 이 개념은 "… 전통적으로 조직 내에서 수행되어 온 물류활동에 대한 아웃소싱을 의미한다. 제3자 물류가 수행하는 기능은 전체 물류 프로세스를 포괄할 수도 있으나, 대개 프로세스 내의 일부 활동을 포함하는 것이 일반적이다."라고 정의하고 있다.

이 정의에 의하면 제3자 물류는 이전에 사내에서 수행되던 물류활동에 대한 모든 형태의 아웃소싱이 포함되게 된다. 위의 정의에 의하면, 자가 차량을 운영하던 기업이 운송업체를 활용하는 방향으로 전환할 경우, 이를 제3자 물류의 예로 볼 수 있다. 기업이 창고업체에 창고 업무를 아웃소싱 하는 경우도 여기에 해당될 수 있다.

2) 부가가치 물류의 관점

Berglund(1999)는 제3자 물류란 "물류서비스 제공자가 화주(shipper)를 대신하여 수행하는 활동으로, 최소한 운송 및 창고(창고가 물류 프로세스의 일부분인 경우)의 관리와 실행 활동이 포함되어야 한다."고 정의하고 있다.

여타 서비스로는 정보서비스, 부가가치 활동, 콜 센터, 지불대행 서비스 등이 포함된다. 이 정의에서는 운영활동 외에 관리지원이 요구된다고 보고 있다. 이러한 관리지원에는 간단한 재고관리에서부터 공급사슬관리를 개선하기 위한 컨설팅에 이르기까지 다양한 활동이 포함될 수 있다.

표 6-4 미국 제조업체가 이용하는 상위 5개 제3자 물류서비스 추이

	2000	2001	2002	2003
Freight Payment	43%	53%	63%	72%
Shipment Consolidation	43%	49%	49%	66%
Direct Transportation Service	49%	61%	56%	62%
Customs Brokerage	40%	41%	67%	62%
Warehouse Management	56%	59%	42%	60%

자료: Northeastern University and Accenture.

3) 물류제휴의 관점

Bachi and Virum(1999)은 물류활동에 대한 단순한 아웃소싱과 물류제휴를 구분하였다. 이들의 정의에 의하면, 물류제휴(logistics alliance)란 "화주를 위해 전부 또는 상당한 범위의 물류활동을 제공하기 위해 맺어진 화주와 물류제공자 간에 장기적인 공식적 및 비공식적 관계를 의미한다. 화주와 물류제공자는 이러한 협약에 의해 서로를 장기적인 파트너로 인식하게 된다. 이러한 제휴는 좁은 범위의 활동으로 출발할 수도 있으나, 조립, 재포장, 공급사슬 통합과 같은 보다 광범위한 부가가치 서비스로 확대될 수 있는 잠재성을 가지게 된다."고 설명하고 있다.

기능별 활동의 성과를 강조하고 있는 이전의 두 정의와는 달리 이 정의는

협약에 포함되어야 할 보다 폭 넓은 물류서비스와 함께 화주와 물류제공자 간 관계의 지속성(duration of the relationship)을 강조하고 있다.

3. 제3자 물류의 도입 목적

1) 기업 핵심역량 강화 전략

제3자 물류는 기업의 핵심역량 부문에 대한 경쟁력을 강화하기 위한 전략으로 사용된다. 아웃소싱으로 인력, 자금이라는 경영자원이 재분배되어 결과적으로는 보다 적절한 자원배분이 가능해진다. 즉 비효율·고비용 부문과 이의 주변업무를 외부전문 물류업체에게 아웃소싱하고 핵심역량 부문에 경영자원을 집중함으로써 경쟁사와의 차별성을 더욱 부각시켜 주력업무의 전문성과 품질향상, 경영체질의 강화를 도모할 수 있게 된다.

2) 리스크 분산 전략

제3자 물류는 기업조직의 경쟁력을 확보하여 리스크를 분산하는 전략이다. 아웃소싱을 활용하여 유연한 조직을 구축함으로써 시장, 경쟁 환경, 기술 등의 변화가 기업경영에 미치는 영향을 최소화할 수 있다. 예를 들어 제품개발 능력만 보유하고 생산이나 영업을 아웃소싱 한다면 고정비가 변동비화 되기 때문에 리스크가 감소되고 기업의 유연성이 강화될 것이다.

3) 기업 Restructuring의 수단

제3자 물류는 조직의 슬림화·유연화를 도모하기 위한 전략이다. 아웃소싱의 활용에 의해 단순하고 반복적인 업무 등이 외부화 됨에 따라 기업조직의 슬림화를 달성할 수 있다. 따라서 아웃소싱을 통해 유연성 있는 고용형태와 직무급 등의 급여체제 실현도 가능해진다.

4) 시너지효과를 창출하는 전략

제3자 물류는 시너지효과에 의한 새로운 부가가치를 창출하기 위한 전략이다. 외주부문을 전문적인 역량을 갖춘 전문물류업체에게 아웃소싱 함으로써 기업 내부적으로는 기업의 핵심역량을 더욱 강화할 수 있으며 아웃소싱 부문에 대해서는 전문물류업체의 핵심역량을 이용할 수 있어 전 기업 활동의 핵심역량 강화가 가능하게 된다. 이러한 체계는 두 부문의 시너지 효과를 창출하여 새로운 부가가치의 창출이 가능하게 된다.

5) 비용절감 전략

제3자 물류는 핵심역량을 보유하고 있는 부분에 자원을 집중하고 이외의 부문에 대해서는 외주를 줌으로써 비용을 절감할 수 있는 전략으로 사용된다. 제3자 물류에게 아웃소싱하는 부문은 일반적으로 많은 인적자원과 시간이 소요되는 부문이다. 따라서 기업은 제3자 물류를 통한 물류부문 아웃소싱을 통해 최소의 비용으로 최대의 효과를 창출할 수 있다.

6) 기업 경영혁신의 도구

제3자 물류는 기업의 경영혁신을 가속화시키기는 전략이다. 제3자 물류 아웃소싱은 비효율적인 부문의 재구축 등 구조조정과 기존의 비즈니스 프로세스를 수정하는 reengineering의 수단이기 때문에 이를 통해 기업혁신, 변신을 가속화시킬 수 있다.

7) 서비스 전문성을 확대시키는 전략

제3자 물류는 서비스업무의 전문성을 확보하는 전략이다. 물류지원, 정보시스템, 법률, 디자인 등 고도의 전문성을 요구하는 업무는 인적자원의 육성, 관련 장비의 보유 등에 대규모의 투자와 시간이 요구된다. 따라서 제3자 물류 아웃소싱은 이를 가장 효율적으로 해결할 수 있는 전략이다.

8) 글로벌네트워크 효율화전략

제3자 물류는 글로벌 네트워크의 효율적인 운영을 도모하는 전략이다. 세계 경제의 글로벌화 추세에 따라 시장은 전 세계로 확대되고 있으나 이 모든 시장을 단일 조직이 관리·운영하는 데는 한계가 있다. 특히, 문화적·경제적 시스템의 차이가 발생되는 지역에서는 지역 전문물류업체를 이용함으로써 효율적으로 시장에 접근할 수 있다. 이러한 점은 미국의 제3자 물류시장이 국내물류시장에서 글로벌 물류시장으로 점차 그 중심이 이동하고 있는 점에서 그 예를 찾을 수 있다.

4. 제3자 물류의 도입 효과

기업이 물류아웃소싱을 추진할 경우에 얻을 수 있는 이점 또는 효과에 관한 연구는 비교적 많이 이루어져 왔는데, 이들 연구는 상당부분 일치된 연구결과를 보여주고 있다.

Lieb and Randall(1996)의 연구결과에 의하면, 제3자 물류서비스를 이용하고 있는 미국의 제조업체들은 다양한 편익을 경험하고 있는 것으로 나타났으며, 물류비용 절감(38%), 인력전문성/시장지식의 향상(24%), 운영효율성의 개선(11%), 고객서비스의 개선(9%) 등의 순으로 나타났다. 또한 제3자 물류서비스의 이용을 통해 기업들이 자사물류인력을 크게 절감시킨 것으로 나타났는데, 조사업체의 48%가 자사물류인력을 절감시킨 것으로 응답하였으며, 이 중 33%는 20%이상의 자사물류인력을 절감시킨 것으로 응답하고 있다.

Peters, Lieb and Randall(1998)의 연구결과에 의하면, 제3자 물류서비스를 이용하고 있는 유럽의 제조업체들은 다양한 편익을 경험하고 있는 것으로 나타났으며, 물류비용 절감(56%), 유연성의 향상(55%), 운영효율성의 개선(53%), 핵심사업에 대한 집중력 강화(51%), 고객서비스의 개선(49%) 등의 순으로 나타났다. 조사업체의 66%가 제3자 물류서비스의 이용을 통해 자사물류인력을 절감시킨 것으로 응답하였으며, 이 중 53%는 20%이상의 자사물류인력을 절감시킨 것으로 응답하고 있다. 그러나 이러한 인력절감 효과는 역으로 기업의 기존 물류조직이 제3자 물류의 도입을 꺼려하는 주요 요인으로 작용할 수 도 있다.

표 6-5 물류아웃소싱의 효과

	미국 (1995)	유럽 (1996)
비용절감	38%	56%
인력전문성/시장지식의 향상	24%	29%
운영효율성의 개선	11%	53%
고객서비스의 개선	9%	49%
핵심사업에 대한 집중력 강화	7%	51%
유연성(flexibility)의 향상	5%	55%
기타		8%

자료: Lieb and Randall(1996); Peter, Lieb and Randall(1998).

한편, Van Damme and Van Amstel(1996)은 물류아웃소싱의 장점을 물류 서비스를 제공하는 물류업체, 제조업체, 그리고 유통업체의 측면에서 각각 파악하여 다음과 같이 설명하고 있다. 첫째, 물류업체는 규모의 경제를 이용한 효율성의 증대, 제품 포트폴리오 구성으로 제품 간 수요변동의 완화, 물류 서비스의 질과 유연성 향상에 따른 고객 서비스의 향상 등의 효과를 누릴 수 있다. 둘째, 제조업체는 물류체계를 구축하는 데 필요한 자본 투입의 감소, 제품 보관 위치의 유연한 선정, 잉여 자원의 고부가 가치 사업에 투자, 물류비용의 파악용이 등의 효과를 얻는다. 셋째, 유통업체는 유통 전담직원의 채용·교육 관련 업무의 감소와 운수업 면허 및 차량 운행 관련 규제를 받지 않아도 되는 등 자사의 고유 업무에 보다 더 집중할 수 있다는 장점을 누리게 된다.

Sink and Langley(1997)는 물류아웃소싱을 이용하고 있는 75개 하주기업의 최고 경영자를 대상으로 물류 활동의 외부 위탁효과를 분석하였는데, 이 연구에 의하면 물류 외주 비용의 절감, 유연성의 향상, 외주 물류 서비스 수준의 향상, 인력 절감, 핵심부분에 대한 집중력 강화 등의 효과를 얻고 있는 것으로 나타났다. 이와 함께 문제점으로는 외주가 이루어진 물류기능에 대한 통제력의 저하가 가장 많이 지적되고 있는 것으로 나타났다.

표 6-6 물류아웃소싱의 편익과 문제점

	물류아웃소싱의 효과	응답비율(%)
편 익	물류외주비용의 절감	57.7
	유연성의 향상	56.3
	외주물류 서비스수준의 향상	52.1
	인력절감	50.7
	핵심부문에 대한 집중력 강화	38.0
	물류활동을 위한 자본비용의 절감	31.0
	물류전문인력 활용능력의 강화	26.8
	정보통신기술 활용의 개선	19.7
문제점	외주물류기능에 대한 통제력 저하	35.2
	물류활동을 위한 시간과 노력이 감소되지 않음	33.8
	실질적인 비용절김이 이루어지지 않음	25.4
	제3자 물류업체 인력의 질에 문제가 있음	22.5
	서비스 수준이 기대에 미치지 못함	21.1
	적용단계에서 전환과정이 만족스럽지 못함	18.3
	고객불만이 높아짐	12.7

자료: Sink and Langley(1997).

이상의 연구 결과를 종합적으로 정리해 보면 아웃소싱을 활용하는 하주 기업은 다음과 같은 효과를 얻을 수 있을 것이다.

① 하주 기업은 물류아웃소싱업체의 고도화된 물류 체제를 활용함으로써 자사의 핵심 사업에 모든 경영 자원을 집중하여 경쟁력을 강화 할 수 있고, 이를 통해 하주 기업은 각 부문별로 최고의 경쟁력을 보유하고 있는 기업들을 통합·연계하는 공급사슬을 형성할 수 있어 공급사슬 대 공급사슬 간의 경쟁에서 유리한 위치를 확보 할 수 있게 된다.

② 조직 내 물류 기능 통합화와 공급사슬상의 기업 간 통합·연계화로 자본, 운영 시설, 재고, 인력 등의 경영 자원을 효율적으로 활용할 수 있고, 또한 리드타임의 단축과 고객 서비스의향상이 가능하다.

③ 물류 시설·설비에 대한 투자 부담을 물류 아웃소싱업체에 분산시킴으로써 유연성 확보와 자가물류에 의한 물류효율화의 한계를 보다 용이하게 해소할 수 있을 것이다.

한편 하주기업이 얻게 되는 물류 혁신 효과와 마찬가지로 물류 업체도 물류 서비스의 제공으로 다음과 같은 편익을 얻을 수 있을 것이다.

① 물류아웃소싱의 활성화는 물류 산업의 수요 기반 확대로 이어져 규모의 경제 효과에 의해 효율성·생산성 향상을 달성할 수 있게 한다. 물류업체는 이 같은 비용 측면의 효과뿐만 아니라 여러 하주 기업의 물류 활동을 장기간 운영하는 과정에서 축적할 수 있는 운영·관리기술 및 노하우로 전문성을 강화할 수 있고, 이의 효과를 협력관계에 있는 하주 기업과 공유할 수 있을 것이다.

② 물류업체는 고품질의 물류 서비스를 개발·제공함에 따라 현재보다 높은 수익률을 확보할 수 있고, 또 서비스 혁신을 위한 신규 투자를 더욱 활발하게 추진할 수 있을 것이다.

제 4 절 제3자 물류의 발전요인과 장애요인

1. 제3자 물류의 발전을 촉진하는 요인

제3자 물류의 발전을 촉진하는 요인에는 여러 가지가 있다. 글로벌 환경

하에서 물류 및 공급사슬 활동은 점차 복잡해지고, 범위가 넓어지고, 자본이 집중되는 양태를 띠고 있다. 물류활동을 아웃소싱함으로써 많은 기업들이 물류비용을 절감하고 고객 서비스 성과를 개선시키고 있다. 이는 제조부분의 아웃소싱 경향과 그 맥락을 같이 한다. 이들 기업들은 자원을 비즈니스의 가장 핵심적인 부분에 집중하고, 나머지 활동들은 제3의 전문기업으로 하여금 수행토록 하고 있다.

제3자 물류 제공자를 활용한 물류아웃소싱의 편익으로는 다음과 같은 것들이 있다(Shary and Skjott-Larsen, 2001).

- 고정비용을 변동비용으로 전환할 수 있다.
- 규모(scale) 및 범위(scope)의 경제를 통한 편익을 취할 수 있다.
- 보다 린(lean)하고 유연한 조직을 창출할 수 있다.
- 새로운 시장과 유통채널에 보다 신속하게 접근할 수 있다.
- 물류시스템을 재구축하고 합리화 할 수 있다.

1) 고정비용의 변동비용으로의 전환

운송 및 창고운영을 아웃소싱함으로써 기업은 운송장비, 창고시설, 자재취급장비 등에 대한 자본투자를 경감할 수 있으며, 이를 통해 고정비용을 변동비용으로 전환하고 재무적인 위험을 제3자에게 이전할 수 있다. 예를 들어, 수요가 불확실하거나 변동이 심한 경우, 화주는 활동의 규모를 조정함으로써 보다 쉽게 비용을 통제할 수 있다.

2) 규모 및 범위의 경제

제3자 물류기업은 자신의 자산을 보완적인 수요를 가진 복수의 고객과 제품群을 서비스 하는데 활용할 수 있으며 따라서 자산을 보다 효율적으로 사용할 수 있다. 뿐만 아니라, 제3자 물류 운영자는 고객에 비해서 국제물류에 대한 우월한 지식과 경험을 가지고 있는 경우가 많다. 이러한 비용 절감의 일부는 고객에게 돌아오게 된다.

3) 린 조직(lean organization)

화주는 서류작성, 배송계획, 재고통제, 인사관리와 같은 일상적인 물류운영을 단순화, 합리화 할 수 있다. EDI, 바코드 등의 정보기술의 적용을 촉진하고, 나아가 조직 간 인적자원의 교류를 활성화 할 수 있다. 장기간에 걸쳐 하나 또는 소수의 제3자 운영자와 거래하는 것이 개별 거래별로 다수의 독립적인 운송업체와 일하는 것보다 효율적이다.

4) 새로운 시장과 유통채널에 대한 신속한 접근

예를 들어, 전자상거래 업체는 대개 물류부분을 제3자 물류 운영자에게 아웃소싱하고 있다. 자신의 사업 분야가 아닌 곳에 투자하기 보다는 제3자 물류기업의 글로벌 네트워크를 활용하는 것이 보다 비용 효과적이다. 이러한 아웃소싱을 통해 고정자산에 대한 자본투자 없이도 글로벌 시장에 대한 신속한 접근이 가능하게 된다.

5) 물류시스템의 재구성

일부 기업들은 물류시스템을 재구성하는데 —예를 들어 분산형(decentralized)에서 중앙집중형(centralized) 물류시스템으로의 전환 —제3자 물류를 활용하고 있다. 유럽의 경우, 최근까지도 많은 다국적 기업들이 각 국가에 자회사를 가지는 분산형 물류시스템을 가지고 있었다. 최근 이들은 각 국가별로 창고를 유지하던 물류시스템을 1~2개의 유럽물류센터(EDC; european distribution center)를 운영하는 방향으로 전략을 전환하고 있다.

2. 물류아웃소싱의 장애요인

내부 물류기능을 외부의 제3자 제공자로 전환하는 데는 몇 가지 위험이 수반된다(Shary and Skjott-Larsen, 2001). 첫째는 상품과 자재의 흐름에 대한 통제력의 상실에 대한 위험이다. 이러한 위험은 제3자 운영자와 연결되어 고객으로 이동되는 과정에서 상품의 위치와 상태를 적재 적시에 파악할 수 있는 능력을 갖춘 정보시스템을 통해 감소시킬 수 있다.

누 번째 위험은 제3자 운영자가 시장에서 퇴출되거나 서비스 역량이나 지리적 커버리지가 떨어지는 타 기업에 의해 합병되는 경우이다. 이러한 경우는 매우 심각한것으로 기업과 고객 간의 전체 유통 프로세스를 위협하고 기업의 이미지를 크게 실추시키게 된다. 때문에 계약 체결 전에 대상기업의 경쟁력과 더불어 재무능력과 안정성을 평가하는 것이 필수적이다.

기존 물류시스템의 비용을 정확하게 파악하지 못하는 점도 기업이 아웃소싱을 위한 물류활동을 평가하는 것을 어렵게 한다. 아직 대다수의 기업들이 물류운영에 수반되는 비용을 파악하기 위한 적절한 회계시스템을 가지고 있지 못하다. 상품흐름을 관리하고 통제하기 위한 관리비용이 간접비에 감추어져 있다. 창고시설이나 운송장비에 투자된 자본에 대한 이익률은 거의 고려되지 않고 있다.

기업 내 부서간의 상충된 목표도 아웃소싱의 도입을 어렵게 한다. 물류부서의 경우 자신들의 활동과 나아가 부서 자체의 존립 여부에 대한 잠재적인 위협으로 고려하여 도입을 반대할 수 있다. 판매부서의 경우도 고객서비스의 저하를 고려하여 도입을 반대할 수 있다. 하지만 재무부서의 경우에는 고정자산에 대한 자본의 경감하기 위한 수단으로 아웃소싱을 지지할 수 있다.

마지막으로 조직 간 협력 자체가 조직문화, 데이터 시스템, 종사자의 지식 및 기술수준 등의 적합성을 확보하는데 있어서 적지 않은 어려움을 수반하게 된다. 뿐만 아니라 경영진 간의 조정에 있어서도 문제가 발생할 수 있다. 이는 서로 다른 목표를 가진 두 조직의 연계를 위해 당면하게 되는 필연적인 문제라 할 수 있다. 이러한 문제를 제대로 해결하지 못하면 특히 조직학습의 초기 단계에 서비스 실패가 나타날 수 있다.

제 5 절 제3자 물류 도입 프로세스

1. 제3자 물류 도입 프로세스

기업이 제3자 물류서비스를 구축하는 프로세스는 어떤 공식이 있는 것이 아니라 상황에 따라 다양하게 진행 될 수 있다. 또한 한 단계가 완전히 완성되어야 다음 단계로 진행하는 것이 아니며 반드시 순서대로 수행할 필요도 없다. 그러나 구축 프로세스에 대한 전반적인 흐름을 한 번 파악하는 것은 나름대로 의의가 있다고 할 수 있다.

기업은 제3자 물류제공자를 선정하고 통합을 추진하기 위해서는 다음과 같은 핵심요소들을 고려할 필요가 있다(Corporate Executive Board, 2001).

그림 6-4 제3자 물류 도입 프로세스

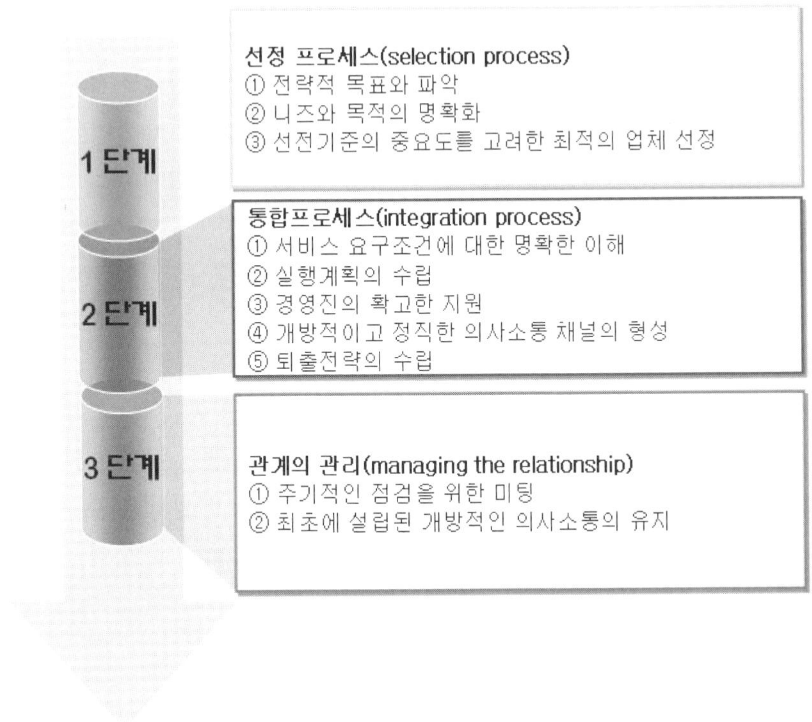

1) 선정 프로세스(selection process)

어떤 서비스를 아웃소싱 할 것인지를 파악하고 선별해야 하나 쉽진 않다. 서비스를 아웃소싱 할 것인지 하지 않을 것인지를 결정하기 위해서는 우선 비용분석이 수반된다. 그러나 총 물류비용은 조직 전체에 퍼져 있기 때문에 전통적인 회계시스템으로는 정확히 비용을 산출하기 어렵다. 결국 아웃소싱이 주는 편익을 정확히 수치화 하여 제시하는 것이 불가능 한 경우가 많다. 이러한 어려움이 있지만 아웃소싱이 전략적으로 선택할 수 있는 최선의 방법이라는 확신이 있으면 최고 경영진을 설득하여 확고한 지원을 받을 수 있도록 구체적인 증빙자료를 작성하여 제출해야 한다. 아웃소싱이 가능한 서비스를 파악하기 위해 외부 전문가의 도움이 필요할 수 있으며 이러한 과정에서 아웃소싱의 개념이 조직 내에 퍼질 수 있다.

(1) 전략적 목표의 파악

전문가들은 기업이 가장 우선적으로 물류관리를 통해 얻고자 하는 목표를 설정하고 이러한 목표를 이루기 위해 어떤 기업의 모습을 가져야 할 것인지를 그리는 시도가 필요하다고 지적하고 있다. 일부 기업은 제3자 제휴를 위한 목표와 선정기준의 수립을 외부 컨설팅업체에 의뢰하기도 한다.

조직의 목표와 전략에 따라 제3자 물류의 도입여부가 처음부터 판가름 날 수 있고, 도입이 결정된 후에도 어떤 업체를 선정할 것인지의 기준이 달라질 수 있다. 예를 들어 신속한 고객대응과 고품질의 서비스를 추구하는 업체가 수준 높은 물류서비스의 노하우를 축적하길 원한다면 물류아웃소싱을 주저할 가능성이 있다. 반면 물류에 핵심역량이 없다고 판단한 업체는 자사의 핵심역량에 더욱 정진하기 위해 제3자 물류의 도입을 추진할 수도 있다. 또한 기업이 성장하는 시장에서 시장점유율의 확대를 목표로 한다면 브랜드 이미지를 높여줄 수 있도록 강한 시장지배력을 갖고 있는 물류업체를 선정 할 것이다.

(2) 니즈와 목적의 명확화

기업이 제3자 제휴가 최적의 방안이 될 것이라고 결정하였다면 이의 운영을 위한 방대한 자료의 수집과 분석이 이루어져야 한다. 제3자 제휴의 명확하고 실현 가능한 목표와 기대는 기업으로 하여금 최적의 제3자 물류업체(들)를 보다 잘 평가할 수 있도록 해 준다.

(3) 선정기준의 중요도를 고려한 최적의 업체 선정

문헌조사 등을 통해 제3자 물류업체와 제공하는 서비스를 파악하고 적정한 후보업체의 명단을 작성한다. 선정기준의 일반적인 예로는 제3자 물류업체의 역량과 지속적인 성과개선을 위한 의지, 정보기술 역량, 세휴 파트너, 문화적 적합성, 고객 서비스 등을 들 수 있다. 각 기준의 중요도는 기업의 여건에 따라 다르게 설정될 수 있다.

조사된 후보업체 중 수 개의 업체를 선발하고 다시 2~3개 업체를 추려내어 최종 평가하는 과정을 거치는 것이 일반적이다. 최종 선정을 하기 위해 후보업체를 방문 및 면담하고 전문가의 조언과 추가적인 정보를 수집하여 선정과정에 반영한다. 또한 기업이 주도하여 만든 RFP(request for proposal; 제안요청서)를 최종 입찰까지 온 후보업체들에게 송부하여 질문항목에 응답하게 한다. 질문에 대한 응답을 면밀히 검토하고 자체 평가와 협상 등의 과정을 거쳐 서비스 제공업체를 최종적으로 선정하여 제휴 계약을 체결한다. 계약기간은 보통 1~3년 정도지만 물류업체의 규모 투자가 요구될 경우에는 기간이 장기화 될 수도 있다.

2) 통합 프로세스(integration process)

서비스 제공업체가 최종적으로 결정되면 화주 기업과 서비스 제공업체간의 전략적 제휴관계로의 전이, 즉 통합 프로세스를 수립하고 추진한다. 통합프로세스는 구체적이어야 하며 상호간에 합의하여 공식문서로 작성되어야 한다. 문서로 작성된 계획에는 계약서에 언급되지 않은 사항들, 즉 통합되는 시점, 공유 또는 새로 구입되는 자산, 공유데이터의 처리, 제공 서비스에 대한 통제체계 등이 포함된다. 통합 프로세스를 이행하기 위해 두 조직 간에 공식적인 모임을 자주 갖는 것이 필요하며 통합과정은 투명해야 한다.

서비스의 적용은 가능한 단계적으로 이루어져야 하며 추가 서비스에 대해서는 비용, 처리물량, 서비스 수준 등을 면밀히 검토, 협의하여 결정한다. 명심해야 하는 것은 어떤 상황에서도 서비스를 단기간에 무리하게 적용하여 고객 서비스 수준을 위협해서는 안 된다는 점이다.

(1) 서비스 요구조건에 대한 명확한 이해

기업은 제3자 물류업체 평가를 위한 성과지표를 포함, 측정 가능한 기준을 설정함으로써 서비스에 대한 기대치를 명확히 하고, 사전에 정의된 모니터링 프로세스를 수립하여야 하며, 이를 주기적으로 검토하는 체제를 갖추어야 한다.

(2) 실행계획의 수립

모든 것이 정상적으로 작동하기 위해서는 세부적인 프로젝트 실행계획과 주기적인 검토가 이루어져야 한다. 이러한 장치는 프로젝트의 수행을 보다 용이하게 하고 추진과정에 나타날 수 있는 변경에 적절히 대응할 수 있도록 해 준다.

(3) 경영진의 확고한 지원

상위 경영진의 지원은 조직을 통한 프로그램의 추진에 도움을 주며 타 부서의 관리자와 직원의 수용과 지원을 보다 용이하게 한다. 최고 경영진의 확고한 지원을 확보하는 것은 매우 중요하다. 제3자 물류의 도입은 즉각적인 비용절감을 위해 중간관리자가 운성업체를 선정하고 평가하는 정도의 수준이 아니라 기업의 전략적 목표를 달성하기 위한 방안으로서 추진되기 때문에 조직의 구조를 재설계하는 차원에서 다루어진다. 이는 최고경영진의 적극적인 지원과 확고한 의지가 없으면 성공하기 어려운 과제이다.

제3자 물류서비스의 구매 프로세스를 실현하는 추진팀의 구성도 필요하다. 서비스의 도입은 조직의 여러 기능에 영향을 미치기 때문에 추진팀은 여러 부서에서 골고루 선발된 인원으로 구성하는 것이 좋다.

(4) 개방적이고 정직한 의사소통 채널의 형성

성공적인 제3자 물류서비스를 위해서는 직원에 대한 교육과 조직 간의 의사채널 확보가 매우 중요하다. 교육은 통합프로세스를 추진하기 전부터 이루어져 직원들의 새로운 과업을 혼란 없이 수행할 수 있도록 해야 한다. 두 조직 간의 활발한 의사교환은 새로운 작업환경에 대한 불확실성과 혼란을 줄여준다.

양 기업은 세부적인 정보의 공유에 대한 의지를 가져야 하며 이를 통해 상대 기업의 프로세스에 대한 명확한 이해를 가질 수 있다. 또한 양 기업에 접촉을 위한 담당자를 지정하여 직원들이 누가 프로세스를 주도하고 의사결정을 내리는지를 알 수 있도록 할 필요가 있다.

(5) 퇴출전략의 수립

이와 함께 기업은 적용과정에서 나타날 수 있는 협상의 결렬이나 조직의 변화에 대응하기 위한 계획도 수립해 두어야 한다.

3) 관계의 관리(managing the relationship)

마지막 단계인 관계의 관리는 제휴관계가 유지되는 한 계속된다. 성과평가의 결과에 따라 기존 서비스 방식의 변경 여부, 서비스 제공업체의 대체 여부, 자사 물류체계로의 회귀 여부, 새로운 계약 체결 여부 등이 결정된다. 또한 지속적인 개선은 경쟁력의 확보를 위해 필수적이다.

제3자 물류의 제휴관계는 높은 비용, 낮은 서비스 수준 등의 문제로 깨질 수 있는 여지가 있지만, 기본적으로는 당사자 간의 신뢰에 바탕을 둔 Win-Win게임의 관점에서 유지되어야 한다.

(1) 주기적인 점검을 위한 미팅

평가를 위한 주기적이고 일관된 점검미팅이 이루어져야 한다. 기업은 제3자 물류업체를 평가하기 위해 초기 단계부터 성과지표를 설정하고 활용하여야 한다.

(2) 최초에 설정된 개방적인 의사소통의 유지

제3자 물류업체는 자체 사업과 조직이 확장된 개념으로 받아들여야 한다. 빈번하고 개방적인 의사소통은 관계가 설정된 이후에도 지속되어야 한다. 양방향 의사소통을 통해 관계의 성숙도와 시장여건의 변화에 따라 파트너십의 목표를 재설정함으로써 지속적인 개선을 추구해 나가야 한다.

한편, Sink와 Langley(1997)는 제3자 물류서비스의 구매과정에 대한 연구를 수행 한 바 있으며, 구매과정을 물류아웃소싱의 필요성 파악, 가능대한의 도출, 공급업체의 평가 및 선정, 서비스의 적용, 제공서비스의 지속적인 평가의 5단계로 개념화 하여 제시하고 있다.

2. 제3자 물류제공자의 선정기준

기술과 시장변화의 속도는 제3자 파트너의 선정에 있어서 장기적인 관계의 목표를 고려하여 매우 신중하게 추진될 것을 요구하고 있다.

전문가들은 "기업은 가급적 가장 적극적인 물류관리의 목표를 설정하여야 하며 이러한 목표를 달성하였을 경우 기업이 어떤 모습을 가질 것인지를 그려보아야 한다. 기업은 보다 높은 성과수준을 달성하기 위한 계획을 수립하기 전 무엇보다 기업이 가고자 하는 명확한 방향을 설정할 필요가 있다."고 지적하고 있다(Bachi and Virum, 1998).

기업들은 세3자 파트너십의 필요성이 있는가를 파악하기 위해 대개 외부 기관의 도움을 받게 된다. 이들 외부 컨설팅업체는 제3자 물류업체의 리스트를 파악하고 후보기업들을 선정한다. 간단한 체크리스트를 작성하여 검토하는 것도 제3자 물류 도입의 필요성을 판단하는데 도움을 줄 수 있다.

그림 6-5 제3자 물류서비스의 구매과정

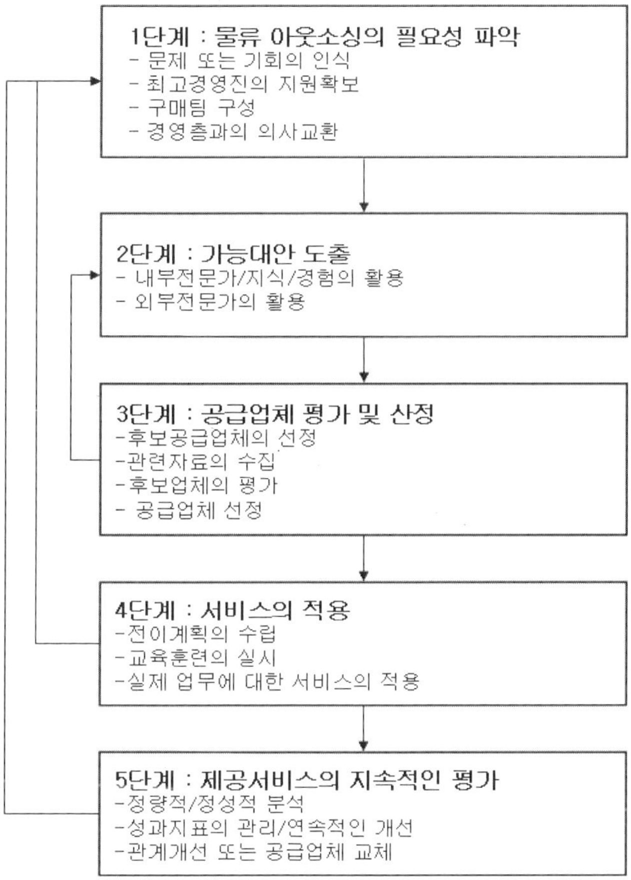

다음 단계는 RFP나 RFQs(request for quotes; 견적요청서)를 발송하는 것이다. 제3자 물류업체의 선정은 업체들로부터 제안서가 접수된 이후에 착수하게 된다.

무엇보다 제3자 물류업체를 선정하기 위해서는 선정기준이 명확히 설정되어 있어야 한다. 제3자 물류파트너 선정시 고려되어야 할 요소로는 다음과 같은 것들을 들 수 있다.

① **일반현황**

– 가격(가격 경쟁력)

– 재무 안정성

- 해당 혹은 유사분야 사업경험
- 위치
- 자산보유 수준
- 국제적 사업범위

② **역 량**

- 정보시스템 및 기술역량
- 고객 서비스
- 고객 비즈니스의 수행 및 성장을 위한 역량
- 특정 비즈니스 요구를 처리할 수 있는 유연성과 역량(창조적 경영)
- 예측하지 못한 문제나 기대하지 못한 事故에 대한 대응능력
- 약속 이행능력

③ **품 질**

- 서비스 품질(예, 6시그마, ISO 9000)
- 지속적인 개선을 위한 의지
- 경영 팀과 관리자의 우수성

④ **고객관계**

- 최고경영자의 의지
- 기업 문화와 철학과의 조화
- 서비스 해지의 용이성
- 일반적인 평판

⑤ **노사관계**

- 인적자원 정책
- 우수한 인력의 확보 가능성

참고로 Boyson and Corsi(1999) 및 컨설팅업체인 Deloitte & Touche는 각각 [그림 6-6]과 같은 제3자 물류업체 선정기준을 제시하고 있다.

제3자 물류제휴에 대한 명확하고 실현 가능한 목표와 기대치는 기업으로 하여금 선정기준을 설정하고 최적의 제3자 물류업체를 보다 잘 평가할 수 있도록 해준다. 이러한 선정기준을 설정하기 위해서는 마케팅, 생산, 회계, 인사, IS 등 제3자 물류가 직간접적으로 관여되는 모든 관련부서가 참여하는 것이 중요하다. 이와 함께 제품 라인, 운송량, 서비스하는 지리적 범위와 산업, 성장 예측치, 컴퓨터

그림 6-6 3PL 제공자 선정기준

First Criteria	1. 재무안정성 (financial stability) 2. 고객서비스 능력 (customer service capability) 3. 가격 (price)
Second Criteria	4. 문제해결에 있어서의 창조성 (creativity in problem solving) 5. 기술능력 (technology capabilities) 6. 일반적인 평판 (general reputation) 7. 지속적인 문제해결에 대한 평판 (reputation for continuous problem solving) 8. 조직문화와의 적합성 (compatibility of cultures)
Third Criteria	9. 기업규모 (size) 10. 자산보유 수준 (asset ownership) 11. 국제적 사업영역 (international scope)
Fourth Criteria	12. 해당기업과의 사전관계 (prior relationship) 13. 인적자원 정책 (human resource policy)

자료: Boyson and Corsi(1999).

시스템 등의 일반적인 정보를 수집하여 제3자 물류를 통해 획득하고자 하는 부가가치 서비스의 리스트를 파악하여야 한다. 특히 제3자 물류업체와 시스템 통합은 많은 시강이 소요되므로 그 여부를 가급적 초기 단계에 파악하여야 한다.

전문가들에 따르면 이러한 선정 프로세스에 있어서 많은 기업들이 제3자 물류업체의 지속적인 개선에 대한 의지의 중요성을 간과하는 경우가 있다고 지적하고 있다. 하지만 제3자 물류업체로서는 계약가격이 고정되어 있기 때문에 파트너십을 위한 추가 투자에 대한 인센티브가 거의 없다는 점이 문제가 될 수 있다. 이러한 현상은 궁극적으로 서비스가 지속적으로 개선되지 못하는 결과를 초래할 수 있다. 이러한 잠재적인 문제를 해결하기 위해서 선도 기업들은 선정 프로세스에서 성과지표에 근거한 보상을 고려하는 방향으로 전환하고 있다. 즉, 제3자 물류업체가 운영에 대한 관리와 함께 지속적으로 운영 효율성을 재고할 수 있는 능력을 갖추고 있는가를 제시하도록 요구하고 있다.

기업은 단순히 제3자 물류업체가 제시한 정보에만 의존하지 말고 제3자 물류업

표 6-7 제3자 물류파트너 선정기준

평가분야	평가항목
물류서비스에 대한 전문지식과 경험	• 제공하는 서비스의 범위 • 서비스의 제공 경험 • 서비스의 하청여부 • 새로운 물류 기술의 적용 • 업무의 특이성에 대한 올바른 이해 • 자사의 경영환경에 대한 이해
안정성	• 재무상태의 안정성 • 인적자원의 안정성(분규, 이전 등)
기존의 업무성과	• 요구사항의 이행정도 • 현재 지원하는 고객들의 만족도
파트너십의 관리를 위한 하부구조	• 조직 내 책임자의 직위 • 업무협조에 필요한 접촉점의 수 • 자원의 할당방법(공유여부) • 자사의 운영부문과 원활한 연계
품질에 대한 관심도	• 품질에 대한 관심(ISO 9000 획득 여부) • 비용보다는 품질이 우선하는 정도
파트너에 대한 배려	• 고객기업의 외주만족도 평가절차 • 고객기업의 이익과 이미지 제고 노력 • 총체적인 비용절감을 위한 노력 • 보상과 위험의 공유
유연성	• 수량, 품질 등 요구변화에 대처능력 • 계약조건의 유연성
기업 간 호환성	• 파트너 간 비전과 전략의 일치성 • 올바른 조직문화와 가치의 소유 • 관리 팀 간의 호흡 일치 • 정보시스템간의 호환성

자료: Deloitte & Touche.

체의 역량에 대한 자체적인 연구를 수행해야 한다. 전문가들은 기업들이 제3자 물류업체를 평가할 때 무엇을 계획하고 있는가 보다는 현재 무엇을 하고 있는지를 보다 중요하게 고려해야 한다고 지적하고 있다. 고객이 속한 산업에서 제3자 물류업체가 가지고 있는 사업경험은 기업이 추진하려는 새로운 프로젝트에도 유용하게 적용될 수 있다. 따라서 선정 프로세스에서 고객이 속한 산업에서 제3자 물류업체의 사전 사업경험을 비중 있게 고려할 필요가 있다.

463개 글로벌 기업을 대상으로 한 연구결과에 의하면 기업들은 물류파트너를 선정할 때 재무 안정성, 고객 서비스 역량, 가격을 가장 중요한 요인으로 고려하고 있는 것으로 나타났다. 두 번째로 중요하게 고려하고 있는 요인으로는 문제해결에 대한 창조적인 능력, 기술역량, 일반적인 평판, 지속적인 문제해결에 대한 평판, 문화적 적합성 등으로 나타났다. 그 다음으로 기업규모, 자산보유 수준, 국제적 사업범위 등이 세 번째로 중요한 요인으로 나타났다. 마지막으로 해당기업과의 사전관계, 제3자 물류업체의 인적자원 정책 등이 상대적으로 낮은 중요도를 가지는 것으로 나타났다(Boyson and Corsi, 1999).

제 6 절 제3자 물류제공자의 유형과 제4자 물류

1. 화주와 물류제공자 간 관계의 발전

화주와 물류서비스 제공자 간 관계의 형태는 통합의 정도(degree of integration)와 관계에 있어서 특정자산에 대한 투자의 수준(asset specificity)을 기준으로 다음과 같이 구분할 수 있다(Schary and Skjott-Larsen, 2001).

1) 시장거래

시장거래(market transaction)에는 특정자산이나 참여주체 간 특정이 수반되지 않는다. 이러한 거래는 일회 또는 연속적인 물류서비스의 구매를 수반할 수 있으나, 관계는 대개 arm's length 거래원칙에 의해 형성된다. 협약은 대개 단기간이며 가끔 비공식적인 형태를 띠기도 한다. 서비스 제공자는 개별 거래를 벗어나는 관여는 하지 않는다. 일반적으로 이러한 거래는 운송과 같이 단일 활동을 대상으로 한다. 비록 특정한 서비스 요구조건이 선택에 영향을 미치기는 하나, 가격이 가장 중요한 경쟁요소가 된다.

2) 운영 측면의 물류활동에 대한 아웃소싱

운영 측면의 물류활동에 대한 아웃소싱은 대개 운송과 창고를 중심으로 이루어진다. 자산특화와 통합의 정도는 상대적으로 낮다. 화주는 내부적으로 관리와 통제를 위한 조직을 유지하며, 물리적 운영부문만을 서비스 제공자에게 아웃소싱한다. 서비스 제공자는 화주의 요구조건에 따라 표준적인 솔루션을 조정할 수 있다. 협약은 대개 단기계약으로 이루어진다. 서비스 제공자를 선택하는데 있어서

그림 6-7 화주와 물류제공자 간의 관계

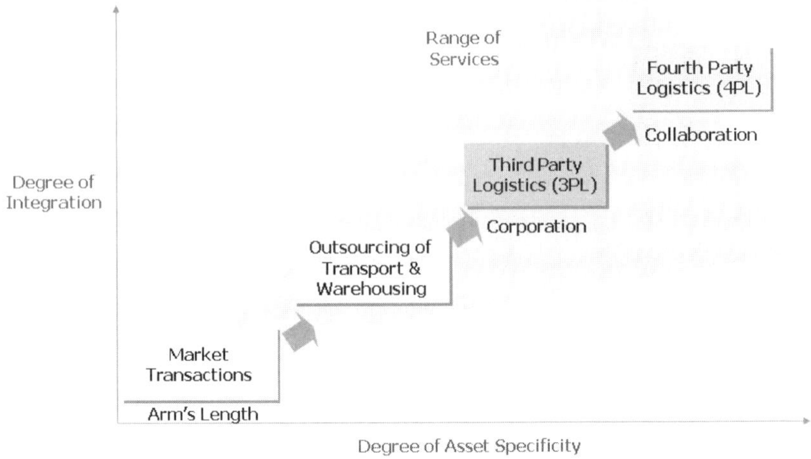

가격과 비용절감이 결정적인 요인이 된다.

3) 제3자 물류

제3자 물류는 관계 발전의 3번째 단계로 화주와 서비스 제공자 양자의 참여를 필요로 한다. 양 참여주체의 운영이 정보시스템과 조직간 협력을 통해 통합되게 된다. 협력(cooperation)은 상호신뢰와 개방된 정보교환을 기반으로 이루어진다. 자산특화의 정도는 상대적으로 높게 나타난다. 물류제공자는 화주를 위해 전용시설이나 기타 유형 자산 그리고 교육·훈련과 같은 무형자산에 투자를 하게 된다. 협약은 단순 아웃소싱에 비해 보다 공식적이며 구속력이 있다. 개별 고객의 요구에 대응하여 맞춤형 서비스가 제공된다. 서비스 제공자는 고객의 인력, 장비, 창고운영 등 전체 물류운영을 수행하는 책임을 지기도 한다.

4) 제4자 물류

제4자 물류(4PL: fourth-party logistics)는 서비스의 범위와 전략적 중요성의 측면에서 가장 높은 수준의 협업(collaboration)을 수반하게 된다. 제4자 물류에 있어서는 물류서비스 제공자가 창고, 운송, 부가가치 서비스와 같은 전통적인 운영활동 뿐만 아니라 고객의 공급사슬, 정보기술 역량, 글로벌 사업영역을 관리하고 최적화할 수 있는, 광범위한 관리 및 물류서비스를 제공하게 된다. 고객들은 이러한 완전한 형태의 물류서비스 패키지를 책임지고 제공하는 물류제공자를 선도제공자(lead provider)라고 부르기도 한다. 제4자 물류는 참여주체 간의 장기계약을 수반하며, 때로 합작투자(JV: joint venture) 형태를 가지기도 한다. 협업은 높은 수준의 시스템 통합과 다양한 관리수준에서 조직간 협력을 수반하게 된다. 또한 자산특화의 수준이 높다. 이러한 자산에는 전용 창고, 자재취급 장비와 같은 물리적 자산과 함께 인적교류, 전문훈련과 같은 인적자산도 포함된다.

2. 제3자 물류제공자의 유형

Berglund(1999)는 제3자 물류시장의 참여자를 3가지 유형으로 구분하고 있다.

- 자산기반 물류제공자(asset-based logistics providers)
- 네트워크 물류제공자(network logistics providers)
- 기술기반 물류제공자(skill-based logistics providers)

1) 자산기반 물류제공자

자산기반 물류제공자는 주로 1980년대 초반에 등장하였으며, 대개 물류서비스 제공을 위해 트럭, 항공기, 창고, 터미널, 컨테이너 등의 자산을 직접 보유하거나 리스방식으로 임차하여 운영한다. 이들은 핵심사업의 자연스러운 확장의 일환으로 제3자 물류 서비스를 제공하고 있다. 예를 들어, 운송업체나 포워더는 특정 화주만을 위한 트럭, 운송관리, 물류센터 및 정보서비스를 제공할 수 있다. 물류센터 운영자는 기본적인 창고서비스 외에 재고관리, 최종조립 서비스, 주문관리 등의 서비스를 제공할 수 있다. 기존 운송시장에 있어서 경쟁의 심화, 이윤의 감소 등이 이들 기업들을 제3자 물류시장으로 진출하게 한 주요 동기가 되었다. 이중 일부는 기본 서비스에 대한 물량확보를 목적으로 추가 서비스를 제공하거나 제3자 물류시장에 진출하기도 한다. 이외에 이윤의 증대와 고객 로열티의 증대를 목적으로 제3자 물류시장에 진출하는 경우도 있다.

유럽의 대표적인 자산기반 물류제공자로는 Excel Logistics, Nedlloyd, Danzas,

그림 6-8 제3자 물류 제공자의 유형

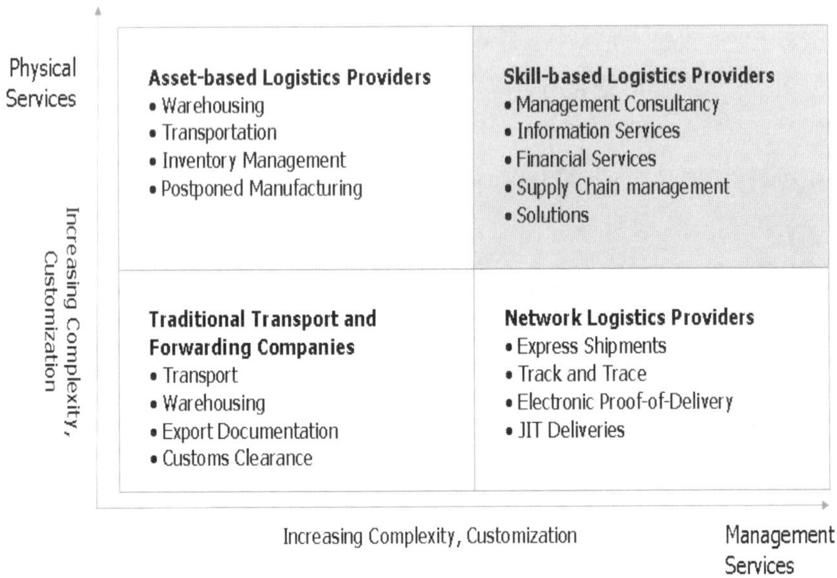

Frans Maas, BTL-Schenker, Maersk Logistics, DFDS Dan Transport 등을 들 수 있다. 미국의 경우 GATX Logistics, Schneider Logistics, Ryder Integrated Logistics, Fritz Companies 등을 대표적인 자산기반 물류제공자로 들 수 있다.

2) 네트워크 물류제공자

네트워크 물류제공자는 주로 1990년대 초반에 등장하였으며, 이들 제3자 물류제공자는 쿠리어(couriers)나 특송업체(express parcel companies)에서 출발하여 점차 특성화물을 신속하고 확실하게 처리하기 위해 글로벌 운송 및 정보통신 네트워크를 구축하게 된 형태이다. 이들은 대개 송하인으로부터 수하인에 이르기까지 전자적으로 인도확인(proof-of-delivery)과 추적(track-and-trace)과 같은 부가정보서비스를 제공하고 있다. 대표적인 기업으로 DHL, UPS Worldwide Logistics, TNT, Fedex 등을 들 수 있다. 최근 들어 이들 기업들은, 전자제품, 부품, 패션제품, 의약품과 같은 시간에 민감하고 가격이 높은 화물에 초점을 두고 제3자 물류시장에 진출하고 있으며, 이들 마진이 높은 시장에서 기존 제3자 물류제공자와 경쟁하고 있다.

3) 기술기반 물류제공자

기술기반 물류제공자는 1990년대 말부터 본격적으로 등장하기 시작한 새로운 형태의 제3자 물류제공자의 유형이다. 이들은 대개 물리적인 자산을 소유하지 않고 컨설팅, 재무 서비스, 정보기술 및 관리 역량을 기반으로 고객에게 서비스를 제공한다. 이들은 자회사나 합작투자회사의 형태를 띠기도 하며, 타 유형의 제공자들을 합병하기도 하고 이들을 하부 계약자로 활용하기도 한다. 이 중 정보기반 물류제공자의 예로 GeoLogsitics를 들 수 있는데, 이 회사는 이전의 전통적인 제3자 물류제공자인 Bekins, LEP, Matrix 3개 회사와 투자사가 합병하는 방식으로 설립되었다. 고객의 공급사슬을 개선하기 위한 개념, 정보시스템 및 실행계획을 개발하기 위해 컨설팅 기업이 참여하는 사례로 나타나고 있다. 이러한 예로 Ryder Integrated Logistics(기본적인 물류서비스), IBM Global Services(소프트웨어), Accenture(경영컨설팅)가 전략적으로 제휴한 사례를 들 수 있다. 궁극적으로 제4자 물류는, 성과목표 설정에서부터 실제 운영의 대행에 이르기까지, 고객의 공급사슬운영에 대한 완전한 책임을 지는 방향으로 발전할 것으로 전망된다.

4) 제4자 물류 제공자

화주와 물류서비스 제공자 간 새로운 형태의 전략적 파트너십으로 제4자 물류가 등장하고 있다. Magill(2000)에 의하면 "이 형태의 파트너십은 운영활동을 넘어서 전술 및 전략적 활동을 포함하는 공급사슬의 관리와 최적화에 초점을 둔다. 또한 파트너십의 지리적 범위도 글로벌 커버리지 차원으로 확대된다."고 보고 있다

Bade and Mueller(1999)는 제4자 물류란 "완전한 형태의 공급사슬 솔루션을 제공하기 위해 자체 조직과 보완적인 서비스 공급자들의 자원, 역량, 기술을 조합하고 관리하는 공급사슬 통합자이다."라고 정의하고 있다.

제4자 물류는 물류서비스와 경영컨설팅, 정보기술 역량을 결합한다는 특징을 가진다. Gattorna(1998)는 제4자 물류가 다음과 같은 점에서 제3자 물류와 차이를 보인다고 보았다.

• 제4자 물류 조직은 주된 고객과 하나 또는 그 이상의 파트너가 참여하는

합작투자(joint venture) 형태를 가지는 경우가 있다.

• 제4자 물류 조직은 고객과 복수의 물류서비스 제공자 간에 단일창구(single interface) 역할을 수행한다.

• 고객의 공급사슬 대부분 또는 전부가 제4자 물류조직에 아웃소싱 된다.

Ryder Integrated Logistics, Accenture, IBM Global Service 사이의 전략적 제휴는 실제로 이러한 제4자 물류의 형태를 가지고 있다고 볼 수 있다.

New Holland Logistics는 Accenture와 New Hollnad의 합작투자회사이다. 이 회사는 6개 국가를 대상으로 부품 관리·운영 서비스를 제공하고 있다. Accenture는 경영지원과 정보기술을 담당하고 있다. New Holland는 6개 국가의 물류센터에 대한 자본투자와 운영관리를 담당하고 있다. 이러한 부품 관리·운영은 계획, 구매, 재고, 유통, 운송 및 고객지원을 포함하고 있다.

Excel Logistics Tradeteam은 NFC와 Bass Breweries의 합작투자회사로, 비록 하류(下流)[2] 공급사슬에 국한된 협업이기는 하나, 이 또한 제4자 물류로 볼 수 있다.

GeorgiaTech과 Cap Gemini Ernst & Young(2001)은 장래 물류시장의 구조를

그림 6-9 장래 물류제공자의 발전 전망

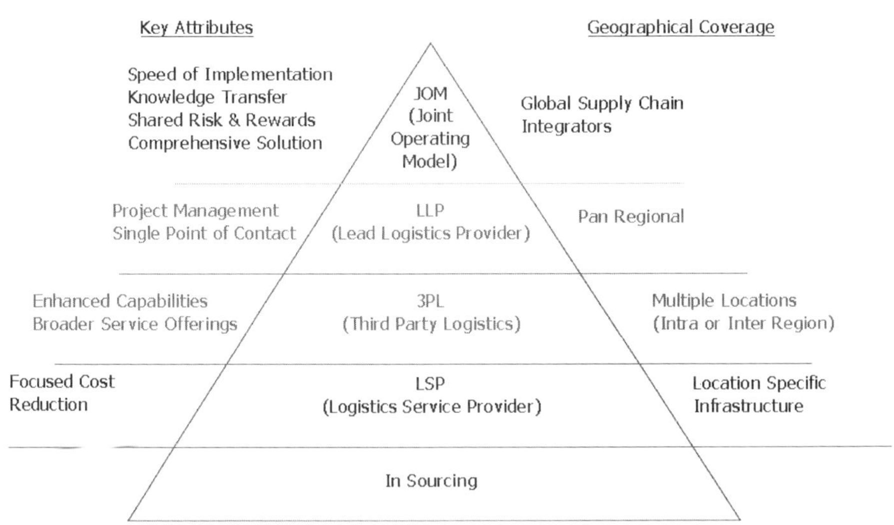

2) 판매 및 인도 프로세스를 담당.

전망하면서 기존 제3자 물류제공자 중 선도적인 기업들이 향후에는 서비스의 지리적 범위와 역량이 한층 강화된 선도물류제공자(LLP: lead logistics provider)내지 공동운영모델(JOM: joint operating model)[3] 형태로 발전할 것이라고 전망하고 있다(eyefortransport, 2004).

3. 제4자 물류의 등장과 전망

1) 제4자 물류의 개념

기업이 물류업무의 일부를 아웃소싱 할 경우 대부분 아웃소싱의 분야에 따라 복수의 전문 물류업체를 활용하는 경향이 있다. 한편 최근에는 공급사슬 전체에 대한 물류서비스를 여러 업체로부터 개별적으로 외부 위탁하는 경우보다 한 번의 계약으로 통합된 물류서비스를 제공받기를 원하는 화주기업들이 많아지고 있다. 이 같은 추세에 따라 미국 등의 선진국에서 제3자 물류는 정보통신업체, 컨설팅업체, 다른 물류업체들과 제휴관계를 맺어 가상조직을 형성하여 공급사슬상의 모든 물류기능에 대한 원스톱 서비스를 제공하는 제4자 물류로 발전할 조짐을 보이고 있다.

Anderson Consulting의 Copacino는 대부분의 제3자가 아직 공급사슬관리를 위해 필요한 충분한 서비스를 제공하지 못하고 있으며, 아웃소싱을 수행하고 있는 한정된 기능의 비용절감에만 초점을 두고 있다고 지적하면서, 연속적이고 시스템 전체적인 개선을 달성하기 위해서는 현재의 제3자 물류가 한 단계 더 발전할 필요가 있다고 주장하고 있다. 이 경우 제4자 제공자(fourth-party provider)는 직접 혹은 제휴에 의해 고객에게 복합적인 물류서비스를 제공할 수 있어야 하고, 고객의 물류 개선을 실현할 수 있는 경영기법에 대한 충분한 노하우를 가져야 하며, 특히, 정보시스템에 대한 역량을 가져한다고 지적하고 있다[4].

Anderson Consulting에 의하면 제4자 물류란 "화주기업에게 포괄적인 공급사슬 솔루션을 제공하기 위해, 물류서비스 제공기업이 자사의 부족한 부분을 보완할 수 있는 타사의 경영자원, 능력 및 기술과 연계하여 보다 완전한 공급사슬 솔루션을 제공하는 공급사슬 통합자"라고정의하고 있다.

---

3) 화주기업과 하나 또는 그 이상의 물류기업이 참여하는 합작투자(joint venture) 형태.
4) "The Party's Getting Bigger (Fourth Party Logistics)", WERC Newsletter, October 1997.

제4자 물류는 경영 컨설팅업체, 제3자 물류업체, 정보기술업체들이 가상조직을 형성하여 한 번의 계약으로 공급사슬 전반에 걸친 통합 서비스를 제공하는 서비스 방식을 말한다. 새롭게 부각되고 있는 이러한 가상조직은 세계 수준의 전략, 기술, 경영관리를 제공하는 것을 목표로 하고 있다. 제4자 물류의 이용으로 기업들은 원재료의 조달에서부터 최종 고객으로의 판매에 이르기까지 공급사슬상에서 발생하는 모든 물류 활동을 하나의 조직에 의존할 수 있게 된다.

2) 제3자 물류와 제4자 물류

제4자 물류의 등장에는 공급사슬 전반에 걸친 다양한 물류기능들에 대한 통합 서비스의 필요성이 주요한 배경으로 작용한다. 제3자 물류는 많은 장점에도 불구하고 본질적인 한계점을 가지고 있다. 가장 큰 한계점은 제3자 물류가 어느 특정 시점의 비용절감에만 영향을 미칠 뿐 공급사슬 전체의 지속적인 비용 절감과 효율화에는 한계가 있다는 점이다. 또한 정보기술, 보관, 운송 등 물류활동의 최적 조합에 의한 서비스의 제공에 한계가 있다. 이러한 한계를 인지한 물류서비스 제공 업체들은 새로운 방법을 모색하고 있으며 사업영역의 확대를 통해 한계를 극복하려 하고 있다.

제3자 물류업체는 운송업체나 창고업체를 모체로 하는 자산계(asset-based)와 포워더나 컨설턴트계열 회사를 모체로 하는 무자산계(non asset-based)로 구분할 수 있다. 업체의 규모는 자산계가 크나 현재 미국에서는 기술을 바탕으로 제3자 물류서비스를 제공하는 무자산계적인 접근 방식을 선호하는 경향이 있어 자산계에서도 컨설턴트를 영입하는 추세이다. 한 걸음 더 나아가 기존의 물류시스템의 구축과 실행에 초점을 두고 있던 제3자 물류업체들이 내부 역량의 확장과 정보기술의 적용으로 경영컨설팅의 영역에까지 진출하고 있다.

반면 전통적으로 경영개선, reengineering 등 기업의 전략적 측면과 정보기술의 적용에 초점을 두고 있던 경영컨설팅업체들은 최근 물류의 운영에까지 영역을 넓혀가고 있어 물류업체와의 역할 분담이 모호해 지고 있다. 서비스 제공의 한계를 극복하기 위한 과정에서 물류업체와 경영컨설팅업체간의 영역이 허물어지고 있는 것이다. 영역이 허물어지면서 이들은 서로 협조체계를 구축하여 개별업체 혼자만의 힘으로는 제공할 수 없는 새로운 서비스를 개발하고 있다. 이러한 새로운 개념의 물류서비스가 바로 제4자 물류이다.

그림 6-10 물류아웃소싱의 발전 전망

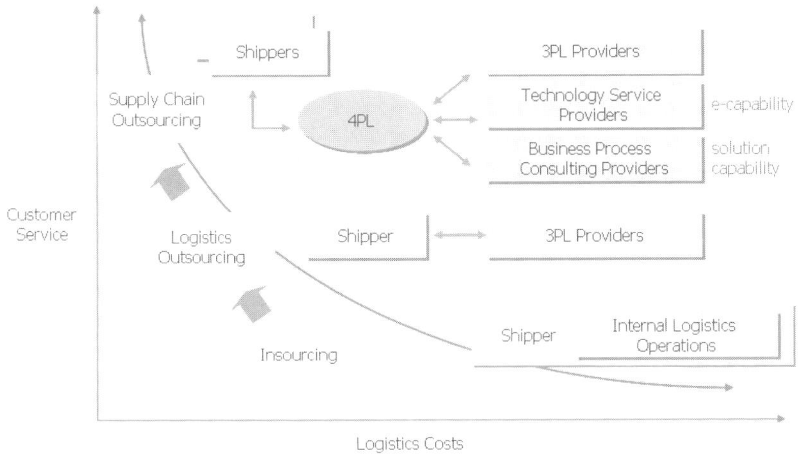

요약하면 제4자 물류란 바로 공급사슬 아웃소싱 전략이다. 기존의 제3자 물류업체가 한 기업의 물류 업무를 종합적으로 지원하는 것이라면 제4자 물류업체는 공급사슬과 공급사슬내의 복수 기업이 관여되는 물류업무를 지원하는 기능을 수행하게 된다. 때문에 제4자 물류업체는 자신의 서비스 능력을 상호보완관계에 있는 여타 서비스 제공업체와 연계하여 보다 완전한 공급사슬 솔루션을 제공하는 공급사슬 통합자의 역할을 수행하게 되는 것이다. 이러한 제4자 물류는 특히 기업 간 전자상거래의 확산에 따른 공급사슬 효율화를 효과적으로 지원할 수 있는 제3자 물류의 발전적인 대안의 하나로 부상하고 있다.

3) 제4자 물류의 기대 편익

제4자 물류 이용 시 얻을 수 있는 4가지 이점은 수입 증대, 운용비용 감소, 운전자본 감소, 고정자본 감소 등으로 다음과 같다(Bauknight and Miller, 1999).

첫째, 수입증대는 상품의 품질향상, 상품의 구매기회 확대, 고객서비스 향상을 통하여 가능하다. 제4자 물류는 전체적인 공급사슬을 관리하기 때문에 재고부족 및 품절현상을 100% 회피할 수 있고 고객서비스 향상을 도모할 수 있다.

둘째, 운영비용 절감은 운영효율, 프로세스향상, 구매비용절감을 통하여 15%까지 절감할 수 있다. 운영비 절감은 완전한 아웃소싱과 규모의 경제를 통하여 성취가능하며, 모든 공급사슬 참여자의 공급사슬 활동을 동기화(synchronization)시켜 공급사슬활동의 과정, 계획, 집행을 통하여 운영비를 절감하고 판매비를 절감할 수 있다.

셋째, 운전자본 감소는 재고감소 및 사이클 타임의 단축을 통하여 30%까지 실현할 수 있다. 전 파이프라인의 주문 처리와 SKU(stocking keeping unit) 이동에 관한 기술을 활용함으로써 사이클 타임의 단축은 물론 재고량을 최소화할 수 있기 때문이다. 넷째, 고정자본 감소는 자산 이전과 자산 이용률의 극대화를 통하여 가능하다. 제4자 물류는 물리적 자산의 소유권을 가지며 고객은 실질 자산은 보유하지 않아도 되기 때문에 고객 기업은 연구개발, 디자인, 상품개발, 판매, 마케팅 등 핵심역량에 집중할 수 있다.

그림 6-11 제4자 물류 도입 시 편익

4) 제4자 물류 운용모델

Accenture의 Bauknight는 제4자 물류를 구현하기 위해 활용될 수 있는 운용모델을 나음과 같이 제시하고 있다.

첫째, 4PL은 자신의 업무를 보완할 수 있는 적합한 3PL을 거래 파트너로 참여시켜 3PL과 함께 고객 기업에게 물류서비스를 제공하는 한편 3PL이 아웃소싱 업무를 제대로 수행하는지를 운용, 관리하는 모형이다.

둘째, 시너지 상승 모델이다. 이 경우에는 4PL이 3PL의 조직 내에서 운용된다. 이 모델은 4PL와 3PL간에 업무관계에 의존하게 되는데, 양 조직의 능력과 시장을 활용할 수 있는 공급사슬 솔루션을 제공하기 위해 상호제휴를 하게 된다. 이때 4PL은 기술, 공급사슬전략, 시장개척 능력, 프로그램 운용기술 등 광범위한 서비스를 3PL에 제공할 수 있다. 4PL과 3PL은 이 같이 서로 제휴하기도 하지만 계약상 서로 구속적인 관계가 될 수도 있다.

셋째, 4PL 운용의 핵심모델로서, 솔루션 통합자로서의 역할이다. 이 모델에서는 4PL이 하나의 고객 기업에 대해 처음부터 끝가지 전 공급사슬 솔루션을 운영하고 관리한다. 통합 공급사슬 솔루션을 제공하기 위해, 다른 서비스 제공자의 자원과 능력 그리고 기술을 포함시킨다. 또한 서비스 제공자의 능력과 함께 고객 기업의 능력을 함께 통합할 수도 있다.

넷째, 산업혁신자로서의 4PL의 역할은 가장 복잡한 운용모델이다. 이 모델에서 4PL은 동시성과 협동에 역점을 두어 여러 산업에 속하는 기업들을 위한 공급사슬 솔루션을 개발하고 운영한다. 4PL은 운영전략과 기술 그리고 공급사슬 간의 운영기법을 통해 산업 효율화를 도모한다.

그림 6-12 제4자 물류 운용모델

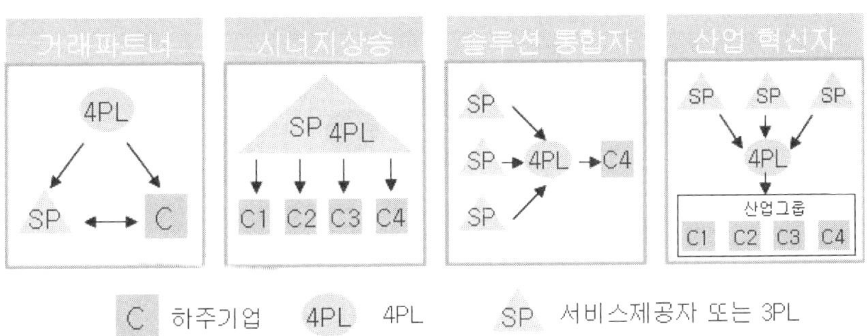

5) 제4자 물류의 활용 사례[5)]

위에서 살펴본 바와 같이 4PL은 하주 또는 그 활용 목적에 따라 각기 다른

---
5) 이충열(2001)에서 재인용.

서비스 조직을 참여시킬 수 있는 유연한 모델로 운용할 수 있다. 다시 말하면 물류 서비스를 제공받는 산업이나 기업의 구조와 경영 방식에 따라 활용 형태는 달라질 수 있다.

(1) 호주의 정유회사

호주 굴지의 정유회사 A사는 정부의 규제 철폐로 인해, 업계 내 다른 경쟁사들과 마찬가지로, 수년 동안 지속적인 이윤 감소를 겪어 왔다. 경쟁은 더욱 심화되고 동시에 수익 전망도 어두워지자, 이에 대한 타개책으로 공급과 유통분야에서 새로운 시도를 모색하였다. 이를 위해 A사는 다른 정유회사 1개사 그리고 3PL, 운송회사 2개사와 함께 4PL을 설립하였다. 4PL 설립에 필요한 자본의 대부분은 A사와 참여 정유사에서 절반씩 출자하고, 나머지 일부 소액의 자본을 역시 3PL 운송업체 2사가 절반씩 출자하였다. 4PL의 직원 600여 명 중 관리직 30명 대부분은 2개 정유사에서, 나머지 570여명의 운전기사들은 정유사와 운송회사에서 보낸 직원들로 구성되었다. 4PL은 처음에는 출자 정유사의 물류 서비스를 처리하기 시작하여, 나중에는 다른 고객에까지 서비스 제공 영역을 확대하였다.

A사의 경우, 4PL의 도입으로 전체 공급사슬 비용의 29%를 절감하는 효과를 가져 왔는데, 절감 부문별로는 다음과 같다.

표 6-8 호주 A정유사의 4PL 도입으로 인한 공급사슬비용 절감

총 절감액	본사 부문	해외 운송	국내 배송	4PL 영업 수익
29%	0.6%	23%	2.4%	3%

자료: Gattorna(1998).

순수한 비용 절감 효과가 26%이고, 4PL이 다른 고객에게 제공한 영업 활동으로부터 얻은 이익에서 A사가 배당받은 수익이 총 공급사슬 비용의 3%에 달하는 금액이었다. 비용 절감은 주로 상품 배송의 집약화, 운송 물량 증가로 하청 3PL에 대한 협상력 증대, 배송 네트워크의 최적화를 통해 달성한 성과였다.

(2) 캐나다의 소매점업계

캐나다 온타리오 주에 있는 편의점업계의 일부 점포에서 상품개발, 공동구매, 공동물류 등 전반적인 물류·유통 업무를 4PL이 대행하는 소위 필스토어(fillstore) 업무를 우리나라의 LG-EDS에 아웃소싱 하였다. 온타리오 주에는 5,700여개의

편의점이 있는데 이 중 60%에 달하는 3,200여개를 한인들이 운영하고 있으며 이들 대부분이 물류업무 대행의 필요성을 느끼고 있어 참여업체는 더욱 증가할 것으로 전망된다. 2001년에 300여개 편의점 업체가 참여하였고, 2002년에 1,500여개 업체가 가입할 예정이다. LG-EDS는 캐나다 현지의 BIT(Beta Information Technology)사와 함께 e-SCM 센터와 e-Marketplace를 구축, 운영함으로써 공급사슬을 관리하는 동시에 다수의 현지 제조업체, 유통업체, 운송업체, 창고업체와 협력하여 오프라인상의 업무를 제4자 물류의 형태로 수행함으로써 물류·유통 분야의 비즈니스 프로세스를 완전히 아웃소싱 하는 물류 BPO(Business Process Outsourcing) 업무를 수행한다.

BIT는 LG-EDS시스템에서 근무했었던 직원들이 설립한 캐나다 회사로 fillstore 사업에 필요한 현지 영업과 마케팅 및 인력 소싱을 책임지게 되며, LG-EDS 시스템은 핵심 업무 프로세스와 기술에 대한 컨설팅과 관리 운영 업무를 수행하게 된다.

4PL에 참여한 편의점으로서는 소매점 프랜차이즈 본부의 기능인 상품 개발, 공동구매, 공동물류 업무를 통해 상품 공급업체를 통합하고 대량 공동 구매함으로써 상품 마진율이 증가하고, 효율성 향상 등 시너지효과를 낼 것으로 보고 있다.

(3) General Motors(GM)

세계에서 가장 큰 자동차 제조기업인 GM은 4PL 서비스를 도입하기 위해, 미국의 공급사슬관리 기업인 CNF사와 합작으로 Vector SCM이라는 4PL회사를 설립하여 향후 3년간 물류 업무의 경영을 맡겼다. 70년의 역사를 가진 CNF는 1999년도 매출액 규모가 56억 달러이며, 3개의 자회사(Con-Way Transportation Services, Emery Worldwide, and Menlo Logistic)를 두고 있는 미국 유수의 물류업체이다. Vector SCM은 CNF가 대부분의 소유권을 차지하고 있으며, GM은 주요 전략적 문제에 대해서만 간여한다. Vector SCM은 단 하나의 고객인 GM에게만 서비스를 제공한다.

Vector SCM은 하루 화물 취급량이 1억 8천만 파운드, 전 세계 70개가 넘는 최종 조립공장에 12,000개의 공급업체가 있고, 하루에 35,000대, 연간 830만대의 자동차를 생산하며 한 해 물류비가 50억 달러에 달하는 GM의 방대한 물류업무를 모두 관리한다. 이러한 규모는 사상 가장 큰 공급사슬 관리계약으로 알려져 있다.

Vector SCM의 목표는 두 가지로 집약되는데 재고 감축과 고객서비스 향상이다. 이를 위해 Vector SCM은 세계적 공급사슬 권역에서 이동되는 모든 원재료 및 완성차에 대한 통합적인 전 공정의 가시성을 GM에게 제공한다. 아울러 원재료, 자동차 유통, 고급차 운송 그리고 수출입 업무 등 GM의 모든 물류경영을 책임지게 된다. 이러한 역할을 수행하는 것은 전통적 의미의 3PL과는 다르며, 물류 서비스를 3PL에 외주하고 관리하는 외주업체 즉, 4PL이 될 것이라고 GM의 관계자가 발표하였다. 이에 따라 Vector SCM은 GM이 고용한 모든 3PL간의 업무를 조정하고 GM의 전 공급사슬을 통합·관리하는 기능을 하고 있다. 말하자면 앞의 4PL 운용모델에서 '솔루션 통합자'로서의 기능이다.

4PL 활용으로 인한 GM의 성과는 ① 800명의 물류 부서 직원 감축 및 핵심 사업에 재배치, ② 물류 IT부문에 대한 투자 절감액 약 1억 달러, ③ 소비자 상품 인도기간을 12일에서 8일로 4일 단축, ④ 세계 모든 나라의 GM 공급품과 완성차 화물 추적, ⑤ 재고 수준 50% 감소 및 주문 사이클 단축, 운송비 등 비용절감, ⑥ 전체 물류비 20% 수준 절감 등이다.

참 고 문 헌

백종실, "주요국 전문물류기업(3PL) 시장의 동향과 시사점," 월간 해양수산, 제234호, 2004. 3.

백종실, "중국 물류시장의 제3자물류(3PL) 동향과 시사점," 해양수산동향, 해양수산개발원, 2003. 12.

이광현, 아웃소싱, 한국능률협회, 1998.

이충열, "제4자 물류의 유용성과 도입," 물류학회지, 제11권 제1호, 2001. 8.

이헌수, "중국 3PL 시장 진출 전략에 관한 연구," 로지스틱스연구, 제13권 제2호, 2005. 12.

임세헌, 박연우, e-비즈니스시대의 SCM과 유통정보화 전략, 한올출판사, 2005.

한국무역협회 국제물류지원단, 중국의 물류시장, 2006.

Bachi, P.K. and H. Virum, "Logistics Alliances' Trends and Prospects in Integrated Europe," Journal of Business Logistics, Vol.19, No.1, 1998.

Bada, D.J and J.K. Mueller, "New for the Millennium: 4PL," Transportation & Distribution, 1999. 2.

Bauknight, dow N., Fourth Party Logistics-Breakthrough Performance in Supply Chain Outsourcing, White Paper, Accenture.

Bauknight, Dow N. and John R. Miller, "Fourth Party Logistics: The Evolution of Supply Chain Outsourcing," Logistics and Supply Chain Journal, 1999. 8.

Berglund, M, P. van Laarhoven, G. Sharman and S. Wandel, "Third-party Logistics: Is There a Future?," International Journal of Logistics Management, Vol.10, No.1, 1999.

Bowersox, Donald J., "The Strategic Benefits of Logistics Alliances," Harvad Business Review, Vol. 68, No. 4, July-August 1990.

Boyson, S. and T. Corsi, M. Dresner and E. Rabinovich, "Managing Third Party Logistics Relationships: What Does if Take?," Journal of Business Logistics, 1999. 1.

Container Age, August, 2000.

Container Age, July, 2003.

Corporate Executive Board, "3PL Selection and Implementation," Operations Management Roundtable, 2001. 6.

Eyefortransport Global research, The North American 3PL Market, March 2004.

Fawcett, Stanley E., The Supply Chain Environment, Volume 2 of the NAPM Supply Management Knowledge Series, 2000, NAPM.

Frankel, R. and J.S. Whipple, "Alliance Formation Motives: A Comparison of International Perspectives," The International Journal of Logistics Management, Vol. 7, No. 2, 1996.

Gattorna, J. (ed.), Strategic Supply Chain Alignment: Best Practice in Supply Chain Management, Grower Press, 1998.

Goh, Mark and Charlene Ling, "Logistics development in China," International Journal of Physical Distribution & Logistics Management, 2003.

Lieb, R.C. and H.L. Randall, "A Comparison of the Use of Third-party Logistics Services by Large American Manufacturers, 1991, 1994, and 1995," Journal of Business Logistics, Vol. 17, No. 1, 1996.

Lieb, Robert C., "The 3PL Industry: Where It's Been, Where It's Going," Supply Chain Management Review, 2005. 9.

Magill, P., "Outsourcing Logistics. The Transition to 4th Party Partnership in Europe," Financial Times, Retail & Consumer.

Peters, M.J., R.C. Lieb and H.L. Randall, "The Use of Third-party Logistics Service by European Industry," Transport Logistics, Vol. 1, No. 3, 1998.

Schary, P.B. and T. Skjott-Larsen, Managing the Global Supply Chain, Copenhagen Business School Press, 2001.

Sink, H.L. and C.J. Langley, Jr., "A Managerial Framework for the Acquisition of Third -Party Logistics Services," Journal of Business Logistics, Vol. 18, No. 2, 1997.

The Ohio State University, Partnerships in Providing Customer Service: A Third Party Perspective, Council of Logistics Management, 1989.

Van Damme, D.A., and M.J.P. Van Amstel, "Outsourcing Logistics Management Activities," The International Journal of Logistics Management, Vol. 7, 1996.

"The Party's Getting Bigger (Fourth Party Logistics)," WERC Newsletter, October 1997.

물류계획 및 평가

3

제 7 장

물류망 계획

제 1 절 물류계획 개요

1. 계획의 개념 및 주요 이슈

1) 계획의 개념

계획의 정의는 그 대상이 무엇인가에 따라서 달라질 수 있겠으나 일반적으로 ① 미래지향적 행동, ② 정책 결정 과정, ③ 목표 달성을 위한 합리적 행동과정, ④ 지식을 통한 문제해결의 방법 등으로 설명될 수 있다. 즉, 현재 상황을 파악하여 문제점을 도출하고, 이를 해결하기 위한 체계적이고 과학적인 제반 의사 결정 행위이다. 이러한 측면에서 달성하고자 하는 목표를 설정하고, 이를 달성하기 위한 방안 등이 주요 이슈가 된다.

미래를 시점으로 하는 계획은 환경 변화에 대한 예측 능력, 목표의 구체성, 목표 달성 과정에 대한 통제 능력 등의 세 요소로 구성되며, 주요 의사결정 문제를 포함하는 경우 과학적인 분석 방법이 강조된다. 물류 문제 혹은 수송 문제와 같이 복잡한 문제 해결을 위한 계획은 ① 목표 설정, ② 과거 상황 검토, ③ 현재 상황 분석, ④ 미래 상황 예측, ⑤ 다양한 대안 설정 및 평가, ⑥ 최적안 선정 등의 단계를 거치게 된다. 최적안이 선정되면 이를 실행하고 그 결과를 평가하는 실행 단계로 넘어간다.

계획은 특정 주체가 특정 사안을 대상으로 하여 과거의 상황을 검토하고 미래의 달성 목표 및 실행 방안을 도출하며, 주기적으로 반복되는 특성이 있다. 따라서, 계획은 그 주체와 대상이 존재하고, 미래지향적이며, 과거지향성을 가지며, 피드백 되는 특성을 지니는 것으로 정리할 수 있다.

2) 물류환경 변화와 물류계획 이슈

최근 물류부문의 뚜렷한 변화 중 하나는 범 세계적으로 활동 범위를 확대하는 기업이 늘어나고 있다는 것이다. 세계 경제의 국제화가 진전되고, 제조 기업들이 물류 활동을 물류전문기업에 아웃소싱하는 추세 속에서 국지적인 물류 네트워크를 운영하던 물류기업들이 글로벌 네트워크 구축에 나서고 있다. 이러한 글로벌 기업은 글로벌 브랜드(brand)화, 글로벌 구매, 글로벌 생산, 재고의 중앙 집중화, 정보의 중앙 집중화 등의 특성을 가진다.

이에 따라 물류망은 보다 복잡해지고 높은 투자를 요구하게 되며, 물류계획은 최초 공급지에서 최종 소비지까지 전 과정을 포함하는 통합물류 관점에서 수행되어야 한다. 이러한 상황에서 대표적인 물류 특성은 다음과 같다.

- 공급 리드타임 증가
- 수송시간 증가 및 불확실성 증가
- 개품운송 및 혼재 방식의 다양화
- 수송수단 및 운송 서비스 선택의 다양화
- 현지 부가물류 활동을 통한 완제품 생산 시기 조절

또한, 광범위한 공급사슬 측면에서 통합물류와 관련하여 구조, 조직, 운영 등의 측면에서 물류 부문의 큰 변화가 일어나고 있다. 이것은 서비스 수준에 대한 고객의 기대 증가, 공급망 내에서의 시간 단축 요구, 산업의 글로벌화, 기업 조직의 통합화 등과 관련이 된다. 이러한 변화 요인은 기업의 외부 환경 변화, 공급 측면, 유통 측면, 소매업 측면, 고객 측면 등으로 세분하여 보다 구체적으로 정리 할 수 있다([표 7-1]).

표 7-1 물류 환경 변화 요인

부 분	변 화	영 향
외부 환경	- 수송부문 규제완화 - 국가간 물류 조화 - 운임장벽 완화 - 국경 통관 절차 간소화 - 국가간 관세제도 단순화 - 철도 운송 우대 정책 - 포장제 재활용 확대(회수 물류)	- 국지적 물류전략 수정 - 글로벌 물류망 확충 - 현지물류기업과 제휴 확대 - 세계경제 권역별 물류거점 집중
원자재 공급	- 구매자와 공급자 유대 강화 - 생산 거점 집중화 - 글로벌 sourcing - 완제품 생산 시점 연기(postponement) - 공급자와 구매자의 시설 공동 운영 혹은 인접 배치	- 생산 리드타임 단축 - 공급 제품 다양화 - 시간에 민감한 제품 수요 증대 - 부가가치 물류 활동 확대
유 통	- 신 기술 차량 등장 - 크로스 도킹(cross-docking) 확대 - EDI 확대 - 집배송 차량 운영 고도화	- 자산 활용 효율 극대화 - 공동 집배송 확대
소 매	- 재고 거점수 축소 - 재고 거점 보유 재고 수준 축소 - JIT 개념 도입 확대 - 공급자(vender) 재고 관리 추세 확대	- 물류 책임성 강화 - 정보 정확성 요구 - 보다 높은 요율 요구
고 객	- 매장 기능 약화 - 통신판매 선호 - 가정 직 배송 수요 증가 - 반품 비율 증가 - 서비스 요구 수준 증가	- JIT 대응 체계 강화 - 시장 분할에 따른 서비스 정책 수립 - 브렌드 가치 약화 및 재고 가용성 중요도 증대

이러한 외부 환경 변화는 많은 기업들로 하여금 자국 중심의 물류 전략에서 국경을 초월하는 다국적 전략으로 수정을 요구하게 된다. 실제 많은 기업들이 각 국가에 분산 배치되어 있던 물류 거점을 소수 지역으로 통합하고 고객 서비스 수준을 높이면서 재고 비용을 절감하는 방향으로 나아가고 있다.

2. 물류계획의 특징 및 분류

1) 물류계획의 특징

물류 수행과 관련된 전 과정을 체계적으로 분류한다면 물류계획(plan), 운영

(do), 통제(control) 및 평가(see) 등으로 대별할 수 있다. 물류계획은 무엇을, 언제, 어떻게 할 것인가 하는 것을 사전에 체계적으로 수립하는 것이며, 물류운영은 수립된 계획에 따라 제반 물류 활동을 수행하는 것이다. 그리고 통제와 평가는 수행 과정이 올바르게 진행되도록 관리하며, 수행된 결과가 어느 정도 계획대로 이루어졌는가를 분석하고, 필요시 문제점 및 개선 방안을 도출하는 과정이다.

그림 7-1 물류계획 및 통제 사이클

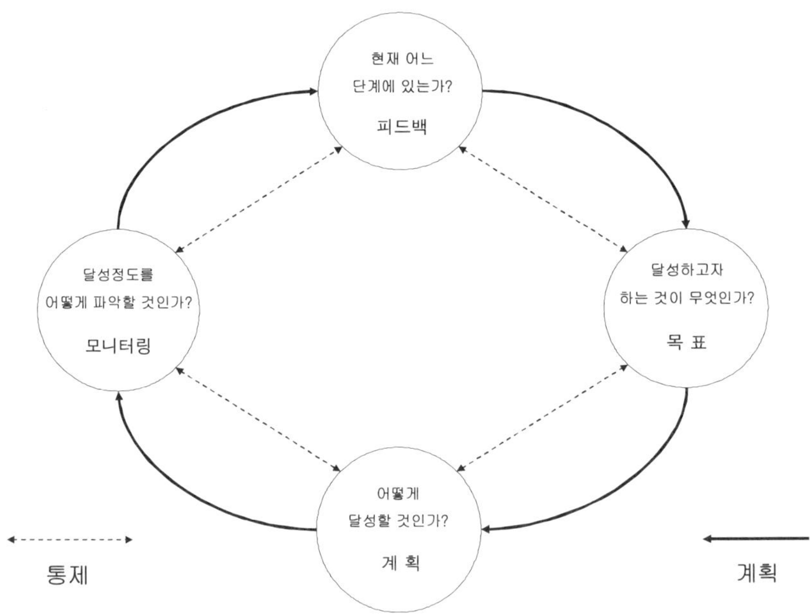

물류 운영과 통제는 수립 된 물류계획 범위 내에서 이루어지기 때문에 계획이 얼마나 합리적으로 수립되었는가가 전체 물류 수행 성과 정도를 좌우한다고 할 수 있다. 이러한 측면에서 물류계획은 전체 물류 활동의 틀 내에서 가장 상위 과정으로 이해 할 수 있고, 그 중요도가 크다고 할 수 있다.

물류계획과 물류운영 통제는 보다 넓은 물류계획 맥락에서 이해할 수 있다. 계획은 설정된 목표를 어떻게 달성할 것인가 하는 방법을 결정하는 것이며, 통제는 어느 정도 설정된 목표를 달성하였는가를 파악하는 것이다([그림 7-1]).

이러한 활동은 전 물류 과정을 거쳐서 지속적으로 이루어질 때 다이나믹하게 이루어지는 물류운영이 보다 효율적으로 수행될 수 있다. 물류운영은 고객의 요구에 따라 수시로 변화되는 수요와 제품 공급의 변화에 좌우되는 가변적인 특성을 지니기 때문에 합리적이고 과학적인 계획 활동과 체계적이고 지속적인 통제 활동의 중요성이 강조된다.

물류 활동은 기업 경영 활동과 관련된 하부 활동이기 때문에 물류계획은 기업 경영 전략의 범위 내에서 이루어져야 한다([그림 7-2]). 물류 전략은 기업의 목표에 따라 설정된 기업 경영 전략의 하부 개념으로 이해 할 수 있다. 따라서 물류 전략을 수립하는데 있어서 먼저 기업 경영 계획과 연계하여 물류계획을 수립하는 것이 필요하다. 즉, 물류는 기업 경영 활동의 한 부분이며, 물류 부문의 각 기능들은 기업 경영 측면에서 이루어지는 종합 계획상의 투입 요소가 된다.

이러한 물류계획과 설계는 전통적으로 물류설비의 입지 및 수 결정 문제로부터 시작된다. 그러나 오늘날 이것은 물류 프로세스 설계, 물류정보시스템 설계, 물류 조직 구조 등을 포함하게 된다. 물류 프로세스 설계는 고객의 주문을 보다 정확하고

그림 7-2 물류계획의 위상

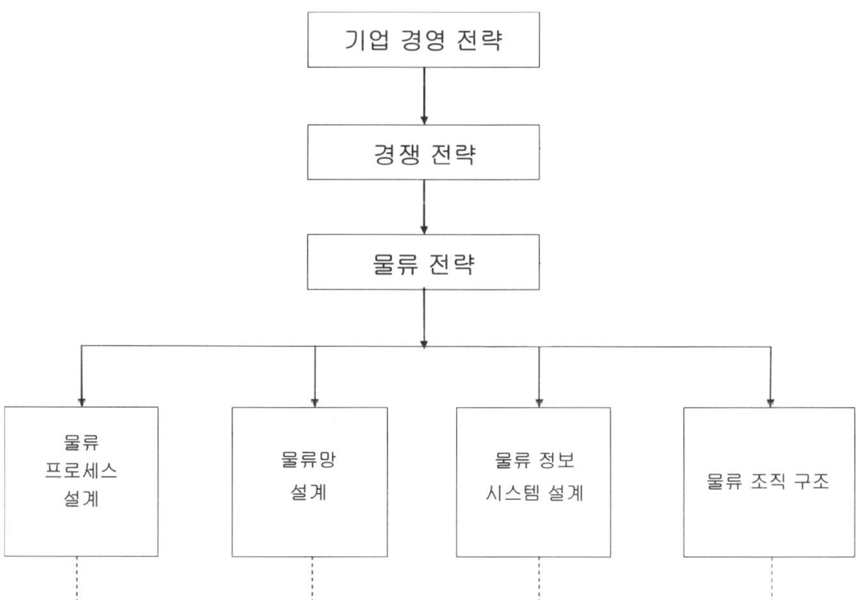

효율적으로 처리하는 방법에서 시작된다. 주문 접수 시점에서부터 주문품 인도에 이르는 전 과정이 이음새 없이 이루어질 수 있도록 하는 것이며, 불필요한 내외부 기능 및 조직이 개입되지 않게 하는 것이 중요하다.

물류시설 설계는 보다 전통적인 대상이며, 제품의 생산지에서 인도에 이루는 전 과정에 포함되는 제반 시설을 계획 대상으로 한다. 이 때 핵심 사항은 수송과 보관 등 물류 기능 간 트레이드 오프와 기업의 각 기관간의 트레이드 오프이다. 물류정보시스템 설계는 정보와 관련된 제반 요소를 포함하며, 물류 조직 구조는 조직의 형태를 결정하는 문제이다.

2) 물류 계획의 분류

물류계획은 물류망 설계, 할당계획, 일정계획 등으로 대별할 수 있다. 물류망 설계 문제는 [그림 7-3]과 같이 계획 계층(hierarchy)에 있어서 가장 상위 단계이며, 기업의 전략적 목적을 달성하기 위해서 물류망 전반을 설계하는 것이다. 즉, 공급지에서 소비지로 제품이 이동되는 망의 구조를 결정하는 것으로서 계획 대상 지역 내에서의 설비의 종류, 설비의 수, 설비의 위치 등을 결정하고, 각 설비에 특정

그림 7-3 물류 의사 결정의 계층 구조

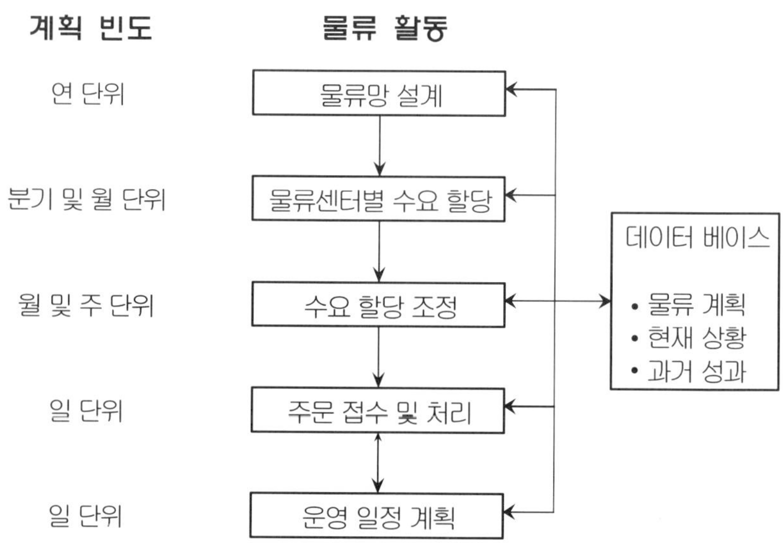

제품과 소비자를 할당하며, 이들 사이에 적합한 운송서비스를 결정하고, 설비를 운영하는 방법을 결정하는 것이다. 구체적으로는 배송센터, 공장, 혼재 거점 등의 수, 위치, 제품 할당, 수용 능력 및 수행 능력 등을 결정한다. 이때 재고수준에 대한 목표가 설정되고, 소비자에 대한 서비스 수준이 결정된다.

또한, 물류계획은 미래 시점을 대상으로 하기 때문에 집단 자료(aggregate data)를 이용하는 장기 수요예측이 이루어진다. 따라서, 물류망을 설계하고 물류망 내에서 재화의 흐름이 효율적으로 이루어질 수 있는 방안을 도출하는 물류계획은 제반 물류 관련 자료, 분석 기법, 그리고 분석 과정에 대한 이해를 필요로 한다.

할당 및 분배 계획은 적하단위(load)를 결정하거나 개별 재고 보유 지점에 대해 제품을 할당하며, 수요를 배송센터, 공장, 자재 공급지 등에 할당하는 것이다. 즉, 구매, 생산, 창고 보관, 그리고 운송을 위한 집단화된 화물량이 정해진다. 이 단계의 계획은 분기별 혹은 월별로 반복되며, 상황에 따라 월 혹은 주 단위로 계획이 이루어질 수도 있다.

주문처리 및 단기일정계획은 무작위로 발생하는 소비자 주문을 공급지나 혹은 운송인에게 할당하고, 주문처리 기한이 정해진 제품과 주문처리 기한이 자유로운 제품 처리를 효율적으로 수행해서 운송과 같은 자원의 이용을 최적화하기 위하여 일 단위로 수행하는 단기 계획이다.

이러한 물류계획은 계획기간을 기준으로 전략, 전술, 운영의 세 가지로 분류할 수 있다. 전략적 계획은 장기계획에 속하고 계획기간은 사안에 따라 10~20년에 이르는 경우도 있으나 통상 1년 이상인 경우이다. 운영 계획은 의사 결정이 시간에 따라 혹은 매일 일어나야 하는 것으로서 단기 의사 결정에 속한다. 그리고 전술적 계획은 전략적 계획과 운영계획의 중간적인 계획 기간으로서 통상 1년 이하가 된다.

투자 규모 측면에서도 이들 계획은 뚜렷하게 차이가 난다. 전략적 계획은 대부분 시설에 대한 대규모 투자를 요하며, 반면 운영 계획은 시설 투자를 거의 필요로 하지 않는다. 즉, 전략적 계획에 의하여 물류망이 구축되며, 운영계획은 전략적으로 계획된 물류 채널을 통해 제품을 효율적이고 효과적으로 운반하는 방안을 찾는 것이다.

표 7-2 전략, 전술 및 운영 의사 결정 요소

분류 / 대상	전략	전술	운영
고객서비스	서비스 수준 결정	–	–
물류수행 방식	자가물류 혹은 3자물류	–	–
수송	수단선택	운송수단 종류 및 규모, 차량 대수, 장기 운송계약	수배송계획(노선 배정 및 일정계획)
재고	재고 입지, 재고 통제	안전재고 수준	재품 입고, 주문 인출, 오더 필링(order filling)
주문처리	주문 접수 및 처리시스템 설계	–	주문 처리, 서류 작업
구매	공급선 선정	계약 및 선물구매	–
보관	시설 수, 규모 및 입지, 장비선정, 공간 배치계획	시설설계, 공간 할당	재고 인출 및 반입

전략적 물류계획의 경우 고객 서비스 수준을 결정하고 자가 물류와 3자 물류 중 어느 방식을 택할 것인가가 먼저 결정되어야 한다. 그 결과에 따라 이어지는 수송, 보관, 재고 등의 의사결정 대상이 달라질 수 있기 때문이다. 즉, 자체적으로 물류활동을 수행하는 자가 물류 방식을 택할 경우 수송, 보관 등의 부문에서 필요로 하는 설비, 시설 등에 대한 투자가 고려되어야 하나 3자 물류 방식을 택할 경우 설정된 서비스 수준을 고려한 수단 및 운송업체 선정이 필요하다.

분석 방법에 있어서도 전략적 계획의 경우 장기 수요예측과 경제성 분석 등을 필요로 하는 반면 수배송 계획과 같은 운영 계획은 주어진 수요에 바탕하여 차량 등 기존 자원의 이용 효율을 극대화할 수 있는 해를 도출하는 수리모형 등 정량적인 방법이 적용된다.

이렇게 분석 기법 및 대상이 상이하기 때문에 사용되는 자료에 있어서도 뚜렷한 차이가 있다. 전략적 계획은 장기적인 관점에서 수립되기 때문에 평균값이나 이질적인 세부자료들을 집계한 자료를 활용해도 된다. 그러나 매일 발생하는 다양한 물류 활동들을 다루는 운영 계획은 각 의사결정 문제와 직접 관련된 세부자료를 필요로 하며, 자료의 정확도 수준도 아주 높아야 한다. 예를 들면, 수송에 있어서 전략적인 계획은 물류비용 분석을 통하여 총비용을 최소화하는 수단을 선정할 수 있으나 운영계획의 경우 선형계획법 등의 수리모형을 이용하여 노선배정 등을 계획할 수 있다.

3. 주요 물류계획 분야

물류계획의 주 대상은 [그림 7-5]와 같이 소비자 서비스 수준, 설비의 입지, 재고에 관한 의사 결정, 수송에 관한 의사 결정, 물류정보시스템 등의 5개 부문이 된다. 이들은 상호 연관되어 있는데, 물류시설의 입지, 수 및 규모가 변하게 되면 수송 방법이 변하게 되고, 시설의 수 및 규모에 영향을 받는 재고 역시 변하게 된다. 따라서, 물류망을 계획할 때 이러한 제반 요소들을 동시에 고려해야 최적에 가까운 해를 얻을 수 있다. 이 경우 물류망 구축 및 운영과 관련된 비용과 해당 물류망을 통하여 제공되는 소비자 서비스 수준에 의해 얻을 수 있는 수익이 적절히 균형을 이룰 수 있도록 창고, 소매 시설, 공장, 재고 배치, 수송서비스, 그리고 정보처리 시스템들을 구축해야 한다.

그림 7-5 주요 전략적 계획 분야

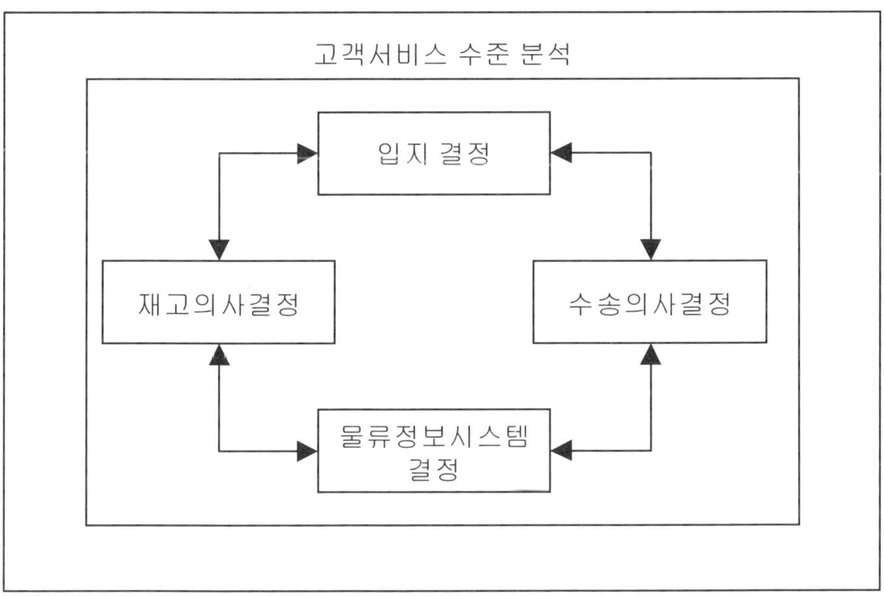

1) 소비자 서비스 수준

제공되는 물류 소비자 서비스 수준은 다른 요인들에 비해 물류시스템의 설계에 압도적인 영향을 미치기 때문에 물류계획시 가장 우선적으로 고려되어야 하는 요소이다. 일일 배송차량의 운행 빈도나 배송센터의 수 및 입지 등 주요 물류의사결정은 사전에 설정되는 고객 서비스 수준을 맞추기 위한 것이다. 즉, 주문시점에서 제품이 전달되는 시점까지 소요되는 시간, 리드타임을 12시간으로 설정하였다면 배송빈도와 배송센터 수 및 위치는 리드타임 12시간을 맞출 수 있도록 계획되어야 한다.

2) 보관 시설 의사결정

보관시설 의사결정은 시설의 입지, 수, 규모, 시설배치 및 재고배치, 보관설비 및 하역시스템 선정 등을 포함한다. 설비의 입지, 수, 그리고 규모를 요구되는 대 고객 서비스 수준과 생산/구매 비용, 재고 유지비용, 보관비용, 하역비용, 시설 고정비용, 운송비용 등을 종합적으로 고려하여 결정한다. 설비 입지 계획 문제는 비용이 최소가 되는 경로를 찾아서 이윤을 최대화하는 것이 된다. 시설배치 및 제품배치는 시설의 규모가 결정된 후 세부적으로 각 기능별 공간을 결정하는 것과 제품의 보관 위치를 결정하는 것이다. 규모결정은 수요와 재고보유량을 기준으로 적정 보관설비의 크기를 결정하는 것이며, 보관설비 및 하역시스템의 선정은 경제성 분석을 통하여 이루어진다.

3) 재고 의사결정

재고 의사결정은 보관 지점에서의 재고 보유량을 결정하는 전술적이고 운영적인 문제와 보관 지점에 재고를 보충하는 전략인 푸시(push) 전략과 풀(pull) 전략을 결정하는 것을 포함한다. 이러한 결정은 소비자가 원하는 제품을 제때 구입할 수 있도록 적정 제품 보유량을 유지함으로서 소비자가 요구하는 서비스 수준을 달성하면서 재고유지비, 보관비 등을 최소화하는 것이 목적이 된다.

4) 수송 의사결정

수송 의사결정은 수송수단 선택, 운송 적재 규모 결정, 그리고 차량 경로

결정(routing)과 일정계획(scheduling), 차량교체계획 등을 포함한다. 어떠한 수송수단을 선택하느냐에 따라서 재고수준이 달라지며, 창고의 수 및 입지에 따라 적재규모가 달라지기 때문에 수송 문제는 재고, 창고 입지 문제 등과 밀접하게 관련되어 있다. 또한, 수단선택과 차량 일정계획은 고객 서비스 수준에 영향을 미치기 때문에 이들은 서로 밀접하게 관련되어 있다. 따라서 계획을 수립할 때 이들 개별 물류활동간의 트레이드 오프(trade-off)를 고려할 필요가 있다. 차량교체계획은 경제성 분석에 의해서 최적 차량 교체 시점을 결정하는 문제이다.

5) 물류 정보시스템 의사결정

정보는 판매, 생산, 재고, 수송, 수요예측 등의 물류활동에서 유래되며, 정보시스템은 이를 신속하고 정확하게 전달하는 것이 일차적 목표이다. 이러한 정보시스템은 주문 사이클 시간에 영향을 미치며, 주문 사이클 시간은 재고 거점에서 유지되어야 하는 재고 수준에 영향을 미친다. 재고 가용성(stock availability)은 소비자 서비스 수준에 영향을 미치고 또한 소비자 서비스 수준은 주문 사이클 시간과 정보시스템의 설계에 영향을 미치게 된다. 따라서 제반 물류의사결정은 부분적으로 고찰하기보다는 전체적으로 고찰할 필요가 있다.

4. 비용 트레이드 오프 관계

보다 효율적인 물류계획을 위해서는 각 물류 기능별 비용들의 상관관계를 이해하는 것이 중요하다. 특히, 물류망 계획에 있어서 핵심 요소인 물류센터의 수, 입지, 규모 등에 따른 수송비 등 관련 비용의 변화와 결과적인 총 물류비용을 파악하는 것이 필요하다. 이것은 주요 물류망 대안에 대한 비교 평가를 통하여 가능하며, 그 이전에 개별 물류비 항목별 비용을 파악해야 한다.

1) 물류센터, 운송 및 재고의 관계

물류센터 규모의 영향은 일반적인 규모의 경제(the economics of scale) 측면에서 이해할 수 있다. 물류센터 운영비, 보유 재고 규모 등은 소규모 물류센터의 경우 대규모 물류센터에 비하여 높게 발생하는 것이 일반적이다. 대규모 물류센터의 경우 공간 및 장비 활용율을 높일 수 있고, 일반관리비 역시 높은 처리량으로 인하여 단위 비용이 낮아지기 때문이다. 보유 재고량과 관련해서 대규모 물류센터의 경우 평균 재고량 대비 여분 혹은 안전 재고의 보유량이 낮아지게 된다. 이와 상쇄되는 측면은 물류센터의 규모가 커질수록 내부 이송거리가 길어지고, 관리가 복잡해지는 측면을 들 수도 있겠다.

물류센터의 수가 변함에 따른 비용 변화는 먼저, 물류센터 관련비용을 들 수 있다. 1개의 물류센터를 운영하는 기업이 물류센터 1개를 추가 건설하여 운영하는 경우 당연히 물류센터 운영과 관련된 총 비용은 증가하게 된다. 그러나 그 증가 규모는 1개의 물류센터를 운영하는 경우의 2배가 되는 것은 아니다.

물류센터와 관련된 운송은 공장 또는 공급자로부터 물류센터로 재화를 공급하는 주 운송(인바운드)과 물류센터에서 각 소비지로 제품을 인도하는 배송으로 구분할 수 있다. 전자는 대량 단위로 운송이 이루어지며, 후자는 소량 개품 단위 중심으로 운송이 이루어지는 특징이 있다. 비용 측면에서 볼 때 전자는 운송 요율(단위무게 당 요금)이 낮고 후자는 요율이 높은 차이점이 있다.

물류센터 수가 증가하게 되면 공장 혹은 공급지에서 물류센터로 반입되는 주 운송비용은 증가하게 된다. 일반적으로 기업 자체 차량이나 택배 서비스 등 물류전문 기업에 의하여 이루어지는 배송은 공급 물류센터로부터 배송처를 순회하는 형식으로 이루어지기 때문에 동일 권역 내에 물류센터의 수가 증가하게 되면 총 배송거리는 감소하게 된다. 이러한 특성으로 인하여 물류센터 수가 증가하게 되면 배송 비용은 감소하게 된다.

주 운송비용과 배송 비용을 합한 총 운송비용의 경우 물류센터의 수가 증가할수록 감소하게 된다. 이것은 물류센터가 증가함에 따른 주 운송비용 증가분이 배송비용 감소분 보다 낮은데 기인한다.

재고유지비용은 재고 제품과 관련되는 자본비, 관리비, 보관비, 도난, 제품 훼손, 손상 등으로 인한 기회비용 등으로 구성된다. 이러한 비용들은 물류센터 수와 직접 관련되기 때문에 센터 수가 증가하게 되면 비용 역시 증가한다.

2) 총 물류비용 및 트레이드오프

물류계획은 물류센터, 수송, 재고 등 개별 물류 기능을 포함하며, 이들 기능은 상호 연관되어 있어서 어느 한 기능이 변하게 되면 다른 기능들에 영향을 미치게 된다. 물류망의 형태를 설계하는 것은 크게 물류센터의 수, 위치, 규모 등을 결정하고, 동시에 수송 방법 등 관련 물류 기능을 결정하는 것이다. 이러한 물리적인 형태는 결국 세부 해당 비용으로 변환되고, 대안 평가 역시 각 대안별 총 비용을 분석하여 비교하게 된다. 이러한 관점에서 물류계획은 총 비용 관점으로 접근하게 된다.

총 물류비용 개념은 물류계획에 있어서 트레이드 오프 관계를 이해하는데 아주 중요하다. 총 비용 관계에서 보듯이 물류체계 내의 어느 한 요소가 변하게 되면 타 요소 및 전체 시스템은 영향을 받게 된다. 이러한 관계는 [그림 7-6]을 통해서 이해할 수 있는데, 물류센터 수를 증가시키는 경우 주 운송비용, 재고유지 비용 등은 증가하나 배송 비용은 감소하게 되고, 총 물류비용은 감소한다는 비용 상쇄 관계를 나타내고 있다. 실제 비용 상쇄 관계는 기업의 물류 상황에 따라 다양할 것이며, 고려되는 비용 요소 역시 다양할 수 있다.

그림 7-6 물류센터 수에 따른 제반 물류비용 변화

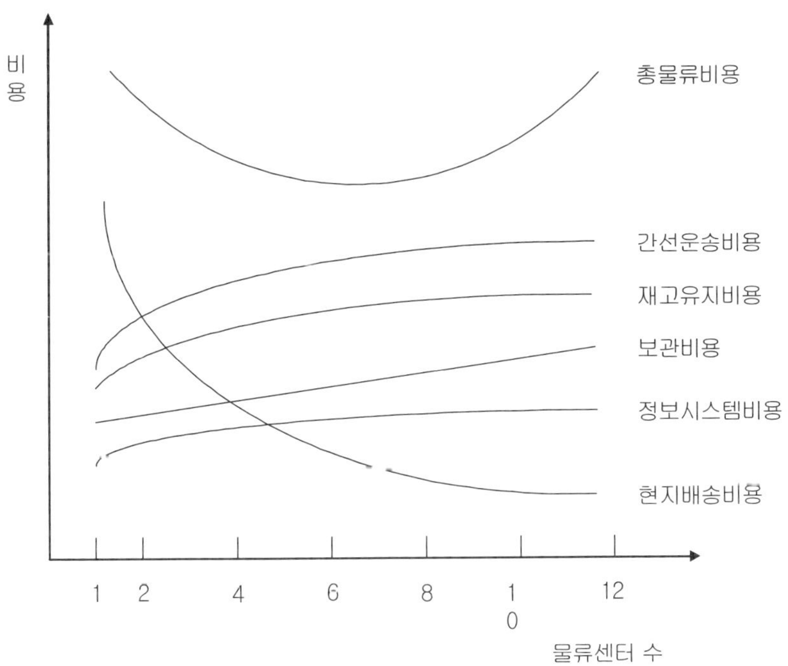

3) 물류 계획 수립 시기

물류망 계획은 첫째, 새로 기업을 창업하는 경우와 같이 초기에 물류망을 구축할 때 수립하는 경우와 둘째, 현재 영업을 계속하고 있는 기업의 물류망을 평가하여 이를 수정할 때 수립하는 경우로 대별할 수 있다. 새로 설립되는 기업이나 새로운 제품을 생산하는 기존의 기업들은 현재 물류시스템이 구축되어 있지 않기 때문에 물류 네트워크 구축을 위한 계획을 수립 할 필요가 있다. 물류 네트워크가 이미 구축되어 있는 대부분의 기업의 경우에는 물류환경의 변화로 인하여 기존의 네트워크를 재평가할 필요가 있다. 즉, 기존 물류망을 대상으로 실제 물류망 계획을 수립하여 기존의 물류 체계를 어떻게 수정할지 여부를 결정하게 된다.

기존의 물류망을 재평가하는 것은 기업을 둘러싼 물류환경이 크게 변할 때 수행하게 되는데 이러한 환경 변화로서는 수요 형태의 변화, 고객 서비스 수준의 변화, 제품 특성의 변화, 물류비용의 변화, 판매조건의 변화 등을 들 수 있다.

그림 7-7 물류계획 수립 시기

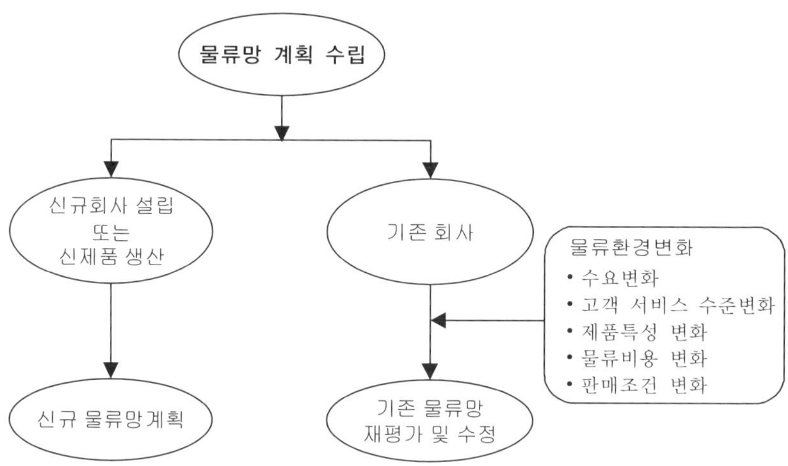

제 2 절 물류망 계획에 필요한 자료

1. 자료 종류

물류망을 계획하는 데는 다양한 출처로부터 구할 수 있는 많은 종류의 자료가 필요하다. 일부 자료는 특정 물류 문제에 한정될 수도 있지만 대부분의 자료는 물류 문제 전반에 사용된다. 일반적으로 필요한 자료는 ① 어떤 제품이, ② 언제, ③ 어디서, ④ 어느 지역으로, ⑤ 얼마나, ⑥ 어떤 수송방법으로, ⑦ 얼마만에(시간) 전달되었는가와 관련된다.

표 7-3 물류망계획에 필요한 자료

항 목	내 용
서비스 수준	- 리드타임 및 재고가용성 - 고객서비스 목표 및 달성정도
제품특성 자료	- 제품 품목군 - 주문크기 및 배송크기 - 재고보유 현황
공간자료	- 소비지, 보관지점, 공장위치 - 설비 및 장비 용량 - 지역별, 주 품목별, 고객별 수요 - 주문 품목별 빈도 - 고객 현황
시간자료	- 운송시간 - 주문처리시간
비용자료	- 운송요율 - 보관요율 - 하역요율 - 구매/생산비 - 주문처리비용 - 고정비

이러한 자료 가운데 비용 자료는 물류망 계획에 있어서 가장 중요한 자료이며, 다양한 비용 항목을 포함한다. 일반적으로 물류망을 통한 제품의 흐름과 관련된 제반 비용 항목은 [그림 7-8]과 같다.

그림 7-8 물류경로별 주요 비용 요소

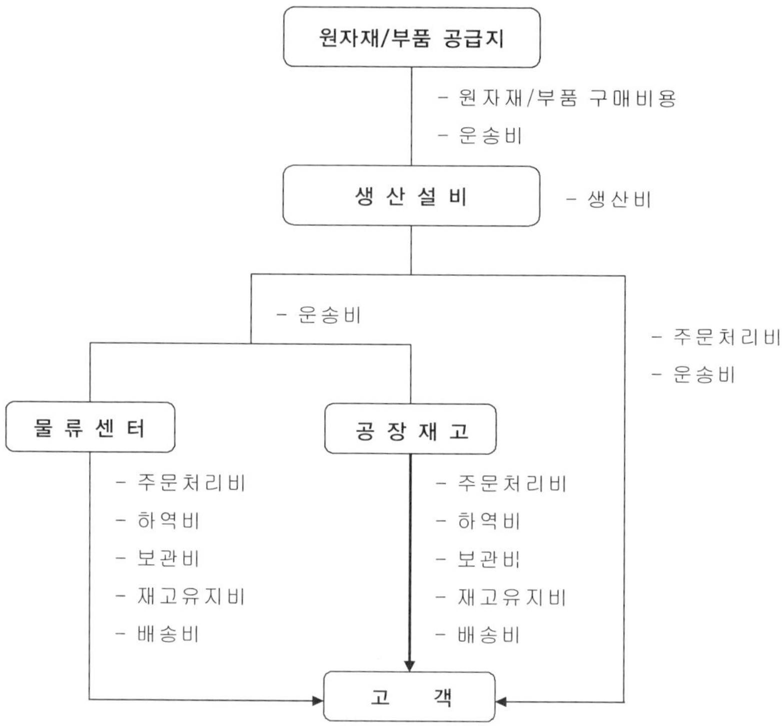

필요한 자료는 기업 내부 운영 관련 기록, 회계기록 등과 외부 보고서, 물류 관련 문헌, 통계집 등을 통하여 입수할 수 있다. 오늘날 물류정보시스템을 구축하여 이용하는 기업이 늘어나는 추세 속에서 물류 활동과 관련된 자료를 데이터베이스화 하는 경우가 늘어나고 있다. 앞으로 물류정보시스템은 기업의 주요 의사결정과 관련된 자료들을 체계적으로 집계할 수 있도록 데이터베이스를 설계하는 것이 주 문제가 될 수 있다.

2. 자료 정리

1) 자료의 집단화

실제 판매 관련 자료는 개별 고객에 대하여 세부적인 내용을 담고 있는데 비하여 물류관리 및 물류계획에서 필요한 자료는 판매자료를 지역별로 분류하여 취합한 집단자료 형태이다. 따라서, 계획 수립에 필요한 자료로 변환하는 과정이 필요하다. 이는 크게 세부 품목을 일정 수의 제품군으로 취합하는 품목의 집단화와 시장을 일정 규모의 구획으로 구분하고 개별 고객을 구획별로 취합하는 공간적 집단화로 나눌 수 있다.

(1) 품목의 집단화

특정 기업과 관련된 제품은 수 천 품목에 달할 정도로 다양할 뿐 아니라 각 제품은 모델과 형태가 다르고, 동일 제품의 경우에도 포장의 형태가 다르다. 생활 주변에서 접하는 생필품 및 식료품들은 대부분 여기에 해당한다. 편이점이나 유통점에서 기록되는 제품 판매 정보는 개별 품목 단위로 집계되기 때문에 품목별 수요예측 및 재고관리 측면에서는 유용하게 사용될 수 있다.

그러나 수배송 문제, 물류센터 내에서의 제품 보관 문제와 같은 물류계획과 관련해서는 개별 품목별로 집계되는 판매 자료는 유사 제품군으로 묶어서 적당한 수의 그룹으로 집단화하는 것이 실용적이다. 일반적인 집단화 기준은 제품의 유통 형태이다. 농수산물이나 식료품류는 물류센터 내에서도 인접하게 배치되는 것이 일반적이며, 판매처로 유통되는 과정에서도 동시에 배송된다. 이들은 제품 종류는 서로 다르나 유통 단위는 같기 때문에 물류계획을 수립할 때 하나의 제품군으로 묶을 수 있다.

(2) 공간적 집단화

입지문제를 해결하기 위해서는 산발적으로 흩어져 있는 고객을 개별적으로 다루지 않고 집단화하게 된다. 즉, 판매 자료는 개인 소비자 또는 도소매업체 등 특정 주체를 중심으로 기록되지만 물류계획을 수행할 때는 해당 지역을 수개의 판매권역으로 나누고 이들 개별 자료를 각 권역의 판매량으로 집계한다.

자료를 지리적으로 분류하는 일반적인 방법으로는 지도 위에 격자망(linear grid)을 겹쳐 놓고 수평과 수직 방향으로 번호를 붙여서 코드로 사용하는 것을 들 수 있다. 이렇게 할 때 특정 소비지까지의 직선거리는 피타고라스 정리 등을 통하여 얻을 수 있기 때문이다. 또한, 개별 소비자와 판매 자료는 각 셀(cell)내에 할당되고, 동일한 셀 내에 위치한 다수의 소비자나 다양한 판매 자료는 함께 집계된다. 이때 모든 자료는 실제 개별 고객의 위치에 관계없이 셀의 중심점

그림 7-9 격자망을 이용한 지리적 분류 방법 예

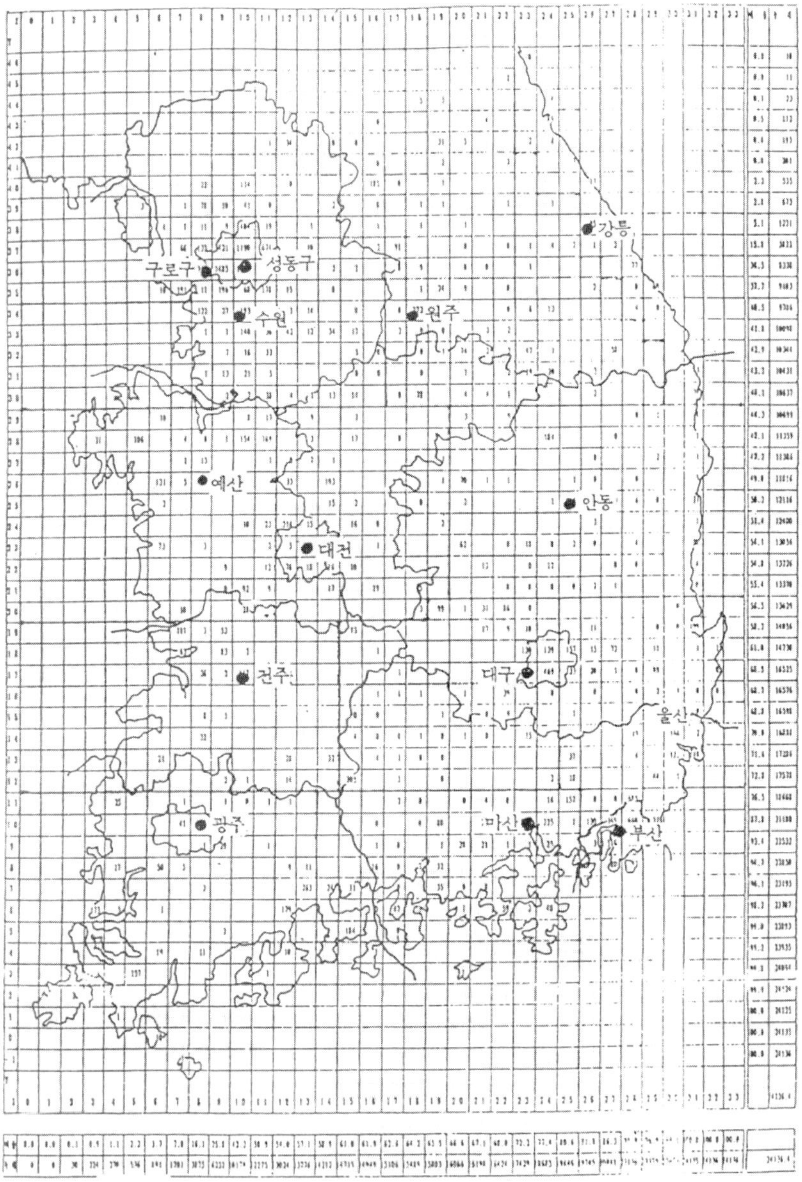

자료: 윤문규(1997), 한국기업의 물류성공사례, 범한, p. 156.

(centroid) 에 위치하는 것으로 가정하게 된다. 즉, 동일 셀 내에서는 공간적인 거리 차이를 인정하지 않는다. 셀 간의 거리를 도출하는데 있어서도 각 셀의 중심점을 기준점으로 삼는다.

격자망을 이용한 분류 방법 외에 우편번호를 기준으로 하는 방법 역시 널리 사용되고 있다. 우편번호는 행정구획을 기준으로 하는 일종의 표준화된 구획 구분 방법이기 때문에 [표 7-4]와 같이 개별고객의 판매관련 자료에 포함될 경우 고객의 지리적 위치를 확인할 수 있다. 또한, [표 7-5]와 같이 필요할 경우 우편번호를 기준으로 하여 개별 고객들을 분류할 수 있다.

이와 같이 지리적인 분포에 따라 자료를 정리하는 것은 지리적 코드에 따라 기존 자료를 분류하거나 특정 목적에 맞게 자료를 합하거나 평균하는 것이다. 이와 같은 형태로 정리된 자료는 운송 요율, 재고비용 분석, 그리고 재고수준 기록 등의 목적으로 재정리되어 물류망 계획시 활용될 수 있다.

표 7-4 개별자료 예

고객명	판매량	주문빈도	서비스수준	위치 (우편번호)
K기업	○ ○품목 : 2,000 ○ ○품목 : 3,600 ○ ○품목 : 4,000 ○ ○품목 :300	200 300 400 30	4	606-791
A기업	○ ○품목 : ○ ○품목 : ○ ○품목 :			
H기업	○ ○품목 : ○ ○품목 : ○ ○품목 :			

표 7-5 집단자료 예

구역(우편번호)	고객수	판매량	평균주문크기	서비스수준
606-791	10	60,000	300	
606-834	19	75,000	350	
606-890	4	7,000	100	

2) 서비스 수준 설정

입지문제에 있어서 서비스 수준은 리드타임으로 설정할 수 있다. 즉, 고객의 주문품을 인도하는데 어느 정도의 시간이 소요되는가이다. 통상 서비스 수준은 리드타임 즉, 시간으로 설정하지만 입지문제를 분석할 때는 시간 단위가 거리 단위로 환산이 된다. 리드타임을 4시간으로 설정한다면 평균 차량 주행 속도(예를 들면 40km/h)를 감안하여 이를 160km로 환산한다. 일반적으로 이것은 소비자들이 물류센터에서 약 160km 내에 위치해 있는 것을 의미한다.

3) 단위비용 도출

(1) 생산비와 생산용량

공장에서 제품을 생산하는데 소요되는 비용을 제품 단위(kg)당 비용으로 집계하며 공장을 확장하거나 신설할 경우 이 비용이 적용된다. 생산량 관련 자료는 현재의 생산용량과 현재 생산량이다.

(2) 수송비용

수송비는 공장에서 창고까지의 수송비인 인바운드 수송비, 창고에서 소비지까지의 운송비인 아웃바운드 운송비로 구분된다. 수송비용은 화물량과 운송 거리에 따라 다르며, 일반적으로 운송요율은 거리의 선형함수 관계로 근사적으로 추정할 수 있다. 여기서 운송비용은 운임요율(원/kg)에 운송화물량을 곱하여 산출하며, 운임제도에 따라서는 운송거리가 감안되기도 한다.

$$\text{운임요율(원/kg)} = \beta_0 + \beta_1(Distance)$$

선형 격자망(grid system)을 사용하여 공간적인 위치를 표시할 때는 피타고라스(Pythagoreans)정리를 이용하여 두 지점의 좌표 값으로부터 거리를 도출할 수 있다. 즉, 두 지점 A와 B가 X, Y 좌표 점으로 표시될 때 두 시점 사이의 직선거리는 다음과 같이 계산된다.

$$D_{A-B} = K\sqrt{(X_B - X_A)^2 + (Y_B - Y_A)^2} \tag{7-1}$$

여기서
D_{A-B} = 점 A와 B사이의 거리
X_A, Y_A = 점 A의 X, Y 축 좌표값
X_B, Y_B = 점 B의 X, Y 축 좌표값
K = 좌표 상의 두 지점간의 거리를 실 거리로 환산하기 위한 가중치

계획 대상 지역이 대륙 내 혹은 대륙간으로 확대되는 경우에는 격자망을 이용하는 것 보다 지구의 곡률을 고려한 대권 거리 공식을 사용하는 것이 보다 정확한 거리를 도출할 수 있다. 이 경우 X, Y 좌표점 대신 두 지점의 경도와 위도를 이용하게 된다. 이와 관련된 대권 공식은 다음과 같다.

$$D_{A-B} = 3959\ \{\arccos\ [\sin(LAT_A) \times \sin(LAT_B) + \cos(LAT_A) \times \cos(LAT_B) \times COS\ |\ LONG_B - LONG_A\ |\ ]\} \qquad (7\text{-}2)$$

여기서
D_{A-B} = 점 A와 B 사이의 대권 거리
LAT_A = 점 A의 위도
$LONG_A$ = 점 A의 경도
LAT_B = 점 B의 위도
$LONG_B$ = 점 B의 경도

(3) 재고비용

물류망 계획에 있어서 재고문제는 물류센터의 수, 입지, 규모 문제와 관련되어 있다. 재고 수준에 따라 물류센터의 규모가 달라지며 입지에 따라 재고수준이 달라진다. 그러나 재고 수준은 불확실성을 포함하고 있어서 통상 판매 수요나 물류센터의 연간 처리량으로부터 재고량을 추정하게 된다.

현실적인 재고수준 결정 방법은 재고와 물류센터 처리량간의 상관관계를 이용하는 것이나. 운영 중인 물류센터는 재고수준과 처리량을 포함하는 재고 상태 기록(stock status report)을 보유하고 있다. 이들 자료를 [표 7-6]과 같이 집계하고 [그림 7-10]과 같이 재고수준과 처리량을 x, y 좌표로 나타내면 이들 관계를 잘 반영하는 관계식을 구할 수 있다.

새로 건설하려는 물류센터가 있을 경우 이 센터에 할당되는 연간 수요(처리량)를 알면 도출된 관계식에 이를 대입하여 재고량을 추정할 수 있다.

표 7-6 물류센터 처리량으로부터 재고 수준을 추정하기 위한 자료

물류센터	처리량	재고량	물류센터	처리량	재고량
1	600	200	70	900	300
2	800	300	71	300	80
3	400	100	72	600	180
4	500	200	73	400	120

그림 7-9 창고처리량과 재고보유량의 관계

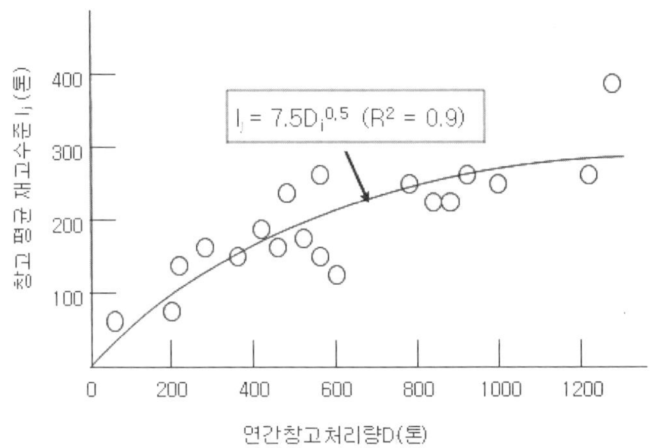

재고비용은 창고에 비축되는 평균재고와 재고유지비(%)에 의해 결정된다. 즉, 재고비용은 보유 재고량과 제품 가격, 세금, 보험료 등을 포함하는 재고유지비에 의해 결정된다. 평균 재고량은 그림과 같이 통상 연간 창고 처리량을 기준으로 하여 함수 관계로 파악한다. 연간 재고유지비용이 평균적으로 제품 가격의 20%이고 제품의 가치가 단위당 50,000원이면 재고를 유지하기 위한 비용은 다음과 같다.

$$\text{연간 재고유지비용} = (0.20)\ (50{,}000)\ (7.5D_i^{0.5}) = 75{,}000D_i^{0.5} \qquad (7\text{-}3)$$

여기서 D_i는 창고 i의 연간 수요, 즉 처리량이다.

(4) 창고운영비용

영업 창고를 이용하는 경우 발생하는 비용은 보관비, 하역비, 부대비용 등이다.

보관비용은 보관요율에 창고의 평균재고량을 곱하여 도출하며 평균 재고량은 전술한 바와 같이 창고 처리량과 재고보유량의 관계식에 의해 도출된다.

보관비용 = 보관요율(원/kg) × 평균 재고량

하역비용은 하역요율에 반입 및 반출된 총 화물 처리량을 곱해서 구한다.

하역비용 = 하역요율(원/kg) × 총 반입·반출량

(5) 총 단위비용

총 단위비용은 지금까지 설명한 모든 관련비용을 합한 것이다. 여기서 중요한 것은 각 항목의 비용은 단위비용(원/kg)으로 집계되어야 한다는 것이다. 창고에서 처리하는 화물량이 결정되면 여기에 해당 단위비용을 곱하여 총비용을 도출할 수 있다.

4) 수요 예측

물류망 계획은 미래 어느 시점을 기준으로 하여 예상되는 수요 규모를 파악하고 이를 비용 및 서비스 수준 측면에서 효율적으로 처리할 수 있는 방안을 수립하는 것이다. 이러한 측면에서 우선적으로 고려되어야 하는 것은 목표연도의 설정과 각 연도별 수요 예측이다.

수요예측은 계획 주체 및 대상에 따라 적용 방법이 달라질 수 있으나 과거 추세를 바탕으로 하는 시계열모형, 화물 발생량과 이에 영향을 미치는 관련 변수들의 관계를 바탕으로 하는 인과관계 모형 등을 활용한다. 특정 기업의 판매량 예측의 경우 단기 예측에 적합한 시계열모형이 적합하며, 공공기관이 주체가 되는 복합화물터미널, 컨테이너터미널 등 물류시설 구축의 경우 인과관계 모형이 적합하다.

제 3 절 물류망 분석 기법

1. 물류망 분석의 특징

현재까지 물류계획 부문에 적용되고 있는 많은 모형들은 하부 부문별 최적화 측면에서 해를 구하는데 초점이 맞추어져 있다. 즉, 물류시스템을 종합적으로 분석하기 보다는 시설 입지 선정, 차량 일정계획 등 각 분야별로 독립적인 해를 구하는 접근법이다. 따라서, 이러한 접근법은 물류운영 전반을 변경하거나 특정 물류 분야의 변화가 타 분야에 미치는 영향 및 그로 인한 경제적 효과 등을 분석하지 못하는 한계를 내포하고 있다.

이러한 점은 물류문제 자체가 시스템적으로 접근해야하는 복합적인 최적화 문제이기 때문에 전체 대상을 모두 동시에 고려할 수 있는 적합한 분석 기법을 도출하기가 어려운 현실적인 문제에 기인한다. 다양한 제품군과 다양한 수송 방법, 다수의 고객, 관련되는 모든 물류시설 등을 모두 동시에 고려하는 것은 현실적으로 불가능하다. 따라서, 아주 세부적인 계획안을 도출하기에 앞서서 종합적인 물류 활동을 대상으로 하여 핵심 자원 소요 및 비용 전반의 근사치를 도출하는 접근법이 현실적이다. 즉, 원자재 공급지에서 소비지까지의 최적 경로 형태를 결정하고 부분적인 최적화 문제로 좁혀서 세부적인 해를 도출하는 방안이다.

선형계획법은 이러한 물류망 문제에 있어서 비용 최소화 혹은 수익 극대화 문제를 해결하는데 적합하다. 물류망에 포함되는 모든 자원들은 용량, 비용 등의 변수로 표기되며, 생산지에서 소비지까지의 물류비용은 선형 비용 함수 형태로 나타난다. 모형을 적용하는데 있어서 일반적으로 다음과 같은 비용을 최소화하게 된다.

- 원자재 구입비
- 하역비
- 생산비
- 거점간 물류비

일반적으로 물류 전략 평가 혹은 물류망 계획은 대상 기간이 미래 시점이기 때문에 복수의 대안을 도출하고 이를 평가하게 된다. 이것은 시장 상황, 제품

가격, 원자재 비용, 수송 비용 등이 가변적이기 때문에 단일 패턴을 도출하는 것은 비현실적이기 때문이다. 일반적으로 다양한 대안들을 도출하여 단순한 분석 등을 통하여 이를 소수로 줄이고, 이들 소수 대안을 대상으로 모형을 적용한 정량적인 평가 절차를 거치게 된다.

2. 주요 물류분석 기법

전술한 바와 같이 물류망 계획의 핵심은 가장 적합한 데포의 입지, 수 및 종류, 수송 수단 및 방법 등을 찾는 것이다. 이러한 과정은 관련되는 전 물류망의 비용 상쇄 관계를 고려하여 예비 할당이 이루어지고, 이어서, 물류 거점, 수송 등과 관련된 세부적인 사항들을 검토하게 된다. 이를 위한 방법으로서는 직관에 의존하는 방법, 최적화 모형, 휴리스틱 기법, 시뮬레이션 기법, 전문가시스템 등이 일반적이다(Ballou, 1999).

1) 직관적인 기법

직관적인 기법은 수학적 분석 기법 대신 빈도 및 평균값을 그래프로 나타내거나 도표를 이용하여 비교 분석하는 초보적인 분석 방법이다. 최적화 기법 등 수학적인 분석 방법을 이용할 경우 고려될 수 없는 정성적인 요인이나 제약 요인 등을 고려할 수 있기 때문에 단순하지만 현실적인 분석이 가능할 수 있다.

2) 최적화 모형

최적화 모형(optimization models)은 수학적 절차를 기초로 하여 정확한 해를 구하는 방법으로서 선형계획법, 정수계획법 등의 수리 모형이 대표적이다. 본 모형은 주어진 가정과 자료를 바탕으로 가장 정확한 해를 구할 수 있어서 문제가 아주 복잡할 때 해를 구하는데 장시간이 소요된다는 단점을 가지고 있다.

3) 탐색적 모형

탐색적 모형(heuristic models)은 최적 해 대신 최적 해에 가까운 근사 해를 구하는 편의적인 해법이다. 수학적 절차를 거치는 최적모형과 달리 규칙과 논리를 바탕으로 시행착오 과정을 통해서 최적화 해법에 의해 해를 구하기 어려운 아주 복잡한 물류문제에 적합한 방법이다.

4) 시뮬레이션모형

시뮬레이션 모형은 물류문제를 비용, 제약 요인, 확률 분포 등을 이용하여 현실적인 대안으로 나타내고 각 대안을 평가하여 의사결정에 도움을 주는 기법이다. 즉, 특정 물류망을 수식으로 표현하여 시뮬레이션 모형을 만들고 다양한 대안들을 도출하여 반복적으로 분석하여 평가한다. 본 방법은 필요한 정보의 양이 많고 모형이 복잡하기 때문에 컴퓨터를 이용해야하는 한계가 있으나 복잡한 물류 문제를 현실에 가깝게 기술할 필요가 있거나 문제에 확률적 요인이 포함되어 있을 때 적합한 방법이다.

5) 전문가 시스템

전문가 시스템(expert system)은 기존의 일반적인 분석기법과 전문가의 지식과 논리를 결합해서 물류계획 문제의 해를 구하는 인공지능 컴퓨터 프로그램이다. 물류 부문에 있어서 축적된 다양한 경험으로부터 얻은 지식과 전문 식견이 전문가 시스템이나 모형으로 구현될 때 가장 현실적인 해를 구할 수 있다. 전문가 시스템은 논리 구조를 통하여 정성적인 요소까지 고려할 수 있기 때문에 경영진의 주관적인 요인까지 반영할 수 있는 장점이 있으나 문제 해결에 적합한 지식을 수집하는데 어려움이 있다.

제 4 절 분석 과정

1. 개 괄

일반적으로 기업경영 활동은 계획단계, 실행단계, 평가단계 등을 거쳐서 이루어진다([그림 7-11]). 계획단계는 기획부서에서 실시하며, 실행단계는 해당 실무부서에서 실시하고, 평가단계는 공동으로 수행된다.

광의의 물류관리는 계획, 실행, 평가 등의 단계를 포함한다고 할 수 있다. 즉, 다음 연도의 물류활동에 대하여 금년에 계획을 수립하고 해당 연도가 되면

그림 7-11 물류관리 단계

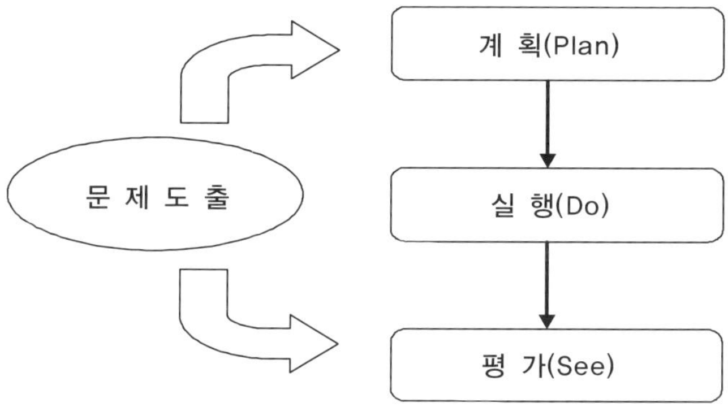

계획된 안들을 실행하게 된다. 해당 연도가 종료될 시점에서 실행이 얼마나 계획에 부합하게 이루어졌는가를 평가하고 문제점을 도출하여 다음 연도 계획에 반영하게 된다. 이러한 관점에서 일 단위로 이루어지는 차량일정계획 등을 제외하고 중장기적인 성격의 문제는 주로 계획단계에서 이루어지게 된다.

2. 분석절차

물류망 분석은 먼저 문제 도출에서 시작된다. 현재의 물류시스템이 아무런 문제가 없다면 새로운 계획 수립은 필요하지 않을 것이다. 그러나 전술한 것처럼 물류수요, 물류환경 등은 끊임없이 변하기 때문에 수시로 물류망을 평가하는 계획이 필요하게 된다.

물류망을 분석하는 절차는 [그림 7-12]와 같다. 먼저, 문제점이 도출되면 서비스 수준을 설정하게 되는데 서비스수준은 문제가 무엇이냐에 따라 그 내용이 달라진다. 즉, 수송과 관련될 때 이것은 리드타임(배송시간) 혹은 배송빈도가 될 수 있으며, 문제가 재고와 관련되면 재고수준, 재고가용률 등이 될 것이다. 어떤 내용이든 고객의 요구를 파악해서 최대한 만족시키는 방향으로 설정이 된다. 이것은 최고 관리자에 의하여 정책적으로 결정될 사항이기도 하다.

이어서 필요한 자료를 수집하고 이를 분석에 맞게 정보로 전환하는 과정이 필요하다. 앞 절에서 설명한 다양한 자료들 중 문제의 성격에 따라서 일부 또는

그림 7-12 물류망 분석 절차

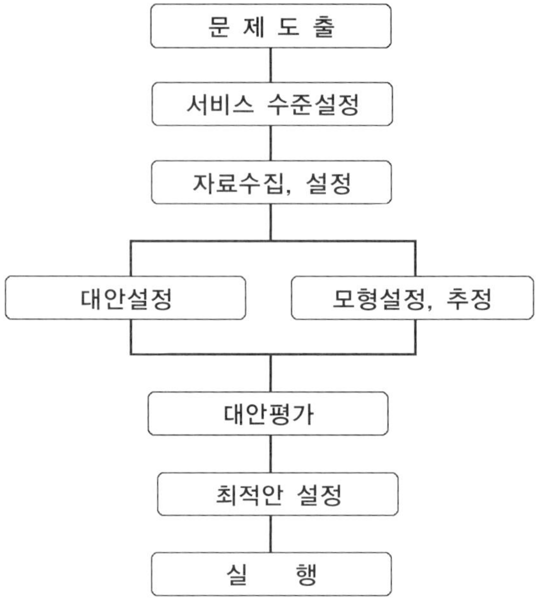

전체 자료가 필요하게 된다. 또한 모형에 따라서 요구되는 자료의 형태가 다를 수 있기 때문에 사용할 모형의 종류를 고려할 필요가 있다.

자료가 정리되면 문제를 해결할 수 있는 다양한 방법을 모색하고 적합한 몇 개를 대안으로 선정한다. 또한, 분석의 도구로 사용될 적합한 모형의 종류를 결정하고 자료를 이용해서 모수 값을 추정하게 된다.

모형이 만들어지고 대안이 설정된 후 대안 평가에 들어간다. 대안은 그 문제가 무엇이든지 평가를 위해서는 비용 등 수치로 변환되어야 한다. 예를 들면, 물류센터를 증설하는 경우 위치, 규모 등은 거리, 수송비, 하역비, 보관비, 고정비 등으로 나타난다.

평가 결과 총비용을 기준으로 대안의 등급을 매기고 비용 외에 경쟁 환경, 정책 동향 등 정성적인 항목들을 고려하여 최적 안을 선정하게 된다. 대안 평가까지를 계획단계라 한다면 최적 안 선정은 의사결정 단계라 할 수 있다.

참고문헌

강석호, 「Operations Research」, 영지문화사, 1986. 2.
김태현, 「21세기를 대비한 Supply Chain Management 개념과 사례」, 박영사, 1999. 7.
남기찬, 허윤수, 「물류계획론」, 다솜출판사, 2005. 5.
문상원, 「물류의사결정, 비봉출판사」, 1994. 11.
방희석, 이규훈, 「물류관리론, 동성사」, 1999. 2.
송계의, 「기업의 물류관리, 21세기한국연구재단」, 1995, 10.
안태호, 「현대물류론, 범한」, 1996. 10.
윤문규, 「물류총론」, 범한, 2006. 2.
윤문규, 「한국기업의 물류성공사례」, 범한, 2007.
이영해, 「SCM 이론과 실제」, 문영각, 2001. 11.
한낙현, 정준식, 「물류관리론」, 형설출판사, 2006. 3.

Ballou, Ronald H., (Instructor's Manual) Business Logistics Management Fourth Edition, Prentice-Hall.
Ballou, Ronald H., Business Logistics Management Fourth Edition, Prentice-Hall, 1999.
Battersby, Albert, Network Analysis for Planning and Scheduling, Third Edition, The Macmillan Press, 1970.
Blanchard, Benjamin S., Logistics Engineering and Management Fourth Edition, Prentice-Hall International, 1992.
Button, K.J. and Pearman, A.D., The Economics of Urban Freight Transport, The Macmillan Press, 1981.
Cooper, M.C. and Innis, D.E. and Dickson, P.R., Strategic Planning for Logistics, Council of Logistics Management, 1991.
Florian, Michael, Transportation Planning Models, North Holland, 1984.
Gattorna, John, Handbook of Physical Distribution Management Third Edition, Gower, 1989.
Mentzer, John T, K.B. Hahn, "A Framework of Logistics Research," Journal of Business Logistics, Vol. 16, No. 1, pp. 231-249, 1995.
Ogden, K.W., Urban Goods Movement, Cambridge, 1992.

제 8 장

물류 고객서비스

제 1 절 물류 고객서비스(Customer Service)의 개요

1. 물류 고객서비스의 개념

물류 고객서비스는 기업이 제품과 함께 고객을 만족시키기 위해 수행하는 일련의 활동으로 기본적으로 고객에게 약속한 시간내에 제품이나 서비스를 전달하는 것이라고 정의할 수 있다. 그러나 고객서비스 향상을 위해 발생하는 비용과 수익의 상쇄관계 때문에 물류에 있어서 고객서비스 활동은 그리 단순하지 않다. 즉, 높은 고객서비스 수준을 달성하려면 그만큼 많은 물류비와 대량의 재고가 필요하게 되므로 기업은 고객시비스 향상과 물류비 절감 중 어느 부분에 중점을 둘 것인지 결정해야 한다.

기업의 입장에서는 고객서비스를 불평, 특별주문, 대금청구 등을 처리하는 활동(activity)으로 보기도 하고, 한편으로는 기업성과의 척도(measure of performance)로 여기기도 한다. 고객서비스를 활동(activity)으로 보는 경우는 고객의 문제를 사후에 해결하는데 초점을 둔 것이다. 반면에 고객서비스를 성과의 척도(measure of performance)로 보는 경우는 기업에서 달성하고자 하는 활동별 성과수준을 충족시키기 위한 업무에 초점을 둔 것이라 할 수 있다. 예를 들어 어떤 기업이 주문의 95%이상을 약속한 시간 내에 배송한다면 주문의 80% 이상을 정해진 시간 내에 배송하는 기업보다 좋은 고객서비스를 제공하는 것이 된다.

이러한 고객서비스의 궁극적인 목표인 고객만족이라는 개념은 1972년 미국 농산부에서 농산품에 대한 소비자만족지수(CSI: Consumer Satisfaction Index)를

그림 8-1 물류와 마케팅영역의 접점인 물류 고객서비스

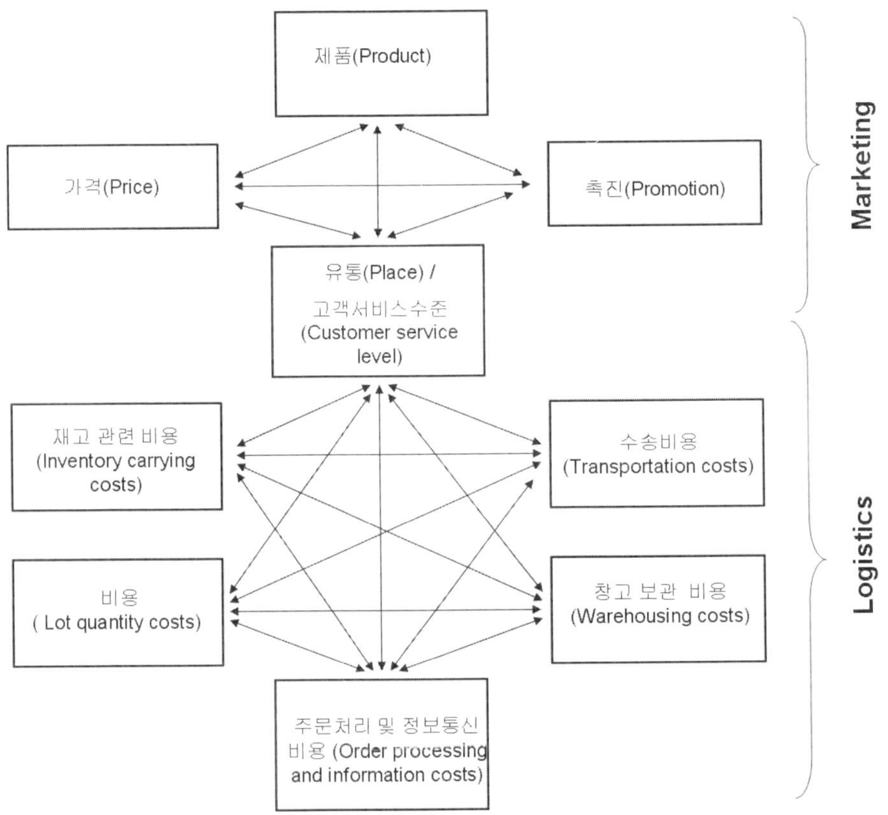

자료: Douglas M. Lambert, The Development of an Inventory Costing Methodology: A Study of the Costs Associated with Holding Inventory(Chicago: National Council of Physical Distribution Management, 1976), 7.

측정하여 발표한 이후 학계에서 오늘날까지 사용되고 있다. 고객서비스 수준에 대한 고객만족도는 기업의 시장점유율, 원가 그리고 기업의 이익에도 크게 영향을 미친다. 그러나 아직은 기업의 마케팅전략과 고객만족도를 유지하는데 있어서 물류 고객서비스의 중요성을 깨닫지 못하는 경우가 많다. 마케팅을 효과적으로 하거나 제품의 품질이 높더라도 고객에게 제대로 배송되지 못하면 아무런 의미가 없어지게 된다. 향후 기업이 치열한 글로벌경쟁에서 살아남기 위해서는 효과적이고 효율적인 물류시스템 관리를 통해 고객이 원하는 서비스를 제공할 수 있어야 한다.

고객서비스는 가격경쟁력과 함께 중요한 경쟁수단으로 물류와 마케팅의 공통접점에 해당된다. 기본적으로 고객서비스는 물류의 가장 핵심적인 관심사이면서 물류개념을 초월하는 매우 중요한 수단이다. [그림 8-1]은 물류와 마케팅영역에서의 전통적인 고객서비스의 역할을 나타낸 것이다. 마케팅믹스에서의 유통(place)에 해당되는 부분이 물류에서의 고객서비스(customer service)에 해당된다.

2. 물류 고객서비스의 구성요소

고객들은 개별적인 서비스요소보다 개별서비스가 결합된 전체적인 서비스를 기준으로 기업의 물류 고객서비스 수준을 평가하고 반응한다. 다양한 고객서비스 요소들의 상대적인 중요도는 기업과 제품의 특성에 따라 달라질 수 있다.

이 장에서는 미국 물류관리협의회(National Council of Physical Distribution Management)에서 지원하였던 「종합적인 고객서비스에 관한 연구」에서와 마찬가지로 공급자와 고객 간 거래행위가 발생하는 시점을 기준으로 고객서비스 요소를 살펴보도록 하겠다.

1) 거래 전 고객서비스의 구성요소

거래 전 고객서비스 구성요소에는 [표 8-1]에 있는 5가지 요소들이 포함된다. 이 요소들은 물류활동과 직접적인 관련은 없지만 기업에 대한 고객인식과 태도 및 총체적인 만족도에 상당한 영향을 미친다.

먼저, 문서화된 서비스 정책에는 서비스 성과의 추적과 실제 성과보고 횟수를 위한 매트릭스가 포함되어야 하며, 이는 실제 측정 가능하고 실행 가능해야 한다.

표 8-1 거래 전 5가지 고객서비스 구성요소

거래시기	구성요소
거래 전	·문서화된 서비스 정책 ·문서화된 서비스 정책을 고객이 제공받았는지의 여부 ·조직적 구조 ·시스템 유연성 ·관리 서비스

이러한 서비스 정책을 제공받은 고객은 무엇을 기대할 수 있는지 알 수 있으며, 만약 기업으로부터 기대한 수준의 서비스를 제공받을 수 없다면 이러한 정책을 통해 기업이 앞으로 어떻게 행동할지를 예측할 수 있다.

고객서비스의 목표달성을 보장할 수 있는 가장 적합한 조직구조는 기업에 따라 다르지만 한 가지 분명한 점은 물류관리자가 기업 내에서 높은 지위를 차지하여 업무 흐름을 총괄할 수 있어야 한다는 것이다. 또한 성과에 대한 내、외부의 커뮤니케이션이 용이해야 하고, 고객들의 요구를 제때 만족시킬 수 있도록 고객과 보다 가까운 관계를 유지해야 한다. 이와 더불어 정상적인 고객서비스 활동에 영향을 미칠 수 있는 노동자 파업, 자재 부족, 허리케인 혹은 홍수 등의 불가항력적인 자연재해에 유연하게 대응할 수 있도록 시스템 내에 불확실성에 대비한 계획이 포함되어야만 한다.

기업이 고객에게 제공할 수 있는 관리 서비스는 재고관리 및 주문 처리의 향상에 도움이 되는 것들로 교육 매뉴얼, 세미나 및 일대일 컨설팅의 형태로 제공될 수 있다. 이러한 모든 거래 전 고객서비스 구성요소들은 공급자와 구매자간의 원만한 관계를 유지하는데 필수적이다.

2) 거래 시점 고객서비스의 구성요소

거래 시점 고객서비스의 구성요소들은 고객서비스와 직접적으로 관련된 것으로 실제 제품이 생산자로부터 고객에게 이동될 때 발생한다. 다음의 [표 8-2]를 통해 8가지 구성요소를 파악할 수 있다.

우선, 기업은 재고부족 수준을 통해 제품의 가용능력을 측정할 수 있다. 따라서 잠재적인 문제점을 제대로 파악하기 위해서는 제품별, 고객별로 재고부족을 추적할 수 있어야 한다. 재고부족이 발생하면 기업은 적정한 대체품을 보내거나, 품절된

표 8-2 거래 시점 8가지 고객서비스 구성요소

거래시기	구성요소
거래상황	·재고 충족률 ·주문 정보 ·시스템의 정확성 ·주문주기의 일관성 ·특별 취급 선적 ·교환선적 ·주문 편리성 ·제품 대체성

제품이 도착한 후 신속하게 제공함으로써 고객신뢰도를 유지하기 위해 노력해야 한다.

인터넷의 발달로 고객들이 재고 현황, 주문 현황, 또는 실제 선적 요일 등 제품에 관한 정보를 이전보다 많이 가질 수 있게 되었다. 특히, 공급자의 입장에서 미납주문에 대한 성과추적은 매우 중요하며 이러한 미납주문은 제품별, 고객별로 추적되어야 반복적인 문제점을 파악할 수 있으며 적시에 처리될 수 있다.

제품에 대한 정보를 신속하게 획득할 수 있는 능력과 함께 고객들은 주문현황과 재고수준에 관한 정확한 정보를 기대한다. 따라서 부정확한 정보는 공급자와 고객이 신뢰를 쌓는데 걸림돌이 되므로 신속하게 수정되어야 한다. 하지만 이러한 오류를 수정하는데 시간과 비용이 많이 소요되므로 사전에 시스템의 정확성을 확보하는 것이 무엇보다 필요하다.

고객주문이 시작되어 고객에게 제품 및 서비스가 전달될 때까지의 총 시간을 주문주기라고 하는데, 이 주문주기에는 주문발주, 주문발주와 별개인 경우에는 주문입력, 주문처리, 선적을 위한 주문 피킹과 포장, 이동시간, 실제 납품 프로세스가 포함된다. 주목할 점은 고객들이 짧은 리드타임보다는 일관된 리드타임에 더욱 중점을 둔다는 것이다. 따라서 기업에서는 총 리드타임을 줄이는 것과 더불어 고객들이 주문배송과정을 예측할 수 있도록 리드타임의 일관성을 유지할 수 있는 능력이 중요하다.

특별 취급 선적은 빠른 선적을 필요로 하거나 특별한 고객의 요구가 있을 경우 발생한다. 즉, 정상적인 납품 시스템을 통해 관리될 수 없는 주문과 관련이 있는 것으로 이때 선적 비용은 정상적인 선적 때보다 상당히 높다. 따라서 기업은 고객에 따라 특별 취급을 해야 할지 신중한 결정을 내려야만 한다. 또한 재고부족이 발생할 경우 고객서비스 수준을 높이기 위해 여러 지역의 유통센터로부터 교환선적이 될 수 있도록 관심을 가져야 한다.

주문의 편리성은 고객의 입장에서 얼마나 쉽게 주문을 할 수 있는지를 의미한다. 이러한 편리성에 따라 고객들이 선호하는 공급업체가 달라지기도 한다. 따라서 기업은 주문서 형식을 간결하게 하고 주문절차를 표준화하는 등 고객에게 보다 편리한 서비스를 제공하기 위해 노력해야 한다.

고객이 주문한 제품이 품절인 경우에는 성능이 같거나, 동일 품목으로 대체되어야 한다. 만약 기업이 어떤 제품에 대한 두 가지 대체품을 갖고 있다면 보유제품의 고객서비스 수준은 더욱 높아질 것이다. 그러므로 고객이 받아들일 수 있는 대체품을 제공할 수 있는 기업은 고객서비스 수준을 상당히 향상시킬 수 있다.

3) 거래 후 고객서비스의 구성요소

거래 후 고객서비스는 고객이 제품을 공급받은 후에 제공되는 것을 말하며, 구매 전이나 구매시점에 계획되어야 한다. 3가지 고객 서비스 구성요소 중 가장 경시되는 경향이 있으나, 현재의 고객을 유지하기 위해서는 중요하게 다뤄야 할 요인들이다.

표 8-3 거래 후 4가지 고객서비스 구성요소

거래시기	구성요소
거래 후	·보증 및 수리 활동 ·제품 추적 ·고객 불만이나 클레임 처리 ·제품의 즉각적인 교체

보증 및 수리 활동에 관한 요인들은 거의 모든 구매에서 고려되어야 하지만, 그 중에서 특히 이들 비용이 설비 자체의 구입비용을 훨씬 초과하는 자본설비를 구매하는 경우에는 세밀한 조사가 필요하다.

제품 추적 역시 중요한 고객서비스 요인으로 만약 시장에서 잠재적으로 위험이 파악된 물건이 있다면 기업은 즉시 리콜을 실시할 수 있어야 한다.

다음으로 공급자는 고객 불만을 해결하기 위해 고객으로부터 획득한 정보를 처리하고, 변화를 감시해야 한다. 이와 함께 고객에게 가장 최신의 정보를 제공하기 위한 정확하고 실시간적인 정보시스템이 필요하다. 또한 제품에 문제가 발생하였을 때 고객의 불편을 최소화하고 고객충성심을 높이기 위해서는 품목에 따라 일시적으로 제공할 수 있는 예비 제품을 보유하고 있어야 한다.

최근 거래 후 요인에 대한 중요성이 증가하고 있는데 이는 생산자 중심의 시장에서 구매자 중심의 시장으로의 전환을 반영한다. 따라서 기업은 고객서비스를 향상시키기 위해 거래가 끝난 후에도 물류프로세스를 효과적으로 관리할 수 있는 기업 정책을 수립해야 한다.

3. 물류 고객서비스의 중요성

물류 고객서비스와 고객만족도는 기업이 추구하는 목표와 성과에 직접적인 영향을 주기 때문에 중요한 이슈가 되고 있다. 높은 고객만족도를 유지하는 기업은 우선 기존고객의 충성도를 향상시킬 수 있다. 현재의 고객을 유지하는 것보다 신규고객을 유치하는데 약 6배의 비용이 소요된다는 점을 감안하면 얼마나 고객서비스가 중요한지 이해할 수 있다. 또한 높은 고객만족도는 경제적 수익을 보장함과 동시에 가격민감도의 감소, 마케팅 실패비용의 감소 및 기업명성도의 향상 등과 같은 긍정적인 결과를 가져온다.

그러나 고객은 서비스에 대한 요구를 항상 명확하게 표현하지 않으며 그들이 제공받는 서비스에 대해서도 항상 일정하게 반응하지 않기 때문에 물류 고객서비스에 의한 기업의 성과를 정확하게 측정하기란 쉽지 않다. 따라서 물류관리자는 먼저 고객서비스 수준을 설정하고 이에 알맞은 물류시스템을 구축해야 한다.

이와 함께 기업은 고객서비스와 고객만족도 향상을 위해 투자되는 비용과의 관계를 고려해야 한다. 만약 고객만족 수준을 높이기 위해 가격을 인하하거나 고객서비스를 증대시킨 경우에 기업의 이윤이 오히려 감소한다면 문제가 되기 때문이다.

제 2 절 물류 고객서비스의 측정

1. 물류 고객서비스의 목표

기업내 물류관리자는 고객서비스 수준을 결정할 때 고객서비스와 관련된 2가지 주요 개념인 재고수준과 리드타임을 고려해야 한다. 다음 [그림 8-2]는 물류 고객서비스와 재고수준과의 관계를 나타낸 것이다.

그림 8-2 물류 고객서비스와 재고수준과의 관계

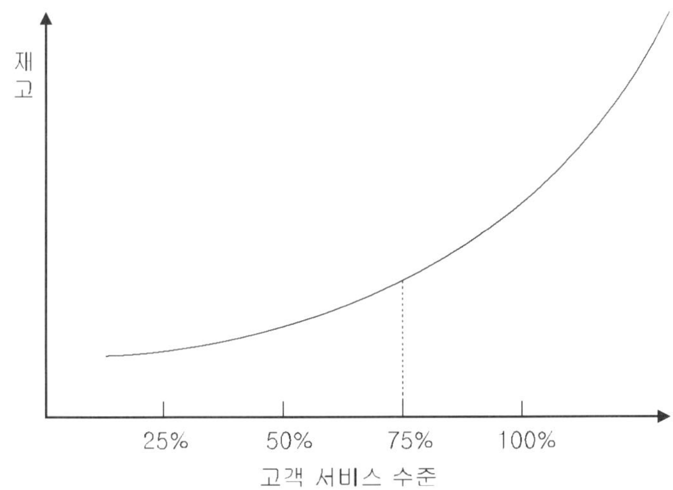

재고수준이 높아질수록 고객서비스 수준이 향상되지만 특정한 시점 이후로는 재고수준이 급격히 높아지게 된다. 따라서 물류관리자는 추가로 재고를 보유하게 되는 비용과 고객서비스 수준과의 관계에 대해 신중하게 살펴보아야 한다. 재고수준과 너불어 주문에서 배송까시 걸리는 시산인 리드타임은 고객서비스에 상당한 영향을 미치는데 리드타임이 길어지게 되면 그만큼 재고를 많이 보유해야 하며 재고비용도 증가하게 된다.

그러므로 물류관리자는 물류활동과 고객서비스로부터 발생되는 비용을 최소화시키면서 동시에 고객이 원하는 적정 서비스 수준을 파악하여 다른 생샨자보다 더 나은 서비스를 제공해야 한다. 또한 물류 서비스요소들을 도출한 후에는 설문조사를 통해 고객이 원하는 서비스 수준을 기준으로 실제 제공되는 서비스 수준을 비교하여 보다 나은 물류 고객서비스를 제공할 수 있도록 꾸준히 관리해야 한다.

2. 물류 고객서비스의 기본적인 평가요소

물류 고객서비스를 측정하기 위한 다양한 평가요소들이 존재하나 절대적인 중요 고객서비스요소를 찾아내는 것보다 각각의 산업과 시장에 맞는 서비스 요소를 도출하여 각 요소의 상대적인 중요도를 비교하는 것이 필요하다. 이때 고려해야 할 서비스요소들로는 앞으로 살펴볼 주문주기 또는 주문속도, 유연성, 일관성, 신뢰성, 및 물류시스템의 복구능력 등이 있으며, 이러한 물류 고객서비스 요소들은 고객만족에 상당한 영향을 미친다.

1) 주문주기 또는 주문속도(Order Cycle Time, Order Speed)

주문주기는 주문이 발생하여 그 제품이 최종 고객에게 배송되기까지 걸린 시간을 의미하며, 각 기업이 운영하고 있는 물류시스템에 따라 큰 차이를 보인다. 오늘날에는 정보통신기술의 발달로 고객의 제품 주문주기가 짧게는 단 몇 시간에서 길게는 며칠로 단축되고 있다.

현실적으로 물류 고객서비스와 재고가용성 및 운영속도를 동시에 만족시키기는 어렵기 때문에 대부분의 기업들은 재고를 위탁하여 주문관련 속도 및 주기를 단축시키고 있다. 이와 같은 방식은 미리 예상되는 재고를 고객과 가까운 창고에 보관하는 것인데 공급업자는 추가적인 재고비용을 부담해야 하므로 전체적인 물류시스템의 관점에서 신중하게 결정해야 한다. 이와 함께 기업의 재고보유품목과 재고관리 능력이 높을수록 주문주기에 따라 소요되는 시간은 짧아지고 물류 고객서비스수준은 높아지게 된다. 따라서 주문주기와 주문속도 및 물류 고객서비스 수준 등의 관계를 바탕으로 효율적으로 물류시스템을 관리해야 한다.

2) 유연성(Flexibility)

유연성은 화물의 목적지, 화물의 도착일시 및 수량변경과 같은 기본서비스상의 변경, 신제품 출시나 제품의 리콜 및 퇴거, 독특한 판매 및 마케팅 프로그램의 지원, 특정시장이나 고객에 대한 서비스 수준의 차별화, 그리고 포장방식의 변경 등과 같은 물류시스템 내에서 이미 수행된 제품수정이나 주문에 따른 처리 등에 대한 대응능력을 포함한다. 즉, 물류시스템의 유연성은 고객들의 특별한 요구나 특수 상황에 기업이 얼마나 효율적으로 대처할 수 있는지를 의미하며, 효율적인 물류시스템을 보유한 기업일수록 이러한 상황에 유연하게 대응할 수 있을 것이다.

3) 물류 고객서비스 수준의 일관성(Consistency)

서비스의 일관성은 기업이 고객에게 제공하는 서비스의 예측 가능한 정도를 의미하며, 기업의 물류관리자들은 고객서비스 평가요소들 중에서 다른 요소들보다 일관성에 가장 높은 가치를 두는 경향이 있다.

일관성은 기업의 다양한 고객서비스에 대한 주문주기와 배송이행 수준, 그리고 예상배송시간과의 관계에 의해 규정된다. 이때 기업의 일관성 수준이 낮으면 낮을수록 고객들은 혹시라도 발생할지 모르는 배송지연에 대비하기 위해 여분의 안전재고를 유지해야 하는 부담을 가질 수밖에 없게 된다.

그러나 기업의 제품출고 능력과 관련이 있는 제품획득 가능성(고객들이 원하는 제품을 원하는 수량만큼 언제든지 획득할 수 있는 정도)은 배송약속을 지키는 것과 같은 시간적인 측면에서 일관성을 높이는데 기여한다.

4) 신뢰성(Reliability)

물류서비스의 품질(quality)은 물류시스템의 신뢰도와 직접적인 관련이 있다. 즉, 물류서비스의 품질은 재고가용성과 운영성과의 적합능력에 좌우되며 물류시스템의 운영과 주문상태에 관한 정확한 정보를 얼마나 고객에게 신속하게 제공할 수 있는가가 핵심이라고 할 수 있다. 또한 고객들이 품절이나 배달지연과 같은 문제에 대해 미리 기업으로부터 주문관련 정보를 전달받을 경우 고객의 입장에서 유연한 대응이 가능하기 때문에 중요하다고 할 수 있다.

5) 물류시스템의 복구능력

물류시스템의 복구능력은 프로그램 오작동이나 서비스 중단이 발생할 수 있음을 예측하고, 이러한 상황이 발생하였을 때 이를 신속하게 복구할 수 있는 것을 의미한다. 다양하고 복잡한 기업의 물류시스템을 운영하는 데 있어 항상 발생할 수 있는 것이 바로 시스템의 오작동이며, 이는 모든 상황에서 서비스 요구사항을 지속적으로 수행한다는 것이 사실상 어렵기 때문에 유발된다고 볼 수 있다.

3. 물류 고객서비스 전략

기업은 물류 고객서비스수준을 통하여 물류채널의 효과성을 측정할 수 있으며, 또한 그러한 고객서비스수준을 달성하기 위해 소요된 물류비용을 통해 기업내 물류채널의 효율성을 알 수 있다.

다음 [그림 8-3]은 물류채널의 통합화와 원활한 정보흐름을 통해 물류 고객서비스수준을 높이고 최종적으로 물류채널의 효과성과 효율성을 향상시키는 것을

그림 8-3 물류 고객서비스를 향상시키기 위한 전략

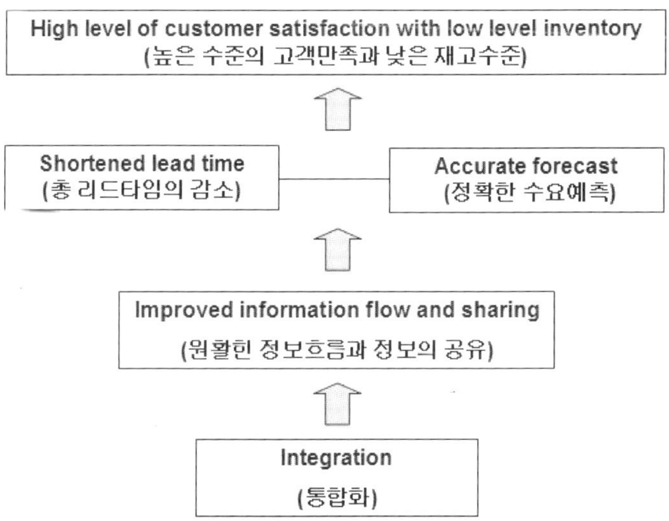

나타낸 것이다.

최적의 물류채널은 높은 고객서비스 수준과 낮은 재고수준을 통해 달성된다고 볼 수 있다. 하지만 이 둘 사이에는 상쇄관계(trade-off relations)가 존재하므로 물류채널의 총 리드타임을 줄이고 고객의 수요를 정확하게 예측할 수 있어야 한다. 이 때 무엇보다 중요한 것은 물류채널에서의 원활한 정보의 흐름과 이용가능성이라고 할 수 있다. 물류채널에서 정보의 흐름이 원활하지 않으면 물류채널 내의 기업들은 부정확한 수요정보에 의해 영향을 받게 되고, 결국 물류시스템이 효과적으로 운영될 수 없게 된다.

물류채널에서 정보의 흐름을 향상시키기 위해서는 물류채널 내 각 기업들이 그들의 공급자들뿐만 아니라 고객들과도 긴밀한 관계를 유지해야 한다. 즉, 효율적이고 효과적인 물류 고객서비스를 제공하기 위해서는 물류채널의 기업들과 이들의 다양한 물류활동을 통합하는 것이 필수적이다. 이러한 물류채널의 통합은 수송 및 보관 등과 같은 전통적인 활동뿐만 아니라 생산 및 마케팅과 같은 영역에서도 이루어져야 한다. 또한 외부적으로는 물류채널의 다른 참여자들 —공급업자, 고객, 3자물류업체— 과도 긴밀한 관계를 유지해야 한다.

제 3 절 물류 고객서비스의 개선

1. 물류 고객서비스 성과의 개선

세계화로 국내시장이 완전 개방되면서 이제는 국내기업들이 외국기업들과 무한경쟁을 해야만 하는 상황에 놓이게 되었다. 이때 낮은 가격의 제품을 공급함과 동시에 물류 고객서비스 수준을 향상시키는 것이 필수적이므로 물류채널 내의 모든 참여자들은 물류시스템의 전체 효율성을 높이고 이윤을 창출할 수 있도록 협조해야 한다. 기업이 고객의 욕구를 정확하게 파악하고 고객서비스의 성과를 개선시키기 위해서는 다음에 설명되는 세 가지 사항을 명심해야 한다.

1) 고객욕구와 필요의 이해

모든 고객들이 동일한 제품과 서비스를 추구하지 않기 때문에 기업들은 그들의 고객이 가장 중요하게 생각하는 서비스 요인이 무엇이고, 고객들이 그러한 서비스를 위해 얼마나 기꺼이 지불할 의사가 있는지를 알아야만 한다. 고객의 욕구를 알고자 하는 노력은 고객이 기업에게 제공하는 이익에 근거하여 고객 ABC분석을 수행하기 위해 필요한 정보를 경영자에게 제공할 것이다. 이를 바탕으로 기업들은 고객서비스전략을 개발할 수 있다. 예를 들어 기업의 수익창출 관점에서 상위 20%에 드는 가장 중요한 고객들은 'A'그룹에 포함될 수 있고, 이들에게 가장 높은 수준의 서비스가 제공된다. 'A'그룹 다음으로 중간 60%의 고객군은 'B'그룹에 속하고 이 그룹에는 상대적으로 적은 관심을 가지고도 고객만족을 줄 수 있다. 마지막 최하 20%에 속하는 고객들은 'C'그룹에 속하며, 이 그룹에는 가장 낮은 수준의 서비스를 제공하여도 고객들에게 어느 정도 만족을 줄 수 있다. 이러한 분석을 통하여 기업은 고객들이 원하는 수준의 서비스를 고객그룹별로 제공할 수 있다.

2) 물류 고객서비스의 감시 및 관리

기업들은 고객을 대상으로 설문조사와 인터뷰를 통해 서비스상의 결점을 재빨리 발견하고 수정하는 고객 피드백(customer feedback)을 추구해야 한다. 서비스에 대한 감시의 한 방법으로 경영자들은 그들 자신의 기업 내에 단골고객으로 활동해 볼 수 있다. 즉, 그들 자신의 매장에서 제품을 구매하고, 물류시스템을 통한 운송을 직접 확인해보고, 더 나아가 불만을 제기해 봄으로써 그들의 고객서비스를 평가할 수 있다. 이외에 직원을 고객의 역할에 투입해볼 수도 있는데 이러한 방법은 경영자의 고객서비스 노력이 고객에게 어떻게 인식되고 있는지에 대한 강력한 통찰력을 제공해 준다.

3) 직원의 교육과 훈련

고객과 직접 대면하는 주문접수자, 점원 등의 프런트-라인(front-line) 직원들은 서비스를 수행함에 있어서 그들의 역할이 무엇인지, 그리고 그 기업의 고객서비스 전략이 무엇인지 명확히 이해해야 한다. 따라서 이들 직원들에 대한 고객서비스 훈련은 필수적이라고 할 수 있다. 최고경영자는 직원들이 고객들과 자유롭게 의사소통할 수 있고, 고객서비스에 대한 중요성을 인식할 수 있도록 해야 하며, 고객만족을 높일 수 있도록 직원들에게 예기치 않은 사건들을 처리할 수 있는 권한을 주어야 한다.

2. 비용 대비 고객서비스의 개선

경영자들은 고객서비스와 관련된 비용과 수익에 관한 상쇄관계(trade-off relations)를 지속적으로 고려해야 한다. 다시 말하면 고객서비스의 개선이 직접적으로 판매 혹은 수익의 변화에 어느 정도 영향을 미치는지를 파악해야 하는데, 이것을 측정하기란 쉽지가 않다.

고객서비스의 수준에 따라 소요되는 물류비용이 달라지며 또한 동일한 서비스 수준에서도 다양한 개별 물류활동을 어떻게 조율하느냐에 따라 그에 상응하는 비용의 정도가 달라진다. 다음 [그림 8-4]를 통해 물류서비스와 비용과의 관계를 살펴볼 수 있다.

그림 8-4 물류서비스 수준과 비용 · 수익의 상쇄관계(trade-off relations)

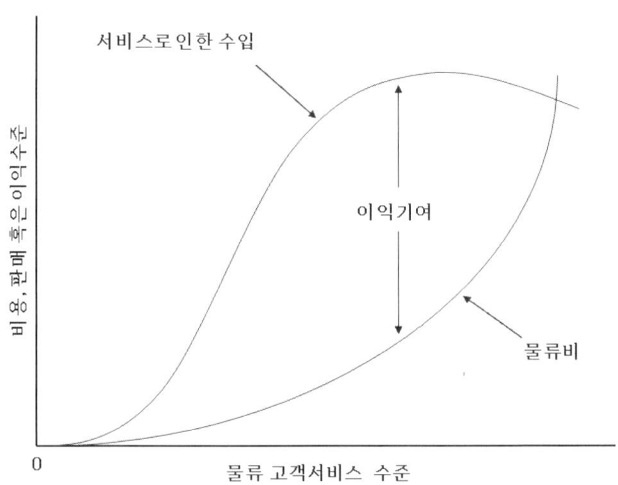

자료: 로널드 H. 발로우 저(김정환외 역), 신물류경영(2000).

대부분의 경제활동에서처럼 더 높은 고객서비스를 달성하기 위해 물류활동을 증가시키면, 관련 비용은 빠르게 증가한다. 판매와 서비스 사이에 나타나는 수확체감(diminishing returns)과 상승하는 비용-서비스 곡선은 위 그림에서 볼 수 있는 형태의 이익곡선(profit contribution)을 도출한다. 이러한 이익곡선은 다양한 서비스 수준에서의 비용과 수익간의 차이로 생기는데, 이익기여곡선상에서 이익이 최대가 되는 점이 물류시스템 계획에서 추구되는 이상적인 서비스 수준이 된다. 이 최대이익점은 서비스 수준의 최하점과 최상점 사이에서 발생한다.[1)]

제 4 절 최적 물류 고객서비스 수준 결정[2)]

오늘날 기업들 사이에서 자사의 특성에 맞는 물류 고객서비스 수준을 결정하고 고객만족도를 산출하는 경향이 증가하는 추세에 있다. 경쟁력 있고 효율적인 물류 고객서비스를 제공하기 위해서는 우선 자사의 물동량과 물류비용을 고려하여 기업의 목표에 부합하는 최적의 고객서비스 수준을 도출하여야 한다. 다음의 이론은 최적의 물류 고객서비스 수준을 결정하는데 도움이 될 것이다.

1. 물류 고객서비스 수준 결정 이론

기업의 목표가 이익에 대한 기여도를 최대화하는 것 즉, 물류관련 수입과 물류비용의 차이를 최대화하는 것이라고 하면, 수학적으로 최대이익은 수입의 변화와 비용의 변화가 같아지는 점에서 이루어진다. 즉, 한계수입(marginal revenue)과 한계비용(marginal cost)이 같아지는 점이다.

예를 들어 SL이 주문주기시간이 5일인 주문비율로 표현되는 서비스수준일 때 판매-서비스(수입)곡선은 $R = 0.5\sqrt{SL}$ 의 형태가 된다고 가정하자. 이 곡선은 특성은 [그림 8-5]에 나타나 있다. 이에 대응하는 비용곡선은 $C = 0.00055\ SL^2$로 주어진다. 이때 최적화하려는 수식은 수익에서 비용을 뺀 아래와 같은 관계식으로 나타난다.

1) 김정환외 역(2000), 신물류경영.
2) 김정환외 역(2000), 신물류경영, 문영사, pp.125-128의 내용을 발췌 정리.

$$P = 0.5\sqrt{SL} - 0.00055SL^2 \tag{8-1}$$

여기서 P = 이익기여(달러)이다.

미분법을 이용해서 식 (8-1)을 최적화할 수 있으며, 이익을 최대화하는 서비스 수준(SL)에 대한 결과식은 다음과 같다.

$$SL^* = \left[\frac{0.5}{4(0.00055)}\right]^{\frac{2}{3}} \tag{8-2}$$

따라서 $SL^* = 37.2$가 된다. 즉, 대략적으로 주문의 37%는 [그림 8-5]에서 보듯이 5일의 주문주기시간을 가져야만 한다.

그림 8-5 가상의 비용-수익곡선 상에서의 이론적인 이익기여의 최대화

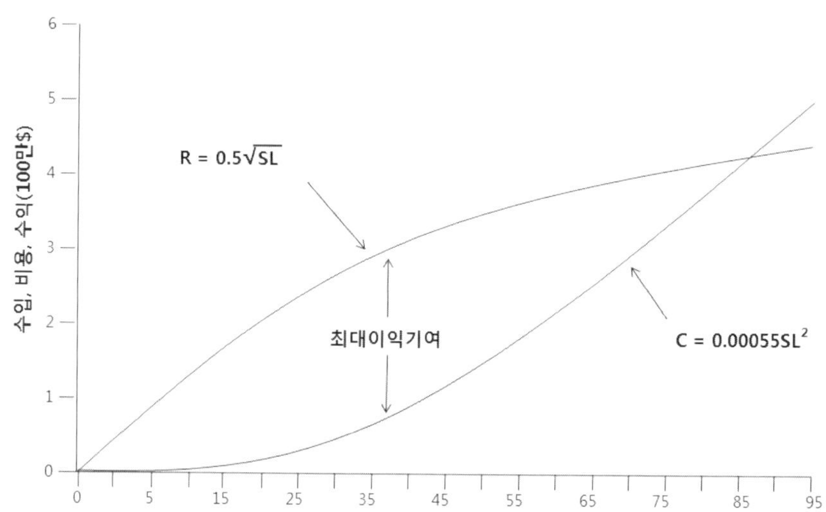

2. 물류 고객서비스 수준 결정 사례

앞에서 언급한 이론이 어떻게 식료품 제조업자가 창고의 재고수준을 결정하는데 적용되는지를 살펴보자. 아래 예제에서는 한 품목을 대상으로 하지만 이러한 방법론은 창고에서 취급하는 모든 품목에 동일하게 적용된다(예제 1 참조).

Borden 식품회사는 다수의 창고에 보관된 수천 개의 품목을 대상으로 하여 물류 고객서비스 수준에 관한 분석을 행했다. 연구결과는 수백만 달러에 달하는 재고비용이 절감되는 것으로 밝혀졌다.

[예제 1]

Borden 식품회사는 레몬주스 제품을 회사가 소유한 창고 가운데 한 곳에 보관한다. 통상 이 회사는 4년간 재고고갈이 발생하지 않을 정도로 레몬주스 재고를 비축해 왔다. 이 제품에 대한 서비스 수준은 99% 이상으로 정해졌다. 이 제품은 Borden사가 생산하는 제품 가운데 취급량이 가장 많은 제품이지만 서비스수준을 이렇게 높게 잡아야 하는가에 대해서는 의문이다.

회사 내에 일반적인 견해는 총 수익이 0.1% 변화할 때 서비스 수준은 1% 변화한다는 것이다. 창고에서 소매점으로 제품을 공급하는 것은 주 단위로 이루어지기 때문에 고객서비스 수준을 창고 보충조달기간 동안 재고가 남아 있을 확률로 정의된다. 케이스당 이윤은 $0.55이며 창고의 연간 매출량은 59,904케이스이다. 케이스당 표준비용은 $5.38이며, 연간 재고유지비용(inventory carrying cost)은 25%로 예상된다. 보충조달기간(replenishment lead time)과 주문주기는 일주일이며 주당 평균 판매량은 1,152케이스이고 이때 표준편차는 350케이스이다.

최적서비스는 비용의 변화와 수익 변화의 크기가 일치(△R = △C)하는 지점에서 이루어진다. 모든 서비스 수준에서 판매의 변화는 일정하기 때문에 수익의 변화는 다음과 같이 구할 수 있다.

$$\begin{aligned} \triangle R &= \text{판매이윤} \times \text{판매량 변화율} \times \text{연간 판매량} \\ &= 0.55 \times 0.001 \times 59{,}904 \\ &= \$32.95 (\text{서비스 수준이 1\%변할 때의 연간 수익변화}) \end{aligned} \quad (8\text{-}3)$$

비용의 변화는 각 서비스 수준에 따라 요구되는 안전재고량에 의해 발생한다. 안전재고는 수요와 보충조달기간의 불확실성에 대비하여 보유하는 여분의 재고이다. 안전재고로 인한 비용의 변화는 다음과 같이 구한다.

$$\triangle C = \text{연간재고유지비용} \times \text{표준생산비} \times z\text{의 변화} \times \text{주문주기에 대한 수요의 표준편차} \quad (8\text{-}4)$$

여기서 z는 재고가 남아 있을 확률과 관련된 정규분포곡선으로부터 얻어지는 값이다. $\triangle z$ 변화에 따른 연간 비용의 변화는 다음과 같이 구한다.

$$\triangle C = 0.25 \times 5.38 \times 350 \times \triangle z$$
$$= 470.75 \times \triangle z/\text{년}$$

서비스수준변화(%)	Z값 변화	안전재고비용변화($/년)
87-86	1.125-1.08=0.045	$21.18
88-87	1.17-1.125-0.045	21.18
89-88	1.23-1.17=0.05	23.54
90-89	1.28-1.23=0.05	23.54
91-90	1.34-1.28=0.06	28.25
92-91	1.41-1.34=0.07	32.95
93-92	1.48-1.41=0.07	32.95
94-93	1.55-1.48=0.07	32.95
95-94	1.65-1.55=1.01	47.08
96-95	1.75-1.65=0.10	47.08
97-96	1.88-1.75=0.13	61.2
98-97	2.05-1.88=0.17	80.03
99-98	2.33-2.05=0.28	131.81

그래프 상에 △R과 △C값을 나타내면 [그림 8-6]과 같이 최적서비스 수준(SL*)은 93%가 된다. 이 지점은 △R과 △C 커브가 교차하는 곳이다.

그림 8-6 한 식료품의 서비스 수준(SL^*) 설정

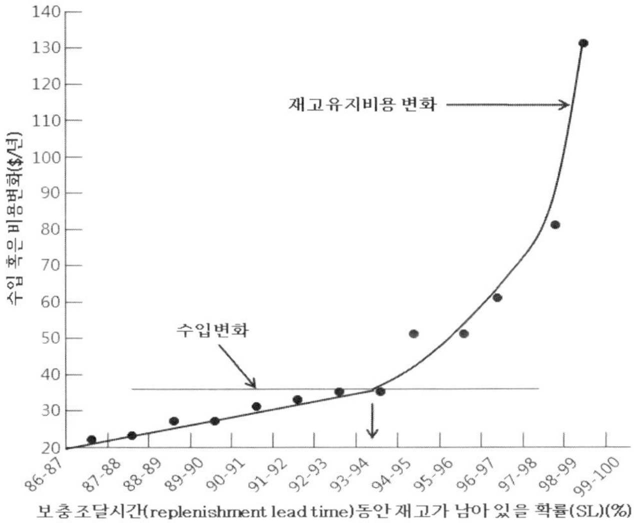

참 고 문 헌

김선민 외 (2002), 「물류관리론(Fundamentals of Logistics Management)」, 한올, pp. 52-58.
김정환 외 (2000), 「신물류경영」, 문영각 pp. 124-128.
방호열 외 (2002), 「국제물류관리」, 대명, pp. 75-81, pp. 88-90, pp. 96-97.
이위식 외 (2002), 「로지스틱스 관리론」, 한올.
전준수 (2004), 「종합물류의 이해」, 박영사, pp. 126-129.
남상신 (2008), 「초우량 기업의 물류성과와 역량관리」, 도서출판 범한.

제 9 장

물류수요 예측

제 1 절 수요 예측의 개념과 중요성

항만의 운영에 있어서 항만 물류의 수요 예측이란 과거 항만의 물류 관련 데이터를 이용하여 향후 항만 운영시 다양한 시설, 장비, 인력, 자본 등에 대해 보다 정확하고 객관적인 예측을 하는 것으로, 이는 효율적인 의사 결정 및 전략을 수립하는데 중요한 방법이 된다.

항만 물류에 있어서 향후의 물동량 수요에 대한 예측이나 타 항만과의 경쟁에서의 시장점유율, 경쟁 위협, 매출 및 수익, 물류 활동을 원활하게 하기 위한 항만시스템에서의 장비 등의 활용 예측 등 다양한 항만 물류에서의 수요 예측은 효율적이고 경쟁력 있는 항민 운영에 있어서 필수적인 경영 활동으로 여겨지고 있다. 수요 예측은 항만 운영계획, 시설의 관리·확충 계획, 인력 활용 계획, 물류 효율화 계획, 재무 계획 등 제반 경영활동을 수행하는데 있어, 미래의 불확실성을 줄이고, 위험 부담을 감소시키는 역할을 하게 된다. 수요에 대한 본질 파악 없이 주먹구구식의 운영을 하게 되는 경우, 시설 설비의 과투자 또는 중복투자, 잘못된 인력계획, 재무상의 손실, 항만 이용 고객에 대한 서비스 질의 하락 등, 항만 운영에 있어서 부정적인 결과를 초래하게 된다.

오늘날의 다양하고, 세분화된 경영 환경에서는 복잡성과 불확실성에 의해 물류 수요에 영향을 미치는 모든 요인들을 선정하고 분석하여 정확한 예측을 하는 것은 현실적으로 불가능한 일이다. 그러나 주어진 데이터와 주변 정보를 최대한 활용하고 상황에 맞는 적절한 예측 기법을 사용함으로써, 장래의 수요변화를 가능한 한 정확하게 예측하는 것은 매우 중요한 일이다. 따라서 본 장에서는 항만물류에서의 수요예측을 보다 정확히 하기 위한 예측방법에 대해 알아보기로 한다.

제 2 절 수요 예측 기법

정확한 수요 예측을 위해서는 과거의 물류활동에 대한 데이터인 정량적 부분과, 정치·경제·사회적인 주변 환경요소인 정성적 부분을 모두 고려하여야 한다. 예측의 정확도를 높이기 위해서는 이러한 주변 환경적 요인에 대한 적절한 분석이 전제되어야 하기 때문이다. 예를 들면, 경제적인 변화 등은 중기 또는 장기 운영계획에 있어 기본적으로 고려되어야 될 부분이며, 경제의 변동요인 또한 수요에 직접적인 영향을 미치게 된다. 따라서 이러한 경제적인 요인을 고려하지 않고 과거의 물류 활동에 대한 데이터만을 가지고 수요 예측을 하게 된다면, 현실적인 부분을 가정하지 못한 이론적인 예측에 그치게 됨으로써 실제적인 수요 변화를 제대로 반영하지 못하게 될 것이다. 또한 신기술의 발전방향, 최신의 장비, 물류 여건의 변화 등은 향후 수요에 직·간접적으로 영향을 미치기 때문에, 이러한 요인들에 대한 분석도 병행하여 이루어져야 한다.

보통 예측은 기간에 따라, 장기 예측, 중기 예측, 단기 예측 등으로 분류된다. 일반적으로 장기 예측은 주로 장기적인 관점에서 수립되어야 할 전략적 의사결정과 관련된 경우에 활용되며, 예측 기간이 길어질수록 그만큼 향후 수요에 대한 불확실성이 증대되기 때문에, 주관적 판단에 의한 예측방법이 많이 사용되어 상대적으로 정확도가 낮아지는 단점이 있다. 장기 예측은 정확한 수요 예측보다는 향후의 경영활동의 방향을 수립하는 관점에서 예측이 이루어지게 된다. 또한 중기 예측은 계량적인 방법 외에도 물류 관련 전문가들의 의견을 많이 반영하게 되며, 장기 예측보다는 예측의 정확도가 상대적으로 높다. 단기 예측은 분기별, 월별, 주별 등 짧은 기간에 대한 예측으로 중기 또는 장기 예측보다 불확실성이 적어 예측의 정확도가 높아지는 장점이 있다. 따라서 항만 운영시 적절한 예측 방법을 사용하여 적절한 예측 기간에 맞게 예측하는 것이 중요하다.

수요 예측 기법은 앞서 말했듯이 크게 정량적 예측 방법과 정성적 예측 방법으로 구분될 수 있다. 먼저, 정성적 예측 방법은 예측자의 주관적인 판단, 지식, 전문적 경험을 이용하여 향후의 수요를 예측하는 방법을 말한다. 경제, 정치, 사회, 문화, 관련 기술 등의 외부 환경요인의 변화가 수요 예측에 영향을 미치는 경우에는 데이터를 이용한 이론적인 판단보다는 현 상황을 고려한 주관적인 판단이나 전문적인 의견에 기초하여 수요를 예측하는 것이 현실적인 수요예측이 된다. 따라서 정성적 예측 방법은 관련 분야에서의 축적된 경험과 전문적 지식을 기반으로 주어진 데이터를 활용하여 결정하게 된다. 이러한 기법은 주로 장기 예측에서 데이터의 부족, 소실, 또는 신뢰성이 떨어져 그대로 사용하기가 어려운 경우, 또는 금전적, 시간적으로 정확한 예측이 힘들 경우에, 또는 과거의 데이터가 없는 신제품 개발, 신기술 예측, 신규입지 선정 등에 손쉽게 사용될 수 있는 방법으로 델파이법, 시장조사, 전문가 예측 등이 있다.

이에 반해, 정량적 예측 기법은 주어진 과거의 데이터를 이용하여 향후의 수요변화를 수학적 또는 확률 통계적인 계량적 모델을 수립하여 예측하는 것으로써 이론적인 측면에서는 객관적이라고 할 수 있다. 그러나 현실적인 여건과 주어진 데이터의 활용방안에 대한 예측자의 선호도, 그리고 예측 결과의 사용 목적 등으로 인해 정성적 방법과 정량적 방법 중 어떤 것이 더 효율적이라고 단정하는 것은 큰 의미가 없다.

정량적 방법은 크게 인과형 예측 기법과 시계열 예측 기법으로 분류할 수가 있다. 시계열 예측 기법은 과거의 수요에 대한 데이터를 시간에 따라 나열하여 시간상으로 수요의 패턴을 파악하고, 이를 이용하여 미래의 수요를 예측하는 방법이다. 이 방법은 과거의 수요 변화의 형태 및 변동 등을 파악하여, 향후에도 이러한 형태로 상황이 유지될 것이라는 가정 하에 사용되는 기법이다.

그러나 현실적으로 과거의 수요 형태가 미래에도 그대로 연속되어 나타나지 않는 경우가 많기 때문에 시계열 방법은 주로 중, 단기 예측에 많이 이용되며,

적은 데이터 숫자로도 비교적 정확하게 향후 수요를 예측할 수 있다는 장점이 있다. 세부적인 예측방법에는 목측법, 이동 평균법, 지수 평활법, 최소 자승법, 박스 젠킨스 법등이 있다.

반면에 인과형 예측 기법은 말 그대로 수요에 영향을 주는 주요 요인들을 파악하고, 수요와 이들 요인들 간의 상호 관계를 밝혀내어 미래의 수요를 예측하는 기법이다. 이러한 인과형 기법에서는 예측의 결과가 되는 수요를 종속변수로 두고, 수요에 영향을 미치는 원인이 되는 요인들을 독립변수로 구분하여, 독립변수들의 변화에 의해 수요의 변화정도를 정량적으로 예측하게 된다.

인과형 예측 기법 중 회귀분석은 수요에 영향을 미치는 독립변수가 하나인 경우에 사용되는 단순회귀분석과, 2개 이상일 경우에 사용되는 다중회귀분석으로 나눌 수 있다. 이외에도 투입 산출모형, 계량경제 모형들의 예측 기법들이 사용되고 있다. [표 9-1]은 상기 설명한 예측 방법들을 구분하여 도표로 나타낸 것이다.

표 9-1 수요 예측 기법 분류

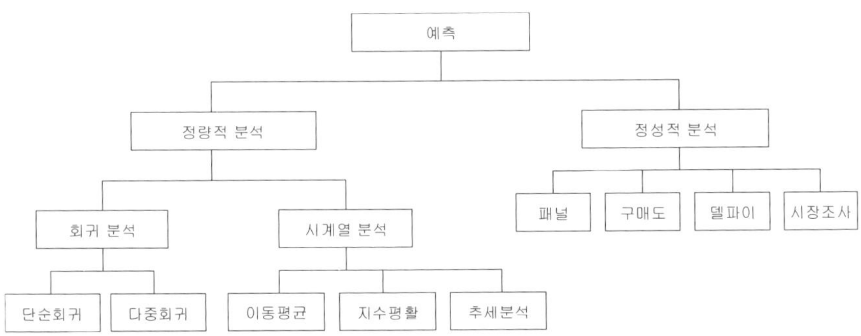

1. 정성적 예측 기법

1) 시장 조사법

설문지, 전화, 또는 개별 방문 등을 통하여 필요한 자료를 수집하고, 이를 이용하여 수요를 예측하거나, 가설 검정 등의 통계적인 방법을 이용하여 예측하고자하는 미래에 대한 가설을 설정하고 이를 검정함으로써 미래의 수요를 예측한다.

정성적인 방법이지만 정량적인 방법도 사용하며, 기본적으로 자료를 수집하기 위하여 인력과 시간이 많이 소모되며 자료의 수집 및 분석에 많은 비용이 소요된다.

2) 델파이법

미래 상황의 추이를 예측하기 위해 관련 전문가나 실무 담당자로 구성된 멤버들에게 개별적 질문을 통하여 각각의 의견을 수집하고 분석하여 예측하는 방법으로, 참여하는 전문가들의 의견이 일치될 때까지 분석 내용에 대한 의견 수렴 과정을 계속적으로 되풀이하는 방법이다. 이를 위하여, 멤버들의 의견을 정리하고 분석하여 다음 질문 시 응답자에게 이전의 결과 및 분석내용을 제시하면서 의견을 좁혀가는 과정을 거치게 된다.

3) 패널 조사법

예측에 대한 전문가, 실무 담당자, 소비자를 대상으로 멤버를 구성하여, 자유로운 토론을 통해 의견을 수렴하고 이들 의견을 이용하여 결론을 도출하는 방법으로 델파이법에 비해 공개적으로 의견 제시 및 상호 협의가 이루어진다는 차이가 있다.

2. 정량적 예측 기법

정량적 예측 기법은 기존의 데이터를 사용하여 계량적 모델을 만들어서 수요를 예측하는 기법으로 일반적으로 통계학적인 방법론이 많이 활용되는 인과형 예측방법과 시계열 분석이 있다.

1) 인과형 예측 방법

인과형 예측 기법에는 회귀분석, 계량경제 모형, 투입산출 모형 등 여러 가지 기법이 있으나, 본 장에서는 일반적으로 많이 사용되는 회귀분석에 대해서 구체적으로 설명한다.

회귀분석은 수요에 영향을 미치는 요인들을 독립변수로 선정하고, 이들 독립변수의 변화에 의해 영향을 받는 수요를 종속변수로 하여 독립변수에 대한 함수로써 수요를 통계적으로 모형화한 것이다.

이렇게 모형화된 함수를 회귀방정식이라 하며, 독립변수의 값을 이 회귀방정식에 대입하여 수요예측 값을 계산하게 된다. 독립변수가 하나인 경우를 단순회귀분석이라 하고, 독립변수가 둘 이상인 경우를 다중회귀분석이라 한다. 수요의 함수가 일차식으로 표현된 경우 선형회귀분석이 되며 비선형으로 표현되는 경우 비선형회귀분석이라고 구분한다. 본 장에서는 간단한 선형의 단순회귀분석에 중점을 두고 설명하기로 한다.

(1) 단순선형회귀분석

수요에 영향을 미치는 요인을 x(독립변수)라 하고, 영향을 받는 수요를 y(종속변수)라고 하면, 회귀방정식은 다음과 같은 간단한 선형의 식으로 모형화 될 수 있다.

$$\hat{y} = a+b \quad (9\text{-}1)$$

여기서, a는 $\hat{y}$의 절편이라고 하며, 회귀방정식이 y축과 만나는 y의 값을 뜻한다. 즉, x=0일 때 $\hat{y}$의 값을 나타낸다.

b는 회귀 방정식의 기울기를 나타낸다. 따라서 x의 값을 이용하여 a와 b의 값을 구함으로써 적절한 회귀방정식을 구할 수 있다. 이렇게 구해진 회귀방정식은 미래의 수요에 대한 예측 식으로 사용되며, 독립변수 x가 특정한 값을 갖게 되면, 위 식 (9-1)을 이용하여 $\hat{y}$의 값이 x의 값에 대한 특정 수요로서 예측치가 되며, 과거의 데이터를 이용하여 최소 자승법에 의해 a와 b의 값을 구함으로써 회귀방정식을 구할 수 있다. 최소자승법은 자료의 실제 수요 값들과 회귀방정식에 의해 구해진 수요 값들의 차이의 제곱이 최소가 되도록 하는 함수를 찾는 방법이다.

이때 자료의 수요 값과 회귀방정식에 의한 수요 값의 차이를 오차라 한다. 데이터의 독립변수의 값과 수요변수의 값에 대한 자료가 n개라고 하면, 이들 값들은 (x_1, y_1), (x_2, y_2), ⋯ (x_n, y_n)으로 표시할 수 있다. 그리고 회귀방정식에서 산출된 수요를

$\hat{y}_i$ (i=1, 2, ⋯ n)이라고 하면 오차의 제곱의 합을 SSE(Sum of square errors)라고 나타내며, 다음과 같은 식이 성립된다.

$$SSE = \sum_{i=1}^{n} (y_i - \hat{y}_i)^2$$

$$= \sum_{i=1}^{n} [y_i - (a + bx_i)]^2 \qquad (9\text{-}2)$$

위의 식을 최소화하는 a와 b의 값을 찾기 위해서는 위 식을 a와 b에 대해서 각각 편미분을 하고 그 값은 0으로 놓게 되면, 다음과 같이 나타낼 수 있다.

$$\frac{\partial}{\partial a} SSE = 0$$

$$\frac{\partial}{\partial b} SSE = 0 \qquad (9\text{-}3)$$

위의 두 식을 연립하여 풀면 a와 b는 다음과 같이 산정될 수 있다.

$$a = \frac{\sum_{i=1}^{n} y_i - b\sum_{i=1}^{n} x_i}{n}$$

$$b = \frac{n\sum_{i=1}^{n} x_i y_i - \sum_{i=1}^{n} x_i \sum_{i=1}^{n} y_i}{n\sum_{i=1}^{n} x_i^2 - (\sum_{i=1}^{n} x_i)^2} \qquad (9\text{-}4)$$

식 (9-4)를 식 (9-1)의 a와 b에 대입하면 주어진 데이터에 대한 적절한 회귀방정식을 구할 수 있다.

산정된 회귀방정식은 실제 데이터 값과, 회귀방정식에서의 산출된 값과의 차이, 즉 오자의 크기에 대한 정보를 제공하지 못하기 때문에, 데이터의 산포도(흩어진 정도)가 서로 다르더라도 동일한 회귀방정식이 유도될 수 있다. 따라서 독립변수와 종속변수간의 선형의 관계가 어느 정도인지를 정량적으로 나타낼 수 있는 척도를 사용하여 두 변수 간의 선형정도를 측정할 수 있다. 이러한 척도는 회귀방정식이 실제 데이터를 얼마나 잘 표현하는지를 나타내며, 이에 따라 수요 예측의 정확도가 달라지게 된다. 이를 결정계수(r^2)라고 하는데, 결정계수는 독립변수가 종속변수를 설명하는 비율을 의미한다.

또한 결정계수의 제곱근을 상관계수(r)라고 하며, 상관계수는 -1과 1 사이의 값만 갖게 된다. 상관계수가 -1이거나 1인 경우는 완전한 선형관계를 의미하기 때문에, 상관계수가 이들 숫자에 가까워질수록 두 변수 사이의 선형의 관계는 커진다. 즉 선형에 가까워지게 된다. 반면, 상관계수가 0인 경우에는 직선의 상관관계가 전혀 없음을 나타낸다. 상관계수가 1로 가까워진다는 말은 독립변수가 증가할 때 종속변수도 같이 증가함을 나타내고, 상관계수가 -1로 가까워진다는 말은 독립변수가 증가할 때 종속변수는 반대로 감소함을 나타낸다. 따라서 회귀직선의 방향은 상관계수의 부호에 의해서 짐작할 수가 있으며, 상관계수는 다음과 같이 나타낼 수 있다.

$$r = \frac{n\sum_{i=1}^{n} x_i y_i - (\sum_{i=1}^{n} x_i)(\sum_{i=1}^{n} y_i)}{\sqrt{\left[n\sum_{i=1}^{n} x_i^2 - (\sum_{i=1}^{n} x_i)^2\right]\left[n\sum_{i=1}^{n} y_i^2 - (\sum_{n=1}^{n} y_i)^2\right]}} \qquad (9\text{-}5)$$

수요 예측시 수요에 영향을 미치는 요인이 둘 이상일 때 즉 독립변수가 여러 개 일때 이를 다중회귀분석 방정식이라 하며, n개의 독립변수를 갖는 경우, 다음과 같은 일반식으로 나타낼 수가 있다.

$$y = a + b_1 x_1 + b_2 x_2 + \ldots\ldots\ldots\ldots + b_n x_n \qquad (9\text{-}6)$$

또한 데이터에 의한 수요의 변화를 선형의 식으로 표현하기 어려운 경우에는 독립변수를 다항식으로 표현하는 비선형회귀분석을 사용하며, 다음 식은 하나의 독립변수를 갖는 비선형회귀분석 방정식의 일반식이다.

$$y = a + bx + cx^2 \qquad (9\text{-}7)$$

2) 시계열 분석

시계열 분석은 과거의 수요에 대한 데이터를 시간의 순서대로 정리한 후 이들 데이터의 형태를 고려하여 시간상으로 미래의 수요를 예측하는 기법이다. 시계열 분석은 수요패턴이 큰 변동 없이 비교적 안정되어 있는 단기나 중기 예측에 유용하게 사용될 수 있다. 그러나 과거의 수요에 대한 자료를 이용하므로, 미래 수요 예측 시 과거의 자료 외에 다른 변화로 인해 향후의 수요 패턴에 변화가 예상되는 경우 또는 장기간의 예측시에는 불확실성이 커지게 되므로 장기수요 예측이 힘든 단점이 있다.

시계열 자료는 경향(추세), 순환, 계절, 우연 등 시계열을 구성하는 몇 가지의 변동요인으로 구분할 수 있다.

- 경향(추세)변동: 수요 변화의 전반적인 경향을 나타내는 변동으로 장기적으로 증가하거나 감소하는 형태로 나타난다.
- 순환변동: 경제적 여건에 의한 경기 변동과 같이 정치, 경제, 사회적 요인 등의 영향에 의한 변화로서 수요의 순환적 변화 현상을 나타낸다.
- 계절적 변동: 계절에 따른 수요 변화의 현상으로 주기적으로 반복되며, 주로 기후, 전통, 관습 등의 자연적 요인 또는 제도적 요인에 의해 발생한다.
- 우연변동: 설명될 수 없는 요인 또는 불규칙적이거나, 돌발적인 요인에 의하여 발생되는 변동으로 우발적인 변화를 나타내며, 변동의 폭이나 기간들을 예측하기 어렵다.

일반적으로 1년 이상의 장기예측에는 경향변동과 순환변동이 중요하게 고려되며, 1년 이내의 중, 단기 예측에서는 계절적 변동을 고려하여야 한다. 이러한 변동 요인들은 단일, 또는 복합적으로 작용하여 시계열적 예측에 영향을 주게 된다. 다양한 시계열 예측 방법 중 본 장에서는 단순 예측법, 이동 평균법, 추세분석법, 지수 평활법에 대해서 설명한다.

(1) 단순 예측법

단순 예측법은 글자 그대로 어떤 기간 t의 실제 관찰값 D_t를 다음 기간인 $t+1$의 수요에 대한 예측값 F_{t+1}으로 사용하는 기법으로 다음과 같이 간단히 표시할 수 있다.

$$F_{t+1} = D_t \tag{9-8}$$

이 기법은 가까운 또는 바로 다음 기간에 해당되는 미래의 상태는 현재에 비해 변동 없이 동일하다고 가정할 수 있는 경우에 쉽게 사용할 수 있다.

(2) 이동 평균법

이동 평균법에는 단순이동평균법과 가중이동평균법이 있다. 이동 평균법은 시계열 자료에 추세, 순환, 계절적 변동에 의한 급격한 변화가 없고, 우연 변동이 존재하는 경우에 효과적으로 사용될 수 있는 방법이다. 단순이동평균법은 시계열에서 가장 최근의 일정 기간의 실제 자료를 단순 평균하여 수요를 예측한다. 즉 단순이동평균법은 최근 n개 기간에 대한 평균을 계산하고 이 값을 다음 기간의 예측 값으로 가정하는 방법이다. 기간 t의 시계열 값을 D_t, 기간 t에 대한 예측 값을 F_t, 사용된 이동 평균 기간을 n이라고 하면 수요 예측값 F_t는 다음과 같이 표시된다.

$$F_t = \frac{(D_{t-1} + D_{t-2} + \text{.........} + D_{t-n})}{n} \tag{9-9}$$

이 기법의 특징은 다음 기간에 대한 예측을 하기 위해서 최근 기간의 데이터를 추가하고 대신 가장 오래된 기간의 데이터를 제거함으로써, 항상 최신의 n개 기간에 대한 평균을 계산한다는 것이다. 이렇게 이동평균 기간(n)을 이동시키게 되면, 언제나 최신의 n개 기간의 실제의 수요 값이 예측에 사용됨으로써 예측의 정확도를 높일 수 있다. 단순이동평균법의 식에서는 각 기간의 수요가 동일한 가중치인 $1/n$로 수요예측을 하게 된다. 즉, 예측에 사용된 모든 수요 값들은 동등한 중요도(하중)를 지닌다고 가정하는 것이다. 만일 각 기간의 수요 값에 대한 중요도를 다르게 가정하는 경우에는 각 수요 값에 다른 가중치를 적용하는 가중이동평균법이라는 기법을 사용한다. 즉, 가중이동평균법에서는 최신의 실제 수요 값에 더 큰 가중치를 부여하여, 단순이동평균법보다 수요의 변화에 보다 정확하게 반응하게 됨으로써, 예측의 정확도를 높이는 역할을 한다. 일반적으로 신규의 최신 자료는 과거의 자료보다는 향후의 수요를 예측하는데 신뢰성이 높을 가능성이 많다.

가중이동평균법에서는 각 기간별로 다른 가중치가 부여되기 때문에, 가중치 W_t를 기간 t에 부여된 가중치리고 하면, 기간 t의 수요 예측치는 다음과 같이 표시된다.

$$F_t = W_{t-1}D_{t-1} + W_{t-2}D_{t-2} + \text{......} + W_{t-n}D_{t-n} \tag{9-10}$$

여기서 가중치의 합은 1이 된다. 단순이동평균법은 모든 기간의 가중치를 균등하게 $1/n$로 적용한 가중이동평균법의 특수한 경우로 해석할 수 있다. 가중치는 보통 최근의 기간에 가장 큰 숫자를 부여하고, 기간이 오래될수록 상대적으로 중요도가 낮아지기 때문에 적은 숫자를 부여하여 최근의 실제 수요 값에 더 큰 비중을 두게 된다. 다음은 간단한 물류수요예측 문제의 예다.

(물류 예측 1)

다음은 어느 항만 도시에서 매월 하역을 위해 입항하는 선박의 수를 집계한 표이다. 최근 4달의 데이터를 이용하여 (1) 단순이동평균법, (2) 가중이동평균법을 이용하여 9월의 선박수를 예측하자. 단 매월의 가중치는 최근 달로부터 0.4, 0.3, 0.2, 0.1로 가정하라.

월	1	2	3	4	5	6	7	8
입항선박수	44	45	56	60	55	65	80	75

(풀이)

(1) 단순이동평균법: 최근 4개월의 선박수는 55, 65, 80, 75 이므로 이들의 평균을 구하면 (55+65+80+75)/4=68.75 이다. 따라서 9월의 입항선박의 수는 69척으로 예측할 수 있다.

(2) 가중이동평균법: (0.1)(55)+(0.2)(65)+(0.3)(80)+(0.4)(75)=72.5 이다. 따라서 9월의 입항선박의 수는 73척으로 예측할 수 있다.

(3) 추세분석법

추세분석법은 기본적으로 접근법이 회귀분석법과 같으며, 시간에 따른 시계열 자료의 경향을 나타내는 추세선을 유도하여 그 추세선상에서 미래의 수요를 예측하는 기법이다. 추세선은 시간과 수요 간의 함수관계를 나타내는 선이며 이와 같이 추세선을 나타내는 수식을 추세방정식이라고 한다. 그러므로 시계열 분석기법으로서의 추세분석법은 인과형 모형에서 진술된 단순회귀분석에서 특정한 요인을 독립변수로 고려하는 대신 시간을 독립변수로 놓고, 추세선 즉 회귀방정식을 구하면 된다. 주어진 시계열 자료가 시간의 흐름상에서, 선형의 관계를 가지면 단순회귀분석을, 비선형의 관계를 가지면 비선형회귀분석을 실시하게 된다. 과거 n기간 동안의 수요에 대한 자료에 대해서 추세선은 다음과 같이 구해진다.

$$\hat{Y}_t = a + b_t \tag{9-11}$$

여기서 t= 기간(t=1, 2, 3, …), $\hat{Y}_t$는 기간 t의 시계열값의 예측치, a는 y축의 절편, 그리고 b는 추세선의 기울기를 나타낸다.

a와 b는 인과형 모형에서의 회귀방정식에 사용된 최소 자승법을 적용하여 다음과 같이 구해지며, 식 (9-4)와 같은 공식이 유도된다.

$$a = \frac{\sum_{t=1}^{n} y_t - b\sum_{t=1}^{n} t}{n}$$
$$b = \frac{n\sum_{t=1}^{n} t y_t - \sum_{t=1}^{n} t \sum_{t=1}^{n} y_t}{n\sum_{t=1}^{n} t^2 - (\sum_{t=1}^{n} t)^2} \tag{9-12}$$

(4) 지수 평활법

지수 평활법은 과거의 데이터가 많지 않거나 구하기 어려운 경우에, 최소의 자료만으로 단기예측을 할 경우에 유용하게 사용될 수 있는 기법으로, 시계열 자료가 추세, 순환, 계절적 변동에 크게 작용하지 않고 비교적 안정되어 있는 경우에 적합하다.

지수 평활법은 가중평균에 의한 예측법의 일종으로서, 오래된 데이터에 지수함수적으로 적은 가중치를 부여하는 기법이다. 이 기법은 최신의 수요 변동에 대해 민감하게 반응하면서도 수요 예측에 사용되는 데이터가 적다는 장점이 있다.

단기 예측은 시계열의 요인들이 중요하게 작용하지 않기 때문에 이 기법은 최소의 자료만으로도 폭넓게 사용할 수 있다. 지수 평활법에는 단순 지수평활법, 추세조정지수 평활법, 계절적 변동 조정 지수 평활법등이 있다. 이 중 단순 지수 평활법은 다음과 같다.

단순 지수 평활법은 기간 t에서의 실제 값 D_t에 평활계수라고 불리는 a라는 가중치를 부여하고, 같은 기간 t의 수요에 대해서 예측된 값 F_t에 가중치 $1-a$를 부여하여 다음 기간인 $t+1$의 수요를 예측하는 기법이다. 지수 평활법을 사용하는 경우에는 주어진 기간의 실제 수요 값과 그 기간의 예측 값만 있으면 다음 기간의 예측 값을 쉽게 계산할 수 있다. 다음은 지수 평활법을 이용한 수요 예측의 계산식이다.

$$\begin{aligned} F_{t+1} &= aD_t + (1-a)F_t \\ &= F_t + a(D_t - F_t) \end{aligned} \tag{9-13}$$

여기서, F_t는 기간 t에서의 예측 값, D_t는 기간 t의 시계열 자료의 실제 값, a는 평활계수로서 0에서 1까지의 값을 갖는다. 그리고 D_t-F_t는 기간 t에서의 실제 수요 값과 예측 값의 오차를 나타낸다.

지수 평활법을 처음 적용할 때에는 초기 예측 값이 필요하며, 초기 예측 값이 존재 하지 않는 경우에는 지난 기간 동안의 시계열 자료를 단순이동평균 또는 가중이동평균 기법 등을 이용하여, 초기 예측 값을 계산하여 사용할 수 있다. 이 때 필요한 시계열 자료는 $(2/a)-1$을 계산하여 이를 반올림 한 자료, 또는 보통 4-5단위기간의 자료를 이용할 수 있다. 다음은 단순지수 평활법의 간단한 예이다.

(물류 예측 2)

다음은 어느 도시의 항만에서 판매하는 항만관련 장비의 판매에 대한 데이터이다. 지수 평활법을 이용하여, 6달째의 수요를 예측하고자 한다. 지수 평활법을 사용하기 위해 $a=0.4$로 하고, 초기 예측 값을 계산하기 위해 필요한 실제 수요 자료는 $(2/a)-1$ 의 공식을 사용한다.

월수	1	2	3	4	5
판매대수	135	110	128	138	120

(풀이)

6달째의 수요예측을 하기 위해서는 6달째의 실제 수요에 대한 값과 이 기간에서의 예측 수요 값이 필요하다. 그러나 6달째의 예측 값이 존재하지 않으므로, 과거의 몇 개 기간의 수요에 대한 자료를 단순 이동 평균하여, 초기의 수요 예측 값으로 대체한다. 초기 예측 값에 대한 필요한 자료를 구하기 위해 $(2/a)-1$의 공식을 이용하면, (2/0.4)-1=4이므로 첫달부터 4달째까지의 수요에 대한 자료를 이용하여 5달째의 수요를 예측하면 다음과 같다. 즉

F5 = (135+110+128+138)/4=127.75

따라서 6달째의 예측치는

F6 = (0.4)(120)+(0.6)(127.75)=124.65

만일 6달째의 실제수요가 112라고 했을 때, 7달째의 수요 예측은 같은 방법으로 다음과 같이 구할 수 있다.

F7 = (0.4)(112)+(0.6)(124.65)= 119.59

지수 평활법을 사용할 때 중요한 것은 평활상수 a의 값을 적당하게 선정하는 것이다. 식 (9-13)에서 보듯이 a값이 클수록 실제 수요가 예측 값 계산에 더 많이 반영된다.

지수 평활법에서는 최근에 가까운 자료일수록 과거의 자료보다 지수적으로 더 높은 가중치가 부여되어 예측 값에 반영된다.

제 3 절 예측 오차의 측정

수요는 여러 가지 다양한 요인의 상호작용으로 발생하기 때문에 하나의 예측 모델로서 정확히 미래의 수요를 예측하는 것은 현실적으로 불가능하다. 따라서 어떠한 예측 기법을 사용하더라도 예측상의 오차는 발생하게 되며, 기간 t의 예측 오차는 다음과 같이 나타낼 수 있다.

$$\text{예측오차(Forecast error)} = \text{실제 값} - \text{예측 값} = D_t - F_t \qquad (9\text{-}14)$$

예측 오차는 실제 값과 예측 값과의 차이를 나타내는 것으로서, 기간 수를 n이라고 할 때 평방 평균 오차, 절대 평균 편차, 추적지표 등의 방법을 사용하여 예측 오차를 정량적으로 나타낼 수가 있다.

• 평방 평균 오차(Mean Squared Error: MSE)는 개별 오차의 제곱 합을 평균한 것으로 다음과 같이 표현된다.

$$MSE = \frac{\sum_{t=i}^{n}(D_t - F_t)^2}{n} \tag{9-15}$$

• 절대 평균 편차(Mean absolute deviation: MAD)는 오차의 방향(양 또는 음)을 가리지 않고, 단지 오차의 크기만을 측정하는 지표로 여러 기간 동안의 예측 값(F_t)과 실제 값(D_t)과의 차이에 대한 절대 값을 합하여 기간 수(n)로 나눈 값으로 다음과 같이 나타낼 수 있다.

$$MAD = \frac{\sum_{t=1}^{n}|D_t - F_t|}{n} \tag{9-16}$$

보통의 경우, 표준편차(σ)에 대한 절대 평균편차(MAD)의 값은 다음과 같다.

$1\sigma = 1.25\text{MAD}$ 또는 $1\text{MAD} = 0.8\sigma$

• 추적지표(Tracking signal: TS)는 예측 값의 평균이 일정 진로를 유지하고 있는지를 나타내는 척도로서 예측 오차의 누적 값(Running Sum of Forecast Error: RSFE)을 절대평균 편차(MAD)로 나눈 값으로 정의된다.

$$\text{추적지표(TS)} = \frac{RSFE}{MAD} = \frac{\sum_{t-1}^{n}(D_t - F_t)}{MAD} \tag{9-17}$$

예측의 정확성이 높을수록 추적지표(TS)의 값은 0에 가깝게 되지만, 예측 오차가 커지면, 추적지표의 절대 값도 커지게 된다.

참고문헌

김성철,「디지털시대의 생산운영관리」, 시그마플러스, 2004.
노부호 외,「물류관리의 종합적 이해」, 형설출판사, 1998.
문기주,「생산물류시스템 운영관리」, 밴프레스, 2008.
문상원,「물류경영과학」, 한국방송통신대학교 출판부, 2002.
방호열 외(역),「국제물류관리」, 대명, 2002.
윤현덕 외(역),「물류관리론」, 법영사, 2002.
장성기,「공급사슬 관리의 실천적 이해」, 21세기사, 2007.

Ballou, Ronald H., Business Logistics, 4th Edition, Prentice Hall, 1999.

제 10 장

수송의사결정

제 1 절 수송의사결정의 개괄

1. 수송계획 주체 및 계획 대상

수송은 공장에서 물류센터, 광역 물류센터에서 지역 물류센터 등으로의 완제품 수송, 부품 공장에서 조립 공장으로의 반제품 수송, 공급자로부터 공장으로의 원자재 수송 등 일련의 물품 이송 활동을 의미한다. 수송은 물류에 있어서 아주 중요한 의사결정 분야이며, 비용 측면에서 수송비는 구매비를 제외한 물류비용 가운데서 가장 높은 비중을 차지한다. 따라서, 수송의사결정은 물류 담당자가 직면한 문제 가운데 가장 중요한 부문이라 할 수 있다.

수송계획의 주체는 크게 공적인 계획주체인 정부, 운송서비스를 제공하는 운송사업자, 그리고 화주로 나눌 수 있다. 정부는 화물 수송과 관련된 중앙 또는 지방정부로서 수송 기반시설 제공과 규제 및 제도 정비를 담당한다. 즉, 규제정책을 통해 화주와 운송사업자에게 영향을 미칠 뿐만 아니라 고속도로나 수로 등을 건설함으로써 수송체계에 영향을 미친다. 수송수단, 수송서비스, 수송시설 등에 대한 사회의 요구나 수송수요를 고려하여 종합적인 수송계획을 수립하고 시행한다. 따라서, 거시적 측면에서 수송 기반시설계획 즉, 적정 공급조정 기능을 수행한다.

운송사업자는 화물수송수단을 운영하는 기업으로서, 화물수송의 대가로 화주로부터 운임을 받아 이윤 극대화를 꾀하고 제공하는 서비스 수준에 대한 의사결정을 행한다. 미시적 차원에서 자체 수송시설 정비 및 운용 계획, 차량공급규모 결정, 새로운 수송서비스 계획, 배송 계획 등을 행한다.

화주는 화물의 이동과 관련된 의사결정을 행하는 경제 집단이다. 일반적으로 제조기업에 있어서 운송 담당부서 혹은 담당자이다. 화주의 의사결정은 시장조건에 근거한다. 즉, 화주의 수송 의사결정은 생산자와 소비자의 공급 및 수요 행태와 시장가격에 좌우된다. 생산 및 마케팅 전략과 관련하여 최적수송체계 선정을 위한 계획을 수립한다. 즉, 수송수단 선택, 수송업자 선택, 자가 수송수단 운영 계획 등을 행한다.

표 10-1 주체별 수송계획

결정주체	계획분야	계획내용	목 표
화 주	수송 서비스 선택	수송수단 선택 수송업자 선택 자가수송수단 운영	최소비용으로 최대의 수송효용 획득
수송업자	서비스 수준 결정	원가 및 운임 결정 차량배차 수송경로와 시간선택 새로운 수송서비스 계획	적정규모의 차량을 보유하고 이용률을 최대화함으로써 이윤 극대화

2. 전략계획과 운영계획

수송과 관련된 의사결정 문제는 여러 형태가 있지만 주로 수단선택, 경로선정, 일정계획, 화물혼재, 차량구매 등이다. 의사결정 문제를 다루는 수송계획은 크게 전략적 계획과 운영적 계획으로 나눌 수 있나. 선자는 중장기 수송 계획에 대한 의사결정으로 수단선택, 기기구매, 수송망 건설 등을 포함하며, 후자는 자가 차량의 경로선정(routing)과 일정계획(scheduling)과 같은 의사결정이다. 후자는 단기계획 범주에 속하는 의사결정으로, 이들의 전형적인 문제는 특정 집·배송이 어느 차량에 할당되어야 하고, 수요지 경유는 어떤 순서로 이루어져야 하는지에 관한 것이 된다.

표 10-2 전략계획 및 운영계획

	단기계획	중기계획	장기계획
전략계획	-	- 기반시설 확충(투자) - 수송수단선택 - 수송업자 선정 - 화물수요예측	
운영계획	- 노선배정 - 일정계획 - 혼재계획 - 운임변경 - 노선변경	-	

제 2 절 화주의 수송수단 선택

1. 수송수단 선택 개괄

여러 가지 수송수단 가운데 적절한 수단을 선택하기 위해서는 먼저 각 수단의 장단점을 파악해야 한다. [표 10-3]은 각 수단의 장단점을 설명하고 있으며, 수단의 적합성은 화주의 수송 수요 특성과 화물의 특성에 의해 결정된다.

수송수단 선택에 영향을 미치는 요인은 화주 관련 요인과 수단 관련 요인으로 나눌 수 있으며, 전자는 화물의 특성, 긴급성, 화물량 등이며, 후자는 운송비, 신속성, 정확성, 안전성 등이다.

일반적으로 수송수단은 고유한 특징을 가지고 있으므로 수송수단이 선택은 수단의 서비스 특성, 운송형태에 따른 운송수단의 평가, 운송비, 운송속도, 운송수단 간 경쟁관계 등을 전반적으로 고려하여야 한다.

운송수단의 서비스 특성은 편리성, 확실성, 신속성, 안전성, 경제성, 신뢰성 등을 기준으로 평가할 수 있으며, 구체적인 평가 내용은 [표 10-5]와 같다.

일반적으로 운송 형태는 공장에서 물류거점간의 간선운송, 공장에서 대형 소비자로의 직송, 물류거점에서 소규모 소비자로의 배송 등으로 대별할 수 있다.

표 10-3 주요운송수단별 장단점

구 분	장 점	단 점
자 동 차	·소·중량화물의 중·근거리 운송에 적합 ·문전에서 문전까지 일관운송 가능 ·하역비와 포장비 저렴 ·필요시 즉시 배차 가능 ·어느곳에서나 화물의 수취가 가능	·대량운송에 부적합 ·원거리 운송시 운임이 비싸고 안정성의 결여 ·중량제한 ·공해문제와 교통체증 유발 ·기후의 영향을 받음
철 도	·대량·중량품의 효율적 운송에 적합 ·중·장거리운송인 경우 운임 저렴 ·상대적으로 낮은 사고율 ·전천후 운송수단 ·중량제한이 없음 ·하역비와 포장비가 저렴	·근거리 운송시 운임이 높음 ·화차의 일관작업시 장시간 체류필요 ·적기배차 곤란 ·발차역에서의 화물수취와 문전운송을 위한 트럭집배송 필요
선 박	·대량화물의 장거리 운송에 적합 ·중량제한이 없음 ·대량운송에서 전용선에 의한 운송 및 일괄하역작업 가능 ·육상운송수단과 연계하여 해공복합운송의 주축이 되고 있으며 최근에는 Sea & Air운송까지 발전되고 있음	·운송 장기간 소요 ·항만설비와 하역비가 비쌈 ·기후의 영향을 많이 받음 ·일관운송체제의 확립이 곤란
항 공 기	·소량 및 경량물품의 원거리 운송에 적합 ·운송시간이 짧음 ·물품파손율이 적고 포장이 간단하며 보험료가 저렴 ·단일수송을 통해 재고조정이 가능하므로 금융비용을 극소화할 수 있음	·운임이 비쌈 ·기후의 영향을 많이 받음 ·중량제한과 용적제한을 받음 ·일관운송체제의 확립 곤란

자료: 옥선종(1993), 물류관리론, 도서출판 기술, p. 153.

표 10-4 운송수단의 선택요인

화주요인	수단요인
·제품 특성(가격, 무게, 부패성 등) ·긴급성 ·화물량 ·비용	·운임(서비스 대가) ·속도와 도착일시 ·운행 빈도 ·확실성 ·안전성 ·환적(換積)의 유무

표 10-5 운송수단의 서비스 특성 평가 내용

구 분	내 용
편 리 성	· 연결점에서의 연결은 용이한가? · 송장 등 운송서류가 간단한가? · 필요시 이용이 용이한가?
확 실 성	· 지정기일 내 인도가 가능한가? · 정기간 운행이 가능한가?
신 속 성	· 발송에서 도착까지 소요시간이 신속한가? · 운송 속도가 빠른가?
안 전 성	· 클레임 발생 빈도가 많은가? · 사고에 의한 화물손상이 적은가? · 멸실, 손상 등에 대한 보상이 정확히 이행되는가?
경 제 성	· 절대평가에 의한 비용이 저렴한가? · 상대평가에 의해 신속하고 저렴한가? · 자사의 운송수단 이용보다 저렴한가?
신 뢰 성	· 운송주체가 크고 안정성이 높은가? · 장기거래관계가 있는가?

자료: 한국무역협회(1991), 「수출기업의 물류합리화 방안」, pp. 126~132.

이러한 운송 형태에 따라 요구되는 수송수단의 특성이 다르기 때문에 수단 선택은 운송 형태별로 고려할 필요가 있다. 운송 형태별로 고려해야 하는 주요 요소와 적합한 운송수단은 [표 10-6]과 같다.

운송수단의 선택에 있어서 운송비는 가장 중요한 요소이다. 운송수단별 운송거

표 10-6 운송형태별 적합한 운송수단

유 형	고려하여야 할 요소	적합한 운송수단
· 공장→물류거점간 간선운송의 경우	· 충분한 납기 여유 · 차량단위 규모 · 계획운송	· 대형 트럭 · 컨테이너 · 선박(원거리, 대량 경유)
· 공장→대규모 소비자 직송의 경우	· 불충분한 납기여유 · 정확성 유지	· 중형트럭 · 소형 컨테이너 · 카페리(원거리시)
· 물류거점→소규모 소비자 배송의 경우	· 납기임박 · 정확성 유지 · 소량다품종	· 중 · 소형트럭 · 승용화물차량 · 항공편(소량, 납기임박의 경우)

자료: 해운무역신문사(1993). 「화물유통실무」, P.85.

리별 원가를 비교하여 보면, 장거리 운송에 있어서는 해상운송의 운송원가가 가장 유리하고, 다음으로 철도와 자동차 운송이다([표 10-7]).

표 10-7 운송수단별 운송거리별 원가예시

	10km	20km	50km	100km	200km	500km	800km	1,000km
공로운송	100	84.7	72.8	68.5	67.0	66.1	65.0	65.8
철도운송	100	53.4	25.6	16.4	11.6	7.7	6.9	6.2
해상운송	100	50.2	20.6	10.8	5.8	2.9	2.1	1.9

전체 물류비용의 관점에서 볼 때 운송비용뿐만 아니라 상품의 보관비용까지도 고려하기 때문에 운송원가 측면의 비교는 의미가 없다. [그림 10-1]은 가로축에 속도, 세로축에 비용을 나타낸 것으로 운송비는 속도에 비례하여 증가하고 있음을 알 수 있다. 그러나, 항공기처럼 속도가 빠른 운송수단의 경우에는, 상품을 발주하여 입하할 때까지의 시간이 매우 짧기 때문에 상품의 재고량이 줄어들고, 리드 타임 동안의 수요 변동량을 고려한 도착지 창고의 안전재고량 역시 줄어들게 된다.

그림 10-1 속도별 운송수단 비교

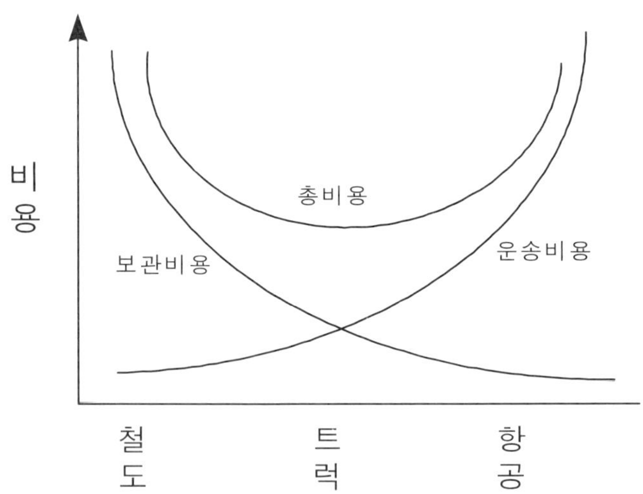

또한, 리드 타임이 짧아서 수요의 변화에 신속하게 대응할 수 있기 때문에 재고가 고갈될 확률이 낮다. 즉, 항공기를 이용하면 상품 재고량을 줄일 수 있어서 보관비용은 낮아지게 된다. 따라서, 운송수단을 선정할 때 운송비용과 보관비용이 역의 관계, 즉, 트레이드오프의 관계에 있기 때문에 운송비용과 보관비용을 동시에 고려하여 최적 수단을 선택하여야 한다.

수송수단간 경쟁관계를 수송거리와 화물무게를 기준으로 살펴보면 [표 10-8]과 [표 10-9]와 같다. 표에서 알 수 있는 것처럼 트럭은 비교적 짧은 거리의 경량 화물운송에서 유리하고 철도는 장거리 중량 화물운송에서 유리하다. 두 수단간의 경쟁영역은 거리에 따라 10,000파운드에서 90,000파운드 무게대이다.

표 10-8 수단선택 매트릭스

화물단위					
	100톤	트럭	공로/철도	철도/해운	해운
	20톤	트럭	공로	공로/철도	철도/해운
	팔레트단위	트럭	공로	공로/철도	항공/해운
	소화물	우체국/택배	우체국/공로/항공	우체국/공로/항공	우체국/항공
		단거리	중거리	장거리	초장거리
		운송거리			

표 10-9 수송거리와 화물무게에 따른 트럭과 철도의 경쟁관계

무게(파운드) 수송거리(km)	1000 이하	1000-9999	10000-29999	30000-59999	60000-89999	90000 이상
100-199	트럭고유시장					
200-299						
300-499						
500-999						
1000-1499					철도고유시장	
1500이상						

자료: OECD(1986), Techno-economic Analysis of the Role of Road Freight Transport, p.78

2. 화주의 수단 선택 의사결정

1) 총비용 관점

경쟁 우위를 점하기 위한 목적이나 긴급을 요하는 경우와 같은 예외적인

상황을 제외하고 일반적으로 화물 수송 수단 혹은 수송 서비스를 선택할 때 화주는 각 수단 혹은 서비스의 사용으로 발생하게 되는 여러 가지 비용을 고려하여 수송 수단 혹은 서비스를 선택하게 된다. 특히, 수송 수단의 속도와 신뢰성은 재고수준에 직접적으로 영향을 미치기 때문에 여러 가지 대체 수단이 이용 가능한 경우 수송 수단 혹은 서비스를 선택할 때는 각 수단 혹은 서비스의 운임과 재고비용과 같은 간접비용을 고려하게 된다. 속도가 느리고 신뢰성이 낮은 서비스를 선택하게 되면 수송중 재고나 창고에서 보관해야 하는 재고량이 늘어나게 된다. 따라서 여러 수단이 이용 가능할 때는 직접 수송비와 간접 수송비를 합한 총비용이 최소가 되는 수단을 선택하게 된다.

다음의 예를 통하여 비용최소화 관점에서 수단선택 문제를 살펴보자(Ballou, 1999).

철도운송, 트럭운송 그리고 항공운송이 이용 가능하고 화물 운송과 관련된 특성과 각 수단의 운임, 수송시간, 연간 운송 빈도 등은 아래와 같다.

- 연간 수요 혹은 총판매량(D): 700,000 개
- 각 재고지점의 평균 재고보유량(Q): 100,000 개
- 제품 1개의 평균가치(P): 30,000
- 연간 재고유지비용(I): 30%
- 수송시간 1일 감소 시 평균재고수준 감소 비율: 1%

표 10-10 수단별 운임 및 운송 빈도

수송 서비스	운임(천원)	연간 수송시간(일)	연간 운송 빈도
철도	1	60	10
트럭	2	30	20
항공	14	4	40

현재 철도 수송을 이용하고 있다고 가정하자. 이때 트럭을 이용하면 수송시간은 30일을 줄일 수 있고, 운송 빈도는 2배가 되므로 공장과 창고의 재고수준을 50% 줄일 수 있다.

연간 총 수송시간을 T라고 하면 연간수요(D)는 T/365일 동안 수송과정에 있게 되며, 이는 수송 중 재고가 된다. 따라서, 연간 수송 중 재고비용은 IPDT/365가 된다. 제품 한 단위의 재고비는 IP이며, 공장에서 P는 가격이고 창고에서 P는

가격에 운임을 더한 것이 된다. 총 연간 수송비는 단위당 운임률에 총수요를 곱한 RD가 된다.

각 수단별 발생하는 비용은 [표 10-11]과 같다. 수송 요율은 철도 운송이 가장 낮고, 재고비용은 수송시간이 가장 짧은 항공 운송이 가장 낮으며, 총비용은 트럭 운송이 가장 낮다. 따라서, 총 비용 관점에서 볼 때 위에 주어진 상황에서는 트럭을 선택하는 것이 비용을 최소화하게 된다.

표 10-11 총물류비 분석에 의한 수단선택 평가

	수송비	수송중재고비	공장재고비	창고재고비	총비용(천원)
계산식	R×D (운임×총수요)	IPDT/365 (단위재고비×총수요×총수송기간)/365	IPQ (단위재고비×재고량)	IPQ (단위재고비×재고량)	
철도	1,000×700,000 =700,000,000	0.3×30,000×700,000×60/365 =1,035,616,440	0.3×30,000×100,000 =900,000,000	0.3×31,000[2]×100,000 =903,000,000	3.538,616
트럭	2,000×700,000 =1,400,000,000	0.3×30,000×700,000×30/365 =517,808,220	0.3×30,000×50,000×0.70[1] =315,000,000	0.3×32,000×50,000×0.70 =336,000,000	2,568,808
항공	14,000×700,000 =9,800,000,000	0.3×30,000×700,000×4/365 =69,041,090	0.3×30,000×25,000×0.44 =99,000,000	0.3×44,000×25,000×0.44 =145,200,000	10,113,241

주 : 1) 트럭의 경우 연간 운행빈도가 20회로 철도의 2배이기 때문에 재고량(Q)은 철도의 1/2인 50,000이며, 수송시간이 철도보다 30일 단축되기 때문에 1일 단축 시 재고량 1% 감소를 반영하여 0.7 적용.
2) 창고재고비의 P는 제품가격에 운송비를 더한 것임.

2) 재고와 수송비용의 트레이드 오프

물류의 기능 중 수송비와 재고유지비용은 총 물류비의 약 3/4 이상을 차지할 정도로 그 중요성이 크다. 따라서 총 물류비용 절감을 위한 물류합리화를 수행할 때 수송과 재고관리로부터 시작하게 되면 그 효과도 가장 크게 나타나게 된다. 최근 교통체증으로 인한 추가비용이 발생하고 수송효율이 떨어지기 때문에 공로수송의 대체 수단인 철도나 연안해송과 같은 수송수단에 대하여 관심이 고조되고 있다. 수송시간은 수송수단에 따라 달라질 수 있으며, 이는 적정 고객서비스 수준을 유지하기 위해 필요한 안전재고 등 재고유지비용에 영향을 미치게 된다. 따라서 수송에서 발생하는 직접적인 수송비용과 재고유지비용간의 트레이드 오프를 잘 파악하여 총 물류비용에 입각한 수송수단 선택 및 재고관리 의사결정의 중요성이 강조된다.

비계량적인 요소를 제외할 경우, 수송수단을 선택할 때에는 수송서비스를 이용할 때 발생하는 직접비용뿐만 아니라 이와 관련된 재고비용을 고려하여야 한다. 즉, 수송 중에 있는 재고뿐만 아니라 화주의 재고수준은 각 수송수단의 수송시간이나 신뢰도에 의해 영향을 받는다. 수송시간이 길고 신뢰성이 떨어지는 수송수단을 이용하게 되면 유통경로상의 재고는 많아지게 된다. 이것은 수송서비스에 대한 비용을 절감하려는데 따른 결과로 볼 수 있다. 따라서, 화주는 주어진 수송수단 선택 대안 중에서 재고비용을 포함하여 수송에 따르는 총비용이 가장 낮은 수송수단을 선택해야 한다.

일반적인 수송비용과 재고유지비용을 고려할 경우 [그림 10-1]과 같이 수송비용 및 재고유지비용 그리고 총 물류비용과의 트레이드 오프 관계가 성립한다. 즉, 주문량이 증가함에 따라 수송비용은 감소되지만 재고유지비용은 증가한다는 것을 알 수 있다. 따라서, 총 물류비용은 최적의 주문량에서 총 물류비용의 최소값을 갖는다.

3) 경쟁력 확보 관점에서의 수단 선택 의사결정

수송수단 선택은 전술한 것처럼 일반적으로 총비용을 최소화하는 관점에서 이루어지는데 가끔 경쟁력을 확보할 목적으로 비용을 고려하지 않고 수단 선택이 이루어지는 경우가 있다. 동일 제품을 복수의 기업으로부터 구매하고 FOB(Free from on Board)[1] 가격결정 조건에 따라 공급 기업에 의하여 운송이 이루어진다고 하자. 이 경우 구매자 입장에서 볼 때 수송시간이 짧고 수송시간의 신뢰성이 높으면 재고수준은 낮아지기 때문에 구매자는 제품 구매 가격 외에 수송서비스 수준을 고려하게 된다.

이러한 관점에서 볼 때 공급 기업의 수단 선택은 비용 측면보다는 오히려 구매자의 요구를 충족시킬 수 있는 경쟁력 확보 측면에서 이루어지게 된다. 이러한 경우 경쟁관계에 있는 공급 기업들이 제공하는 수송서비스의 수준 차이에 따라서

1) 공급자가 공장에서 구매자 문전 또는 선박까지 운송비를 부담하는 계약 조건.

증감할 수 있는 구매량의 변화를 파악하는 것이 중요하다. 공급 기업의 수송서비스 선택과 이로 인한 구매자의 반응 관계를 명확하게 분석하는 것은 어렵지만, 소비자 조사, 전후실험법 등을 이용하여 수송서비스 수준의 변화에 따른 구매량의 변화를 어느 정도 예측할 수 있다.

두 공급 기업으로부터 가격이 5,000원하는 부품 4,000개를 구입하고 있는 제조업체의 경우를 가정해 보자. 각 공급 기업은 철도 수송을 이용하며, 평균수송시간은 같다고 가정하자. 각 공급 기업으로부터 구매하는 양은 동일하며, 공급 기업이 평균수송시간을 1시간 단축시키면 제조업자는 총 구매량의 1% 즉, 40개를 더 구입한다고 가정하자. 수송요금을 지불하기 전의 제품 당 마진은 50%이다. 수단별 단위 수송요율과 평균수송시간이 아래와 같을 때 수단을 기존 철도에서 트럭 혹은 항공수단으로 전환하는 것이 이익인지를 평가해 보자.

표 10-12 수단별 운임 및 수송시간

수송수단	운임(원)/개	수송시간(시간)
철도	500	60
트럭	1,000	30
항공	7,000	10

[표 10-13]과 같이 철도에서 트럭으로 수단을 전환 할 경우 판매량 증가로 인하여 총수입은 300만원이 증가하며, 운송비는 220만원 증가하여 순수익은 80만원 증가한다. 항공으로 전환하는 경우 판매량 증가로 인하여 수입은 증가하나 수송비가 지나치게 높아서 2,400만원의 적자를 보게 된다.

따라서, 앞에서 가정한 것처럼 부품 공급 기업이 수송시간을 단축시킬 때

표 10-13 수난선택에 따른 이윤 비교

수송수단	판매량	총수익[2]	수송비	순수익
철도	2,000	5,000,000	1,000,000	4,000,000
트럭	3,200[1]	8,000,000	3,200,000	4,800,000
항공	4,000	10,000,000	28,000,000	-18,000,000

주: 1) 철도 대비 트럭 수송시간이 30시간 단축되며 1시간 단축 시 40개를 더 구매한다는 가정에 따라 1,200개 추가 구매.
2) 총 판매 수입의 50%

구매자는 더 많은 량을 구매한다면 부품을 공급하는 기업은 현재 이용하는 철도수단에서 트럭으로 수단을 전환해야 한다.

제 3 절 화주 선호도 분석

1. 개별행태모형

화물수송계획에 있어서 자주 문제가 되는 것은 수송수단의 운임이나 수송시간과 같은 서비스수준의 변화가 있을 때 얼마만큼의 화물이 어느 수단으로 운송될 것인가를 추정하는 것이다. 즉, 철도, 도로, 항만, 터미널 등 수송체계에 대한 투자나 정부보조제도, 정부의 규제, 운임결정 등의 운송업체 및 정부의 수송관련 정책은 이러한 추정 결과를 바탕으로 하여 이루어진다. 따라서, 수단선택 혹은 수단분담은 화물수송계획 과정에 있어서 중요한 단계라고 할 수 있다.

이러한 측면에서 화주들의 수송수단선택을 세부적으로 분석하는 대표적인 기법은 비집계모형 또는 개별행태모형인 로짓모형(logit model)[2)]을 들 수 있다. 비집계모형 또는 개별모형(disaggregate models)은 미시모형(micro models)이라고도 하며, 개별 화주 면접이나 설문조사를 통하여 수집된 자료를 이용한다.

표본조사방법으로서 제조업체의 업종, 규모와 지리적인 위치에 따라 계층별로 구분한 화주대상 화물조사(consignment-shipper)를 기준으로 한 표본조사가 일반적으로 사용된다. 운송업체는 현 수요자 혹은 잠재적 수요자 집단(모집단)을 파악하여 적당한 표본을 추출하고 화물 운송과 관련된 자료를 조사하여 모형을 추정하면 화주의 수요 특성을 파악할 수 있다. 즉, 운임, 수송시간 등의 변화에 따른 화주들의 선호도 변화를 조사하는 것이다.

2) 소비자 행태를 분석하는 모형으로서 소비자는 주어진 제약하에서 효용(utility)을 극대화하는 방향으로 선택을 한다는 이론에 근거함. Moshe Ben-Akiva and Steven R. Lerman(1989), Discrete Choice Analysis, The MIT Press; 이학식 외(2008), SPSS 14.0 매뉴얼, 법문사 등 참조.

2. 자료 및 변수

1) 화물 표본조사

미시적 자료를 얻기 위해서는 화주를 대상으로 개별 단위화물(consignment)에 관한 조사가 필요하다. 즉, 개별 화물 발송 단위별로 제품 종류, 무게, 가격 등의 제품 특성 자료와 그 때 이용된 수단의 운임, 수송소요 시간, 신뢰도, 빈도 등 수단특성 정보를 얻어야 한다.

수요 조사에 있어서 첫 단계는 모집단을 선정하는 것이다. 즉 연구의 목적과 관련해서 지리적인 대상 지역을 결정하고 조사 대상 업체를 선정한다. 업종구분은 세분화 정도가 다양하기 때문에 모집단의 이질성 정도, 모집단을 분류하였을 때 각 하부 집단의 규모(업체 수) 등을 고려하여 적정한 세부분류를 결정한다. 지나치게 대분류를 택하면 이질성의 문제로 인한 오차가 내포되고, 지나치게 세분화 하게 되면 각 소집단에서 통계적으로 타당한 추정을 하는데 필요한 관측수(업체 수)를 얻을 수 없는 문제점이 있다. 이어서 계층분류(stratification)를 실시한다. 이것은 표본 추출틀 내의 모집단을 여러 개의 소집단으로 나누는 것으로써 제조업체와 같이 이질적인 특성이 강한 집단을 조사할 때 바람직한 방법으로서 다음과 같이 이루어진다.

i) 모집단 내의 기업을 적합한 업종 분류에 따라 소집단으로 편성한다.

ii) 분류된 소집단을 지리적으로 나눈다.

iii) 고용인 수에 따라 소집단을 분류한다.

모집단에 대한 표본의 계층 분류가 이루어지면 표본단위를 선택하기 위한 방법 즉, 소집단의 표본률을 결정하는 방법을 고려해야 한다. 일반적으로 사용되는 방법은 균등 표본률(uniform sampling fraction)과 가변 표본률(variable sampling fraction)이 있다.

모집단이나 각 계층으로부터 표본을 선정하는 방법은 각 계층의 표본추출틀에 포함되어 있는 업체들을 정렬하여 일련번호를 부과하고 난수(random number)를 사용하여 표본 기업을 선정하는 확률표본 추출 방법(random sampling method)과 표본 추출 목록 상의 개별기업들이 일정한 간격으로 선택되는 계통표본 추출 방법(systematic sampling method)이 사용될 수 있다.

2) 수단선택 관련 변수

화주의 수송수단 선택에 영향을 미치는 요소는 크게 화주 관련 특성, 제품 특성, 수송서비스 특성 등이다. 따라서 수단 선택은 이러한 요소들이 종합적으로 고려되어 이루어진다.

수단선택 $= f$ (수단특성, 화물특성, 화주특성)

표 10-14 수송수단 선택에 영향을 미치는 요소

특 성	영향 요소
화주특성	㉠ 연간 생산규모, ㉢ 공장 위치와 수송 접근상태, ㉣ 제품 가격구조, ㉤ 공장 크기 혹은 종업원 수, ㉥ 화주의 수송수단 대안들에 대한 지식과 인식, ㉦ 자가 수송수단 보유여부와 특정 수단과의 계약여부 등
제품특성	㉠ 화물종류, ㉡ 단위화물 가격, ㉢ 밀도 (무게/부피), ㉣ 화물(상품)의 저장수명 혹은 부패, 진부화(obsolescence) 되는데 걸리는 기간, ㉤ 파손, 손상가능성, 변형, 휘발성 등의 특성, ㉥ 수요의 계절성, ㉦ 특수운송 필요성(액체, 장척물), ㉧ 화물(제품) 사용 목적, ㉨ 재고 관련 특성 등
수단특성	㉠ 선적 혹은 적재 대기 시간, ㉡ 출발지에서 도착지까지의 수송시간, ㉢ 수송시간 신뢰도, ㉣ 화물 분실 및 손상 빈도, ㉤ 수송 요율, ㉥ 수송 부대비용 (포장비등), ㉦ 수송 거리, ㉧ 수송 빈도, 정규 혹은 비정규 서비스, ㉨ 정규 운행 횟수, ㉩ 배송(발송) 유효성 및 제약, ㉪ 수송 완결성 혹은 수송과정의 환적이나 인터체인지 수, ㉫ 수송수단의 제약 요소: 최소 적재 화물량, 필요 장비 상태 및 이용 가능 여부, ㉬ 특수 서비스(냉동운반등) 등

위의 많은 잠재적인 요인들 중에서 분석에 직접 사용될 변수의 선정은 현실적인 제약 내에서 이루어진다. 즉, 변수의 값을 측정하기가 용이하고, 현실적으로 필요한 정보를 얻을 수 있고 분석 목적과 부합하는 변수를 선정할 필요가 있다.

3. 로짓모형

1) 로짓모형

로짓모형은 소비자 선택이론, 즉 개인의 효용극대화 이론에 근거하는데 이는 모든 소비자는 경제적 합리성에 입각하여 행동하고, 주어진 제약 하에서 효용을 극대화하는 선택을 행한다는 것이다. 화주 n의 경우 i수단과 관련한 효용은 두

효용요소인 V_{in} 과 E_{in}의 합으로 나타난다. 여기서 V_{in}은 관측되고 모든 화주에게 공통되는 고유효용(strict utility)이며 Ein은 확률효용(random utility)으로서 관측되지 않는 특성을 반영하며 어떤 화주와도 공유되지 않는 요소이다.

$$U_{in} = V_{in} + E_{in} \tag{10-1}$$

여기서 화주는 이용 가능한 모든 수단 중에서 최대의 효용을 가져다주는 수단을 선택한다고 가정하면, 화주 n이 수단 집합 C_n에서 대안 i를 선택할 확률은 다음과 같다.

$$P_n(i) = \mathrm{Prob}[(U_{in} \geq \max_{j \in C_n, j \neq i} U_{jn})] \tag{10-2}$$

위의 확률함수를 구체화시키기 위해서는 효용함수에 대한 명시적인 함수형태와 확률분포를 가정해야 하며, 이러한 가정에 의해서 여러 가지 형태의 선택모형이 도출된다. 확률효용 Ein이 위치모수 $\eta = 0$이고 규모모수 $\mu = 1$인 독립적 와이블(Weibul) 분포를 갖는다면 다음과 같은 다항로짓 모형 (Multinomial Logit Model)을 얻는다.

$$P_n(i) = \frac{e^{V_{in}}}{\sum_{j \in C_n} e^{V_{jn}}} \tag{10-3}$$

설명변수 X에 의해 결정되는 효용 V_i를 선형 가법 함수(linear additive function)라고 가정하면 그 형태는 아래와 같다.

$$V_i = \beta_0 + \sum_{k=1}^{K} \beta_k X_{ik} \tag{10-4}$$

각 개별화주의 선택행태를 관측단위로 하는 경우, 종속변수는 특정수단 선택 여부에 따라 1 또는 0의 값을 갖고, 독립변수는 일반적으로 연속적(continuous) 값을, 가변수(dummy variable)의 경우 이산적(discrete) 값을 갖는다. 이 경우 모형의 계수 추정은 최우법(maximum likelihood method)에 의하는 것이 가장 효과적이다.

최우법은 수치분석 방법에 의하기 때문에 계산이 어렵다는 단점이 있으나, 일관성 있고 표본 크기에 따라 가능한 최선의 추정치를 도출한다는 장점이 있다.

그러나 종속변수의 값이 여러 등급의 확률로 나타나는 경우에는 위 모형을 변환시켜서 사용한다. 위의 식에 대해 자연로그(Ln)를 취하면 아래와 같은 선형로짓모형이 되며 그 모수값은 최소자승법으로 추정할 수 있다.

$$\ln\left(\frac{P_i}{1-P_i}\right) = \beta_0 + \sum_{k=1}^{K}\beta_k(X_{ik} - X_{jk}) + \sum_{n=1}^{N}\beta_n S_n \qquad (10\text{-}5)$$

단, X_{ik}는 수단 관련 특성 변수이고 S_n은 제품 혹은 화주 관련 특성 변수

탄력성(elasticity)은 독립변수의 값이 1% 변화함에 따른 종속변수의 변화를 백분률로 나타낸 값이다. 경제학의 기본이 되는 가격의 탄력성은 가격이 한 단위 변화할 때 그 결과로 나타나는 구매량 변화률의 비율이 된다. 수식으로는 다음과 같이 표현된다.

$$\text{가격탄력성} = \frac{\text{구매량의변화}(\%)}{\text{가격의변화}(\%)}$$

$$E_p = \frac{\Delta Q/Q}{\Delta P/P} = \frac{\Delta Q}{\Delta P}\cdot\frac{P}{Q} = \frac{\partial Q}{\partial P}\cdot\frac{P}{Q} \qquad (10\text{-}6)$$

확률선택모형에 있어서 탄력성은 특정수단 i의 특정 설명변수의 값이 1% 변화할 때 수단 i의 선택확률의 변화율을 나타내는 값이다. 이는 운임, 수송시간 등의 변화에 따른 화주들의 수단선택에 대한 반응으로서 수송업자나 수송계획가에게 유용한 정보를 제공한다.

탄력성은 직접탄력성 (direct elasticity)와 교차탄력성(cross elasticity)으로 구분되는데, 전자는 수단 i의 설명변수의 변화에 따른 수단 i의 선택확률의 변화이며 후자는 수단 i의 대안인 j 수단의 설명변수의 변화에 따른 수단 i의 선택확률의 변화이다.

비선형확률모형인 다항 로짓 모형의 경우 선택확률 $P(i)$를 변수 X_{ik}에 대하여 미분하여 정리하면 다음과 같이 Logit 모형의 직접탄력성과 교차탄력성이 도출된다.

$$E_{X_{ink}}^{P_n(i)} = \frac{\partial P_n(i)}{\partial X_{ink}} \cdot \frac{X_{ink}}{P_n(i)} = \frac{\partial \ln P_n(i)}{\partial \ln X_{ink}} \tag{10-7}$$

$$= [1 - P_n(i)]\, X_{ink}\, \beta_k$$

$$E_{X_{jnk}}^{P_n(i)} = \frac{\partial \ln P_n(i)}{\partial \ln X_{jnk}} = -\, P_n(j)\, X_{jnk}\, \beta_k\,, \qquad j \neq i \tag{10-8}$$

이러한 탄력성은 각 개별 화주의 탄력성이며, 수송계획 시 실질적으로 필요한 것은 집단의 탄력성(aggregate elasticity)이다. 이는 개인별 탄력성을 각 개인의 선택확률로 가중하여 평균해서 구할 수 있는데 이를 sample enumeration method라 한다(Ben-Akiva, 1987). 집단탄력성은 아래와 같고, 이때 Kronecker Delta 함수가 0이면 교차탄력성이 된다.

$$E_{Xjnk}^{\overline{P}(i)} = \frac{\beta_k}{N \cdot \overline{P}(i)} \cdot \sum_{n=1}^{N} P_n(i)\, [\delta_{in} - P_n(j)]\, X_{jnk} \tag{10-9}$$

단, δ_{ij} = Kronecker delta 함수 ($i=j$이면 1, $i \neq j$이면 0)
$P_n(i)$ = 화주 n 이 수단 i 를 선택할 확률
$\overline{P}(i)$ = 수단 i 를 선택할 집단의 확률
$E_{xikn}^{pn(i)}$ = 화주 n 에 있어서 수단 i의 속성 k 에 의한 수요의 탄력성
X_{ikn} = 화주 n 에 있어서 수단 i가 가지는 특성 k의 측정

2) 적용 예시[3)]

공로운송업체 K사는 운송정보시스템과 수송계획시스템을 구축함으로써 운송소요시간을 상당히 단축할 것으로 예상하고 있다. 수송 서비스 수준이 향상될 것으로 예상됨에 따라 적정 수준으로 운임을 인상하려고 한다. 이에 K사는 화주들의 선호도를 분석하여 이를 바탕으로 서비스 수준 향상과 운임 증가에 따른 이용율의 변화 및 수입의 변화를 분석할 필요가 있다. 개별화주의 선호도 분석에 적합한 로짓 모형을 사용하는 예시는 다음과 같다.

(1) 모형구조 및 설명변수

공로운송과 경쟁관계에 있는 수단을 철도운송으로 가정할 때 두 수단 간의 선택확률을 분석하기 위한 이항 로짓 모형은 다음과 같다.

3) 자세한 내용은 하원익 외(1996), 전찬영(2008) 참조.

$$P_{기차} = \frac{e^{U_{기차}}}{e^{U_{기차}} + e^{U_{트럭}}} = \frac{1}{1 + e^{U_{트럭} - U_{기차}}} \tag{10-10}$$

수송수단 선택에 영향을 미치는 설명변수는 운임, 수송소요시간 등의 두 가지로 가정한다. 이때 효용함수는 다음과 같다.

$$U = \beta_1 운임 + \beta_2 시간$$

(2) 자 료

화주들을 대상으로 하여 선정된 설명변수(운임, 수송시간) 대안을 구성한 후 각 대안별로 운임과 시간을 비교하여 수단을 선택하게 한다([표 10-15]). 500명을 대상으로 [표 10-15]를 제시하여 조사된 자료를 정리한 결과의 예시는 [표 10-16]과 같다. 선택수단 란의 1은 공로를 선택한 경우이며 0은 철도를 선택한 경우이다. 운임과 시간변수는 두 수단의 차이를 기준으로 하는 것이 일반적이다. 이용자가 수단을 선택할 때 어느 수단의 운임이 어느 정도 낮은가를 기준으로 판단하는 수요자 행태에 근거한 것이다. 이러한 집계자료는 일반적으로 엑셀로 작성되고 SAS 등 통계 프로그램이나 LIMDEP을 이용하여 모수 값을 도출한다.

표 10-15 자료 조사표 예

대안 \ 내용	수 단	운 임 (천/TEU)	수송시간	수단선택
1	공로	563	45	
	철도	477	54	
2	공로	526	34	
	철도	477	34	
⋮				
8	공로	436	34	
	철도	434	42	
9	공로	436	45	
	철도	369	42	

표 10-16 자료 집계표 예

내용 / 응답자	선택 수단	운임 (공로 운임 - 철도 운임)	수송시간 (공로 시간 - 철도 시간)
1	1	86	-9
2	1	49	-20
3	0	67	3
⋮			
499	0	67	3
500	1	2	-8

(3) 활용방안

로짓모형을 추정하여 설명변수의 모수 값을 도출한 후 운임과 시간 변화에 따른 수요의 변화를 추정하기 위해서는 탄력성이 유용하게 이용된다. 도출된 직접 탄력성을 이용하여 운임 인상에 따른 이용률의 변화 및 수입의 변화 등을 다양하게 분석하는 예는 다음과 같다. 운임 및 시간단축을 5%에서 20%까지 변화시키는 것을 가정하고 도출된 탄력성을 곱하여 해당되는 이용율 변화를 도출한다. 운임 탄력성 -0.5는 운임이 1% 증가할 때 이용률은 0.5% 감소하는 것을 의미하며, 시간 탄력성 -0.8은 시간이 1% 단축될 때 이용률이 0.8% 증가하는 것을 의미한다. 따라서 운임인상 및 시간단축 대안에 따른 이용률 변화를 도출할 수 있으며, 총 수송량이 1,000TEU라고 가정할 때 증가되는 수송물량을 얻을 수 있다. 또한 TEU당 운임 수입을 40만원이라고 가정할 때 수송물량 증가로 인한 운임 수입 증가를 도출할 수 있다.

표 10-17 운임인상 및 시간난축에 따른 이용률 및 운임 수입 변화

운임인상 (%)	운임 탄력성	시간단축 (%)	시간 탄력성	이용률 변화(%)			수송량 증가(톤)	수입증가 (만원)
				운인인상	시간단축	계		
5	-0.5	5	-0.8	-2.5	4	1.5	15	600
10		10		-5.0	8	3.0	30	1,200
15		15		-7.5	12	4.5	45	1,800
20		20		-10	16	6.0	60	2,400

제 4 절 차량운행 경로 결정

1. 문제의 특성

1) 집배송 계획 문제

노선배정 및 차량일정계획은 고객의 주문을 효율적으로 처리하면서 이용 가능한 차량과 인력의 활용도를 최대화 하는 것이다. 즉, 하나 또는 그 이상의 데포에서 수요자인 고객에게 적정한 가격과 서비스 수준에 맞추어 하루 단위로 차량에 대한 경로와 일정을 결정하는 문제로서 총 수송거리를 단축시키고, 운영시간을 최대화하고, 소요 차량의 대수를 최소화함으로써 제반 고정비 및 변동비를 최소화 하는 것이 목적이다. 이 문제를 해결하기 위해서 일반적으로 다음과 같은 가정을 하게 된다.

그림 10-2 집배송계획시 고려 사항

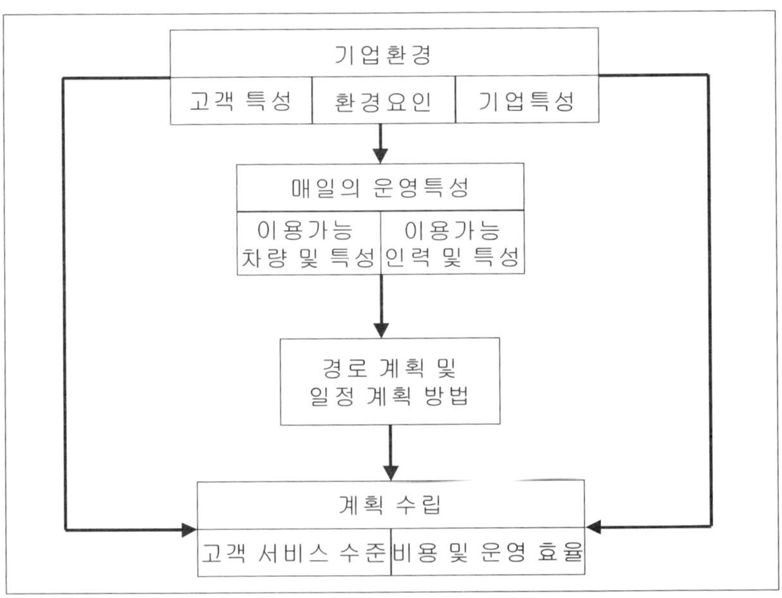

① 화물차량의 물리적인 용량제한이 있다.

② 어떤 경로에서 차량의 수송거리 또는 여러 경로를 운행하는 차량의 총 수송거리는 정해진 근무시간 내에 모든 소비자에게 배송이 이루어질 수 있을 정도로 해야 한다. 즉, 차량의 일정계획은 수일의 기간에 대해서 수립할 수 있지만 운전기사의 일정은 정해진 기간 내에서 수립되어야 한다.

③ 배송은 고객이 주문품을 인도 받을 수 있는 시간 내에 이루어진다.

④ 모든 고객의 주문품을 배송하기에 충분한 차량 용량을 확보하고 있다.

⑤ 차량의 용량이 초과되지 않는 범위 내에서 배송 시 집하 물량을 포함시켜서 일정계획을 수립한다.

⑥ 모든 경로에 대한 제약은 충분히 고려한다.

집배송 계획 수립시 많은 요소와 제약들이 고려되어야 하는데 주요 내용들은 [그림 10-2]와 같이 고객 특성, 기업 특성, 환경 특성, 인력 특성, 수송차량 특성 등과 관련이 된다.

각 항목별 세부적인 요소들은 [표 10-18]과 같다.

표 10-18 집배송 계획에 영향을 미치는 운영 요소들

인력 특성	수송차량 특성
운전기사 수 및 자격증 종류 숙련도 혹은 기술 수준 근무시간 및 교대 패턴 등	수송차량의 수 및 종류 유지/보수 일정 차량용량 및 높이/폭
고객 특성	**기업 특성**
위치 및 배송처 특성 영업시간 배송시간 제한 집하 여부	고객서비스 정책 운행 속도 및 정책 차량 적재량 및 집하정책 상품의 특성 및 대포의 위치 관리운영 목표 수준
환경적인 특성	**노선배정 및 일정계획 방법**
도로 종류 및 상태 날씨, 기후조건 법적 제약	사용하는 계획기법 법적제약 사항

2) 집배송계획 방법

소수의 차량을 대상으로 하는 배송계획은 배차 담당자의 지식과 경험을 바탕으로 하여 수행될 수 있다. 경험을 바탕으로 주행속도와 시간당 방문횟수 등을 추정하여 차량별 일일 작업 분량을 결정하게 된다. 그러나 문제가 복잡해지면서 차량의 용량과 운전자의 작업시간 등을 고려하여 컴퓨터를 사용하여 수행하는 것이 일반적이다.

일일 단위로 행해지는 배송계획은 고객의 수요패턴과 정해진 서비스수준에 의해서 경로를 일정하게 유지하는 고정경로시스템과 수시로 경로가 바뀌는 유동경로시스템으로 나눌 수 있다. 고정경로시스템은 수송차량이 정규적인 배달 루트를 운행하면서 고객의 주문을 처리하는 방법이다. 고정경로시스템은 배달할 수 있는 지역이 제한되지만 고객이 차량의 도착 일시와 시간대를 알 수 있어서 양질의 서비스를 제공할 수 있다. 그러나 배송품이 차량의 용량을 초과하거나 차량의 고장 그리고, 차량이나 운전자가 부족한 예기치 못한 상황에 직면할 경우 다음 운송 스케줄까지 기다려야 하기 때문에 배송이 지연될 수 있다.

유동경로시스템은 고객의 주문형태를 충족시키기 위한 경로를 수요량에 따라 매일 매일 유동적으로 결정하는 것으로 차량의 용량과 운전자의 작업시간에 따라 경로가 효율적으로 바뀔 수 있다. 또한, 주문량에 따라 차량의 대수가 변하므로 총 운행거리와 운영비는 상당히 줄어들게 된다. 그러나, 고객은 배송 날짜나 시간을 알 수 없고, 주문량이 차량의 용량을 넘거나 주문체화가 발생하는 단점이 있다. 이러한 장단점을 고려하여 특정 지역에 적합한 적하 계획 방법을 결정하여야 한다.

3) 배송계획 수립

집배송 계획은 차량의 용량 제약, 운전자의 작업시간 제한, 데포에서 고객까지의 이동시간 등을 사전에 알 수 있고, 모든 주문에 대하여 고객 문전에서의 작업시간 역시 사전에 알고 있다고 가정하고 이루어진다.

배송계획을 수립할 때 차량별로 주문을 할당하고 각 주문에 대하여 다음 사항을 고려하게 된다.

- 배송센터와 고객사이의 정해진 이동 시간
- 고객 문전에서의 작업 시간

- 운전자의 총 사용 가능한 시간
- 차량의 용량 초과 여부

지리적으로 인접한 주문을 차례로 추가하면서 위의 항목들을 계산하고 위의 제약 사항들 중 어느 하나가 만족되지 않을 때까지 이러한 절차를 계속 반복하여 모든 주문이나 이용 가능한 차량이 모두 할당될 때까지 계속한다. 만약 차량의 무게 용량을 초과하면, 배차 담당자는 차축 무게의 제한 범위 내에서 화물을 더 실을 지에 대한 결정을 하고 배송 목록을 작성한다.

2. 차량운행경로 결정

차량 운행경로 결정 문제는 출발지와 도착지 유형에 따라 구분할 수 있는데 일반적으로 출발지와 도착지가 서로 다른 경우, 출발지와 도착지가 복수인 경우, 출발지와 도착지가 동일한 경우 등으로 구분할 수 있다. 이러한 유형에 따라서 적합한 분석기법이나 모형의 종류가 다르다.

첫째, 출발점과 도착점이 상이하며, 출발점과 도착점이 각각 1개인 경우는 출발점에서 도착점까지 다수의 가능 경로가 있을 때 어떤 경로를 택하는 것이 가장 단거리(또는 최소 비용)인가를 발견하는 문제이다. 이러한 문제를 최적화하는 기법을 최단경로(shortest-path) 또는 최소걸침나무(minimal spanning tree) 기법이라고 한다.

둘째, 출발점과 도착점이 상이하며, 출발점과 도착점이 다수인 경우는 수송모형으로 일컬어지며, 각 출발점에서 도착점으로의 운송에 소요되는 단위 운송비용이 주어지면 각 출발점에서의 공급능력과 도착점에서의 수요량을 제약조건으로 하여 총 운송비용을 최적화하는 운송량을 도출한다. 이에 대한 해법은 매우 많이 알려져 있으며, 대표적인 것으로 북서코너법, Vogel법, MODI법 등을 들 수 있다.

셋째, 출발점과 도착점이 동일한 경우는 차량이 순회배달을 마치고 다시 출발점으로 돌아오는 경우이며, 이러한 문제는 “Traveling Salesman Problem(TSP)”으로 잘 알려져 있다. 이러한 모형의 목표는 운송시간 또는 거리의 최소화에 있다. TSP의 해법에 관해서는 휴리스틱 기법, 그래픽 기법, 근사해법, 최적해법 등 다수 연구 결과가 발표되었다.

표 10-19 차량 운행경로 결정 문제 유형

문제 유형	분석기법
출발지와 목적지가 다른 경우	최단경로법/최소걸침나무법
출발지와 목적지가 복수인 경우	선형계획법
출발지와 목적지가 동일한 경우	외판사원 문제

1) 최단경로 문제: 출발지와 목적지가 다른 경우

차량의 출발지와 도착지가 서로 다른 경우의 문제는 경유지점 사이의 거리 또는 비용이 최소가 되는 경로를 구하는 문제이다. 최단경로법을 이용할 경우 출발지에서 시작하여 가장 인접한 경유지부터 순차적으로 최단 경로를 목적지에 도달할 때까지 형성한다. 출발지(O)에서 목적지(D)가지 5개(①~⑤) 경유지(node)를 포함하는 아래 네트워크 상에서 최단경로를 찾는 예를 통하여 이해할 수 있다.[4]

그림 10-3 최단경로 네트워크

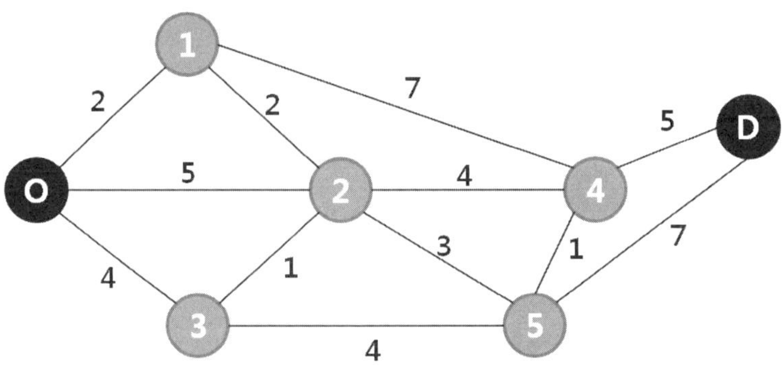

단계 1에서 출발지 O에서 가장 가까운 노드는 ①이며, 마디의 거리는 2이다. 다음으로 해결된 마디 O와 ①에서 가장 가까운 해결되지 않은 노드는 ③과 ②이며 해당 마디의 총 거리는 4로 동일하기 때문에 단계2와 3으로 정리한다. 단계 4의

4) Frederick S. Hillier, Gerald J. Lieberman(1995), Introduction to Operations Research, 6th Edition, McGraw-Hill, Inc., 359-361. 최소걸침나무법은 김세헌(1993), 현대경영과학, 무역경영사, pp. 330-334 참조바람.

경우 해결된 노드 ①, ②, ③에서 가장 가까운 해결되지 않은 노드는 각각 ④, ⑤이며 최단 거리 경로는 ②-⑤로서 거리는 7이다. 단계 5의 경우 해결된 노드 ①, ②, ⑤에 가장 가까운 해결되는 않은 노드는 ④이며 이때 최단 거리는 8, 해당 경로는 ②-④와 ⑤-④이다. 단계 6에서 해결된 노드는 ④, ⑤이며 도착지 D까지 최단 거리는 13이고 해당 경로는 ④-D이다.

각 단계별 최종 마디를 기준으로 하여 출발지 O에서 도착지 D까지의 최단경로를 정리하면 O→①→②→④→D 경로와 O→①→②→⑤→④→D 경로이며 최단거리는 13이다[표 10-20].

표 10-20 최단경로법 예

단계	해결된 노드	가장 가까운 해결되지 않은 노드	총 거리	n번째 가장 가까운 노드	최단 거리	최종마디
1	O	①	2	①	2	O①
2, 3	O	③	4	③	4	O③
	①	②	2+2=4	②	4	①②
4	① ② ③	④ ⑤ ⑤	2+7=9 4+3=7 4+4=8	④	7	②④
5	① ② ⑤	④ ④ ④	2+7=9 4+4=8 7+1=8	④ ④	8 8	②④ ⑤④
6	④ ⑤	D D	8+5=13 7+7=14	D	13	④D

2) 수송선형계획문제: 출발지와 도착지가 복수인 경우

다수의 출발지에서 화물을 다수의 도착지까지 최소비용으로 수송하고자 하는 문제를 선형계획모형으로 설정하면 수송선형계획모형이 되며, 이러한 유형의 문제를 1941년에 히치코크(F.L. Hitchcock)가 최초로 설정한 수송선형계획문제라고 한다.

수송선형계획문제는 특수해법(specialized method)인 수송법(transportation method)을 적용하는 것이 효율적이다. 1차 실현가능 기본 해를 도출하는 방법은 여러 가지가 있는데, 서북코너법(North-West Corner Method), 최소 비용법(Least

Cost Method; Common Sense Method) 등이 일반적으로 적용된다(이상문, 1992).

수송문제를 풀기 위해서는 우선 초기 해를 구하고 이를 이용하여 초기해보다 개선된 최적 해를 구하는 과정을 반복해 나간다. 3개의 생산지와 소비지를 가지는 수송문제의 초기 해를 구하는 과정을 예로 살펴보도록 하자.

첫 번째 단계로 [표 10-21]과 같이 본 문제에 대한 수송표가 작성된다. 각 생산지와 수요지는 각각 행과 열에 기입되고, 각 칸의 좌측 상단에 있는 작은 칸에는 단위당 수송비가 기입된다. 마지막 행과 열에는 각 소비지의 총 수요량과 각 생산지의 총 공급량이 각각 기록되고, 가장 우측 아래 칸에는 총 공급량이자 총 수요량인 220톤이 구해진다.

표 10-21 수송표

생산지 \ 소비지	C_1	C_2	C_3	공급량
P_1	[6] x_{11}	[3] x_{12}	[4] x_{13}	100
P_2	[13] x_{21}	[8] x_{22}	[10] x_{23}	60
P_3	[1] x_{31}	[7] x_{32}	[8] x_{33}	60
수요량	130	50	40	220

x_{ij}는 P_i생산지에서 C_j소비지까지의 수송량이다. 즉, x_{11}는 생산지 P_1에서 소비지 C_1까지의 수송량이다. 생산지 P_1은 100톤의 생산능력을 갖고 있으며 생산지 P_1에서 소비지 C_1, C_2, C_3으로 운송해야 할 수송량은 $x_{11}+x_{12}+x_{13}$가 된다. 그러므로 생산지 1의 공급 제약조건식은 $x_{11}+x_{12}+x_{13}=100$이다.

소비지 C_1의 수요량은 x_{11}, x_{12}, x_{13}의 합이 된다. 그러므로 생산지 P_1에서의 수요 제약조건식은 $x_{11}+x_{21}+x_{31}=130$이다. 같은 방법으로 제약조건식을 설정하여 완성된 선형계획모형은 다음과 같다.

$$Minimize\ \ 6x_{11}+3x_{12}+4x_{13}+13x_{21}+8x_{22}+10x_{23}+x_{31}+7x_{32}+8x_{33}$$

제 약 조 건

$$\left.\begin{aligned} x_{11}+x_{12}+x_{13}&=100\\ x_{21}+x_{22}+x_{23}&=60\\ x_{31}+x_{32}+x_{33}&=60 \end{aligned}\right\}\quad \text{공급제약조건}$$

$$\left.\begin{aligned} x_{11}+x_{21}+x_{31}&=130\\ x_{12}+x_{22}+x_{32}&=50\\ x_{13}+x_{23}+x_{33}&=40 \end{aligned}\right\}\quad \text{수요제약조건}$$

$$x_{ij} \geqq 0 \qquad i,\ j=1,\ 2,\ 3$$

해를 구하기 위해서는 반복적인 풀이과정을 거치며 서북코너법을 이용하여 초기 해를 구하는 과정은 다음과 같다.

① **칸(1, 1) :**

서북코너법은 가장 북서쪽에 위치한 칸(1, 1)부터 할당하기 시작한다. 생산지 P_1의 총 공급량과 소비지 C_1의 총 수요량 중에서 적은 양이 칸(1, 1)에 할당될 수 있는 최대량이 된다. 생산지 P_1의 공급량 100톤을 소비지 C_1에 공급하게 되고, 이때 소비지 C_1의 30톤이 공급되지 못한다.

② **칸(2, 1) :**

소비지 C_1의 부족량 30톤은 서북코너법 절차에 따라 다음 행의 공급처인 생산지 P_2로부터 공급된다. 따라서 생산지 P_2의 공급량 60에서 소비지 C_1의 잔여 수요 30톤을 채우게 된다.

③ **칸(2, 2) :**

이어서 그 다음 열에 있는 소비지 C_2의 수요 50톤을 공급하는데, 생산지 P_2의 60톤 가운데 잔여량인 30톤만 공급이 가능하여 수요지 P_2의 잔여 수요는 20톤이 된다.

④ **칸(3, 2) :**

소비지 C_2의 잔여 수요 20톤은 다음 행인 생산지 P_3의 공급량 60톤으로부터 공급된다.

⑤ **칸(3, 3) :**

마지막으로 소비지 C_3의 수요량 40톤은 생산지 P_3의 잔여 공급량 40톤으로 공급된다.

표 10-22 서북코너법에 의한 초기해

생산지 \ 소비지	C_1	C_2	C_3	공급량
P_1	[6] 100	[3]	[4]	100
P_2	[13] 30	[8] 30	[10]	60
P_3	[1]	[7] 20	[8] 40	60
수요량	130	50	40	220

서북코너법으로 구해진 초기 해를 기준으로 단위당 수송비와 할당된 수송량을 곱하여 총 수송비를 계산하면 1,690만원이 된다.

표 10-23 총수송비

칸	수송량(톤)	×	단위 수송비(만원)	=	수송비(만원)
(1, 1)	100	×	6	=	600
(2, 1)	30	×	13	=	390
(2, 2)	30	×	8	=	240
(3, 2)	20	×	7	=	140
(3, 3)	40	×	8	=	320
			총수송비	=	1,690

이러한 초기해로부터 최적 해를 구하기 위해서는 할당되지 않은 빈칸으로 할당량을 이동시키면서 비용 절감이 가능한지를 분석하는 절차를 거치게 된다[5].

3) 외판사원 문제: 출발지와 도착지가 동일한 경우

배송차량의 출발지와 도착지가 동일한 경우는 외판사원 문제(Traveling Salesman Problem: TSP)와 동일하며, 이때 차량경로결정(vehicle routing) 문제는 차량이 배송센터를 출발하여 최단거리로 모든 지점을 경유하고 돌아올 수 있는 경로를 찾는 것이나. 해를 구하는 방법으로서는 휴리스틱 해법과 정수계획법의 "0-1"계획기법을 들 수 있다.

휴리스틱 해법은 초기 경로를 선정한 다음 남은 배송처를 임의로 기존 가능한

5) 최적해를 구하는 방법과 비용최소법, 보겔추정법 등에 관한 보다 자세한 내용은 이상문, 경영과학론, 법문사, 1992 참조 바람.

경로 상에 포함시키면서 추가거리가 최소가 되는 경로를 만들어 나가는 방법이다. 정수계획법의 "0-1"계획 기법은 외판원이 한 지점을 출발하여 (n - 1)의 판매지점을 한 차례씩 방문하고 원지점으로 되돌아 올 때 각 지점간의 거리, 소요시간, 여행비용 등을 알고 전체 여행거리, 소요시간 또는 총 여행비용을 최소로 할 수 있는 경유 순서를 결정하는 것이며 모형은 다음과 같이 나타난다.

$$\min \quad Z = \sum_{i=1}^{n}\sum_{j=1}^{n} d_{ij}x_{ij} \qquad (i \neq j)$$

$$s.t. \quad \sum_{i=1}^{n} x_{ij} = 1 \qquad (j = 1, 2, \cdots, n : \text{도착지})$$

$$\sum_{j=1}^{n} x_{ij} = 1 \qquad (i = 1, 2, \cdots, n : \text{출발지})$$

$$x_{ij} \geqq 0$$

$$x_{ij} = \text{정수} \qquad (i = 1, 2, \cdots, n: \quad j = 1, 2, \cdots, n)$$

여기서

d_{ij}: 출발지i에서도착지j까지의거리

$x_{ij} = 1$(최단경로가 $i-j$구간을포함하는 경우)

$= 0$ (그렇지않은 경우)

정수계획 문제의 일반적인 해법은 분단탐색법(branch and bound method)이다. 이 방법은 변수의 값이 정수라는 점을 이용하여 실행가능 해를 여러 소그룹으로

그림 10-4 물류센터 및 배송처간 거리

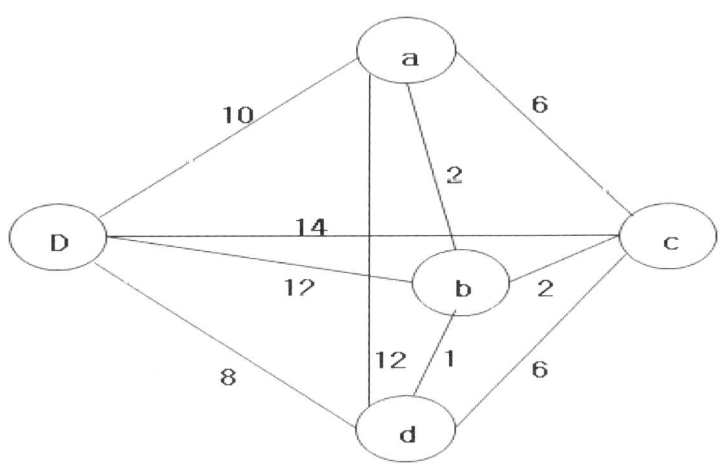

나누고(branch) 각 그룹의 목적함수 값의 상한과 하한(bounds)을 구하여 이를 만족하지 못하는 소그룹을 제거함으로써 계산을 간편하게 하는 방법이다.[6)]

[그림 10-4]와 같은 단순한 배송망에 있어서 차량이 배송센터 D를 출발하여 모든 배송처를 경유하고 되돌아오기까지 소요되는 거리를 최소화하는 경로를 휴리스틱 해법으로 구하는 과정은 다음과 같다.

○ 절차 1:

임의의 두 배송처 a와 b를 선정하여 D와 연결시켜서 배송경로 대안 D→a→b→D를 만든다.

○ 절차 2:

배송처를 임의로 하나씩 선정하여 추가 거리가 최소가 되게 기존 경로 상에 포함시켜 나간다. 임의로 선정된 배송처가 c라면 이를 D→a, a→b, b→D 등과 연결시킬 수 있는데, [표 10-24]와 같이 해당 경로의 추가거리를 계산하면 추가거리가 최소가 되는 배송루트는 D→a→b→c→D이다.

이어서, 배송처 d를 D→a, a→b, b→c, c→D 등과 연결시킬 수 있는데, 이 때 [표 10-24]와 같은 형태의 추가거리를 도출하고 최소가 되는 경로를 결정한다. 이러한 과정을 모든 배송처가 경로에 포함될 때까지 계속한다.

표 10-24 추가 고객에 의한 추가거리

방 안	추가거리
D→c→a	14 + 6 - 10 = 10
a→c→b	6 + 2 - 2 = 6
b→c→D	2 + 14 - 12 = 4 ← 최소

○ 절차 3:

절차 1에서 처음 선정되는 배송처를 바꾸어서 위의 과정을 실행한다. 즉, 초기에 선정된 배송처 a와 b 대신에 a와 c 또는 d 와 e 등을 선정하여 동일 과정을 반복하고, 최종적으로 가장 배송거리가 짧은 경로 대안을 선택한다.

6) 보다 자세한 내용은 강석호, Operational Research, 영지문화사, 1986, pp.167-173 내용 참조 바람.

제 5 절 경로 결정 및 일정계획

1. 문제의 특성

차량 노선배정과 일정계획은 차량 운행경로 문제를 확장한 것으로서 차량이 배송센터를 출발하여 배송을 위해서 여러 지점을 경유한 후 같은 날에 센터로 되돌아오는 차량 운행경로와 일정계획 문제이다. 이것은 주어진 차량규모의 운행거리를 최소화하는 것이다. 운송업자는 일정한 차량규모(용량)를 이용하여 배송센터에서 정해진 고객에게 물품을 운송한다. 여기서 배차문제는 차량의 운행경로를 결정하는 것이다.

운행경로 문제보다는 더 많은 현실적 제약 요인들이 포함되는데 다음과 같은 것들을 들 수 있다(Ballou, 1999).

① 각 지점은 제품을 공급받을 뿐만 아니라 공급하기도 한다.

② 다양한 수송수단은 무게와 용적에 따른 제한을 받는다.

③ 각 지점의 집배송 작업은 하루 중 특정 시간에만 허용 된다.

④ 화물의 수집은 배달이 된 후에만 허용 된다.

⑤ 운전자는 매일 휴식이나 식사시간을 갖는다.

이러한 제한조건은 문제를 한층 복잡하게 만들고, 최적해를 구하는 것을 어렵게 한다. 이러한 문제에 대한 좋은 해법은 좋은 노선배정과 일정계획을 위한 원칙이나 논리적인 탐색적 해법을 적용하는 것이다. 이 때 기본적인 가정은 다음과 같다.

① 수송할 화물량은 알고 있고, 차량용량보다 적다.

② 각 차량은 여러 차례 운행하며 마지막에 배송센터로 돌아온다.

③ 차량의 크기는 제한된다.

④ 한대의 차량이 하루에 운행할 수 있는 횟수 및 총거리 등은 제한된다.

앞의 TSP에서는 차량의 용량제한이 없는 것으로 가정하였다. 현실에서는 차량의 용량은 흔히 의사결정에 중요한 영향을 미치기도 한다. 차량의 용량을 고려한 운송모형의 목표는 운송시간 또는 거리의 최소화와 필요차량대수의 최소화로 나누어 볼 수 있다.

① 운송시간 또는 거리의 최소화

이 문제는 제각기 용량이 정해진 차량들을 운송루트에 적절히 배당하여 총 운송거리를 최소화하는 것이다. 이것에 대한 해법은 여러 문헌에서 찾아볼 수 있는데, "SWEEP"기법, "ROVER"기법 등이 일반적으로 적용되고 있다.

② 필요차량 대수의 최소화

운송시간 또는 거리를 최소화 하는 목표는 흔히 달성해야 할 목표이기는 하지만 경우에 따라서는 선적 또는 배달 일시가 정해져 있는 경우가 발생하기도 한다. 이러한 때에는 최소한의 차량으로 주어진 운송조건을 만족시키는 것이 목표가 될 수 있다.

2. 규칙에 의한 경로결정 및 일정계획

경유해야 할 수요처가 좌표 점으로 나타나는 경우 배차 담당자와 같은 의사결정자는 다음과 같은 원칙을 적용하여 차량의 운행경로와 일정계획을 효과적으로 수행할 수 있다.[7)]

- 가장 근접해 있는 지점들의 물량을 함께 싣는다.
- 경유 날짜가 다른 경우에는 경유지를 분리하여 별도의 일정계획을 수립한다.
- 운행경로는 배송센터에서 가장 먼 지점부터 만들어 간다.
- 경유순서는 경로가 교차하지 않도록 결정한다.
- 가장 큰 차량을 먼저 사용한다.
- 픽업은 배송과 함께 이루어져야 한다.
- 경로배정에서 제외된 배송지는 별도의 차량을 이용한다.

이와 같은 원칙은 실무자들이 쉽게 이용할 수 있으며, 경험에 의존하는 것과 비교할 때 상당히 개선된 노선배정과 일정계획을 수립 결과를 얻을 수 있다.

물류센터와 13개의 배송지를 포함하는 단순한 배송 상황을 가정하여 차량 노선 배정과 일정계획을 수립하는 예를 살펴보자. [그림 10-5]와 같이 배송센터에서 가장 멀리 떨어진 배송지에서 시작하여 인접한 배송지를 차례로 연결하여 배송루트를 편성한다. 이때 배송차량의 적재 능력과 배송지의 배송량을 고려하여 최대

7) 보다 자세한 내용은 Ballou, R.H., Business Logistics Management, 3rd Edition, Prentice Hall, 1999 참조 바람.

적재가 이루어질 때가지 배송지를 포함시켜 나간다.

첫 번째 배송루트가 편성되면 두 번째 배송루트를 구성하게 되며 배송센터에서 두 번째로 먼 배송지에서부터 시작하여 첫 번째 배송루트 형성과 동일한 과정을 거친다. 이러한 과정을 모든 배송지가 포함될 때까지 반복하여 배송루트 편성을 완성한다.

그림 10-5 배송루트 구축

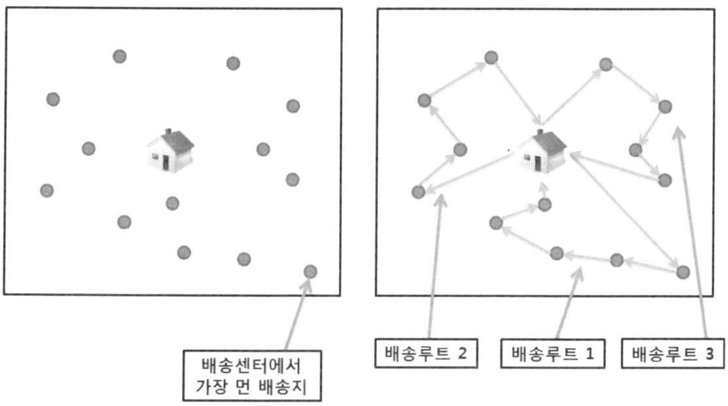

3. 모형에 의한 경로결정 및 일정계획

1) 세이빙(SAVING)법

차량의 노선배정과 일정계획 문제의 경우 현실적인 제약조건들이 추가될수록 문세 해결이 어렵게 된다. 차량통행시간 제한, 무게와 용적에 의해 적재 능력이 제한되는 트럭, 경로에서 허용되는 최대 운전시간, 각 지역에서의 운행속도 차이, 통행 장애, 운전자의 휴식시간 등은 경로설계에서 요구되는 실제적인 고려사항들이다. 이러한 복잡한 문세를 해결하기 위해서 많은 접근법들이 제시되었다. 그 중에서 Clarke-Wright "saving" 법[8]은 광범위한 실제 제약조건을 다룰 수 있고, 적절한 수의 공급 및 수요지를 가진 문제에 대해서 비교적 계산이 빠르고 근사해를

8) 보다 자세한 내용은 Clarke, G. and J.W. Wright, 'Scheduling of Vehicles from a Central Deport to a Number of Delivery Points', Operations Research 11, 1963, pp.568-581 내용 참조.

그림 10-6 세이빙법

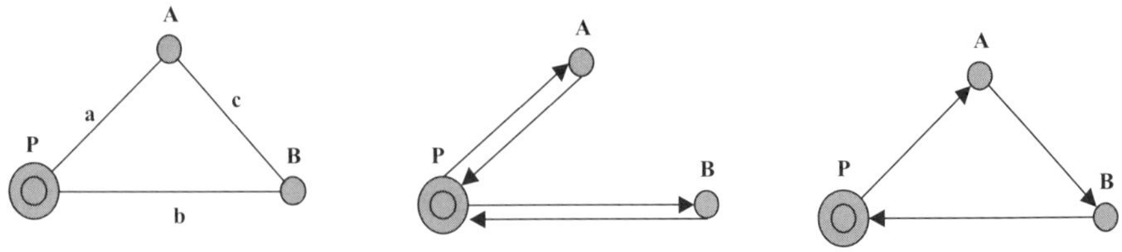

그림 1. 기본 그림 2. 단순한 2운행 배송 그림 3. 차량 1대의 루트배송

찾아낼 수 있어서 일반적으로 사용된다.

[그림 10-6]과 같이 P를 배송센터, A와 B를 배송선으로 하여 상호간의 도로거리를 a,b로 나타낼 때 가장 단순한 배송은 A, B 두 지점을 독립적으로 배송하는 방법이다. 이 경우의 주행거리는 2a+2b이다.

그러나 1대의 차량으로 두 지점을 경유하면 주행거리는 a+b+c가 된다. 경유를 할 경우 (2a+2b)−(a+b+c)=a+b−c>0의 주행거리를 절약할 수 있다. 이 절약거리를 세이빙(saving)이라고 한다.

Saving 법을 적용할 때 모든 두 지점 간의 최단거리를 계산하고 그 후 배송처 상호간의 세이빙을 계산한다. 그리고 세이빙치가 큰 순위로 배송선을 연결시키고 배송경로를 작성한다.

그림 10-7 배송 네트워크

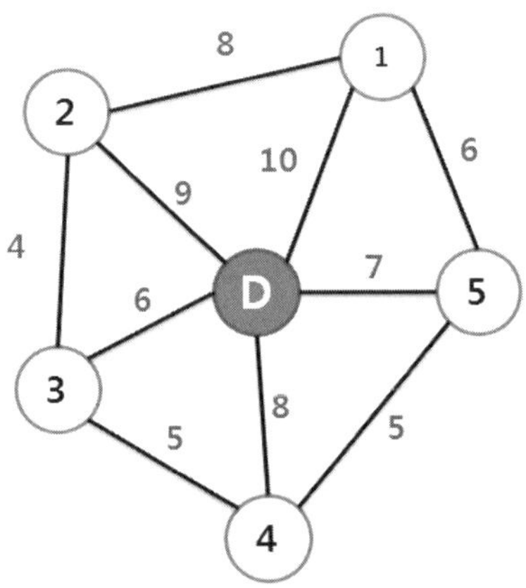

[그림 10-7]과 같은 배송네트워크에서 D는 배송센터를 나타내고 ①~⑤ 는 배송처를 나타내며, 링크상의 숫자는 거리를 나타낸다.

세이빙법에 의해 해를 구하는 과정은 다음과 같다.

① 최단거리 매트릭스의 작성

먼저 배송센타와 배송선의 상호간 및 배송선 상호간의 최단거리를 계산한다.

그림 10-8 최단거리 매트릭스

	D	1	2	3	4	5
D	**-**	**10**	**9**	**6**	**8**	**7**
1			**8**	**12**	**11**	**6**
2				**4**	**9**	**14**
3					**5**	**10**
4						**5**
5						-

② 세이빙파일의 작성

최단거리 매트릭스에서 배송처 상호간의 세이빙을 계산한다([그림 10-9]). 각 구간의 세이빙은 다음과 같이 계산한다. 링크 ①-② 의 경우 a=10, b=9, c=8이며 세이빙은 11이 된다(a+b-c=10+9-8=11). 링크 ②-③의 경우 a=9, b=6, c=4이며 세이빙은 11이 된다(a+b-c=9+6-4=11).

그림 10-9 세이빙 파일

	1	2	3	4	5
1		**11**	**4**	**7**	**11**
2			**11**	**8**	**2**
3				**9**	**3**
4					**10**
5					**-**

③ 세이빙파일 정리

세이빙이 큰 순위로 각 경로를 정리한다([표 10-25]).

표 10-25 세이빙파일 정리표

순 위	Link	Saving
1	1-2	11
1	1-5	11
1	2-3	11
2	4-5	10
3	3-4	9
4	2-4	8
5	1-4	7
6	3-5	3
7	2-5	2

④ 세이빙이 큰 순으로 배송루트 편성

세이빙 분류표에서 세이빙이 큰 순위로 루트를 편성한다. 즉, 링크 ①-②, ①-⑤, ②-③ 등의 순으로 연결하여 배송루트를 편성한다. 이때 각 배송지의 배송량과 배송차량의 최대 적재량을 고려하여 차량별 배송루트를 완성하고 총 주행거리와 필요한 차량대수를 도출한다. 보다 현실적인 의사결정 문제를 다루기 위해서는 차량 관련 제반 운행 및 관리 비용자료를 바탕으로 하여 총 비용을 최소화하는 관점에서 해를 구할 수 있다.[9]

제 6 절 경유수송 문제

1. 문제의 특성

경유수송문제는 앞에서 다룬 수송문제를 확장한 경우이다. 수송문제에서는 공급지에서 수요지까지 화물량을 직접 수송한다고 가정하고 있으나, 경유수송은 중간 창고나 다른 고객을 거쳐서 화물이 최종 목적지에 전달되는 경우이다. 이

9) 권오성, 김지환, 물류·배송센터, 한국능률협회컨설팅, 1994, pp. 166-175 내용 참조.

경우 전체 창고 혹은 공급지와 전체 소비지를 대상으로 비용 메트릭스가 작성이 된다.

2. 적용 사례

한 예로서, 부산과 인천에 위치한 공장에서 생산된 제품들은 대구와 광주에 있는 중간 창고로 수송되고 이곳에서부터 최종 수요지인 구미, 마산, 목포, 여수 등지로 공급된다고 하자. 각 공장에서 중간창고 및 각 중간창고에서 수요지로의 수송비는 [표 10-26]과 같다.

표 10-26 수송비에 관한 자료

(단위 : 천원)

공급지 \ 중간창고	대구	광주	공급량 (천톤)
부산	100	300	650
인천	300	200	350

중간창고 \ 수요지	구미	마산	목포	여수
대구	50	60	70	80
광주	70	60	40	50
수요량	300	250	250	200

이 문제는 [그림 10-10]과 같은 네트워크로 표현할 수 있다. 여기서 각 화살표 위의 수치는 단위수송비용이다. 이 문제는 일반 수송문제와 유사하나 중간에 경유지가 있는 것이 다르다. 이 문제를 먼저 선형계획모형으로 정식화하여 보자.

먼저 변수를 정하기 위해 각 공장, 중간창고, 수요지에 번호를 [그림 10-10]과 같이 매기고 변수를 다음과 같이 정의하자.

X_{ij} : 지역 i에서 지역 j로의 수송량

그림 10-10 수 송 망

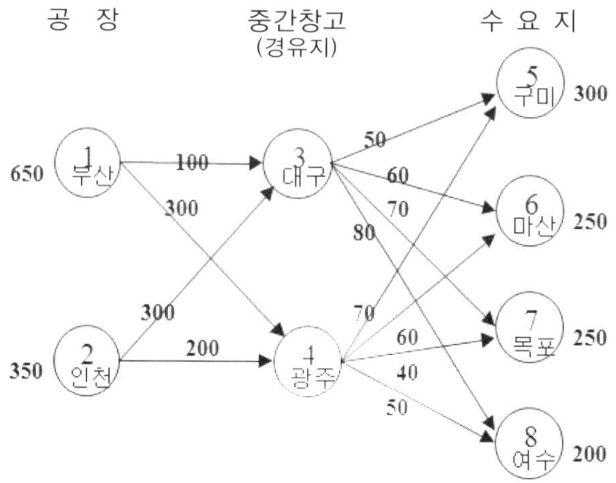

공장, 중간창고, 수요지에서의 제약식은 다음과 같다.

공장 1(부산) : $X_{13} + X_{14} = 650$

공장 2(인천) : $X_{23} + X_{24} = 350$

중간창고에서는 들어온 양과 나간 양이 같아야 하므로 제약식은 다음과 같다.

중간창고 3(대구) : $X_{35} + X_{36} + X_{37} + X_{38} = X_{13} + X_{23}$

중간창고 4(광주) : $X_{45} + X_{46} + X_{47} + X_{48} = X_{14} + X_{24}$

수요지에서의 수요량은 주어져 있으므로 제약식은 다음과 같다.

수요지 5(구미) : $X_{35} + X_{45} = 300$

수요지 6(마산) : $X_{36} + X_{46} = 250$

수요지 7(목포) : $X_{37} + X_{47} = 250$

수요지 8(여수) : $X_{38} + X_{48} = 200$

따라서 선형계획모형은 다음과 같다.

Minimize

$$100X_{13}+300X_{14}+300X_{23}+200X_{24}+50X_{35}+60X_{36}+70X_{37}+80X_{38}$$
$$+70X_{45}+60X_{46}+40X_{47}+50X_{48}$$

subject to

$$X_{13}+X_{14}=650$$
$$X_{23}+X_{24}=350$$
$$-X_{13}-X_{23}+X_{35}-X_{36}+X_{37}+X_{38}=0$$
$$-X_{14}-X_{24}+X_{45}-X_{46}+X_{47}+X_{48}=0$$
$$X_{35}+X_{45}=300$$
$$X_{36}+X_{46}=250$$
$$X_{37}+X_{47}=250$$
$$X_{38}+X_{48}=200$$
$$X_{ij}\geq 0 \text{ 모든 } i,\ j$$

이 문제는 총공급량과 총수요량이 동일한 균형된 경유수송문제이기 때문에 LINDO/PC를 이용하여 쉽게 해를 구할 수 있다[10].

제 7 절 혼재 의사결정

1. 화물 혼재

화물 혼재는 필요한 차량 대수를 최소화하는 문제이다. 즉, 차량운행거리에 제한이 없이 주어진 화물을 운송하기 위하여 필요한 최소 차량 수를 결정하는 것이다. 차량일정 계획 문제가 정해진 차량 수로 화물 수송을 위한 운행거리를 최소화하는 것과 비교가 된다.

차량일정계획이나 혼재문제는 결국 최적 차량 대수 결정 문제의 범주에 속한다. 실질적인 수송문제 해결에서는 위의 두 방법 중 어느 것이 더 적합한 방법인가를 판단하여 한 방법을 택하여 문제를 해결한다.

10) 제세한 내용은 OR, 경영과학 등의 교제를 참조하기 바람.

화물수송에 있어서 운송요율은 적재 화물의 크기에 비례해서 감소하는 데 이것은 화주가 더 큰 단위로 화물을 발송하도록 유도하게 된다. 운송인 입장에서 볼 때 작은 크기의 화물을 모아서 큰 화물로 만들게 되면 단위 무게당 수송비를 낮출 수 있다. 적재 화물의 혼재는 보통 네 가지 방법으로 이루어진다

대표적인 화물혼재는 해상운송이나 항공운송에 있어서 소량화물을 주로 취급하는 운송 주선인(freight forward)의 경우를 들 수 있다. 해상운송에 있어서 다수 화주로부터 소량단위의 화물을 집화하여 컨테이너급 화물(LCL: Less than Container Load)로 만드는 것이다.

특정 지역 혹은 도시 내에서 이루어지는 배송의 경우에도 혼재는 자주 이루어진다. 소규모 단위로 이루어지는 소비자의 주문을 개별적으로 운송하지 않고 일정 기간 동안 모아서 한번에 큰 규모로 운송을 하는 것이다. 이 경우에는 여러 수요처의 주문품을 동일 차량에 배정하기 때문에 차량의 노선배정과 일정계획이 중요하다. 이 때 화물 단위당 운임률을 낮추는 효과뿐만 아니라 적재 단위를 크게 해서 노선을 조정함으로써 운송비용을 절감하는 효과가 있다. 이러한 효과는 운송인 입장에서 기대되는 것이며, 화주 혹은 수요자 입장에서는 리드타임이 길어지는 서비스 수준 저하를 가져오게 된다. 따라서 운송인 입장에서는 혼재를 통하여 얻을 수 있는 비용 절감 효과와 고객 서비스 수준 저하 문제를 절충할 필요가 있다.

2. 적용 사례

물류센터가 양산에 입지하고 있고 이곳에서 아래 표와 같이 3곳의 수요지로 주문품을 운송하는 체계에서 3일 동안의 주문량이 아래와 같을 때 당일 주문품을 배송하는 경우와 3일 동안의 주문품을 모아서 일시에 배송하는 경우의 수송비를 분석해 본다.

표 10-27 각 지역에서의 주문량

		주 문 량		
		첫째 날	둘째 날	셋째 날
물류센터	양산	–	–	–
수 요 지	부산	7,000kg	9,000kg	8,000kg
	마산	4,000kg	6,000kg	8,000kg
	울산	8,000kg	6,000kg	5,000kg

주문을 수령한 당일에 주문품을 배송 할 때 운임률을 아래 표와 같이 가정하면 3일 동안의 배송비용은 [표 10-28]과 같고 주문품을 3일 동안 모아서 한번에 배송하게 되면 가정한 요율하에서 운임은 [표 10-29]와 같다.

표 10-28 당일 주문품을 배송하는 경우

		운임률 (천원/kg)	운 임(천원)		
			첫째 날	둘째 날	셋째 날
수 요 지	부산	5	5x7,000=35,000	45,000	40,000
	마산	6	6x4,000=24,000	36,000	48,000
	울산	5	5x8,000=40,000	30,000	25,000
소계			99,000	111,000	113,000
합계			323,000		

표 10-29 주문품을 3일간 모아서 배송하는 경우

		운임률 (천원/kg)	운 임(천원)
수 요 지	부산	3	3x24,000=72,000
	마산	4	4x18,000=72,000
	울산	3	3x19,000=57,000
합계			201,000

3일 동안 주문품을 모아서 혼재할 때 절감되는 수송비는 122,000 천원으로서 당일 배송에 비하여 약 38%에 해당하는 비용 절감이 가능하게 된다. 그러나 서비스 수준이 변하면 판매량이 변하기 때문에 이에 대한 고려가 있어야 한다. 이 두 관계를 정확히게 파악하기는 어렵지만 고객 청취를 통해서 고객이 요구하는 리드타임을 파악하고 리드타임이 길어짐에 따른 고객의 반응을 분석하면 혼재로 인하여 길어지는 리드타임으로 인한 판매량의 감소를 대략 분석할 수 있다. 다양한 제품을 취급하는 경우 ABC분석 등을 통하여 B, C급 제품군에 한하여 혼재를 수행하는 것도 하나의 방안이 될 수 있을 것이다.

오늘날 물류관리의 목표가 비용절감 보다는 고객서비스 충족에 있기 때문에 어떠한 경우에 있어서도 길어진 리드타임이 수익에 미치는 영향을 밝혀서 비용절감과 서비스 수준의 상쇄 관계를 고려해야 한다.

참고문헌

강석호, 「Operations Research」, 영지문화사, 1986. 2.

권오성, 김지환, 「물류배송센타」, 한국능률협회컨설팅, 1994. 12.

김세헌, 「현대 경영과학」, 무역경영사, 1993.

남기찬, 허윤수, 「물류계획론」, 다솜출판사, 2005. 5.

문상원, 「물류의사결정」, 비봉출판사, 1994. 11.

송계의, 「기업의 물류관리」, 21세기한국연구재단, 1995, 10.

신동선, 물류부문의 정부기능 및 역할정립에 관한 연구, 교통개발연구원, 2002. 6.

안태호, 「현대물류론」, 범한, 1996. 10.

윤문규, 「물류총론」, 범한, 2006. 2.

이동한, 이성덕, 황강진, 「시뮬레이션 이론과 실제」, 교학사, 1993.

이상문, 「경영과학론」, 법문사, 1992.

이청훈, 「물류의 신시대와 트럭의 경영전략」, 문지사, 1995. 10.

전찬영, "Logit 모형을 이용한 부산 북항 및 신항의 물동량 유치 경쟁력 분석," 해운물류연구, 57호, pp. 49-75, 2008.

추창화, 「물적유통론」, 형설출판사, 1993. 9.

하원익, 남기찬, "SP자료를 이용한 화물수송수단 선택모형의 개발," 대한교통학회지, 제14권, 1호, pp. 81-99, 1996.

한낙현, 정준식, 「물류관리론」, 형설출판사, 2006. 3.

해운무역신문사, 「화물유통실무」, 1993.

Ballou, Ronald H., (Instructor's Manual) Business Logistics Management Fourth Edition, Prentice-Hall.

Ballou, Ronald H., Business Logistics Management Fourth Edition, Prentice-Hall, 1999.

Battersby, Albert, Network Analysis for Planning and Scheduling Third Edition, The Macmillan Press, 1970.

Ben-Akiva, Moshe and Lerman, Steven R., Discrete Choice Analysis, The MIT Press, 1989.

Blanchard, Benjamin S., Logistics Engineering and Management Fourth Edition, Prentice-Hall

International, 1992.

Boffey, T.B., Graph Theory in Operations Research, The Macmillan Press, 1984.

Button, K.J. and Pearman, A.D., The Economics of Urban Freight Transport, The Macmillan Press, 1981.

Chisholm, Michael and O'sullivan, Patrick, Freight Flows and Spatial Aspects of the British Economy, Cambridge University Press, 1973.

Cooper, M.C. and Innis, D.E. and Dickson, P.R., Strategic Planning for Logistics, Council of Logistics Management, 1991.

Faulks, R.W., Elements of Transport Second Edition, Lan Allan, 1969.

Florian, Michael, Transportation Planning Models, North Holland, 1984.

Frederick S. Hillier, Gerald J. Lieberman(1995), Introduction to Operations Research, 6th Edition, McGraw-Hill, Inc.

Friedlaender, Ann F. and Spady, Richard H., Freight Transport Regulation, The MIT Press, 1981.

Friedlaender, Ann F., The Dilemma of Freight Transport Regulation, Brookings Institution, 1969.

Gattorna, John, Handbook of Physical Distribution Management Third Edition, Gower, 1989.

Hughes, George Allan, Company Freight Management, Gower Press, 1969.

Lowe, David, Costing and Pricing Goods Vehicle Operations, Kogan Page, 1974.

Matthew, J.L. and Tan Miller, A Decision Support Approach for Transport Carrier and Mode Selection, Journal of Business Logistics, Vol16, No.2, pp. 85-115.

Meyer, John R. and Straszheim, Mahlon R., Techniques of Transport Planning, Brookings Institution, 1972, 2.

OECD, Techno-economic Analysis of the Role of Road Freight Transport, 1986.

Ogden, K.W., Urban Goods Movement, Cambridge, 1992.

Ortuzar, J.de D. and Willumsen, L.G., Modelling Transport, Wiley, 1990.

Ritzman, Krajewski, Operations Management Third Edition, Addison-Wesley, 1993.

Sussams, J.E., Efficient Road Trasport Scheduling, Gower Press, 1971.

Taha, Hamdy A., Operations Research, 4th Edition, Macmillan Publishing Company, 1982.

Train, Kenneth, Qualitative Choice Analysis, The MIT Press, 1986.

제 11 장

물류시설입지 의사결정

제 1 절 입지 의사결정 개념

1. 입지문제 특성

물류망에서 공장, 항만, 화물터미널, 물류센터, 소매상 등 포함되는 시설의 입지를 결정하는 것은 전체 물류시스템의 형태, 구조, 그리고 형상을 결정짓는 중요한 의사결정 문제이다 세부적으로는 시설의 수, 위치, 그리고 규모를 결정하는 문제이다.

본 장에서는 시설의 입지를 결정하는데 사용될 수 있는 해법들을 유형별로 소개하고, 간략한 사례를 통하여 민간 및 공공부문에서 고려될 수 있는 제반 입지 문제를 해결하는 방법에 대한 이해를 돕고자 한다.

물류시설의 입지는 리드타임에 직접 영향을 미치는 중요한 요소이다. 특히, 입지문제는 의사결정의 빈도, 계획 기간, 투자 정도 등을 고려할 때 한번 결정되면 수년간 지속되는 장기의사결정 문제이기 때문에 입지 결정은 물류망 계획에서 중요한 문제이다. 입지선정이 잘못되면 물류비용 증가와 서비스 수준 하락 등과 같은 나쁜 결과를 초래한다.

일반적으로 입지결정은 수송비를 최소화하는 관점에서 이루어진 후 부지 가용성 및 지가, 노동력 등 환경적인 요인들을 검토하게 된다. 후보지 가운데서 먼저 물류비용 측면에서 비경제적인 곳을 제외하여 소수의 후보지를 선정한 후 세부적으로 평가를 하게 된다.

비용 못지않게 중요한 요소는 물류 서비스 수준이다. 즉, 기업이 리드타임을 4시간으로 설정하고 서비스 충족률을 95%로 설정한 경우 물류센터의 입지는 이를 충족시킬 수 있는 지리적 범위 내에서 결정되어야 한다. 이때 수송부문의

그림 11-1 물류센터 입지 선정 의사결정 과정

단 계	내 용
타당성 검토	물류센터의 신설 혹은 입지 변경의 비용/편익 타당성 검토
기초자료수집	부지, 노동력, 수송특성, 환경 요인 등 자료수집
토목조사	지질 분석 등 실시
입지선정 기준 설정	입지선정에 영향을 미치는 기본 항목들을 선정
후보지역 선정	기본 항목에 의거하여 소수 후보지역 선정
후보입지 선정	후보지역내에서 5-6개의 입지 선정
입지 평가	선정된 후보입지를 주요 요소에 따라 세밀하게 평가하여 우선순위 부여
입지선정	의사결정자에 의하여 최종 입지 선정

서비스 수준이 역시 큰 영향을 미치게 된다.

2. 입지선정 절차

물류센터의 입지를 결정할 때는 일반적으로 타당성 검토, 기초자료수집, 토목조사, 입지선정 기준설정, 후보지역 선정, 후보입지 선정, 입지 평가, 입지 선정의 순서를 따른다([그림 11-1]).

3. 자료 정리

입지문제는 물류시설의 수, 위치, 규모 등을 결정하는 것으로서 계획에 필요한 자료는 시설과 관련된 고정비, 운영비 등의 비용 항목과 소비지 분포 및 규모 등을 들 수 있다. 또한, 입지 문제는 수송 문제와 직결되기 때문에 수송과 관련된 자료가 필요하다. 이 때, 수송은 공장에서 물류센터까지 운송되는 인바운드 운송과 물류센터에서 소비지로 주문품을 전달하는 배송으로 구분된다.

서비스 수준은 물류망 계획에 있어서 가장 우선적으로 고려해야하는 요소이

표 11-1 입지 선정과 관련된 주요 변수

주요 자료	내 용
서비스 수준	- 주문품을 인도하는데 소요되는 시간 - 재고가용성
판매지역 분포	- 권역별 판매량
생산비와 생산용량	- 제품 단위(kg)당 생산비 - 생산용량과 단위 생산량
창고비용과 용량	- 1개월 당 단위 무게 당 보관비 - 화물 무게 기준 하역비 - 서류 준비, 역내 이송, 재고상태보고 등 부대서비스 비용
수송비용	- 창고 입고(인바운드) 수송비 - 창고 출고(아웃바운드) 배송비
재고비용	- 평균 재고량과 재고유지비(%)
창고운영비용	- 보관비와 하역비
주문처리비용	- 재고보충, 소비자 주문과 관련된 서류작업 비용
총 단위비용	- 각 항목의 비용을 단위비용(원/kg)으로 집계

다. 리드타임의 경우 소비자 요구를 참조하여 목표 수준을 설정하고, 물류망은 설정된 시간 내에 주문품을 전달할 수 있도록 구축되어야 한다. 리드타임을 짧게 설정하게 되면 물류센터의 수는 많아져야 하며, 리드타임을 길게 설정하면 물류센터의 수는 줄일 수 있다. 이러한 문제는 수송 빈도와 직접 관련이 되기 때문에 입지와 수송 문제는 동시에 고려되어야 한다.

제 2 절 정성적 입지의사결정 방법

1. 체크리스트(checklist)에 의한 입지선정

입지선정을 위하여 이용 가능한 가장 단순한 방법은 [표 11-2]와 같이 가중치(weight)가 부여된 입지선정요인표를 작성해서 각 입지 후보지에 대하여 요인의 점수를 매기는 것이다. 요인의 가중치에 요인 점수를 곱하여 합한 지수가 그 입지에 대한 총점수가 되며, 총 점수가 가장 높은 입지가 선정된다.

입지 선정을 위한 요인들은 경험적으로 작성하거나 관련 문헌, 표준화된 체크리스트 등을 참조하여 결정할 수 있다. 요인의 가중치는 각 요인의 상대적인 중요도에 따라 1에서 10까지의 값 혹은 0.01에서 1까지의 값이 할당된다. 특정 후보지에 대하여 평가 항목마다 일정 점수를 부여하고 이에 가중치를 곱하여 지수를 구하게 된다.

[표 11-2]의 내륙화물기지 입지선정 평가의 경우 교통 근접성, 배후지역, 용지조건, 기타 등 4개의 대항목과 17개의 소항목을 이용하여 후보지를 평가하였으며, 중부권 C 지역이 총 0.356점으로 가장 높은 평가 점수를 받았다.

2. 단순계산법에 의한 입지선정

단순계산법에 의한 입지선정은 물류망이 소수의 공급지와 수요지로 구성되는 비교적 단순한 문제에 쉽게 적용할 수 있는 방법이다. 물류센터 입지를 선정하는 경우 수 개의 후보지를 선정하여 각 후보지에서 소비지까지의 거리 혹은 수송비용과 수송물량을 할당하여 총비용 혹은 총 수송량(톤-km)이 최소가 되는 입지를

표 11-2 내륙화물기지 입지선정 평가결과

대분류	가중치	중분류	가중치	점 수		
				중부권 A	중부권 B	중부권 C
교통 접근성	0.287	고속도로	0.099	0.033	0.034	0.033
		국도	0.080	0.027	0.026	0.027
		철도	0.071	0.026	0.022	0.022
		항만(공항)	0.037	0.012	0.012	0.012
배후지역	0.235	배후도시 규모	0.065	0.022	0.022	0.022
		배후도시 접근성	0.052	0.017	0.017	0.018
		배후공단 규모	0.066	0.021	0.021	0.024
		배후공단 접근성	0.053	0.017	0.017	0.019
용지조건	0.302	지가	0.067	0.018	0.022	0.027
		확장가능성	0.055	0.023	0.009	0.022
		토지여건	0.050	0.013	0.018	0.019
		용도지역	0.075	0.025	0.024	0.025
		지형	0.055	0.016	0.017	0.022
기 타	0.177	유통네트워크 접근성	0.049	0.016	0.016	0.017
		인접유통시설 중복성	0.045	0.016	0.013	0.017
		진입도로여부	0.049	0.015	0.015	0.018
		물류비 절감	0.034	0.015	0.011	0.012
총점	1.000	총점	1.000	0.329	0.316	0.356

자료: 교통개발연구원 (1999), 내부 평가 자료.

찾게 된다. 이때 수리 모형에서 일반적으로 고려하는 각 시설의 규모, 제품 종류 등은 고려하지 않는다.

다음과 같은 예를 통하여 단순계산법에 의한 입지선정의 과정을 이해할 수 있다.

수지 원재료를 생산하는 두 공장을 보유하고 6곳의 판매 대리점을 운영하는 경우를 가정하자. 두 공장에서 생산하는 제품은 동일하기 때문에 각 공장에서 가까운 대리점으로 수송을 하고 있으나 수송비를 절감하고 고객 서비스 수준을 높이기 위하여 물류센터를 설립하기로 하였다. 물류센터의 후보지는 현재 운영하고 있는 대리점으로 하며, 입지 선정 기준은 수송거리와 처리량으로 결정하였다. 대리점(시장) 위치와 각 시장의 수요 그리고 지역간 거리는 각각 [그림 11-2], [표 11-3], [표 11-4]와 같다.

그림 11-2 영남지역 대리점 위치도

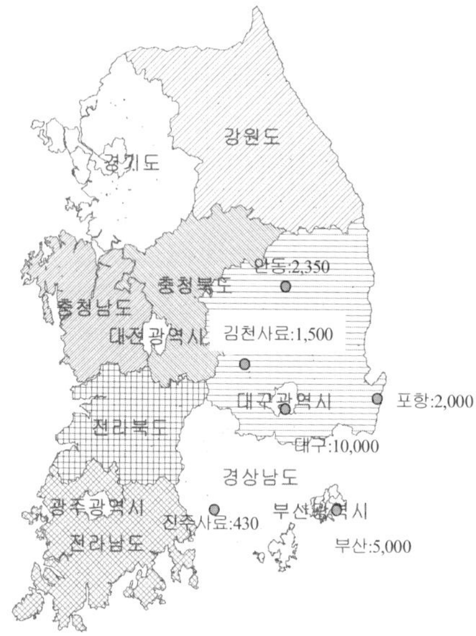

표 11-3 시장별 수송량

대 리 점	도 시	수 요(톤)
시장 1	안동	190
시장 2	포항	130
시장 3	김천	120
시장 4	대구	190
시장 5	진주	230
시장 6	부산	220

1) 1개의 물류센터를 설치하는 경우

물류센터 1곳을 설치하는 경우 물류센터 후보지(시장)에서 각 시장까지의 거리에 각 시장의 수요를 곱하여 수송량(톤-km)을 구하고 이를 합산하여 총수송량을 구한다. 안동에 물류센터를 설치하는 경우 [표 11-5]와 같이 안동에서 각 시장까지의 거리에 각 시장의 수요를 곱하여 수송량(톤-km)을 구한다. 나머지 도시에 대해서도 동일한 방법으로 총수송량을 산출한다([표 11-6]).

표 11-4 대리점간 거리표

(단위: km)

도착점 \ 출발점	안동	포항	김천	대구	진주	부산
안동	–					
포항	120	–				
김천	90	110	–			
대구	110	80	60	–		
진주	170	140	130	100	–	
부산	210	120	150	90	110	–

표 11-5 안동 물류센터의 수송량

대리점	도 시	수 요 (Ton)	안동 물류센타	
			거리(km)	수송량(Ton · km)
시장 1	안동	190	–	–
시장 2	포항	130	120	15600
시장 3	김천	120	90	10800
시장 4	대구	190	110	20900
시장 5	진주	230	170	39100
시장 6	부산	220	210	46200
계				132600

표 11-6 각 물류센터별 수송량

도시	포항 물류센타		김천 물류센타		대구 물류센타		진주 물류센타		부산 물류센타	
	거리	수송량	거리	수송량	거리	수송량	거리	수송량	거리	수송량
안동	120	22800	90	17100	110	20900	170	32300	210	39900
포항	–	–	110	14300	80	10400	140	18200	120	15600
김천	110	13200	–	–	60	7200	130	15600	150	18000
대구	80	15200	60	11400	–	–	100	19000	90	17100
진주	140	32200	130	29900	100	23000	–	–	110	25300
부산	120	26400	150	33000	90	19800	110	24200	–	–
계		109800		105700		81300		109300		115900

안동에서 부산까지 6개의 도시에 1개의 물류센터를 설치하는 경우 총수송량은 [표 11-7]과 같다. 계산 결과에서 보듯이 총수송량이 최소가 되는 거점은 대구이며, 1개의 물류센터를 건설하는 경우 최적 입지가 된다.

표 11-7 각 후보지별 총수송량

(단위: 톤-km)

시장	안동	포항	김천	대구	전주	부산
수송량	132,600	109,800	105,700	81,300	109,300	115,900

2) 2개의 물류센터를 설치하는 경우

2개의 물류센터를 설치하는 문제에 있어서는 먼저 임의로 2개의 물류센터 후보지를 선정하고 각 후보지에 대하여 위와 같은 방법으로 총수송량을 구하여 비교한다. 이때 총수송량이 최소가 되는 입지를 선정한다.

대안 1을 김천 물류센터와 포항 물류센터로 하고 각 입지에 인접한 시장에 제품을 공급하는 것으로 한다. 대안 2는 안동 물류센터와 부산 물류센터로 하고 역시 가까운 시장에 제품을 공급하는 것으로 가정한다.

대안 1 : 김천 물류센터(안동, 진주 시장 담당), 포항 물류센터(대구, 부산 담당)

김천 = 190 × 90 + 230 × 130 = 47,000(톤-km)

포항 = 190 × 80 + 220 × 120 = 41,600(톤-km)

계 : 88,600(톤-km)

대안 2 : 안동 물류센터(김천, 대구 담당), 부산 물류센터(진주, 포항 담당)

안동 = 120 × 90 + 190 × 110 = 31,700(톤-km)

부산 = 230 × 110 + 130 × 120 = 409,00(톤-km)

계 : 72,600(톤-km)

임의로 선정한 대안 1과 대안 2를 비교해 보면 대안 1은 수송량이 88,600(톤-km)이고, 대안 2는 72,600(톤-km)으로 대안 2가 대안 1보다 우수한 것으로 나타났다.

물류센터의 최적 입지를 구하기 위해서는 위와 같은 방법으로 모든 가능한 대안 쌍을 구성하고 각각에 대하여 수송톤을 산출하여 입지의 적합성을 평가하면 된다.

제 3 절 단일설비 입지 모형

단일설비의 입지를 결정하는 해법으로는 최적무게중심법(exact center of gravity approach), 그리드 해법(grid method), 중심 해법(centroid method), 또는 p-중앙값 해법(p-median method) 등이 사용되어 왔다(Ballou, 1999). 이들은 입지 요인으로서 운송비만을 고려하기 때문에 단순하며, 그 특성상 정적 연속 입지 모형으로 분류된다. 그리드 해법과 최적무게 중심법을 이용하여 단일 입지를 결정하는 방법을 소개한다.

1. 그리드 해법

그리드 해법은 단일 물류센터에서 복수의 수요지로 제품을 공급할 때 총수송비가 최소가 되는 지점을 결정한다. 이를 위해서 각 수요지와 물류센터의 위치를 그리드 상에 좌표점으로 나타내는 것이 필요하다.

총수송비가 최소가 되는 좌표점을 구하는 수식은 다음과 같다.

$$\overline{X} = \frac{\sum_i M_i R_i X_i}{\sum_i M_i R_i} \tag{11-1}$$

$$\overline{Y} = \frac{\sum_i M_i R_i Y_i}{\sum_i M_i R_i} \tag{11-2}$$

$\overline{X}$, $\overline{Y}$ = 물류센터 입지의 x, y 좌표 값
X_i, Y_i = 공급지와 소비지의 x, y 좌표 값
R_i = i 제품의 수송요율
M_i = 소비지 i의 수요량

[표 11-8]과 같은 상황에서 $\overline{X}$, $\overline{Y}$를 구하는 식에 따라 총수송비가 최소가 되는 물류센터의 위치를 구하면 다음과 같다.

$\overline{X}$ = 490,500 / 20,500 = 23.9
$\overline{Y}$ = 244,500 / 20,500 = 11.9

표 11-8 그리드 해법 과정

소비지	운임율(R) 천원/톤-km	수요(M) 톤	좌표점		계 산		
			X	Y	RxMxX	RxMxY	RxM
대구(1)	50	100	20	10	100,000	50,000	5,000
부산(2)	50	150	30	10	225,000	75,000	7,500
울산(3)	50	90	29	11	130,500	49,500	4,500
마산(4)	50	70	10	20	35,000	70,000	3,500
Σ	−	−	−	−	490,500	244,500	20,500

2. 최적 무게 중심법

공급지와 수요지의 위치와 입지내의 시설로 반입·반출되는 화물량이 주어졌을 때, 한 지점에서 취급하는 총화물량에 그 지점으로 운반할 때의 운임과 거리를 곱한 것이 최소가 되면 총운송비용은 최소가 된다.

$$Min.\ TC = \sum_i M_i R_i d_i \qquad (11\text{-}3)$$

TC = 총운송비용
M_i = i 지점에서 취급하는 화물량
R_i = i 지점으로 운송 시 운임율
d_i = $(K[(X_i - \overline{X})^2 + (Y_i - \overline{Y})^2]^{\frac{1}{2}})$; 시설에서 i 지점까지 거리

K는 좌표상의 두 지점간의 거리를 실 거리로 환산하기 위한 가중치

그리드 해법을 보완한 최적무게중심(exact center-of-gravity) 해법에 있어서 물류센터 입지를 나타내는 좌표를 다음과 같이 구할 수 있다.

$$\overline{X} = \frac{\sum_i M_i R_i X_i / d_i}{\sum_i M_i R_i / d_i} \qquad (11\text{-}4)$$

$$\overline{Y} = \frac{\sum_i M_i R_i Y_i / d_i}{\sum_i M_i R_i / d_i} \qquad (11\text{-}5)$$

위의 공식을 이용해서 두 지점 사이의 거리를 구할 때 초기 물류센터의 입지 $(\overline{X_1}, \overline{Y_1})$를 알 수 없기 때문에 물류센터와 각 수요지까지의 거리(d_i)를 구할 수

없다. 따라서 초기 거리를 1로 가정하면 거리를 고려하지 않는 그리드 해법의 식과 같은 형태가 되기 때문에 초기 입지 $\overline{X_1}, \overline{Y_1}$를 구할 수 있다. 이어서 구한 $\overline{X_1}, \overline{Y_1}$를 이용하여 거리 d_i를 구하여 이를 식 (11-4)과 (11-5)에 대입하여 두 번째 물류센터 입지($\overline{X_2}$, $\overline{Y_2}$)를 구할 수 있다. 이러한 과정을 $\overline{X}$, $\overline{Y}$의 좌표가 이전 좌표 값과의 차이가 없거나 매우 적을 때까지 반복한다. 최종 좌표 값이 구해지면 식 (11-3)을 이용해서 최적 입지에 대한 총비용을 계산한다.

전술한 그리드 해법의 예를 이용하여 최적무게 중심법으로 해를 구해보자.

표 11-9 그리드 해법 과정

소비지	운임율(R) 천원/톤-km	수요(M) 톤	좌표점		계 산		
			X	Y	RxMxX	RxMxY	RxM
대구(1)	50	100	20	10	100,000	50,000	5,000
부산(2)	50	150	30	10	225,000	75,000	7,500
울산(3)	50	90	29	11	130,500	49,500	4,500
마산(4)	50	70	10	20	35,000	70,000	3,500
Σ	–	–	–	–	490,500	244,500	20,500

물류센터의 초기 해를 구할 때는 거리를 고려하지 않기 때문에 그리드 해법에 의해 초기 물류센터의 위치 $\overline{X}$, $\overline{Y}$는 다음과 같이 구할 수 있다.

$$\overline{X} = 490{,}500 \ / \ 20{,}500 = 23.9$$
$$\overline{Y} = 244{,}500 \ / \ 20{,}500 = 11.9$$

이 좌표점을 피타고라스 정리에 적용하여 거리 d_i를 구하고 이를 $\overline{X}$, $\overline{Y}$ 수식에 대입하여 두 번째 좌표 값을 구할 수 있다([표 11-10]).

표 11-10 최적무게 중심법 과정

소비지	di	MR	MRXi	MRYi	MR/di	MRXi/di	MRYi/di	총비용
대구	43.4	5,000	100,000	50,000	115.2	2,304	1,152	217,000
부산	63.9	7,500	225,000	75,000	117.4	3,521	1,174	479,250
울산	51.8	4,500	130,500	49,500	86.9	2,519	956	233,100
마산	160.1	3,500	35,000	70,000	21.9	219	437	560,350
Σ					341.4	8,563	3,719	1,489,700

여기서, 좌표 값 거리를 실 거리로 환산하기 위해 적용되는 K 값을 10으로 가정하면 초기물류센터와 대구 간의 거리 d_i는 43.4km가 된다($d_i = 10[(20-23.9)^2 + (10-11.9)^2)^{1/2} = 43.4km$). 이러한 과정을 거쳐서 수정된 물류센터 위치 좌표점은 다음과 같이 계산된다.

$$\overline{X} = 8{,}563 \ / \ 341.4 = 25.1$$
$$\overline{Y} = 3{,}719 \ / \ 341.4 = 10.9$$

이때 총 비용은 1,489,700원이다.

이러한 과정을 좌표 값이 더 이상 변하지 않을 때까지 반복하면 최적의 물류센터 입지를 구할 수 있다. 위의 식과 계산과정을 참고하여 해를 구하는 간단한 프로그램을 작성하면 이러한 계산과정을 반복 수행할 수 있다.

제 4 절 복수 설비 입지 모형

복수의 설비 입지를 결정하는 문제는 대부분의 기업들이 복수의 물류시설을 운영하기 때문에 일반적인 문제이다. 복수 설비입지 결정과 관련해서 기업들이 일반적으로 직면하게 되는 기본적인 문제는 다음과 같이 분류될 수가 있다(Ballou, 1999).

– 물류망 내에서 필요한 창고의 수는 몇 개이며, 창고의 규모는 어느 정도로 하고, 어디에 입지해야 하나?

– 어느 고객을 어느 창고에 할당하고 어느 창고를 어느 공장, 판매소, 그리고 항만에 할당해야 하는가?

– 어느 제품을 어느 창고에 보관해야 하며, 어떤 제품을 공장/판매소/항만에서 직접 소비자에게 운반해야 하는가?

이러한 문제를 해결하기 위한 해법으로서는 무게중심법, 혼합정수계획법 등을 포함하는 최적해법, 시뮬레이션 해법, 탐색적 해법 등이 사용된다.

1. 무게 중심법

무게 중심법은 공급지와 수요지 사이에 입지한 단일 설비의 입지를 결정하는 해법이다. 따라서 복수의 설비 입지 문제에 적용하기 위해서는 단일 입지 문제에서 소개된 방법을 변형하여 사용해야 한다.

일반적으로 공급지와 수요지들을 주어진 복수의 설비 중의 하나에 미리 할당하고, 이와 같은 하부문제마다 정확한 무게중심점을 구하는 방법이 사용된다. 설비나 공급지 및 수요지가 많을 때는 많은 가능해가 있을 수 있으나 모든 가능한 해를 고려하는 대신에 전체 대상 지역을 설비의 수와 같은 수의 권역으로 나누어서 해법을 적용한다.

수요지가 4곳이고 물류센터 3개의 입지를 구하는 경우 [표 11-11]과 같이 물류센터에 수요지를 할당하는 가능한 조합쌍을 만들고 이들을 6개의 문제로 분할할 수 있다. 이어서 각 문제를 독립적인 문제로 간주하고 물류센터별 독립 문제로 분할한다. 즉, 문제 1의 경우 물류센터 A, B, C의 3개의 문제가 되며, 물류센터 A의 경우 두 개의 소비지를 대상으로 한 단일 설비 입지 문제가 된다.

이렇게 개별 문제로 분할한 후 수송비, 연간 고정비, 재고유지비 등을 도출한 후 이를 합하여 문제별 총비용을 도출한다.

표 11-11 복수입지 문제의 분할

문 제	물류센터별 수요지 할당		
	물류센터 A	물류센터 B	물류센터 C
1	수요지 1, 2	수요지 3	수요지 4
2	수요지 1, 3	수요지 2	수요지 4
3	수요지 1, 4	수요지 2	수요지 3
4	수요지 2, 3	수요지 1	수요지 4
5	수요지 2, 4	수요지 1	수요지 3
6	수요지 3, 4	수요지 1	수요지 2

제일제당의 경우 무게중심법을 적용하여 복수의 물류센터 입지를 선정하였으며, 시설 수에 따른 물류비용의 변화 분석 등을 수행하였다(윤문규, 1997). 입지 결정 과정과 분석 결과는 각각 [표 11-12], [표 11-13]과 같다.

표 11-12 제일제당의 입지선정 방법

항 목	세부사항
1. 전국을 격자로 분할 좌표별 물량 파악	① 지도상에 가로, 세로 10km 간격으로 격자를 만들어 X,Y 좌표 설정 ② 각 좌표별 물량파악, 입력 – 각좌표 내에 위치한 거래처의 매출 물량을 파악하여 입력 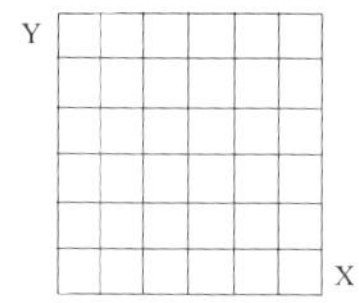
2. 권역 분할 및 권역별 물량 산출	① 권역수 결정 – 상황에 따라 임의로 결정 (4, 8, 12, 16개) ② 권역분할 기준 – 권역별 물량이 균등하도록 함을 원칙으로 하되, 행정구역 및 도로망을 감안하여 조정 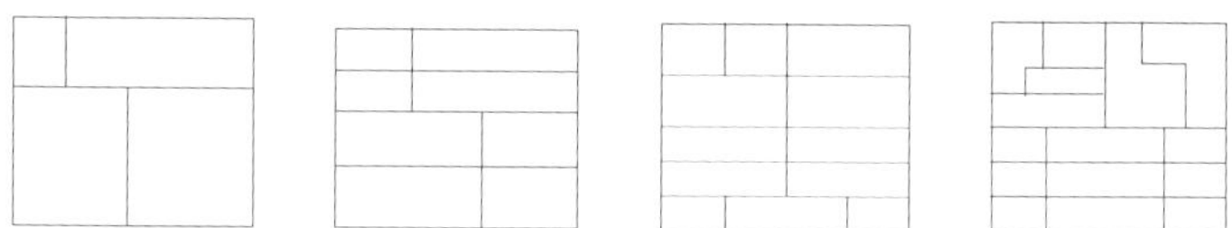 (4개) (8개) (12개) (16개)
3. 권역별 최적거점 위치 선정	① 중심법 BASIC PROGRAM 이용 ② 배송비 기준 – 각 권역의 배송비가 최소로 되는 위치를 최적거점 선정
4. 최적 거점수 결정	① 거점수별 운영비용 비교 (수송비, 배송비, 보관비, 하역비, 관리비) ② 거점수별 서비스 수준 비교 – 전체물량중 편도 2시간 이내 배송가능 물량비 산출

자료 : 윤문규(1997), 한국기업의 물류성공사례, 범한.

표 11-13 물류거점 수에 따른 서비스 수준 및 비용

물류 거점수	서비스 수준	재고량 (M/T)	창고면적 (평)	물 류 비 용 (백만원)					
				수송비	배송비	보관비	하역비	관리비	계
4	68.4%	3,379	6,115	3,244	5,432	2,429	1,308	439	12,852
8	85.7%	4,530	6,618	3,402	4,777	3,016	1,502	589	13,286
12	87.8%	5,699	7,245	3,463	4,315	3,529	1,738	790	13,835
14	94.8%	5,988	7,276	3,439	4,040	3,614	1,825	899	10,378
16	95.6%	6,464	7,552	3,442	3,878	3,759	1,924	1,008	14,011

주 : 서비스 수준은 물류센터 기준 편도거리 2시간 이내.

2. 혼합정수계획법

최적해법은 입지문제에 있어서 수학적인 최적해 또는 적어도 상당히 정확한 해를 도출할 수 있는 방법을 말한다. 많은 측면에서 이 해법은 입지문제를 해결하는데 이상적인 해법이다. 그러나, 이 해법은 컴퓨터 계산시간이 많이 걸리고 메모리를 많이 필요로 하기 때문에 실제 문제에 적용할 때는 문제 기술을 간략하게 해야 하는 한계가 있다. 최적해법 범주에 속하는 여러 방법들이 있으나 가장 우수한 것이 혼합정수선형계획법(mixed integer linear programming approach)이다.

혼합정수선형계획법의 가장 큰 장점은 최적해에서 고정비를 고려할 수 있다는 점이다. 물류센터의 입지를 결정하는 문제를 보다 체계적으로 정리하면 특정 물류망에서 고정비와 제품의 이동과 관련된 선형 변동비용을 최소화할 수 있는 시설의 수, 크기, 그리고 위치를 구하는 것이다. 이때 일반적인 제약 조건은 다음과 같다.

- 공장의 공급량은 생산량을 초과할 수 없다.
- 모든 제품의 수요는 공급과 일치해야 한다.
- 물류센터의 처리량은 용량을 초과할 수 없다.
- 동일한 소비자에게 공급되는 모든 제품은 동일한 물류센터에서 공급되어야 한다.

혼합정수계획법의 해를 구하는 목적함수는 총 수송비용과 물류센터 고정비를 최소화하는 것으로서 다음과 같이 표현될 수 있다.

$$Minimise \quad \sum_{i=1}^{m}\sum_{j=1}^{n} C_{ij}X_{ij} + \sum_{i=1}^{m} F_i \cdot W_i$$

여기서,

C_{ij} : i지점에서 j지점까지 단위물량을 운송할 때 소요되는 운송비

X_{ij} : i지점에서 j지점까지 운송되는 화물량

F_i : 물류센터를 i지점에 설치할 때 소요되는 건설비

W_i = 1 : 물류센터가 i지점에 설치될 경우

0 : 물류센터가 i지점에 설치되지 않을 경우

i : 출발지점

j : 도착지점

위의 목적함수는 출발지에서 도착지로 운송되는 화물량의 수요관계를 만족시키기 위하여 요구되는 총 운송비와 물류센터의 설치에 소요되는 투자비를 합한 총비용을 최소화하는 것이다. 이러한 목적함수와 함께 수요 및 공급 조건식과 물류센터와 관련된 아래와 같은 일련의 조건식이 요구된다.

$$\sum_{i=1}^{m} X_{ij} = D_j \qquad j = 1, \ \cdots, n$$

$$\sum_{j=1}^{n} X_{ij} \le S_i W_i \qquad i = 1, \ \cdots, m$$

$$X_{ij} \ge 0,$$

$$W_i = 0 \text{ 혹은 } 1$$

D_j = j 지점으로 운송되어야 하는 화물량

S_i = i 물류센터의 화물 처리 능력

첫 번째 조건식은 수요충족을 나타내는 식으로 여러 출발지점에서 어느 한 도착지점으로 유입되는 총 화물량은 도착지점에서 요구하는 총 수요와 같아야 한다는 것을 나타낸다.

두 번째 조건식은 물류센터의 처리 능력에 관한 조건식으로서 물류센터의 처리능력은 유입되는 총 화물량보다 크거나 같아야 함을 나타낸다.

세 번째 조건식은 물류센터의 규모에 따라 처리할 수 있는 화물량의 한계를 나타내는 조건식이다.

마지막은 물류센터의 입지결정과 관련된 정수의 조건식으로 어떤 한 후보입지에서의 물류센터의 입지결정이 부분적으로 이루어질 수 없음을 나타내는 것이다. 이 정수의 조건식은 또한 물류센터의 설비가 결정될 경우 비용 최소화 목적함수에서 그 물류센터 설치에 소요되는 투자비가 산정될 수 있도록 하는 것이다.

이상의 함수식들은 다루고자 하는 문제의 단위와 내용에 따라 수정될 수 있고, 새로운 조건식들이 더해질 수 있다. 이금숙 외(1990)는 복합화물터미널의 입지를 선정하는 수리모형을 개발하면서 수송수단, 화물품목 등을 추가로 고려하였다. Ballou(1999) 역시 화물품목을 모형에 포함시키고 물류센터 고정비 외에 가변비용 항목을 추가하였다.

3. 탐색적 해법

1) 개　　요

탐색적 해법(heuristic methods)은 해를 찾는 시간을 단축할 수 있는 원칙 또는 개념으로 이루어지며, 최적해를 도출하지는 않지만 계산시간이 단축되고, 현실을 잘 반영하여 만족할 만한 수준의 해를 얻을 수 있다는 이점으로 인해 창고입지 선정에 많이 이용되고 있다.

해를 구하는 과정은 탐색적 해법에 의해서 문제를 체계적으로 정리하고 선형계획법을 반복적으로 적용하여 해를 구하게 된다. 탐색적 해법을 이용해서 해결할 수 있는 일반적인 문제는 ① 제품이 공장에서 보관지점과 소비지로 이동되는 경로 결정, ② 보관거점의 수, 위치, 크기 결정, ③ 제품군에 따른 공장과 창고의 할당, ④ 각 제품의 보관 위치 결정 등을 들 수 있다.

이러한 문제들은 생산 비용 및 제반 물류비용을 절충(trade off)함으로써 해결할 수 있으며, 이때 관련되는 물류비용은 다음과 같다.

- 생산 비용
- 창고 보관과 하역 비용
- 창고 고정비용
- 재고 비용
- 주문처리 비용
- 인바운드 및 아웃바운드 수송비용

재고, 보관, 그리고 고정비는 반입(inbound)·반출(outbound) 운송비와 직접 상쇄된다. 생산과 주문처리비용 또한 다른 비용과 상쇄되지만 그 정도가 상대적으로 낮게 나타난다. 탐색적 해법은 이러한 비용간의 상쇄효과를 바탕으로 하여 소비자 서비스와 제반 제약사항내에서 전체 물류비용을 최소화하는 물류센터/공장의 위치, 규모, 수 등을 구하게 된다. 해를 구하는 과정은 다음과 같다.

① **초기해 도출**

- 모든 창고에 총 수요를 균등하게 배분하고 배분된 양을 토대로 재고수준과 관련비용을 추정한다.
- 총수요량을 각 창고에 균일하게 배분한 초기 처리량을 기준으로 하여 각 창고별 단위당 창고 고정비용을 계산한다.

② **선형계획법 적용**

- 각 기·종점간의 모든 변동비용에 단위재고비용과 단위고정비용을 합하여 총비용을 도출한다.
- 공급지와 저장지점의 용량 및 수요지의 수요량 자료를 집계한다.
- 상기 자료를 투입자료로 하여 각 제품그룹 별로 선형계획법을 적용한다.

③ **단위당 재고비용 및 고정비용 수정 적용**

- 두 번째 단계에서 얻어진 처리량과 총비용 정보를 이용해서 각 기、종점간의 단위당 재고비용과 단위당 고정비용을 수정한 후 변동비용에 더해서 총비용을 구한다.
- 각 제품 그룹에 대해 총비용을 계산한 후 이전 총비용과 비교한다.
- 만일 연속된 반복과정에서 총비용의 변화가 임의의 수준을 초과하고 할당된 수요가 서로 맞지 않다면 반복과정을 되풀이한다.

③ 종료

- 더 이상 비용이 감소하지 않거나 총비용의 변화가 설정된 범위 내에 들 때까지 단계 3을 되풀이하여 최종적으로 가장 좋은 해를 기록한다.

2) 분석과정

(1) 문제설정

단일 제품을 생산하는 2개의 공장과 제품을 보관하는 2개의 창고, 그리고 3개의 소비지를 포함하는 물류체계에 있어서 주어진 수요를 충족시키기 위해서 각 창고가 얼마의 수요를 치리하녀, 어느 공장에서 어느 창고로 어느 정도의 제품을 공급해야 하는가 하는 문제를 가정하자([그림 11-3]). 물류망 상의 공장-창고, 창고-소비지 사이의 수치는 단위 수송비를 나타낸다. 공장 및 창고의 용량, 생산비, 보관비, 고정비 등은 [표 11-14]와 같다.

그림 11-3 물류망 예

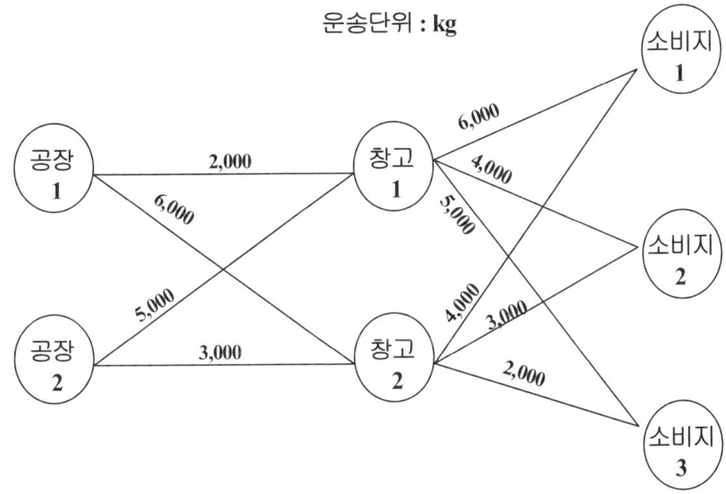

표 11-14 용량 수요 및 비용

		용량	수요	비용(천원)			제품가격
				생산비	보관비	고정비	
공장	1	50,000		5	–	–	10,000
	2	제한없음		5	–	–	
창고	1	70,000		–	3	100,000	
	2	제한없음		–	3	400,000	
소비지	1		40,000	–	–	–	
	2		80,000	–	–	–	
	3		30,000	–	–	–	

(2) 계산과정

① 선형계획법에 투입될 단위비용산출

○ 초기할당 및 단위당 고정비

단위당 고정비는 각 창고에 할당되는 제품량을 알 수 있어야 구할 수 있으나 초기 비용을 도출하기 위해서 하나의 창고를 사용하는 것으로 가정하고 총 수요를 각 창고에 할당하여 구한다. 단위당 고정비는 창고 1의 경우 고정비 1억원을 총수요 150,000kg으로 나누어서 구할 수 있다(100,000,000원/150,000 = 667원). 동일한 방법으로 창고 2의 초기 단위당 고정비를 구하면 2,667원이 된다.

○ **단위당 재고비용**

재고유지비용 역시 각 창고에 할당되는 수요를 기준으로 하여 산출되나 초기 비용을 구하기 위해서 제품의 총수요가 두 창고에 균등하게 나눠어지는 것으로 가정하여 구한다. 총 제품 수요 150,000kg은 2개의 창고에 각각 75,000kg이 배분된다. 제품의 단가는 10,000원/kg이며, 재고유지비용은 평균 20%이고, 초기에 알 수 없는 재고량은 일반적으로 창고 처리량과의 상관관계를 이용하여 도출하기 때문에 재고-처리량 공식은 다음과 같이 가정한다.[1)]

$$\text{재고량} = 20 \times \text{창고처리량}^{0.75}$$

이러한 정보를 이용하여 창고 1, 2를 통해 운반되는 제품의 단위재고비용(IP)은 다음과 같다.

$$\begin{aligned} IP &= (\text{제품단가}) \times (\text{재고유지비용}) \times (20 \times \text{창고처리량})^{0.75} / \\ &\quad (\text{창고처리량}) \\ &= (10{,}000) \times (0.20) \times (20 \times 75{,}000)^{0.75} / (75{,}000) \\ &= 1{,}143\text{원}/kg \end{aligned}$$

○ **비용 및 수요량, 공급량 매트릭스 작성**

주어진 단위당 생산비, 창고 보관비, 그리고 수송비와 위에서 도출된 단위당 고정비, 재고유지비를 합하여 선형계획법의 수송문제를 위한 비용 매트릭스를 정리한다.

1) 보다 자세한 내용은 7장에서 다룬다.

표 11-15 비용, 용량 및 수요량 매트릭스

		창고		소비지			공장 및 창고 용량
		3	4	5	6	7	
공장	1	7.0[1]	11.0	×[2]	×	×	50,000
	2	10.0	8.0	×	×	×	999,999[3]
창고	3	0	×	5.4[4]	5.2	5.3	70,000
	4	×	0	7.2[5]	7.1	7.0	999,999
창고용량 및 수요량		70,000	999,999	40,000	80,000	30,000	

주 : 1 제품 생산비와 공장에서 창고까지 운송비의 합

2 할당되지 않도록 하기 위해서 비용을 무한대로 함

3 용량의 제한이 없음

4 재고유지비,보관비,수송비,고정비의 합(1.1+3+0.6+0.67=5.37)

5 재고유지비, 보관비, 수송비, 고정비의 합 (1.1+3+0.4+2.7=7.2)

② 선형계획법 적용

상기 비용 및 공급과 수요 매트릭스를 기준으로 선형계획법을 적용한다. 목적함수는 총수송비용을 최소화하는 것이며, 제약식은 생산용량을 초과할 수 없고, 창고처리량을 초과할 수 없으며, 모든 수요는 충족되어야 하는 것이다. 이것은 경유수송문제로 해결할 수 있다.

$$Min \quad 7X_{13}+11X_{14}+10X_{23}+8X_{24}+5.4X_{35}+5.2X_{36}$$

$$+5.3X_{37}+7.2X_{45}+7.1X_{46}+7X_{47}$$

$s.t.$

$X_{13}+X_{14} \leqq 50{,}000$

$X_{23}+X_{24} \leqq 999{,}999$

$-X13-X23+X35+X36+X37=0$

$-X14-X24+X45+X46+X47=0$

$X_{35}+X_{45}= 40{,}000$

$X_{36}+X_{46}= 80{,}000$

$X_{37}+X_{47}= 30{,}000$

$X_{ij} \geqq 0$, 모든 i, j

LINDO 프로그램을 이용하여 초기 해를 구한 결과 공장 2에서 창고 2를 경유하여 각 소비지로 공급되는 양은 다음과 같이 도출되었으며, 이때 총 비용은 2,266,000원이다.

X_{24} = 150,000

X_{45} = 40,000

X_{46} = 80,000

X_{47} = 30,000

반복 1의 결과는 ①항에서 단순 가정한 단위 고정비와 단위 재고유지비용을 개정하는 데 필요한 창고 처리량에 대한 값을 제공해 준다. ①항에서 초기 가정한 것과 달리 창고 2에 150,000단위가 할당되었기 때문에 단위당 재고유지비는 961원이 되며, 단위당 고정비용은 동일하다.

③ 새로운 비용 매트릭스 작성

이러한 비용과 가변비용을 기초로 해서 새로운 매트릭스를 작성한 후, 선형계획문제를 다시 풀게 된다. 각 반복에서 각 창고에 할당되는 화물량에 따른 새로운 단위당 고정비와 재고유지비용을 구해야 하나, 가변생산비용, 가변창고비용, 그리고 가변수송비용은 변화시킬 필요가 없다.

④ 반복계산 수행

새로운 비용 매트릭스를 이용하여 반복계산을 수행하는데 더 이상 비용의 변화가 없을 때까지 수행하여 창고 할당량 및 총비용을 도출한다.

4. 시뮬레이션 해법

1) 특　　징

입지문제에 있어서 최적해를 도출하는 모형들은 복잡한 현실문제를 단순화하여 해를 구하는 반면 시뮬레이션 기법은 현실 문제를 정확하게 기술하고 준 최적해에 해당하는 개선된 해를 구하는 기법이다.

시뮬레이션 해법은 컴퓨터를 이용하여 분석히고자 하는 물류체계를 수학적 그리고 논리적인 관계로 나타내고 모형 내에서 물류망의 형태를 다양하게 변화시키면서 그 영향을 평가하게 된다. 알고리즘을 중심으로 하는 모형이 시설물의 최적수, 위치, 크기를 구하는 반면에 시뮬레이션 모형은 창고에 수요를 할당하는 형태를 다양하게 변경하면서 모형을 반복적으로 적용하여 가장 좋은 물류망의 형태를

표 11-16 시뮬레이션에 필요한 자료

	요소	비용 항목
공장	- 위치 - 제품별 생산능력	- 생산비, 하역비, 보관비 등
창고	- 위치 - 규모	- 자가창고 투자비 - 운영비 및 일반관리비 - 보관비, 하역비, 재고비 등 가변비용
고객	- 위치 - 제품종류 - 수요량 및 분포 - 주문량 크기분포	-
수송비	-	- 공장에서 창고로의 운송비
배송비	-	- 창고에서 소비지로의 운송비

도출해서 의사결정에 도움을 주게 된다.

시뮬레이션을 실시하기 위해서는 우선 물류망의 형태를 규정하고 이를 비용, 수요, 거리 등의 수치로 나타내야 한다. 물류망의 형태를 규정하기 위해서는 물류망을 구성하는 요소를 공장, 창고, 고객 등으로 구분하여 위치, 규모, 공급량 및 수요량, 보관비, 하역비, 수송비 등의 제반비용 등을 집계하게 된다.

2) 시뮬레이션 절차

(1) 자료 정리 단계

① 차급 주문과 소량 주문 구분

접수된 주문을 공장에서 고객에게 직송해야하는 대량(차급) 주문과 물류센터를 통해서 공급하는 소량 단위의 주문으로 분류하여 차급 주문에 해당하는 주문은 시뮬레이션에서 제외한다.

② 공장-창고, 창고-주문처간의 거리 계산

좌표점 또는 경위도를 이용해서 고객에서 창고 그리고 공장에서 창고까지의 거리를 계산한다(제7장 참조).

③ 수배송비용 산출

도출된 거리와 주문 크기를 근거로 하여 수배송비용을 도출한다. 이 때 수송거리와 주문품 무게를 기준으로 하여 사전에 입력된 수송비 매트릭스를 이용하거나 거리와 무게를 설명변수로 하는 회귀식을 이용할 수 있다.

(2) 창고할당

① 초기할당

각 고객마다 가장 가까운 창고 수 개를 선정해서 각 창고마다 창고에서 고객까지 운반비용, 창고 보관 및 하역비용, 그리고 공장에서 창고까지의 운송비용을 계산해서 가장 비용이 적게 드는 창고를 선정한다.

② 창고 배치 평가

초기 할당에서 결정된 창고를 통한 제품의 흐름과 주어진 지리적 자료를 바탕으로 하여 할당된 창고 배정을 평가하기 위해 필요한 계산을 수행한다. 또한 공장의 용량 제약사항을 해결하기 위해서 선형계획법이 사용된다.

그림 11-4 창고 입지 결정 시뮬레이션의 흐름도

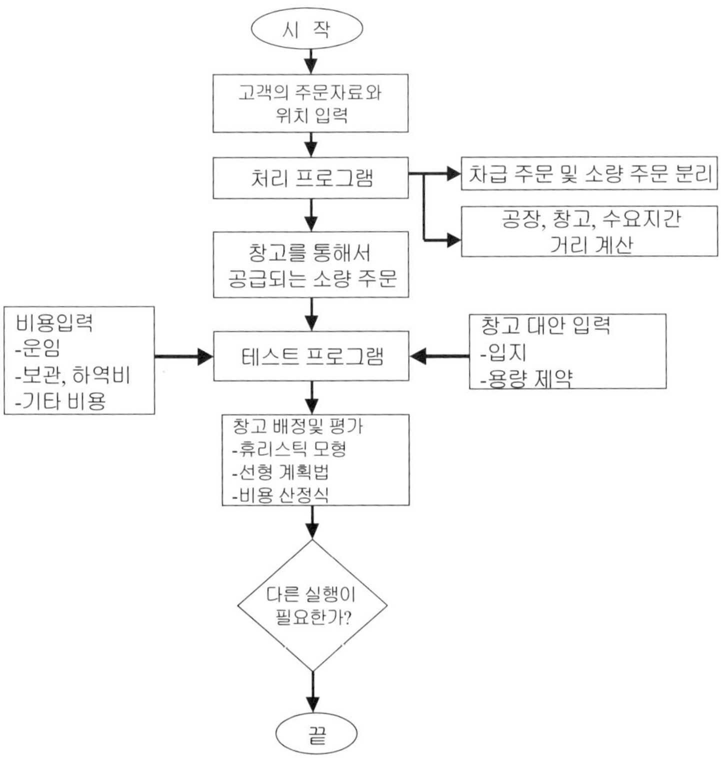

시뮬레이션은 다양한 문제에 쉽게 적용할 수 있는 이점이 있어서 복잡한 문제를 상세하게 기술할 필요가 있거나 문제에 수요 등과 같은 확률적인 요소가 포함될 때 최적해 대신 근사해를 구하는데 있어서 가장 적합한 방법이다.

시뮬레이션 전용 프로그램인 GPSS, AweSim 등 다양한 언어가 사용되고 있고 체계적인 분석에 의한 설계 및 계획이 일반화되면서 향후 시뮬레이션은 그 중요도가 더욱 커질 것으로 예상된다.

참 고 문 헌

건설교통부(1997), 유통단지개발종합계획, 건설교통부고시 제1997-323.

국토개발연구원(1997), 유통단지개발계획.

교통개발연구원 (1999), 내륙화물기지 내부 평가 자료.

권오성, 김지환(1994), 「물류배송센터」, 한국능률협회건설팅.

문상원, 「물류의사결정론」, 비봉출판사, 1994.

민승기, "유통단지의 지역별 배치기법 연구," 교통정책연구, 4권, 1호, 1997, pp. 49-80.

신창훈, "국제물류센터의 입지결정모형 구축에 관한 연구," 로지스틱스연구, 13권, 2호, 한국로지스틱스학회, 2005.

윤문규(1997), 「한국기업의 물류성공사례」, 범한.

李錦淑, 姜承弼, "복합화물터미널 입지선정을 위한 수학적 계획모형의 정립과 적용," 대한교통학회지, 8권 1호, 1990, pp. 42-54.

Ballou, R.H., Business Logistics Management, 3rd Edition, Prentice Hall, 1999

David Jessop, Alex Morrison, Storage and Supply of Materials, 6th Edition, Pitman Publishing, 1994.

Gianpaolo Ghiani, L. Gilbert, M. Musmanno, Introduction to Logistics Systems Planning and Control, John Wiley & Sons, Ltd., 2004.

Ho, Peng-Kuan, J. Perl, "Warehouse Location under Service-sensitive Demand," Journal of Business Logistics, Vol. 16, No. 1, 1995, pp. 133-161.

Killen, James, Mathematical Programming Methods for Geographers and Planners, Croom Helm, 1983.

제 12 장

재고 및 자재관리 의사결정

제 1 절 재고관리의 개요

1. 재고관리의 개념

1) 재고관리의 의미

재고(inventory)란 원자재, 반제품, 완제품뿐만 아니라 미래의 생산에 사용하거나 수요에 대처하기 위해 현재 사용되고 있지 않는 경제적 자원을 말한다. 재고자산이 총자산에서 차지하는 비중이 크면 클수록 자금의 운영 폭이 줄어들게 되어 결국 기업의 이익을 감소시키는 결과를 초래한다. 즉, 수요예측의 잘못으로 과다한 제품을 보유하게 되면 예측 오차만큼의 재고 초과분이 발생할 것이며, 발생된 초과분에 해당하는 금액을 수익이 더 좋은 대상에 투자할 수 없게 되어 이익발생의 기회를 잃게 될 것이다. 반대로 수요를 낮게 예측하면 적정 재고를 유지하지 못하게 되어 판매기회를 놓쳐서 불이익이 발생하고 적기에 고객에게 제품을 공급하지 못함으로써 신용상의 잠재적인 손실이 발생한다. 그러므로 재고비용이 최소화되는 적정수준의 재고수준 유지가 필요하다.

재고관리는 재고를 적정수준으로 유지하여 품절을 방지하고, 고객서비스를 향상시키는 것을 목적으로 한다. 오늘날 JIT 개념이 확산됨에 따라 재고관리의 목적도 소비자가 원하는 제품을 소비자가 원하는 시기(적기)에 소비자가 원하는 양만큼 제공하여, 결품과 불용 재고와 재고의 편재를 방지하는데 있으며, 이를 위해서는 재고관리도 구매 - 생산 - 판매시스템 전체를 고려한 종합적인 관점에서 이루어져야 한다.

재고보유는 재고유지비용을 유발시키지만 생산비, 구매비 등 관련 비용을 절감하는 상쇄 효과를 가져온다. 예를 들면, 재고가 생산량과 수요 사이에 완충작용을 하므로 생산기능은 수요요구의 변동에 탄력적으로 대처할 수 있고, 구매와 수송단계에서 협상력을 강화시켜 경제적인 구매와 수송을 할 수 있도록 해준다. 구매부는 가격 - 수량 할인을 통해 즉각 필요로 하는 수량보다 더 많은 수량을 구매할 수 있다. 초과수량의 재고유지비용은 가격 할인에 따른 이익과 균형을 이룰 수도 있으며, 대량 운송을 함으로써 단위당 운송비용을 감소시킬 수 있다.

2) 재고의 종류 및 기능

기업의 입장에서 재고는 일종의 필요악으로 볼 수 있다. 즉, 재고유지비용은 들지만 재고는 고객서비스를 유지하는데 도움을 주고, 주문, 수송, 원료구입비용 등을 감소시키는 역할을 한다. 이에 따른 일반적인 재고의 종류는 수송중인 재고, 규칙 또는 순환재고, 안전재고, 침몰재고 등이 있다.

수송중인 재고는 물류체계를 통해 한 지점에서 다름 지점으로 이동중인 재고를 의미한다. 재화는 공급자로부터 공장으로, 한 공정에서 다른 공정으로, 공장에서 유통센터나 고객으로, 유통센터에서 고객으로 이동하는 시간이 소요되기 때문에 수송중인 재고가 필요하게 된다.

규칙 또는 순환재고는 연속적인 보충시점 간의 기간에 평균수요를 충족시키는데 필요한 재고이다. 순환재고량은 제품로트 크기, 경제적 선적량, 저장공간의 한도, 보충조날기간, 가격-수량 할인계획, 재고유지비 등에 달려 있다.

안전재고는 재고에 대한 수요와 보충조달기간의 변동에 대한 방지책으로 발생한다. 이러한 여분의 재고 또는 안전재고는 평균수요와 평균조달기간을 충족시키기 위해 규칙적 재고에 추가한 것이다.

침몰재고는 재고 보유기간 중에 손상되고, 손실되거나 진부화되는 재고를 의미한다. 제품이 고가이고, 부패하기 쉽고, 쉽게 손실되는 경우 재고량을 최소화하기 위해 특별한 예방책을 강구해야 한다.

재고관리의 기능은 크게 5가지로 구분할 수 있다.

첫째, 수급적합기능으로 생산과 판매의 완충 작용이라는 재고 본래의 기능을 수행하는 것이며 제품의 품절로 인한 판매기회의 상실을 방지하기 위한 기능이다.

둘째, 생산의 계획·평준화 기능으로 주문이 불규칙적이고 비정기적인 경우 재고를 통해 계획적인 생산의 실시와 조업도의 평준화를 유지시킬 수 있게 하는 기능이며 제조원가의 안정과 가격인하에도 기여한다.

셋째, 경제적 발주기능으로써 발주정책 수립시 재고관련비용(재고유지비용, 발주/준비비용, 품절비용)을 최소화하는 경제적 발주량 또는 주문량을 발주정책에 이용함으로써 긴급발주 등에 따른 추가적 비용을 방지 또는 최소화하는 기능을 말한다.

넷째, 수송합리화 기능으로써 재고의 공간적 배치와 관련된 기능이다. 즉, 물류거점별(유통센터, 배송센터 등)로 소비자의 요구에 부응하는 형태별 분류와 배송을 가능하게 해주는 기능을 말한다.

다섯째, 유통가공기능으로써 오늘날의 다양한 소비자의 요구에 대처하기 위해 유통과정에서 일부의 조립과 포장 등의 기능을 담당하는 것을 말한다.

이상의 기능을 체계적으로 조화시켜 재고관리가 적절하게 이루어질 때 효율적인 재고관리가 이루어지며, 재고관리와 생산, 판매 및 수·배송 등 다른 물류기능과 연계시키기 위해서는 재고관리를 시스템화하여야 한다.

3) 재고관리의 목적

재고관리의 기본목적은 첫째, 필요한 때 필요한 양 만큼의 재고를 확보하여 고객 서비스 수준을 충족시키며, 둘째, 제반 재고 비용을 최소화하는 것이라 할 수 있다. 이러한 두 가시 목적은 서로 상충되는 측면이 있으며, 다음 두 가지 사항에 대하여 최적의 결정을 내림으로써 달성될 수 있다.

① 재고를 보충할 때의 1회 주문량

② 재고 보충을 위한 주문 시점

주문량을 결정하는 문제는 경제적 주문량(economic order quantity: EOQ)을 결정하는 것이며, 주문 시점을 결정하는 문제는 재주문점(redoder point: ROP)을 결정하는 것이다.

2. 재고 및 재고관리의 특성

1) 독립 수요 대 종속수요

재고에 대한 수요는 독립수요(independent demand)와 종속수요(dependent demand)로 구분 할 수 있다. 대부분의 완제품 등과 같이 특정 제품에 대한 수요가 다른 제품의 수요와 아무런 관계없이 결정될 때 이를 독립수요라 한다. 반면에 완제품을 생산하는 데 필요한 제반 부품과 같이 특정 품목의 수요가 다른 품목의 수요와 관계가 있고 독립적으로 결정되지 않을 때 이를 종속 수요라 한다.

따라서, 독립수요의 경우 사전에 그 규모를 알 수 없으므로 예측을 해야하며, 종속수요의 경우 특정 품목을 이용하여 생산되는 완제품에 대한 수요를 통하여 계산할 수 있다. 즉, 후자의 경우 언제 얼마의 완제품을 생산할 것인가를 결정하면 이에 따라 소요되는 부품의 수요를 계산할 수 있게된다.

독립수요와 종속수요는 서로 다른 수요 패턴을 보인다([그림 12-1]). 독립수요는 비교적 일정하게 발생하기 때문에 일정한 재고를 유지해야하며, 품절의 위험을 줄이기 위해서 안전재고를 보유해야 한다. 이에 비하여 종속수요는 이를

그림 12-1 독립수요와 종속수요 형태

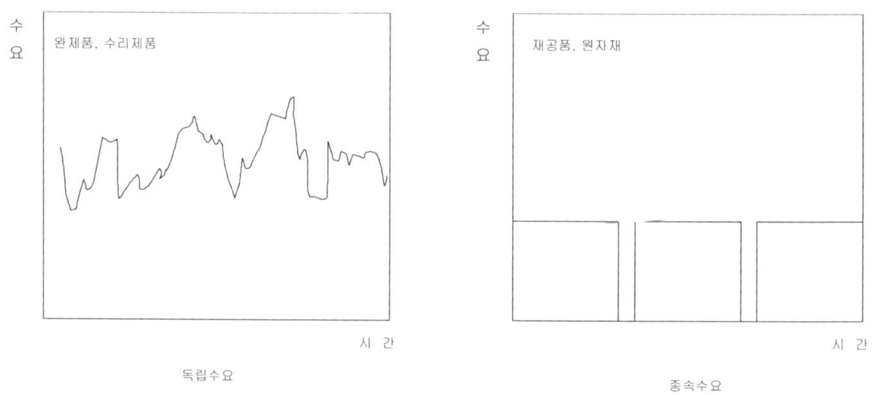

유발하는 제품을 생산할 때에만 발생하기 때문에 산발적이고 일괄적으로 발생한다. 따라서 항상 재고를 보유할 필요가 없으며, 안전재고 또한 필요하지 않다.

독립수요 품목은 경제적 주문량(EOQ)과 재주문점(ROP)법에 의하여 관리되며, 종속수요 품목은 자재소요계획(MRP)에 의하여 관리된다.

2) 확정적 수요 및 리드타임과 확률적 수요 및 리드타임

재고관리에 있어서 수요와 리드타임(조달기간)은 두 가지 형태로 나타낼 수 있다. 첫째, 수요 및 조달기간이 시간이 경과함에 따라 변하지 않고 일정하며, 사전에 이를 알고 있다고 가정하는 것이며, 둘째, 수요 또는 리드타임이 시간의 흐름에 따라 변동하는 것으로 가정하는 것이다. 전자는 확정적이며, 후자는 확률적인 특성을 띄게 된다.

재고모형은 수요와 조달기간(lead time)을 어떻게 나타내느냐에 따라 확정적 모형(deterministic model)과 확률적 모형(probabilistic or stochastic model)으로 구분된다. 수요와 리드타임이 확정적일 경우 재고량 결정 및 재주문점을 결정하는데 사용되는 모형을 확정적 모형이라 하고, 확률적일 경우에 사용되는 모형을 확률적 모형이라 한다.

특정 제품의 연간 수요를 100,000개로 일정하다고 가정하면 이는 확정적 수요라 할 수 있으며, 연간 수요량이 80,000개일 확률이 20%, 100,000개일 확률이 50%, 그리고 120,000개일 확률이 30%라면 이는 확률적 수요라 할 수 있다.

3) 푸시(Push) 및 풀(Pull) 재고 관리

푸시 재고관리 방식은 장래의 수요를 예측하여 재고를 보충하는 것이며, 풀 재고관리 방식은 고객의 수요에 의존하여 재고를 보충하는 것이다. 푸시 관리 방식은 ① 현재와 미래에 기대되는 수요량을 예측하고, ② 각 재고거점의 현 재고량을 파악하며, ③ 예측 수요량과 보유 재고량의 차이에 불확실성에 대비한 추가량을 더하여 각 재고거점의 할당량을 계산하게 된다.

풀 재고관리 방식은 실제 발생한 소비자 수요를 바탕으로 하여 경제적 주문량, 재주문점 등을 도출하여 재고를 관리한다. 본 절에서 설명되는 확정적 및 확률적 재고 모형들은 풀 관리 방식에서 사용되는 기법들이다.

표 12-1 재고 및 재고관리의 특성

수요특성	수요 및 리드타임 특성	재고의사결정 모형	재고관리방법
종속수요	확정적	확정적 모형	풀(pull) 재고관리
독립수요	확정적 확률적	확정적 모형 확률적 모형	

제 2 절 재고의사결정 및 재고관리 기법

재고의사결정은 주문량을 결정하는 문제와 발주 시기를 결정하는 문제로 크게 분류되며, 이는 다시 수요가 일정한 경우와 수요와 리드타임이 불확실한 경우의 문제로 분류된다. 주문량을 결정하는 일반적인 방법은 경제적 주문량(EOQ) 방법이며, 발주시기를 결정하는 일반적인 방법은 재주문점(reorder point)법이다.

1. 수요가 확정적인 경우

1) 경제적 주문량(EOQ)

재고유지비용과 발주비용 등의 비용요소와 관련된 총비용을 최소화하는 이상적인 주문량을 찾는 출발점이 경제적 주문량(Economic Order Quantity: EOQ)이다. EOQ는 1년 동안의 재고유지비용과 발주비용을 최소화하는 주문량의 크기이며, 다음의 가정을 기초로 한다.

① 제품에 대한 수요율은 일정하다.

② 제품은 생산하거나 구매할 수 있으며, 주문량 전체는 일시에 도착한다.

③ 관련비용은 첫째, 재고유지비용으로 평균재고수준에 단위당 단위 기간의 유지비를 곱한 형태로 나타나며, 둘째 주문이나 가동준비에 필요한 주문량당 고정비용이다.

④ 한 제품에 대한 의사결정은 디른 제품에 대한 의사결성과 녹립적이다.

⑤ 수요, 리드타임, 공급에 대한 불확실성은 없다.

그림 12-2 확정적 수요 재고모델

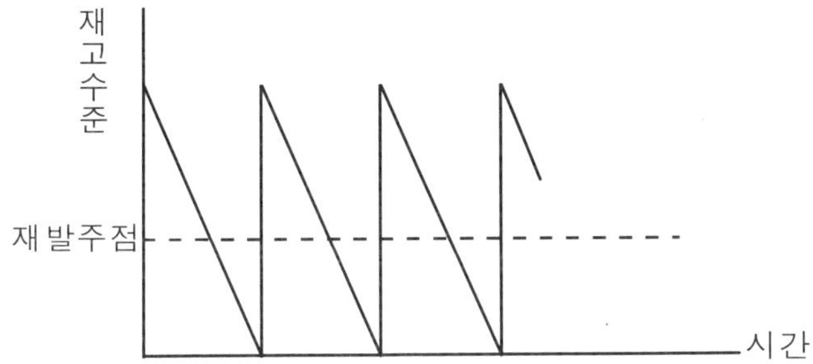

연간 수요를 Dy, 1회 주문비용을 Co, 연간 재고유지비용을 Ch, 품목의 단가를 Up, 1회 주문량을 Q라 할 때 연간 총비용 TC는 다음과 같이 나타낼 수 있다.

$$\begin{aligned} \text{TC} &= \text{주문비용} + \text{재고유지비용} + \text{구매비용} \\ &= Co \times \frac{Dy}{Q} + \frac{Q}{2} \times Ch + Up \times Dy \end{aligned}$$

여기서 Dy/Q는 주문회수를 의미하며 $Q/2$는 일반적으로 가정하는 평균 재고량이다.

총비용 TC를 최소화하는 경제적 주문량 Q^*를 구하기 의해 TC를 Q에 대해 미분하고 그 값을 0으로 하여 정리하면 다음과 같다.

$$Q^* = \sqrt{\frac{2\ C_0 Dy}{Ch}} \qquad (12\text{-}1)$$

위의 관계에서 최적발주주기(T) 및 연간 주문횟수(N)는 각각 다음과 같이 도출된다.

$$T = \frac{Q}{Dy} \qquad N = \frac{Dy}{Q}$$

연간 수요가 10,000개이며, 개당 가격은 5,000원인 제품을 가정하자. 1회 주문당 비용은 15,000원이고 단위당 연간재고유지비용은 25%일 때 경제적 주문량을 구하면 EOQ 공식에 따라 490단위가 된다.

$$Q = \sqrt{\frac{2 \cdot 15,000 \cdot 10,000}{0.25 \cdot 5,000}} = \sqrt{240,000} = 490$$

주문주기는 18일(490/10,000×52주×7일)이다. 따라서 이 경우 물류관리자는 한 번에 490개의 제품을 18일 주기로 주문하여야 한다. 이 때 주문비용과 재고유지비용을 포함하는 연간 총비용은 다음과 같다.

$$TC = 15,000 \times \frac{10,000}{490} + 0.25 \times 5,000 \times \frac{490}{2} = 612,372$$

그림 12-3 EOQ모델 비용곡선

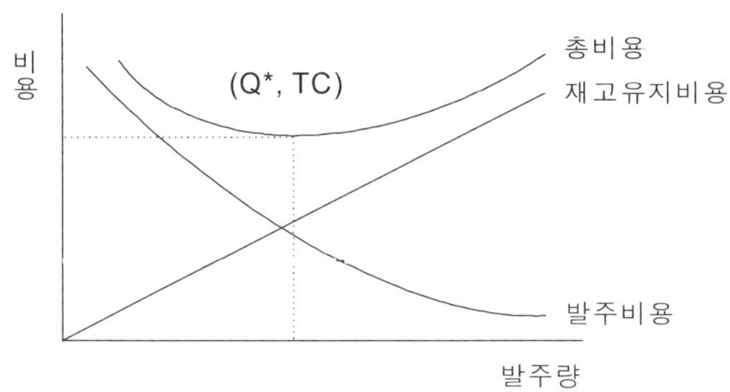

2) 재 주문점법

EOQ법이 최적 주문량을 결정하는 방법인 데 비하여 ROP(Reorder Point)법은 재 주문점을 결정하는 방법이다. ROP법은 재고수준을 연속적으로 파악하여 재고수준이 일정수준으로 내려갔을 때 발주하는 방법으로 재주문점법이라고 한다.

재고수준이 미리 결정된 수준으로 떨어지면 일정량을 발주하기 때문에 정량발주시스템이라고도 한다. 정량발주시스템은 EOQ분석을 통해 주문량을 결정하게 되며, 재고수준이 재주문점에 언제 도달하는가를 알기 위하여 연속조사시스템을 이용한다.

전술한 예를 생각해 보자. 주문 전달에 1일, 주문 처리에 3일, 배송에 1일이 소요된다고 가정하자. 이 때 주문보충에 소요되는 리드타임은 5일이 된다. 연간 수요가

10,000개 이므로 1일 수요는 28개(10,000/365)이며, 이 때 재주문점은 140개(28개×5일)이다. 즉, 재고수준이 140개로 떨어질 때 490개를 발주하게 된다([그림 12-4]).

그림 12-4 정량발주시스템

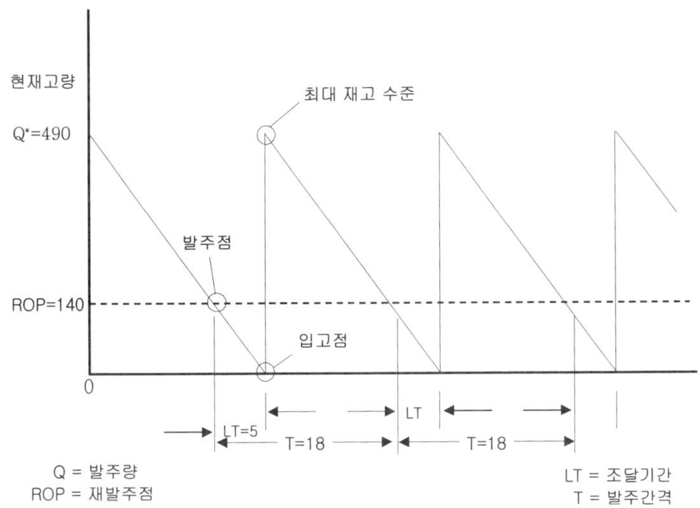

2. 수요 및 리드타임이 불확실한 경우

전술한 EOQ 모형이 수요가 일정한 것을 가정하는 것과 달리 실재 재고관리에 있어서는 수요와 조달기간이 확실하게 알려져 있지 않다. 즉, 수요와 리드타임은 확률적이며, 최적 주문량 및 주문점은 이러한 불확실성을 반영하여야 한다.

1) 재발주점 시스템

(1) 불확실한 수요 고려: EOQ 및 ROP 결정

불확실한 수요를 고려하는 것은 조달기간 동안의 수요 분포를 고려하는 것으로서 수요의 평균(X)과 표준편차(Sd)를 통하여 불확실성을 반영하게 된다. EOQ는 수요가 안정적일 때 사용한 기본적인 공식을 사용하여 근사값을 구할 수 있으며, 재주문점은 기본 형태에 조달기간 동안의 수요의 불확실성을 추가하여 다음과 같이 표현된다.

$$ROP = d \cdot LT + z \cdot S'_d = d \cdot LT + z \cdot S_d \sqrt{LT} \quad (12\text{-}2)$$

z 항은 조달기간 동안 재고가 남아 있을 확률을 나타내는 표준화 값으로서 정규분포표에서 구한다.

평균재고 수준은 정규재고에 불확실성에 따른 안전재고를 합하여 다음과 같이 나타난다.

$$AIL = Q/2 + z \cdot S'd \quad (12\text{-}3)$$

이해를 돕기 위해 다음과 같은 상황에서 EOQ 및 ROP를 도출해 보자.

- 1일 평균수요(d): 5,000개
- 수요 표준편차(Sd): 750개
- 보충 리드타임: 5일
- 개당 가격: 10,000원
- 1회 주문 비용: 100,000원
- 단위당 연간 재고유지비용: 25%
- 서비스 수준(조달기간 동안의 재고 유지 확률): 80%

경제적 주문량은 EOQ 공식에 따라 12,083 단위가 된다.

$$Q = \sqrt{\frac{2 \cdot 5{,}000 \cdot 100{,}000}{(0.25/365) \cdot 10{,}000}} = \sqrt{146{,}000{,}000} = 12{,}083$$

재발주점은 $ROP = d \cdot LT + z \cdot S'_d = d \cdot LT + z \cdot S_d \sqrt{LT}$를 이용하는데 조달기간 동안의 재고 유지 확률 80%에 해당하는 z 값은 누적정규분포 표에서 구하면 0.84이다.

$$ROP = 5{,}000 \times 5 + 0.84 \times 1{,}677 = 26{,}409$$

따라서 재고수준이 26,409개로 떨어지면 12,083개를 주문해야 한다.

(2) 수요와 조달기간의 불확실성 고려

조달기간(리드타임)은 고객으로부터 공급자가 주문을 받아 제품을 인도할 때까지의 시간, 또는 생산 개시시점으로부터 완료시점까지의 기간을 말하며, 발주에 필요한 업무처리 소요시간과 생산소요기간, 그리고 납품에 필요한 수송기간으로 구성된다.

빠른 수송수단을 이용하여 조달기간이 짧으면 수송비용은 증가하지만 안전재고수준이 낮아져서 재고비용이 감소되며, 반면에 느린 수송수단을 이용하면 수송비용은 감소하지만 불확실성에 대한 안전재고수준이 증가하여 재고비용이 증가되기 때문에 조달기간은 안전재고에 직접적으로 영향을 미친다.

또한, 재발주점은 안전재고에 조달기간의 사용량을 포함해서 결정되기 때문에 조달기간의 크기는 재발주점에 직접적인 영향을 미친다. 일반적으로 수요와 조달기간의 분포가 독립적이고 정규분포라고 가정하여 재발주점과 안전재고량은 다음과 같은 식으로 구할 수 있다.

$$
\begin{aligned}
\text{재발주점(ROP)} &= \text{조달기간중의 사용량} + \text{안전재고} \\
&= d \times LT + z \times S'd \\
&= d \times LT + z \times \sqrt{LT \times Sd^2 + d^2 \times SLt^2}
\end{aligned}
$$

d = 일간 평균수요(개)
LT = 평균 조달기간(일)
z = 서비스수준을 나타내는 정규분포 표준화 값
$S'd$ = 조달기간중의 수요의 분산
Sd = 수요의 표준편차
SLt = 리드타임(조달기간)의 표준편차

전술한 수요의 불확실성 만 고려한 예제에 리드타임의 불확실성을 추가 해서 ROP를 구해보자. 이 때 리드타임의 표준편차는 2일로 가정한다.

- 1일 평균수요: 5,000개
- 수요 표준편차: 750개
- 보충 리드타임: 5일
- 개당 가격: 10,000원

- 1회 발주 비용: 100,000원
- 단위당 연간 재고유지비용: 25%
- 서비스 수준(조달기간 동안의 재고 유지 확률): 80%

조달기간중의 수요의 분산 $S'd$의 값은 다음과 같다.

$$S'd = \sqrt{5 \times 750^2 + 5{,}000^2 \times 2^2} = 10{,}140\text{개}$$

따라서 ROP는 다음과 같다.

$$ROP = 5{,}000 \times 5 + 0.84 \times 10{,}140 = 33{,}518$$

즉, 수요와 리드타임의 불확실성을 동시에 고려할 때 ROP는 수요만을 고려한 경우의 26,409에서 33,518로 크게 증가하였다. 이것은 안전재고의 증가를 의미한다.

2) 주기점검 시스템

주기점검 시스템(periodic review system)은 재고수준을 연속적으로 점검하지 않고 주기적으로 점검하는 방안이다. P 시스템이라고도 불리는 본 방식은 일정한 주기(P)로 재고수준을 점검하여 목표 재고 수준에서 현재 보유한 재고 수준을 제한 양만큼 주문을 한다. 재발주점(Q 시스템)과의 차이는 다음과 같다.

① 재주문점이 없고 목표 재고수준이 설정된다.

② 주문량이 수요에 따라 가변적이기 때문에 경제적 주문량(EOQ)의 개념이 없다.

③ 주문 간격이 고정되어 있고 주문량은 가변적이다.

P 시스템은 두 개의 변수, 즉, 주기 P와 목표 재고수준 O_i를 구하는 것이며, EOQ 공식을 이용하여 최적 P 값의 근사치를 구할 수 있고 O_i는 서비스 수준에 의하여 결정된다. P는 다음과 같이 표현된다.

$$P = \frac{Q}{D_y} \tag{12-4}$$

여기서 Q는 EOQ에 해당하기 때문에 위 식은 다음과 같이 전개된다.

$$P = \frac{Q}{D_y} = \frac{1}{D_y}\sqrt{\frac{2CoDy}{Ch}} = \sqrt{\frac{2Co}{ChDy}} \qquad (12\text{-}5)$$

목표 재고수준(O_i)은 조달기간(LT)과 점검주기 동안의 수요에 대응할 수 있는 수준으로 결정되어야 하기 때문에 (P + LT) 기간 동안의 평균 수요(Da)에 안전재고 (S')를 더하여 다음과 같이 표시된다.

$$O_i = Da + S' \qquad (12\text{-}6)$$

전 절에서 든 예제의 경우를 통해서 주기점검 시스템을 이용하여 목표재고 수준 및 조달기간을 도출해 보자.

- 1일 평균수요(Da): 5,000개
- 수요 표준편차: 750개
- 보충 리드타임: 5일
- 개당 가격: 10,000원
- 1회 발주 비용: 100,000원
- 단위당 연간 재고유지비용: 25%
- 서비스 수준(조달기간 동안의 재고 유지 확률): 80%

EOQ는 12,083개로 계산되었으며, 나머지 조건들은 위와 같이 동일하다.

최적 주기(P): 3일(12,083/5,000=2.4일)

P + LT 기간 동안의 평균수요(Da): 40,000개 (8일 × 5,000개)

8일(P + LT) 동안의 표준편차: 2,122개 ($\sqrt{8} \times 750$)

서비스 수준 80%에 대한 z 값: 0.84

따라서 O_i = 40,000 + 0.84×2,122 = 41,783 이다.

즉, P시스템의 경우 매 3일 마다 재고수준을 점검하고 목표재고 수준이 41,783개가 되도록 주문을 해야 한다.

3. 시뮬레이션에 의한 재고관리

재고관리는 수요에 맞게 적정 재고량을 보유하는 것이 주 목적이며, 수요는 전술한 것처럼 불확실한 특성을 지니고 있어서 사전에 예측하기가 어렵다. 이렇듯 불확실성이 강한 문제는 시뮬레이션 기법을 이용하여 해결하는 것이 적합할 때가 있다.

시간이 흐름에 따라 시스템의 상태가 변화하는 시뮬레이션을 동적(dynamic)시뮬레이션이라 할 때 시간의 개념이 포함되지 않은 것을 정적(static)시뮬레이션이라 한다. 몬테칼로 시뮬레이션은 난수(random number)를 이용하는 정적 시뮬레이션으로서 불확실한 수요를 실험적으로 다루는데 적합하다.

1) 시뮬레이션 과정

재고수준을 결정하는 문제에 있어서 시뮬레이션 기법을 이용하여 가상적인 일일 수요량을 발생시키기 위해서는 난수를 생성하여야 하는데 이를 몬테칼로 시뮬레이션의 단계적 절차에 따라 살펴보면 다음과 같다.

(1) 수요의 확률분포 도출

시뮬레이션모형을 이용하여 발생된 일일 수요가 실제 수요를 잘 나타내기 위해서는 실제 수요의 확률분포를 파악하는 것이 필요하다. 과거 일정 기간 동안의 주문 접수 혹은 출하 정보를 이용하여 수요에 대한 자료를 입수하고 이를 기초로 시뮬레이션모형의 가상적 수요를 발생시키는데 필요한 분포를 도출할 수 있다.

표 12-2 수요에 관한 자료

일일수요량	0	0	20	30	40	50	60	70	80	90	100	계
빈도(일)	3	6	9	9	15	21	24	33	15	9	6	150
상대도수	0.02	0.04	0.06	0.06	0.1	0.14	0.16	0.22	0.1	0.06	0.04	1.00

[표 12-2]의 일일 수요량의 상대도수는 각 빈도를 총 빈도로 나누어서 얻으며, 수요의 경험적 확률분포가 된다. 시뮬레이션은 이러한 상대도수분포를 바탕으로 하여 가상적인 수요를 발생시키기 때문에 얼마나 현실적인 경험적 확률분포를 도출하는 가가 시뮬레이션의 관권이 된다.

(2) 누적확률분포 계산

도출된 상대도수를 누적하여 누적확률분포를 도출한다. 즉, 1일 수요량의 내림차순으로 상대도수를 더해 나가는 것이다([표 12-3]).

(3) 난수구간의 설정

[표 12-3]에서 수요가 0일 경우의 발생확률은 2%이다. 따라서 가능한 100개의 두 자리 난수들 중 2%에 해당하는 2개의 난수에 0개의 출하량을 대응시키면 된다. 00에서 99까지 난수 가운데 임의로 두 개를 선정하면 2%가 되나, 편의상 두 개의 두 자리 난수를 01과 02로 정한다. 무작위로 두 개의 난수를 추출하였을 때 그 중 하나가 관찰되면 모의실험된 1일 수요량이 0개임을 나타내 주게 된다.

발생확률이 4%인 1일 수요 10개에 대해서도 100개의 두 자리 난수 중 4%에 해당하는 4개의 난수 03, 04, 05, 06 등을 할당하고, 이들 중의 어느 하나가 관찰되면 모의실험 되는 1일 수요는 10개가 되며, 따라서 10개의 출하가 관찰될 확률도 4%가 된다.

표 12-3 일일 출하량과 누적확률 및 난수구간

일일 수요	상대도수	누적도수	난수구간	구간 내의 난수가 선택될 확률
0	0.02	0.02	01 ~ 02	01 ~ 02
10	0.04	0.06	03 ~ 06	03 ~ 06
20	0.06	0.12	07 ~ 12	07 ~ 12
30	0.06	0.18	13 ~ 18	13 ~ 18
40	0.10	0.28	19 ~ 28	19 ~ 28
50	0.14	0.42	29 ~ 42	29 ~ 42
60	0.16	0.58	43 ~ 58	43 ~ 58
70	0.22	0.80	59 ~ 80	59 ~ 80
80	0.10	0.90	81 ~ 90	81 ~ 90
90	0.06	0.96	91 ~ 96	91 ~ 96
100	0.04	1.00	97 ~ 100	97 ~ 100
계	1.00			1.00

(4) 무작위 표본추출을 통한 시뮬레이션 실험의 실시

무작위표본추출이라 함은 일정한 운영기간에 대한 매일 매일의 수요를 무작위로 발생시키는 것으로서 도출된 수요의 난수구간([표 12-4])과 난수표를 이용하게 된다. 난수표를 이용하여 두 자리 난수(57, 74, 52, 19, 48, 76, 76, 22 …)를 얻었다고 하자. 영업일 첫째 날에 대하여 난수 57이 선택되었을 때 이는 난수구간 43~58에 속하므로 수요는 60개가 된다. 두 번째 난수 74는 59~80구간 내에 있으므로 둘째 날의 수요는 이 난수구간에 해당하는 70개가 된다. 10일째까지 계속하면 [표 12-4]와 같은 결과를 얻을 수 있다.

표 12-4 난수표를 이용한 수요의 모의실험 결과(10일간)

영업일	1	2	3	4	5	6	7	8	9	10
난수	57	74	52	19	48	76	76	22	93	83
수요	60	70	60	30	60	70	70	40	90	80

시뮬레이션을 이용한 수요 추정 과정을 설명하기 위해서 10일의 기간을 예로 들었으나 오차를 줄이고 보다 신뢰할 수 있는 결과를 얻기 위해서는 장기간의 모의실험이 필요하다. 보다 장기간의 모형을 시행하면 모의 실험된 수요의 분포는 [표 12-3]의 상대도수분포에 보다 근사하게 될 것이다.

2) 재고 수준 결정

재고관리는 수요에 바탕 하여 이루어지기 때문에 본 절에서는 단순히 수요를 추정하는 과정만을 소개하였으나 이를 확장하면 재고관리 의사결정에 직접 도움이

그림 12-5 재고수준 결정 시뮬레이션 흐름도

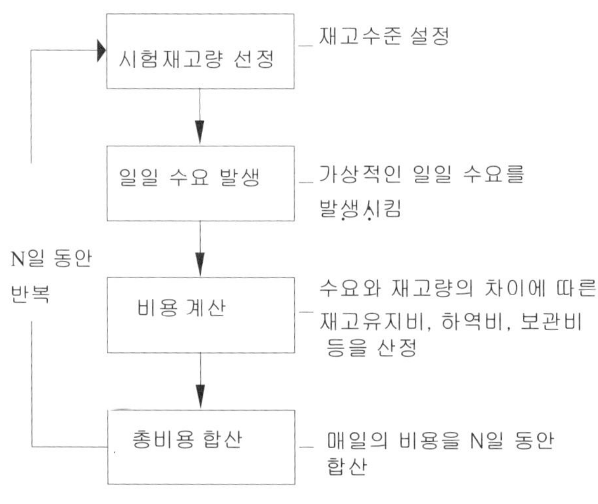

될 수 있는 결과를 도출할 수 있다. 여기서 수요는 통제 불가능한 변수이고 재고수준은 물류관리자가 임의로 정할 수 있는 통제 가능한 변수가 된다. 따라서 재고수준을 실험하고자 하는 특정한 값으로 고정하고 가상적인 수요를 투입하게 되면 재고와 수요의 차이를 파악할 수 있다. 또한 재고 과잉일 때의 추가적인 재고유지비와 보관비, 하역비 등을 산정할 수 있는 수식과 재고가 부족할 때 발생하는 기회비용 성격인 재고고갈비용을 산정하는 수식을 추가하면 총비용을 최소화하는 재고수준을 도출할 수 있다.

4. 재고관리기법

ABC 관리분석은 재고품목수가 많은 경우에 유용하게 사용될 수 있는 기법이다. 재고품목을 누적매출액과 누적품목수를 기준으로 하여 3개의 그룹으로 나누는 방식을 ABC분류라고 한다. 여기서 A품목은 상대적으로 품목수가 적으나 매출액비율이 높은 품목들이며, C품목은 이와 반대로 품목수는 많으나 매출액비율이 낮은 품목들이고, B품목은 A와 C사이에 위치하는 품목들이다. ABC분류에 따른 품목비율과 매출액비율의 예는 [그림 2-6]과 같다.

ABC분석에 따른 관리를 살펴보면, A품목은 상당한 투자를 요구하는 품목들이므로 재고흐름에 대한 정확한 정보를 지속적으로 수집, 유지해야 할 필요가 있다. 즉, 재고의 입·출고, 실사, 주문량의 결정 등에 상당한 주의를 기울여야 한다. 이에 반해 C품목은 주문량의 확대에 따른 가격할인이나 수송비 절감 등을 적극적으로 도모해야 하며 재고실사도 주기적으로 간단히 하면 될 것이다.

ABC분류에 따른 보관위치를 선정할 때 'A' 품목은 가장 수요가 빈번할 것이므로 쉽게 접근할 수 있도록 배치하고, 'C' 품목은 가장 후미진 곳에 보관한다. 또한, 등급별로 재고 보관 위치를 결정할 때 일반적으로 'A' 품목은 반입과 반출이 빈번하므로 임의보관 방식(random location)으로 관리하게 되고, 'C' 품목은 지정보관 방식(fixed location)으로 관리하기도 한다.[1)]

1) 보다 자세한 내용은 13장에서 다룬다.

그림 12-6 ABC 분석에서의 분류기준

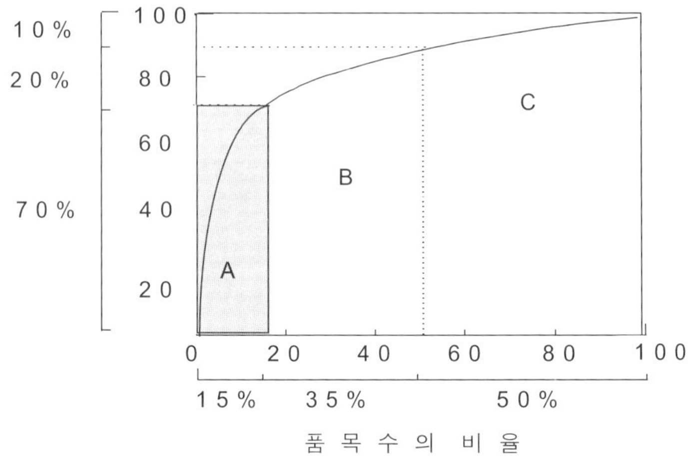

제 3 절 자재소요계획

1. MRP와 ROP의 차이

ROP시스템은 완제품과 관련되는 독립수요(independent demand)만을 대상으로 하고 있으며, 개별품목에 대한 독립수요를 전제로 하고 있다. 그러나 전자제품이나 자동차 부품의 경우 최종 제품의 독립수요에 따라 종속적으로 수요가 발생하는 특성이 있어서 재고 관리 문제와 차이가 있다. 자재소요계획(material requirement planning: MRP)은 재고관리 및 생산일정 계획에 이용되는 기법으로서 최종제품의 수요에 맞추어 종속수요 품목의 소요량과 소요시기를 결정하기 위해 개발된 기법이다.

MRP의 기본원리는 최종 생산 스케줄을 근간으로 하여 원자재와 부품의 소요량을 정확히 계산하고 가능한 적정재고수준에 맞추어 주문량 또는 생산량과 그 발주시기를 결정하는 것이라 할 수 있다. 따라서, 이러한 시스템을 운영하기 위해서는 어느 제품이 언제 생산되고 어떤 원자재와 부품이 언제 얼마만큼 소요될 것이며,

이들의 조달에 얼마의 시간이 필요할 것인가에 대한 정확한 정보를 확보해야 한다. 특히, 전산화된 프로그램을 사용하기 때문에 정보를 신속하게 분석할 수 있어서 생산 시스템과 관련된 계획과 통제의 기초가 된다.

표 12-5 MRP와 ROP의 차이

구 분	MRP	주문점(ROP)
수요	종속적	독립적
기본 주문 철학	소요(requirements)	보충(replenishment)
예측	주생산일정에 의거	과거수요에 의거
통제개념	모든 항목을 통제	ABC 분류에 의한 통제
목표	제조 요구 충족	고객 요구 충족
로트크기	불연속적(discrete)	EOQ
수요 패턴	Lumpy, 예측적	임의
재고 형태	재공품과 원자재	완제품과 서비스 부품

자료: 노부호 외(1999).

2. MRP의 원리 및 요구사항

MRP 시스템은 다음과 같은 이론에 기초하고 있다. 첫째, MRP는 부품, 반조립품 및 원자재에 대한 종속수요를 그 상위품목의 생산계획으로부터 도출한다. 이것은 ROP시스템에서 재 주문점을 설정하기 위하여 통계적인 예측방법을 사용하는 것과 차이점이다.

둘째, MRP는 보충주문이 필요한 시점과 관련시켜 주문서를 발행한다. ROP시스템에서는 특정 품목의 재고가 재 주문점에 도달하게 될 때까지 주문하지 않는 것과 차이점이다.

MRP의 핵심적인 요소는 생산계획, 자재명세서, 재고기록이다. MRP는 이러한 원천으로부터 나온 정보를 사용하여 새로운 제품의 발주, 주문량의 조정, 늦은 주문의 신속 처리 등과 같은 계획을 실행하기 위한 활동을 수행한다. 구성품의 소요량을 결정하는 데 중요한 개념은 총 소요량(gross requirements)과 순소요량(net requirements)이며, 총 소요량은 각 구성품의 생산 또는 구매해야 할 수량이고 순소요량은 일정계획의 수요를 만족시키기 위해서 실제로 주문 또는 제조해야하는 수량이다. 따라서 순소요량은 다음과 같이 나타난다.

순소요량 = 총소요량 — 재고수준
= 총소요량 — (예상수취량 + 재고수준)

순소요량은 계획된 주문에 따라 충당되며, 계획된 주문을 발주하는 시기는 납기예정일과 주문품을 납입 하는데 소요되는 조달기간을 고려하여 다음과 같이 결정된다.

발주일자 = 납기예정일 — 조달기간(리드타임)

납기예정일은 순소요량이 발생하는 시점이기 때문에 납기예정일에서 조달에 소요되는 기간을 차감하여 발주일자를 정하게 된다.

MRP에서 일반적으로 사용하는 양식은 다음과 같다.

표 12-6 MRP에서 사용하는 양식

품목: 조달기간:	주(weeks)						
	1	2	3	4	5	6	7
총소요량							
예정수취량							
재고수준							
순소요량							
계획수취량							
계획발주							

자료: 강금식 (1997).

따라서 자재소요계획을 원활히 운영하기 위해서는 다음의 자료들이 필요하다.

① **생산계획**

각 개별 완제품 품목의 주별, 또는 월별 생산계획

② **재고기록**

현재 보유하고 있는 품목에 대한 정확한 재고상태 기록

③ **자재명세서**

완제품 1단위를 생산하기 위해 필요한 원자재와 부품 종류 및 소요량

④ 조달기간

부품 혹은 원자재를 구입하거나 자체적으로 생산할 때 소요되는 시간

3. MRP의 사례

1) 계획발주

수요가 일정하게 주어진 경우 수요의 불확실성이나 조달기간의 불확실성을 고려하지 않고 언제 얼마의 부품을 공급자로부터 구매 주문을 할 것인가하는 것이 MRP의 문제이다. 다음의 예를 통하여 계획발주의 문제를 이해하자.

제품 K를 한 단위 생산하는데 중간 부품 K1이 2개 소요되고, 중간 부품 K1 한 단위를 생산하는 데 부품 K11이 1개 소요된다고 가정하자. 제품 K의 생산량은 3주째와 6주째 각각 600, 200단위이다. 중간 부품 K1의 경우 생산에 1주일이 소요되며, 생산단위는 800개이고, 보유재고는 500개이다. 부품 K11은 구매 리드타임이 1주일이며, 발주량은 900개, 보유재고는 400개이다.

[표 12-7]의 발주계획에 있어서 중간 부품 K1의 총 소요량은 제품 K의 생산수량에 제품 K 한 단위 생산에 필요한 부품 K1 2단위를 곱하여 3주와 6주에 각각 1,200, 400단위가 된다. 현 재고는 500단위로 가정하였기 때문에 제품 K가 생산되지 않는 1, 2주에는 500단위가 유지된다. 계획 수취량이 3주에 800단위가 있기 때문에 3주째 재고는 2주째 재고 500단위와 3주째 수취량 800단위를 합한 1,300단위에서 3주째 소요량 1,200단위를 제한 100단위가 된다. 6주째 현재고 역시 동일한 방법으로 이해할 수 있다. 중간 부품 K1을 생산하는 데 1주일이 소요되기 때문에 2주와 5주에 생산단위인 800단위를 발주하게 된다.

부품 K11의 경우 중간 부품 1단위 생산에 1단위가 소요되기 때문에 총 소요량은 중간 부품 발주가 이루어지는 2주와 5주에 각각 800단위가 된다. 현재고는 400단위를 보유하는 것으로 가정하였기 때문에 중간 부품 K1이 생산되지 않는 1주에는 400단위가 유지된다. 계획 수취량이 2주에 900단위가 있기 때문에 2주째 재고는 1주째 재고 400단위와 2주째 수취량 900단위를 합한 1,300단위에서 2주째 소요량 800단위를 제한 500단위가 된다. 5주째 현재고 역시 동일한 방법으로 이해할 수 있다. 부품 K11을 구매하는 데 1주일이 소요되기 때문에 1주와 4주에 구매단위인 900단위를 발주하게 된다.

표 12-7 부품 발주 계획

	주							
	1	2	3	4	5	6	7	8
제품 K 생산량	0	0	600	0	0	200	0	0
중간부품 K1			⇓			⇓		
총 소요량	0	0	1,200	0	0	400	0	0
현재고	500	500	100	100	100	500	500	500
계획 수취량			800			800		
계획 발주		800			800			
부품 K11		⇓			⇓			
총 소요량	0	800	0	0	800	0	0	0
현재고	400	500	500	500	600	600	600	600
계획 수취량		900			900			
계획발 주	900			900				
	⇓			⇓				
	발 주							

2) 조달기간의 불확실성

조달시기를 결정하는 데 사용되는 MRP기법은 자재 소요와 관련된 일정들이 알려져 있다는 것을 가정한다. 그러나 이러한 기간들이 가변적(확률적)이라면 자재 소요를 만족시키기 위해서는 안전재고가 필요하게 된다. 소요의 가변성이 확률분포로 나타날 수 있다면, 일정에 쓰일 안전재고량이 재고관리에서 적용된 방법으로 결정될 수 있다. 그러나 생산일정의 변화, 취소된 고객주문량, 예측오차 등으로 인해 어떠한 재화나 부품의 소요는 가변성이 크기 때문에 통계적 기법은 실용성이 없을 수도 있다. 이러한 문제를 해결하기 위하여 경험이나 과거의 실적치에 근거하여 안전재고 수준을 설정하고 항상 이 수준을 유지할 수 있도록 계획발주를 하게 된다.

발주일자를 결정하는 데 중요한 영향을 미치는 리드타임은 불확실성이 큰 특성이 있으며, 재고수준 즉, 과잉재고와 과소재고에 영향을 미친다. 따라서 소요량을 언제 발주할 것이냐 하는 문제는 리드타임의 불확실성에 의존한다. 소요량을 발주할 최적시간 T*는 자재가 필요하기 전에 입고함으로써 발생되는 기대비용(재고유지비용)과 자재가 필요 시점보다 늦게 입고됨으로써 발생하는 기대비용(품절비용)의 균형을 맞추는 문제이다. 자재의 수요와 리드타임이 정규분포를 따른다고 가정하면 소요량에 대한 기대품절수량은 $S_{LT} \cdot E(z)$이다. 여기서 S_{LT}는 리드타임분포의 표준편차이고, $E(z)$ 품절수량의 정규단위이다. 자재 소요시점 이전에 도착할 기대수량은 $S_{LT} \cdot E(-z)$이다.

따라서 조달과 관련된 총비용은 자재 소요시점 이전에 도착하는 총자재 비용(재고유지 비용)과 자재 소요시점 이후에 도착하는 총자재 비용(품절비용)의 합이며 다음과 같이 나타난다.

$$TC = P_c \cdot S_{LT} \cdot E(z) + C_s \cdot S_{LT} \cdot E(-z) \tag{12-7}$$

P_c = 소요시점 이후에 입고된 자재의 단위당 비용(원/단위/일)
C_c = 소요시점 이전에 입고된 자재의 단위당 비용(원/단위/일)

최소비용을 구하기 위한 식은 미적분법을 이용하여 다음과 같이 도출된다.

$$P_r = 1 - \frac{P_c}{C_c + P_c} \tag{12-8}$$

P_r은 생산에 필요하게 될 시간에 자재가 이용가능하지 않을 확률이다. P_r과 표준편차의 계수 z가 주어지면 최적발주시점 T^*는 평균 리드타임 LT로부터 다음과 같이 구해진다.

$$T^* = LT + z \cdot S_{LT} \tag{12-9}$$

다음의 경우에 구매 리드타임의 평균 소요일과 표준편차를 고려하여 최적발주시점 T^*를 구하는 과정을 살펴보자. 구매 리드타임이 평균 7일, 표준편차가 2일인 정규분포를 따르는 자재의 경우를 가정하자. 자재가 소요시점보다 늦게 도착함으로 인하여 야기되는 생산 지연이나 중단과 관련된 손해비용은 자재 단위당 10,000원이며, 소요 시점보다 빨리 자재가 도착할 때 1일 단위당 재고유지비용은 2,000원으로 가정한다.

그림 12-7 주문발주시점에 있는 리드타임 분포

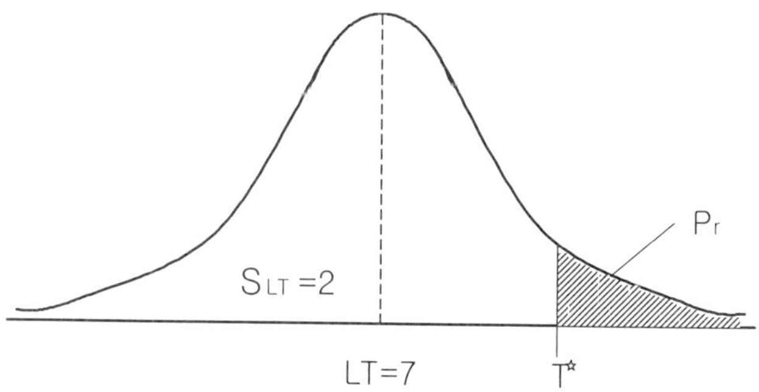

최적구매 주문 발주시점 T^*를 구하기 위해서는 먼저 생산시점에서 요구되는 자재가 없을 확률P_r을 구하고, 이 값에 해당하는 표준화 계수 z를 구하여 이를 리드타임의 표준편차에 곱한다.

$$P_r = 1 - \frac{P_c}{C_c + P_c} = 1 - \frac{10,000}{2,000 + 10,000} = 0.17$$

여기서 P_r은 생산시점에서 요구되는 재고가 없을 확률이기 때문에 정규분포 표준화 값을 구할 때는 요구되는 시점에서 자재가 있을 확률 0.83(1-P_r)의 z값을 구하면 된다. z값은 0.96이며, 최적 발주시점은 다음과 같다.

$$T^* = LT + z \cdot S_{LT} = 7 + 0.96 \times 2 = 9\text{일}$$

즉, 제품을 생산하기 9일전에 발주를 해야 한다.

(3) 발 주 량

발주량은 최소발주량 또는 계약상의 수량에 따라서 설정될 수도 있고, 전술한 발주계획에 따라 결정될 수도 있다. 이외에 발주량은 재고유지비용과 주문비용의 균형을 맞춤으로써 결정될 수도 있다(Ballou, 1999). 즉, 재고를 보유하는데 따른 재고유지비용과 재고를 보유하지 않고 필요한 량을 발주하는 데 소요되는 발주비용이 같아질 때 최적 주문량이 결정된다.

참 고 문 헌

강금식, 「생산·운영관리」, 박영사, 1997.

노부호, 김우봉, 문상원, 민동권, 박광태, 원석희, 유석천, 유영목, 이호준, 장성기, 최경일, 「물류관리의 종합적 이해」, 형설출판사, 1999.

옥선종, 「물류관리」, 도서출판 기술, 1993.

Andel, T., "Manage Inventory, Own Information," Transportation & Distribution, No. 37, p. 54, 1996.

Baker, M., S. Hart, Product Strategy and Management, Prentice Hall, 1999.

Ballou, Ronald H., Business Logistics Management, Prentice-Hall, Inc., 4th Edition, 1999.

Bowersox, Donald J., David J. Closs, M. Bixby Cooper, Supply Chain Logistics Management, McGraw-Hill, 2002.

Cotle, J. J., Bardi, E. J., and Langley Jr., C. J., The Management of Business Logistics: Sixth Edition, West Publishing Company, 1998.

Gattorna, John, Handbook of Physical Distribution Management, 3rd Edition, A Gower Handbook, 1989.

Hax, A.C., D. Candea, Production and Inventory management, prentice Hall, 1984.

McLeavey, D.W., S.L. Narasimban, Production Planning and Inventory Control, Allyn & Bacon, 1985.

Robeson, J. F., W.C. Copacino, eds., The Logistics Handbook, Free Press, 1994.

제 13 장

보관 및 하역시스템 의사결정

제 1 절 보관 설비규모 결정

보관 및 하역시스템은 접수된 고객 주문을 실질적으로 처리하는 기능을 담당하며, 물류비용뿐만 아니라 리드타임에 큰 영향을 미치는 중요한 역할을 한다. 보관 및 하역활동은 항만, 철도터미널, 물류센터, 창고 등 다양한 거점에서 발생하며, 운영방식, 설비, 장비 등의 측면에서 거점마다 차이가 있다.

본 장에서는 보관 및 하역시스템에 관한 내용 가운데서 의사결정 문제가 되는 보관시설의 설계와 운영에 초점을 맞춘다. 특히, 시설의 규모, 공간 배치, 하역대 설계, 하역시스템 선정, 재고 배치 등을 결정하는 데 사용될 수 있는 분석기법을 중심으로 전개한다.

1. 수요에 따른 설비규모 결정

물류시설을 설계하는 데 있어서 가장 중요한 의사결정 가운데 하나는 시설의 규모를 결정하는 것이다. 시설의 규모는 한번 결정되면 수년 이상의 기간 동안 지속되는 장기적인 특성이 있기 때문에 수요에 맞게 적정 규모를 계획하는 것이 무엇보다 중요하다. 수요에 비하여 시설 규모를 부족하게 계획하거나 필요 이상으로 크게 설계를 하게 되면 보관 및 하역 비용이 증가하는 결과를 가져온다. 보관시설의 규모는 컨테이너 터미널, 권역별 물류단지 등 시설 규모를 결정하는 거시적인 측면에서부터 세부 기능별 규모를 도출하거나 제품별 소요 보관 공간을 도출하는 미시적인 수준에 이르기까지 다양하다. 여기서는 물류단지, 항공화물터미널, ICD, 물류센터, CFS 등을 대상으로 소요 규모를 추정하는 과정을 설명한다.

1) 물류시설 규모 추정 방법

물류단지 내에 유치되는 물류시설의 수요 면적을 예측하는 일반적인 방법으로는 설문조사, 시설원단위, 계량적 분석모형, 로짓 모형 등이 있다. 시설원단위, 수리모형 등이 거시적인 측면을 강조하는 반면, 설문조사, 로짓 모형 등은 미시적이고 보다 세부적인 측면을 강조한다.

표 13-1 물류시설 규모 추정 방법

기 법	특 징	장단점
설문조사	실수요 파악	객관적 자료 확보 어려움
로짓모형	시설 원단위 적용	적용 용이
원단위법	총 수송비 최소화	정성적 요소 무시
수리모형	입주확률 추정	단일시설에 적용

설문조사를 이용한 방법은 제조, 유통, 운수 및 보관업체 등을 대상으로 수요조사를 실시하여 물류시설에 대한 수요를 산정하는 방법이다.이 방법은 주로 단기적인 수요 추정방법으로는 적합하나 장기적인 목적의 수요추정에는 한계가 있다. 또한, 피조사자의 응답에 의존하여 수요를 산정함으로써 응답자가 조사 대상업체의 장래 유통시설 확보 의사결정에 대하여 알 수 없기 때문에 응답의 객관싱과 정확성을 확보하기가 어렵다는 한계가 있다.

시설 원단위를 적용하는 방법은 시설의 규모를 산정하기 위한 물동량 당(톤당) 소요면적인 원단위를 조사하여 이를 예상되는 물동량에 적용하여 시설수요를 산출하는 방법이다. 이와 같은 원단위 적용방법은 적용하는 시설 원단위의 산출이 중요한 요소이다. 산출과정은 첫째, 물동량 예측결과에 기초하여 일일 화물 취급량을 산정하고, 둘째, 국내 및 외국의 물류시설 분석을 통한 시설별 원단위를 설정한 후에 설정된 원단위를 화물 취급량에 적용하여 시설면적을 산출한다.

수리모형을 이용하는 방법은 수송비용을 최소화하는 유통시설의 위치와 규모를 산정하기 위하여 혼합정수계획법, 네트워크 모형 등을 적용한다. 계량적 분석모형은 수송비용만을 최소화하는 관점에서 접근하기 때문에 현실적으로 중요한 지가 등이 무시되는 경향이 높아 실효성이 있는 계획을 실현하기가 어렵다.

로짓 모형을 이용한 시설규모 산출방법은 설문조사를 통하여 입주확률을 추정하고 필요면적을 종속변수로 보관물량, 매출액, 품목, 거리 등을 설명변수로 하여 전체 설문대상 업체의 필요면적을 추정한다. 추정한 필요면적에 입주확률을 적용하여 입주가능 전체 면적을 산출한다. 이는 특정 단일입지의 경우 활용성이 높으나 불특정 복수입지에 적용하는 데는 한계가 있다.

그림 13-1 유통단지 수요예측 과정

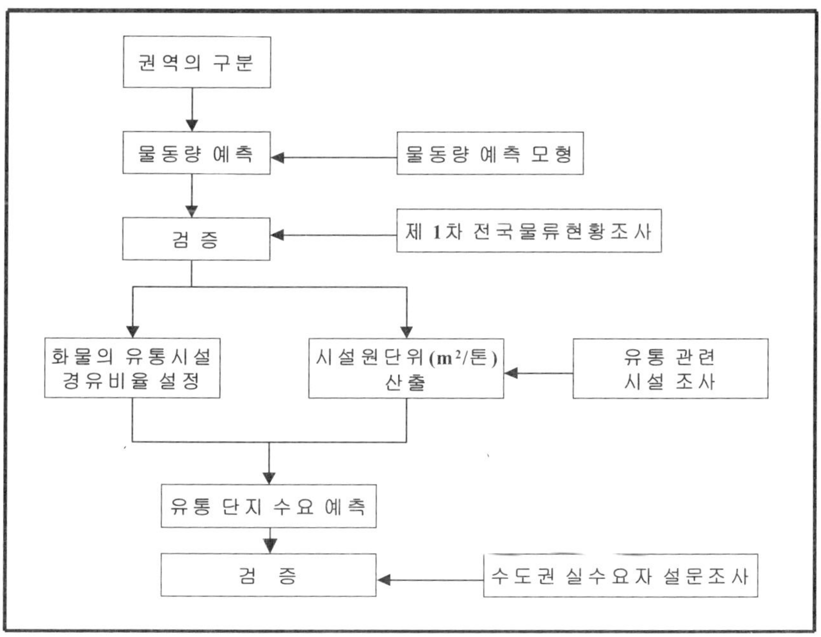

2. 물류단지 규모 추정

비교적 중·장기적이고 대규모인 물류시설의 수요 면적을 예측할 경우, 일반적으로 원단위법이 이용되고 있다. 전술한 것처럼 여러 가지 방법의 장단점을 고려하여 한 가지 방법에 의존하기 보다는 두 가지 이상의 방법을 적용하는 것이 보다 현실적인 규모 산정을 위해 필요하다.

1) 규모산정 과정

건설교통부의 유통단지개발 종합계획에서 시설 원단위를 적용하여 물류시설의 규모를 산정한 과정은 [그림 13-1]과 같다.

2) 방　　법

(1) 권역별 물동량 예측

전국을 수도권, 아산만권, 충청남도 일부, 대전·청주권, 군산·장항권, 광주·목포권, 전남, 부산·경남권, 대구·경북권, 강원권, 제주권 등 10개 권역으로 구분하여 권역별 물동량을 예측한다([표 13-2]).

표 13-2 권역별 총 물동량 전망

권 역	총물동량(백만톤)				전국대비(%)			
	1996	2001	2006	2011	1996	2001	2006	2011
총 계	2,167	2,742	3,326	3,896	100	100	100	100
수도권	980	1,172	1,250	1,276	45.19	45.12	38.94	34.77
대구·경북권	232	294	367	435	10.71	10.73	11.61	12.12
·	·	·	·	·	·	·	·	
·	·	·	·	·	·	·	·	
·	·	·	·	·	·	·	·	
제주권								

자료: 건설교통부(1997).

(2) 유통시설 수요예측

권역별로 예측된 총 물동량을 품목별 구성비를 이용하여 공산품, 광산물, 농수산물, 수출입 화물물동량 등으로 구분하여 예측한 후, [표 13-3]과 같이 설정된

각 품목별 유통시설 경유비율을 적용하고 경유 화물물동량을 산출한다. 여기에 각 시설 원단위([표 13-4])를 적용하여 각 유통시설의 수요를 예측한다.

표 13-3 목표 연도별 유통시설 경유비율

구 분	화물터미널(%)		컨테이너터미널(%)		집배송단지(%)	농수산물 도매단지 (%)
	공산품	광산품	수출입화물	내수화물		
1996	20	10	60	0	30	40
2001	0	7	80	0	30	50
2006	40	5	100	0	30	55
2011	50	3	100	10	30	60

자료: 건설교통부(1997).
주: 경유비율은 선진국의 사례와 국내 실태조사를 토대로 작성된 것이며, 이는 장기적으로 변할 것으로 예상.

표 13-4 시설 종류별 원단위

구 분	도소매단지	집배송단지	화물터미널	농수산물 도매단지	컨테이너터미널
원단위(m²/톤)	0.46	0.13	0.05	0.29	753(m²/천TEU)

자료: 건설교통부(1997).
주: 1) 컨테이너터미널은 의왕 ICD를 사례로 선정
2) 도로, 녹지 등 공공시설 면적 포함
3) 연간취급물동량, 부지면적 기준

3. 화물터미널 소요면적 산정

1) 항공화물터미널

(1) 원단위를 이용한 규모산정 과정

항공화물터미널의 단위 면적당 화물처리능력은 터미널에 따라 큰 차이가 있기 때문에 원단위를 이용하여 규모를 산정할 때 시설 원단위를 결정하는 것이 가장 중요하다. 일반적으로 세계 각 항공화물터미널의 규모 산정 시 고려한 요소 및 원단위와 국내 유사 화물터미널의 원단위를 고려하여 적정 원단위를 결정한다. 항공화물터미널의 소요면적을 산출하는 전체적인 과정은 [그림 13-2]와 같다

항공화물터미널을 이용하는 연간 화물물동량을 시계열분석 등을 통하여 산출

한다. 이어서 항공화물터미널 시설을 세부적으로 구분하고 각 세부시설의 수요물량 및 평균보관일, 첨두 계수, 화물의 평균중량, 평균 조립/해체 시간 등의 각종 요소와 원단위를 산출한다([표 13-5]).

그림 13-2 항공화물터미널 소요면적 산출 과정

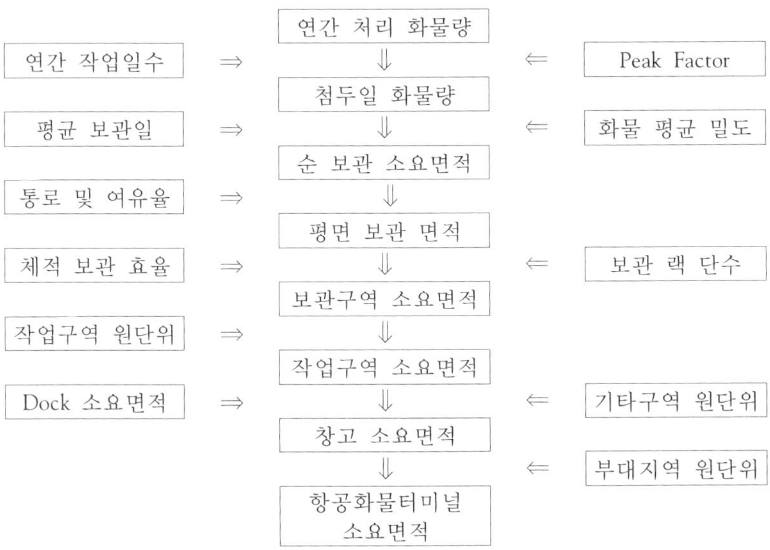

자료: 송계의(1998).

(2) 시설별 소요면적 산정

보관구역 소요면적은 일반화물과 냉동화물 보관구역으로 나누어서 다음과 같이 구한다.

$$\text{일반화물보관면적} = \frac{\text{첨두일화물량} \times (1 - \text{냉동화물비율}) \times \text{평균보관일}}{\text{평균화물무게} \times \text{창고 단수} \times \text{평면유효비율} \times \text{공간유효율}}$$

$$\text{냉동화물보관면적} = \frac{\text{첨두일화물량} \times \text{냉동화물비율} \times \text{평균보관일}}{\text{평균화물무게} \times \text{유효비율}}$$

$$\text{첨두일 화물량} = \frac{\text{연간 화물량}}{\text{작업일수}} \times \text{첨두 계수}$$

표 13-5 소요규모 산정 주요 요소와 원단위(예)

구 분		요소 값
연간작업가능일수		360일
피크 계수		1.25
냉동화물 비율		2%
평균 보관일	일반화물	4일
	냉동, 냉장	2일
평균화물중량		166kg/㎡
선반 단수		4단
평면 유효율		60%
하역대 간격		5m
하역대 폭		8m
작업구역 원단위		보관구역의 1/3
리셉션 원단위		보관구역의 20%
지원구역 원단위		2㎡/1000톤
테크니칼룸 원단위		하역대, 리셉션, 보관, 작업, 지원구역 면적 합의 5%
공용면적 원단위		하역대, 리셉션, 보관, 작업, 지원, 테크니칼룸 면적 합의30%
부대시설 원단위		창고면적의 73.6%

자료: 송계의(1998).

그림 13-3 하역대 소요 산출 과정

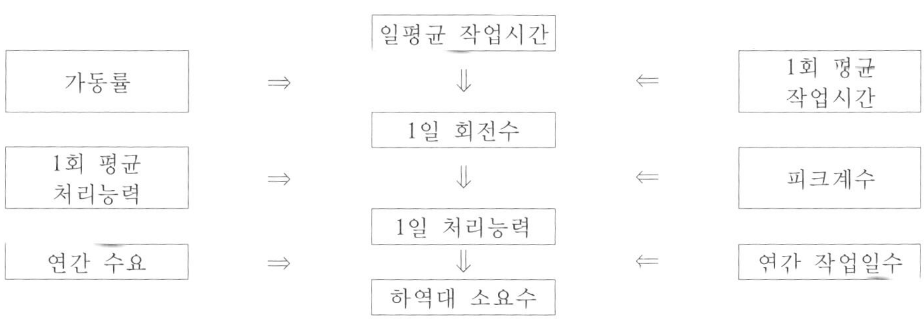

필요한 하역대(dock) 수를 도출하는 과정은 [그림 13-3]과 같으며, 하역대 소요 면적은 하역대 수에 하역대의 폭과 길이를 곱하여 도출할 수 있다.

초기 변수 설정으로서 1일 평균 작업시간과 하역대 가동율을 설정하고, 실적치를 바탕으로 하여 1회 평균 작업소요시간을 정한다. 1일 평균 작업시간을 1회

평균작업시간으로 나누어서 1일 회전수(하역대당 1일 처리 건수)를 도출하고 여기에 1회 평균 처리능력(처리량)과 피크계수를 곱하여 1일 처리능력을 도출한다. 예측된 연간 수요를 1일 처리능력으로 나누고 연간작업일수를 감안하면 주어진 물동량을 처리하는데 필요한 하역대를 도출 할 수 있다.

2) 복합화물터미널 및 ICD

(1) 복합화물터미널

복합화물터미널의 규모를 산정하는데 있어서 먼저 기능별 주요 시설들을 규정하고, 각 시설별 규모를 산정한다. 주요 시설로는 화물 취급장, 배송센터, 철송 취급장, 관리편익시설, 화물차주차장, 승용차주차장, 정비공장 등이 있다. 세부 시설 별 규모는 [표 13-6]과 같이 산출할 수 있다(국토개발연구원, 1997). 단, 여기서 사용된 원단위는 절대적인 값이 아니기 때문에 상황에 따라 수정 보완될 필요가 있다.

표 13-6 복합화물터미널 규모 산정

	세부시설면적	
화물 취급장	화물취급장 대지	(홈소요면적÷홈1동당 소요바닥면적)×홈1동당 소요대지 면적
	홈	화물취급장 화물처리능력(톤/일)÷0.3톤/㎡ (원단위 :0.3톤/㎡)
	홈1동당 바닥	126m×30m= 3,780 ㎡/동
	홈1동당 대지	126m×55m= 6,930 ㎡/동
배송센터	대지	(배송센터소요면적÷배송센터1동당 소요면적) × 배송면적 1동당 소요대지 면적
	1동당 대지	100.8m×92.9m = 9,290㎡
철송취급장 대지		화물취급장 화물처리능력(톤/일)×0.436㎡/톤(원단위)×2.45
관리편익시설 대지		(화물취급장면적+배송센터면적)×3.2%
화물차주차장 대지		1.44×화물처리능력(톤/일)+7,361.51
승용차 주차장 대지		승용차주차수(대)×승용차 1대당소요면적(20㎡/대)
정비공장 대지		화물처리능력(톤/일)×0.22㎡/톤/일

(2) 내륙컨테이너기지(ICD)

내륙컨테이너기지와 일반 컨테이너기지를 구성하는 주요 시설로는 컨테이너 장치장, 컨테이너 작업장, 샤시 장치장, 관리편익시설, 승용차 주차장, 정비공장 등이 있다. 세부 시설별 규모는 다음과 같이 산정한다.

표 13-7 내륙컨테이너기지 규모 산정

세부시설 소요면적	산 정 식	변 수 값
컨테이너 장치장 대지	(화물처리량(TEU)×평균장치시간×피크계수×분리계수×TGS)/(연중가동일×평균단적수×실장치면적비율)	· 연중가동일 : 360일 · 평균단적수 : 수출적(3.5단), 수입적(2.5단), 공컨테이너(4단) · 실장치면적비율 : 0.34 · 평균장치시간 : 수출적(3일), 수입적(5일), 공컨테이너(10일) · 피크계수 : 1.3 · 분리계수 : 1.2 · TGS : 14.862㎡/TEU
컨테이너 작업장 대지	(화물처리량(RT)×평균장치시간×피크계수)/(연중가동일×평균단적수×실바닥면적비율)	· 평균단적수 : 수출LCL(3일), 수입FCL(2단) · 실바닥면적비율 : 0.67 · 화물처리량 : 18.82RT/TEU · 평균장치시간 : 수출LCL(3일), 수입FCL(7일) · 피크계수 : 1.3
샤시장치장 대지	샤시 소요대수×샤시1대당 소요면적×2.3	· 샤시 소요대수 : 컨테이너작업장 소요대지면적(㎡)÷113.6㎡/대 · 샤시 1대당 소요면적 : 39㎡/대
관리편익시설 대지	(컨테이너 장치장 면적 + 컨테이너 작업장 면적) × 1.65%	
승용차 주차장 대지	승용차주차수(대)×승용차 1대당소요면적(20㎡/대)	
정비공장 대지	(컨테이너 장치장 면적 + 컨테이너 작업장 면적) × 1.3%	

자료: 국토개발연구원(1997).

4. 물류센터 규모 결정

물류센터의 규모를 결정하기 위해서는 제품과 보관공간에 대한 각종 데이터베이스를 구축하는 것이 바람직하다. 이러한 자료를 바탕으로 [그림 13-4]와 같이 물류서비스율을 결정한 뒤 취급 제품수와 제품데이터베이스 및 보관량을 결정하고, 포장형태별 취급 개수를 계산한다. 그리고 하역작업에 필요한 작업 스페이스를 구하면 전체스페이스를 계산할 수 있다.

그림 13-4 물류센터 규모결정의 개요

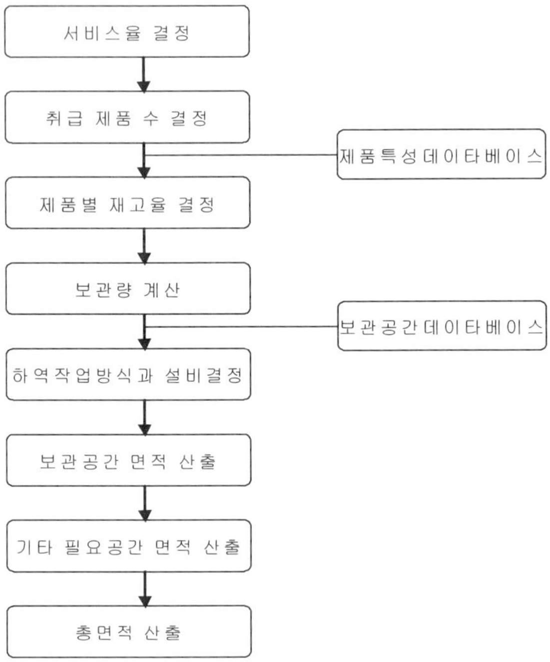

1) 서비스률 결정 및 제품 ABC 분석

물류망 설계를 실시할 때 가장 먼저 정책적으로 결정하는 사항은 고객에 대한 서비스 수준이다. 보관과 관련하여 서비스 수준은 재고로부터 고객의 주문이나 수요를 충족시킬 수 있는 능력, 즉 주문충족률로 나타난다. 이것은 보관시설 규모를 결정하는 데 있어서 기본적인 기준이 되는 보유 재고량을 좌우하게 된다.

제품 ABC 분석은 판매정보 등을 이용하여 제품의 중요도에 따라 제품을 등급화 하는 것으로서 물류센터에서 제품을 전략적으로 관리하기 위해서 필요하다. 즉, 보관거점에서 취급하는 제품이 2,000 종류라고 하면 A등급 20%(400 품목), B등급 30%(600 품목), C등급 50%(500 품목) 등으로 나누고 A등급 품목의 재고 보유량을 주문충족률 100% 이상으로 확보하고, C품목의 경우 70% 정도 확보하는 등 차별적인 관리를 실시함으로써 보관 공간 이용효율을 높이고 비용을 절감함으로서 이윤 극대화를 꾀한다.

2) 제품별 재고량 결정

서비스 수준, 즉 주문충족률이 정해지면 제품별 재고 수준을 결정하게 된다. 이 때 제품 ABC 분석 결과를 적용하게 되는 데 A등급 품목의 재고 보유량은 주문충족률 100%를 확보하고, C품목의 경우 70% 정도 확보하는 등 차별적으로 결정하게 된다. 주문에 따른 수요는 불확실한 특성을 지니고 있기 때문에 재고 보충을 위한 발주량 및 발주시점은 재고관리 기법(12장 재고관리 의사결정 편 참조)을 따라서 결정한다.

3) 재고 보관 용적계산

보관할 재고의 용적은 제품 데이터베이스([표 13-8]) 상의 용적, 무게 등 기초 자료에 재고수준에서 결정된 재고량을 곱하여 얻을 수 있다. 제품 용적을 팔레트 단위로 변환하게 되면 주어진 재고량을 보관하는 데 소요되는 팔레트 수가 도출되기 때문에 기본적인 보관단위를 얻을 수 있다.

표 13-8 제품 데이터베이스 예

제품					출하단위						파렛트적재
번호	명칭	형상	치수	중량	폭	길이	높이	수량	체적	중량	단수
10012	통조림	캔	12×20	20	100	300	60	10	1800	210	4
10023	스넥	봉지	35×40	200	100	300	120	10	3600	2020	2
⋮	⋮										

4) 하역작업 방식 및 설비 결정

보관할 재고량 및 순 제품 용적 등이 도출되면 이를 수용할 설비의 종류와 작업 방식 등을 결정해야 한다. 이송장비의 종류, 보관 선반의 종류, 하역 장비의 종류 등이 결정되면 각 장비에 따른 단위 소요 면적을 얻을 수 있다. 이러한 설비 소요 면적에 동력용 배관, 작업 통로, 기타 소요 면적 등을 추가하면 전체 면적을 얻게 된다. 각 장비 사양별로 소요 면적을 집계하면 설계를 위한 원단위로 사용할 수 있다.

[표 13-9]는 각 설비에 대한 소요면적, 작업통로나 배관통로 등의 면적 등을 종합하여 전체 면적을 산출하는 예를 나타내 보이고 있다.

5) 물류센터의 소요면적 산정

전 단계에서 장비 사양이 결정되고 이에 따른 단위 면적이 도출되며, 선반의 단위당 보관용량이 정해진다. 단계 ③에서 도출된 보관해야 할 재고의 용적 또는 팔레트 수를 선반의 단위당 용량으로 나누게 되면 필요한 선반 수를 얻게된다. 이어서 소요 선반 수에 단위 선반 면적을 곱하면 순 보관면적을 얻을 수 있다.

이외에 트럭 주차장, 검품, 가격표부착, 출하 작업 공간 등을 원단위를 이용하거나 기존 시설 또는 유사시설의 기준치를 적용하여 도출할 수 있다. 직접적인 보관 공간과 부대작업 공간 그리고 기타 필요한 공간을 집계하면 주어진 보관량을 처리하는 데 소요되는 총 면적을 구하게 된다.

표 13-9 설비별 단위당 소요 면적 산정 예

설비 명칭	설비면적					기타 공간					전체 면적 (m^2)
	폭 (m)	길이 (m)	높이 (m)	작업 구역 (m)	1대 당 면적 (m^2)	동력 공간 (m^2)	배관 공간 (m^2)	작업 통로 폭 (m)	작업 통로 길이 (m)	기타 총 면적 (m^2)	
이송설비											
구동컨베이어	0.8	10	1.2	–	8.0[1]	1.2	10	0.8	10	91.2[2]	171.2
벨트컨베이어	0.8	10	1.2	–	8.01	1.2	10	0.8	10	91.2	251.2
보관설비											
중량선반	3.0	1.5	3.5	3.0/2	9.0	–	–	3.0	1.5	120	390.0
경사선반	2.5	1.8	2.5	1.0	7.0	–	–	0.8	1.8	28.8	168.0
통로											
작업자용	–	–	–	–	–	–	–	0.8		40	40
지게차용	–	–	–	–	–	–	–	3.5		140	140

자료: 권오성 외(1994).

주: 1) 1대당면적 =폭(m)×(길이+작업구역)

2) 기타 총면적 = 동력스페이스+배관스페이스+(작업통로 폭 × 길이)

5. CFS 규모 결정

CFS(Container Freight Station)는 소량화물을 집화하여 컨테이너 단위로 혼재하거나 수입 화물의 경우 컨테이너 단위 화물을 다수의 개별 화주 화물로 분류하는 화물 조작장의 기능을 수행하며, 컨테이너터미널, 내륙 ICD, 자유무역지역, 보세장치장 등 통관 기능을 수행하는 물류시설에서 필요하다.

CFS의 내부는 화물을 장치하는 순장치 공간과 장비의 이동 및 적재 작업을 위한 이동로 및 작업공간으로 구분하고, 외부는 컨테이너에 화물 적입 및 적출 작업을 하는 작업대(berth) 소요 공간으로 구분된다. CFS 순수 장치 공간 소요면적은 다음과 같은 관계를 통하여 산출할 수 있다.

$$\text{CFS 순장치공간 소요면적}(\text{m}^2) = \frac{\text{연간취급물동량}(RT) \times \text{평균장치기간(일)} \times \text{피크계수}(1.3)}{\text{연간작업일수}(363\text{일}) \times \text{단일파레트상의 화물}(T/\text{m}^2)}$$

예상되는 취급 물동량은 기존 터미널 등 관련 시설의 실적치를 적용하여 도출할 수 있는데, 부산항 전용부두(자성대, 신선대, 감만부두)의 평균처리실적을 기준으로 할 때 수출입 화물의 평균 CFS 경유 비율은 2.5%~4.1%의 범위가 된다.

표 13-10 부산항 전용터미널의 CFS 경유 컨테이너 비율

구 분		1999년	2000년	2001년
부산항 처리량 (TEU)	계	3,447,132	3,643,166	3,660,576
	수입	1,264,986	1,407,487	1,482,229
	수출	2,182,146	2,235,679	2,178,347
CFS 처리량 (R/T)	계	1,644,541	2,371,456	2,903,404
	수입	544,753	633,149	966,492
	수출	1,099,788	1,738,307	1,936,912
CFS 경유량 (TEU)	계	85,988	122,738	151,848
	수입	34,489	36,598	55,867
	수출	54,499	86,140	95,981
경유비율 (%)	평균	2.5	3.2	4.1
	수입	2.5	2.6	3.8
	수출	2.5	3.9	4.4

자료: 컨테이너부두공단(2002), 컨테이너 유통추이 및 분석.

일반적으로 컨테이너 화물은 20피트 규격 박스를 기준으로 하는 TEU(Twenty Foot Equivalent Unit) 단위로 집계되기 때문에 팔레트 단위로 화물을 보관하는 CFS 문제를 다룰 때 그 단위를 무게 단위(Revenue Ton; R/T)로 변환하여야 한다. 우리나라 컨테이너 화물의 TEU당 무게는 수입 17.3R/T, 수출 20.18R/T 정도이며, 이를 수출입 화물별 TEU에 곱하면 해당 화물의 무게를 도출할 수 있다.

한 예로서, 수출입 화물량을 409,080TEU로 가정하고 CFS 경유비율 4.5%를 적용하면 CFS 취급 물동량은 18,409TEU가 되며, 여기에 무게 환산계수 18.74톤를 곱하면 CFS에서 취급할 화물량 344,977R/T가 도출 된다.

CFS 순 장치 공간 소요면적은 취급 화물량(R/T)에 평균 장치기간(5일)과 피크계수(1.3)를 곱하고, 단위면적(㎡)당 보관량(2.5톤)과 연간 작업일수로 나누어서 구할 수 있다. 이때 순 장치공간 소요면적은 2,471㎡이며[1], 이를 기준으로 하여 작업 공간 등 소요 공간면적을 산출한다.

일반적으로 이동 및 작업공간은 CFS 순장치장 면적의 70%를 적용하며, 작업대(berth) 소요 공간은 폭 20m(샤시 길이 13m, 트랙터 회전반경 6.5m 기준)와 CFS 길이를 적용하고 CFS 양측에서 입출고 작업이 별도로 이루어지기 때문에 2배의 공간을 확보한다. CFS 운영에 필요한 총 면적은 CFS 건물 면적과 작업대 소요면적의 합이 된다.

표 13-11 CFS 규모 산정

구 분	산 정 식	규 모
수출입 적컨테이너	–	409,080TEU
CFS경유비율(%)	–	4.5%
취급 물동량(TEU)	409,080TEU x 4.5%	18,409TEU
CFS 취급 화물량	18,409TEU x 18.74R/T	344,997R/T
이동 및 작업공간	2,471㎡ × 70%	1,730㎡
CFS 내부 공간	2,471㎡ + 1,730㎡	4,201㎡
CFS 길이	4,201 ÷ 40(CFS 폭 가정)	105m
Berth 소요 공간	20m × 105m × 2(CFS 양측 작업)	4,200㎡
CFS 운영에 필요한 면적	4,200㎡ + 4,200㎡	8,400㎡

제 2 절 보관 및 하역시설 계획

1. 화물 유출입 게이트 규모 산정

물류센터, 내륙 컨테이너기지(Inland Container Deport: ICD), 컨테이너터미널

1) 344,977R/T x 5일 x 1.3 ÷ (2.5톤 x 363일).

등의 물류시설 규모가 커지면서 화물 유출입을 통제하는 게이트의 기능이 중요시되고 있으며, 적정 수준의 게이트 규모를 결정하는 것이 필요하다.

게이트를 통하여 유출입 되는 물동량 패턴은 계절과 주중 특정일, 그리고 일(日)중 시간대 별로 차이가 있기 때문에 평균치를 적용하기 보다는 최대치에 해당하는 피크 계수를 기준으로 규모를 산정한다.

게이트 반출 및 반입 레인수를 결정하는 과정은 다음 그림과 같다.

그림 13-5 터미널 게이트 규모 산정 방법

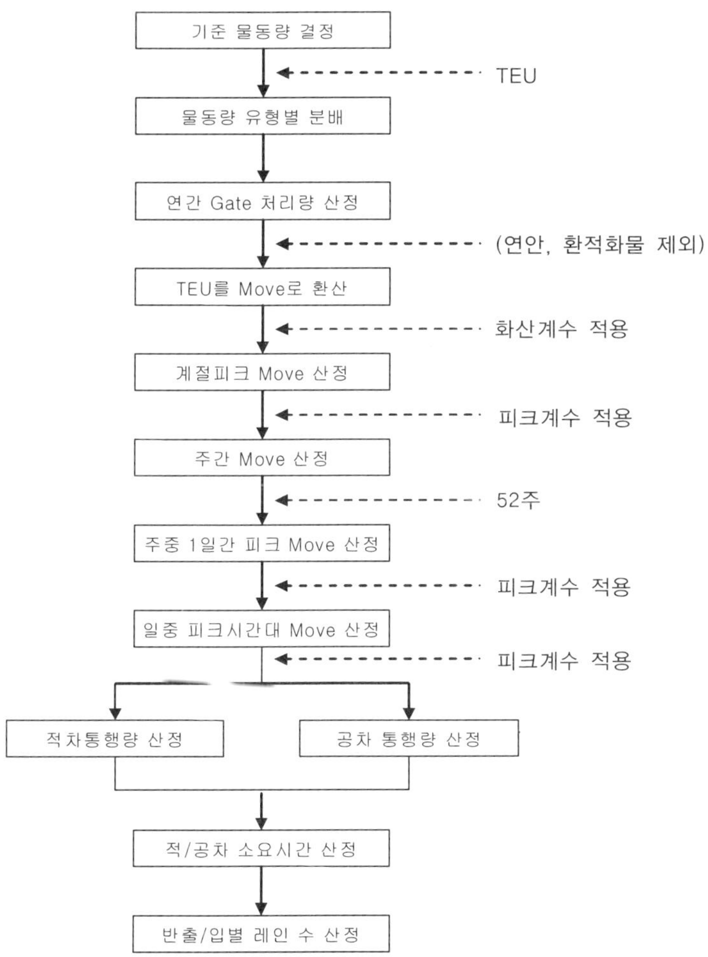

철도운송시설이 갖추어진 컨테이너 터미널과 내륙 ICD의 경우 총 물동량 가운데서 게이트를 이용하지 않는 철도운송 물동량은 게이트 규모 산정 시 제외된다. 또한, 소형선박으로 운송되어 장치장에 일시 보관된 후에 대형선박으로 이송되는 환적화물과 연안 운송선박으로 이송되는 연안화물의 경우 역시 유통패턴이 게이트를 통과하지 않기 때문에 게이트 규모 산정 시 제외된다. 그러나 인근 부두에서 들어오는 환적화물의 경우 게이트를 통과하기 때문에 고려되어야 한다.

TEU는 컨테이너 물동량을 나타내는 단위이나 실제 물류시설에서는 20피트, 40피트, 45피트 등 다양한 컨테이너가 처리되기 때문에 이를 실제 컨테이너 이동단위인 Box, Lift 혹은 Move 단위로 환산시켜야 한다. 부산항의 경우 1 Box는 1.5 TEU에 해당하기 때문에 환산계수 1.5를 적용하면 TEU 단위의 게이트 이용 물동량은 이동단위(moves)로 환산된다([표 13-12]).

표 13-12 연간 Gate 이용 물동량 및 Moves

구 분		적컨테이너	공컨테이너	합 계
물동량 (TEU)	수입	75,806	79,744	155,550
	수출	131,175	25,275	156,450
	환적	256,668	15,168	271,836
	합계	463,648	120,188	583,836
Moves	수입	50,537	53,163	103,700
	수출	87,450	16,850	104,300
	환적	171,112	10,112	181,224
	합계	309,099	80,125	389,224

컨테이너 화물은 특정 계절, 특정 요일 혹은 특정 시간대에 집중되는 특성이 있기 때문에 아래와 같은 제반 피크 계수를 적용하여 특정 시간대의 피크 이동량을 결정할 수 있다.

- 계절 피크계수 1.2(120%) 적용
- 연간 이동량을 52주로 나누어서 1주간 이동량 산출
- 주간 피크계수 1.2 적용
- 특정 시간대 피크계수 1.3 적용
- 1일 게이트 작업시간 20시간을 적용하여 시간당 이동량 산정
- 빈 트럭은 수출입 환적 물동량 운송차량의 80%로 가정

– 타 부두 환적화물의 반입 및 반출 비율은 각각 50%로 가정

표 13-13 특정 시간대 피크 이동량

(단위: moves)

구 분		적컨테이너	공컨테이너	빈 트럭
수입(반출)		13	14	21
수출(반입)		22	4	21
환적	반출	22	2	19
	반입	22	2	19
합 계		79	22	80

각 차량의 게이트 반출 및 반입에 필요한 시간은 반입과 반출로 구분하여 적용되며, 터미널에 반입되는 화물의 경우 컨테이너에 대한 내/외관 검사 등에 약 110초가 소요되고, 빈 트럭과 반출 화물은 특별한 검사 없이 통과하므로 20초가 소요된다.

표 13-14 게이트 반출입 소요 시간

(단위: 초)

구 분	내 용	적컨테이너	공컨테이너	빈 트럭
반입 게이트	차량번호 감지 및 컨테이너 확인	20	20	20
	Seal번호 확인	30	30	–
	외장 파손 유무 확인	60	60	–
	합계	110	110	20
반출 게이트	차량번호 감지 및 컨테이너 확인	20	20	20

자료: 해양수산부(2003), 광양항 3단계 자동화 컨테이너 터미널 개발 기본계획.

반입 및 반출 차량 대수([표 13-13])에 게이트 통과 소요 시간을 곱하여 총 소요 시간을 구하면 반입의 경우 6,300초, 반출의 경우 1,820초로 총 8,120초가 된다.

게이트 규모 산정 시 연간 물동량을 피크 시간 물동량으로 환산하여 적용하기 때문에 상기 산출된 반출 및 반입별 소요 시간을 1시간(3,600초) 단위로 나누어서 필요한 레인수를 산정하면, 반입 2(6,300초 ÷ 3,600초 = 1.75)레인, 반출 1(1,820초 ÷3,600초 = 0.5) 레인이 된다. 그러나 통상 장비 고장 등 비상시에 대비하여 여유 레인 1개와 용적이 커서 게이트를 통과하지 못하는 특수화물의 반출입을 위한 특수화물 게이트가 별도로 설치된다.

표 13-15 게이트 반출 및 반입 총 소요 시간

(단위: 초)

구 분	적컨테이너	공컨테이너	빈 트럭	합 계
반입	4,840	660	800	6,300
반출	700	320	800	1,820
합계	5,540	980	1,600	8,120

주: 계산 편의상 환적화물 반출 및 반입량을 100% 반영하였음.

2. 철도 화물하역시설 규모

대표적인 철도하역시설로서 부산항의 감만부두, 신선대부두, 자성대부두 등 컨테이너전용 부두의 철송장을 들 수 있다([표 13-16]). 철송장의 총 선로수는 3개 철송장이 모두 3개선(작업선2, 회기선1)이고 선로연장은 철송장 별로 440m~505m정도이다. 이들 3개 부두 철송장에 출입하는 열차의 화차 수는 24~33량 정도이다.

표 13-16 부산지역 컨테이너부두 철송장 현황

구 분		감만부두	신선대부두	자성대부두	비 고
선 로 수		3개선 (작업2, 회기1)	3개선 (작업2, 회기1)	3개선 (작업2, 회기1)	
연장(m)	1번	504	505	496	작업선
	2번	504	505	496	작업선
	3번	504	505	440	회기선
화차수 (량)	1번	25~33	25~33	25	
	2번	25~33	25~33	24	
	3번	-	-	-	
화차길이(m)		350~462	350~462	336~350	14m/량 기준

다음과 같은 전제조건하에서 철송장 능력과 규모를 산출하는 예를 살펴보자.

- 1개 열차는 화차 30량(1개 화차 길이 14m)으로 구성
- 1량 당 1.67 box 적재
- 피크계수 1.4, 열차 이용율 100% 가정
- 크레인 시간당 생산성 20 moves, 열차 당 작업 크레인 수 3기 가정
- 1일 작업시간 20시간

이와 같은 요소를 반영하여 철송장의 처리능력을 산정하면 철송장의 하역능력은 443천TEU가 됨을 알 수 있다. 역으로, 일정 처리 물동량을 가정하고 그에 필요한 시설 규모를 상기 과정을 역으로 전개해감으로써 도출할 수 있다.

표 13-17 철송장 년간 처리능력

항 목		단 위	내 용	산 출
a	열차당 화차 수량	량	30	
b	화차당 적재 컨테이너 수	VAN	1.67	
c	열차당 컨테이너 수량	VAN	50.1	a×b
d	레일크레인 생산성	move/hr	20.0	
e	레일크레인 수	대	3.0	
f	크레인 가동율	%	95	
g	열차당 작업 소요시간	시간	0.879	상차 또는 하차 1회당
h	일간 작업 가능 시간	시간	20.0	
i	일간 상하차 작업 가능 열차수	열차	22.8	h/g
j	일간 상하차 컨테이너 수	VAN	1,140	c×i
k	연간 상하차 처리능력	VAN	295,586	j×363일/1.4(피크계수 반영)
o	상하차 선로당 처리능력	TEU	443,379	k×1.5 (VAN 당 TEU 환산)

철송장 배치 설계 시 배선은 열차의 안전을 위하여 선로중심간 간격이 4.3m이상이 되도록 하며, 1개 선로에서 여러 선로가 분기될 때 분기각도는 7°-9'-10", 그리고 선로 곡선반경은 R=200m이상이 되어야 한다.

그림 13-6 철송장 배치도

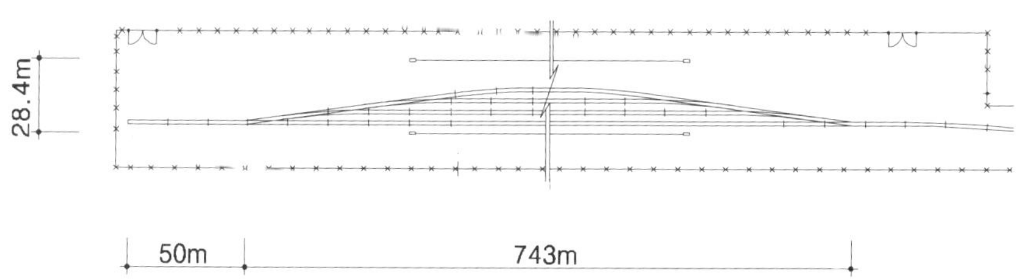

통상 선로수는 출발, 도착, 작업, 회기 등의 기능으로 분리하여 취급 화물량에 따라 결정하며, 선로연장은 1개 열차의 총길이 420m(30량×14m/량) 보다 여유가 있도록 배선기준에 의하여 배치하고, 선로별 직선구간 연장은 선로별로 500~743m 정도가 되게 한다.

3. 하역대 설계

하역대(loading dock)는 물류거점의 입고 및 출고 지역에 있어서 철도 화차 혹은 트럭이 접근하여 상하차 작업이 수행되는 곳으로서 중요한 기능을 담당한다. 대부분의 현대식 물류거점은 트럭용 하역대를 보유하고 있으며, 트럭이 후진하여 하역대에 접근한 후 작업을 수행하게 된다. 이에 비하여 철도 화차 하역대는 대량으로 화물의 반입 및 반출이 이루어지는 경우에 적합하며, 철도 본선으로 연결되는 인입선이 있을 경우에 해당한다. 하역대와 관련된 주요 의사결정문제는 하역대의 용량과 적정 수가 된다. 하역대의 높이 결정 역시 문제가 될 수 있으나 일반적으로 높이는 표준 규격의 차량을 기준으로 설정하고 운영 시 필요에 따라 높낮이 조절 장치(leveler)를 사용하기 때문에 별 문제가 되지 않는다. 따라서 본 절에서는 하역대의 용량 산정을 중심으로 설명한다.

1) 철도 하역대

트럭과 달리 철도 화차는 측면으로 하역대에 접하여 작업을 하기 때문에 하역대 설계에 있어서 주된 고려사항은 효율적으로 하역 작업을 수행하는 데 필요한 하역대의 길이이다. 필요한 철도 하역대의 길이는 총 수요를 화차 1량의 적재량으로 나누어서 소요 화차 대수를 산출 한 후 일일 운행 회수로 나누어서 1회 소요 대수를 산출한다. 이어서 1회 소요 대수에 평균 화차 길이를 곱하면 소요 하역대 길이의 대략치를 구할 수 있다. 이러한 관계를 수식으로 나타내면 다음과 같다.

$$L_{rail} = \frac{(\sum_i D_i) \cdot l_{rail}}{C_{rail} \cdot F_{rail}} \tag{13-1}$$

이때,

L_{rail} = 철도 하역대 길이
$\sum D_i$ = 일일 주문 i에 따른 수요의 합
$^{i}l_{rail}$ = 화차 1량의 평균 길이
C_{rail} = 화차 1량의 평균 적재량
F_{rail} = 1일 운행 빈도

1일 철도를 이용한 반입량이 100톤이며, 화차 1량의 적재 능력이 20톤, 화차 1량의 길이가 25m이고 1일 2회 반입이 이루어진다고 가정할 때 필요한 철도 하역대의 대략적인 길이는 다음과 같이 산출된다.

$$L_{rail} = \frac{100 \cdot 25}{20 \cdot 2} = 62.5m$$

하역대의 길이 외에 고려되어야 할 점은 요구되는 하역대의 깊이, 즉 하역대 끝단에서 창고 건물 입구까지의 길이이다. 일반적으로 화차로부터 반입 작업은 포크리프트를 이용하여 이루어지기 때문에 하역대 길이는 포크리프트의 규격, 회전반경 등을 고려하여 결정되어야 하며, 약 3~4m 정도의 폭이 소요된다. 하역대가 일시 보관이나 검수 등의 작업 공간으로 사용되는 경우 소요 깊이는 늘어나게 된다.

2) 트럭 하역대

트럭 하역대의 규격은 하역대의 형태, 이용하는 차량의 종류와 빈도 등에 따라 가변적일 수 있으나 계획 단계에서 일반적으로 적용되는 치수는 [표 13-18]과 같다.

표 13-18 트럭 종류별 최소 하역대 규격

(단위: m)

트럭 종류	길이(a)	폭(b)	높이(c)	하역대 높이(d)
소형	8.0	3.6	4.0	1.0
중형	11.0	3.6	5.0	1.3
대형	17.0	3.6	5.0	1.3

자료: Ogden(1992).

트럭은 일반적으로 후진하여 하역대에 접근하여 작업을 수행하기 때문에 요구되는 하역대는 철도와 달리 하역대의 길이 단위로 산출하지 않고 하역대 수 단위로 산출한다. 필요한 하역대를 대략적으로 구하는 방법은 다음과 같다.

$$N_{truck} = \frac{D \cdot h_h}{C_{truck} \cdot h_w} \tag{13-2}$$

이때,

N_{truck} = 트럭 하역대 수
D = 1일 평균 처리량(수요)
h_h = 하역 소요시간
C_{truck} = 트럭용량
h_w = 1일 하역작업 시간

이 공식은 대략적인 소요 트럭 하역대를 도출하며, 트럭 도착 시간 분포, 작업소요시간 분포 등의 불확실성을 고려하지 못한다. 따라서 다양한 불확실성을 반영하기 위해서는 시뮬레이션 기법 등을 이용한 분석이 필요하다.

3) 시뮬레이션에 의한 트럭 하역대의 적정규모 결정

물류시설의 규모를 결정하는 문제와 관련하여 중요한 의사결정 문제는 트럭 도크의 적정 규모를 결정하는 문제이다. 트럭 도크를 이용하는 트럭은 도착시간이 불확실하고 하역 작업에 소요되는 시간 역시 트럭에 따라 다르기 때문에 적정 규모를 결정하는 문제는 간단하지 않다.

불확실성이 강한 특성을 내포하는 문제를 해결하는데 적합한 방법 중 하나는 시뮬레이션 기법을 이용하는 것이다. 본 절에서는 시뮬레이션 기법을 이용하여 트럭 도크의 적정 규모를 결정하는 문제를 다루기로 한다. 소개되는 기법은 공항이나 항만과 같은 시설물의 규모를 결정하는데 동일하게 적용될 수 있다.

(1) 자료 준비

① 트럭 도착 현황분석

시뮬레이션을 이용하여 물류센터의 적정 트럭 도크 수를 결정하기 위해서는 우선 트럭의 도착 현황을 조사 분석해야 한다. 이를 위해서 일일 작업 시간을 파악하고 일정한 시간 간격으로 트럭 도착 시간 및 작업 소요 시간을 파악해야 한다.

통상 하루 작업시간은 오전 9시부터 12까지, 그리고 오후 1시부터 6시까지 이루어지며, 트럭도착시간 및 하역 작업 소요시간은 상황에 따라 1분, 5분, 10분, 30분 등의 단위로 관측할 수 있다. 트럭 도착 빈도가 잦을 경우에는 시간단위를 작게 하고 빈도가 잦지 않을 경우에는 30분 단위와 같은 큰 관측 단위를 사용하는 것이 적합하다. 또한, 도착하는 트럭 규모의 차이가 클 경우 차종을 대형, 중형, 소형 등으로 구분하는 것이 보다 현실적인 결과를 도출할 수 있다([표 13-19]).

표 13-19 작업시간의 집계 예

No	도착 시간	차종			하역 시간	도착 간격	No	도착 시간	차종			하역 시간	도착 간격
		대	중	소					대	중	소		
1	9:10		○		30분	10	61	14:10	○			50	7
2	35	○			30분	25	62	25			○	20	15
3	42		○		30분	7	63	39	○			45	14
4	55		○		25	13	64	49		○		30	10
…	…	…	…	…	…	…	…	…	…	…	…	…	…
60	14:03			○	25	12	100	17:35		○		20	25

관측된 도착 트럭의 도착시간 간격을 기준으로 도착빈도를 집계하고 발생확률을 계산한다. 이 때 확률은 특정 시간 간격에 도착한 트럭 대수를 전체 트럭 대수로 나누어서 구한다. 도착 시간 간격은 필요에 따라 1분 단위 또는 10분 단위 등으로 구분할 수 있다. 이어서 도착시간 간격별 확률을 누적하여 난수를 할당한다([표 13-20]).

표 13-20 트럭도착시각 분포

간 격	0	1	2	…	30
트럭대수	1	6	5	…	2
확 률	0.01	0.06	0.05	…	0.02
난수할당	0~0.01	~0.07	~0.12	…	~1.00

동일한 방법으로 트럭 종류별 도착빈도를 집계하여 확률을 도출하고 이를 누적하여 난수를 할당한다([표 13-21]).

표 13-21 트럭종류별 분포

트럭종류	트럭대수	확 률	난수할당
대	30	0.30	0~0.30
중	50	0.50	~0.80
소	20	0.20	~1.00
계	100	1.00	

② 하역 소요시간

트럭 도착 현황 분석과 동일한 방법으로 하역 작업 소요시간에 대한 자료를 분석한다. 하역 작업 소요 시간은 최소 20분 최대 50분으로 가정하고([표 13-22]) 20분부터 10분 단위로 50분까지 시간대별 발생빈도, 확률, 난수 할당 등을 수행한다.

표 13-22 하역작업 소요시간 분포

하역소요시간대	트럭대수	확 률	난수할당
20	15	0.15	0~0.15
30	25	0.25	~0.40
40	35	0.35	~0.75
50	25	0.25	~1.0
계	100	1.00	

(2) 시뮬레이션 과정

적정 하역대 수를 산정하기 위한 시뮬레이션 과정은 [그림 13-7]과 같다. 초기설정에 있어서 기본적인 변수들을 지정하게 되는데 하역대수, 1일 작업시간 등이 포함된다. 트럭 도착시간 분포에 따라 트럭이 도착하면 이용 가능한 하역대에서 하역작업을 실시한다. 하역 작업 소요시간 분포에 따라 작업소요 시간이 할당되고 작업이 종료되면 하역대를 떠난다. 하역대가 복수일 경우 도착 순으로 비어 있는 하역대에 가서 작업을 한다. 만약 모든 하역대가 사용 중일 때는 도착 트럭은 대기하고 대기시간을 집계한다. 하역대가 트럭 크기별로 구분되어 있을 때는 이를 구분하여 처리한다.

(3) 시뮬레이션 결과 예시

시뮬레이션을 통하여 얻을 수 있는 결과는 모형개발을 얼마나 세부적으로 행하는가에 달렸다. 물론 이를 수행할 수 있을 정도의 세부적인 자료가 준비되어야 한다. 일반적으로 얻을 수 있는 결과는 적정 하역대 수, 하역대 가동시간 및 가동률, 작업 대기시간 및 대기율 등이다([표 13-23]). 트럭 하역내 수를 3개에서 4개, 5개, 6개 등으로 증가시켜서 가동률, 대기률 등을 도출하면 가동률이 최대가 되거나 대기률이 최소가 되는 하역대 수를 얻을 수 있다.

그림 13-7 하역대 규모 산정을 위한 시뮬레이션 흐름도

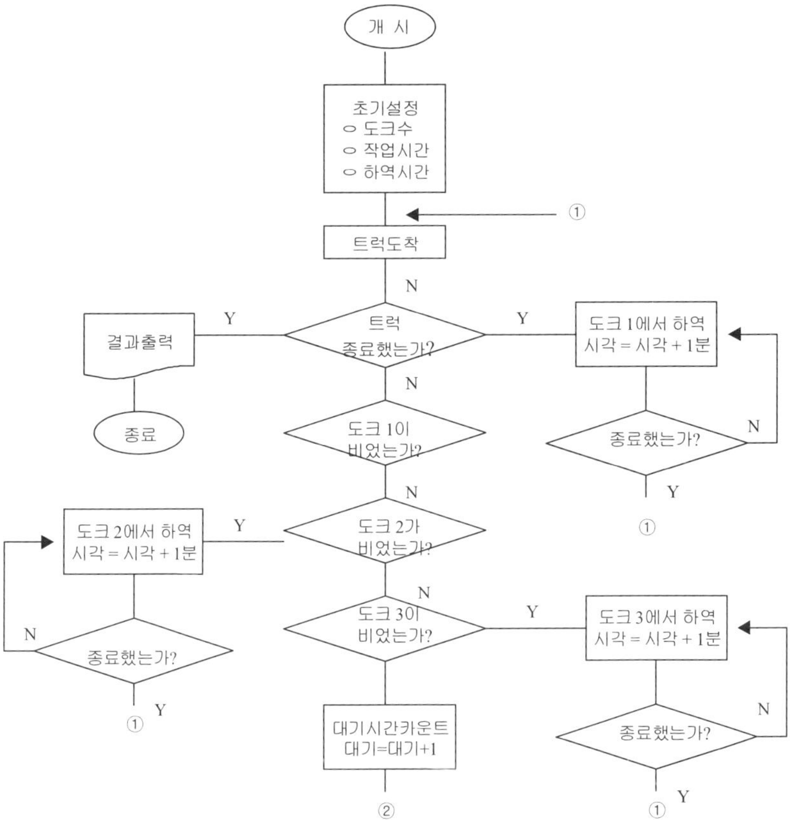

자료: 권오성, 김지환(1994).

표 13-23 시뮬레이션 결과 예

하역대	작업시간	가동시간	가동률	대기시간	대기율
1	480분	350분	72.9%	3분	1%
2	480	420	87.5	5	1
3	480	400	83.3	4	1
계	1,440	1,170	81.2	12	3

제 3 절 경제성 분석에 따른 설비 의사결정

1. 보관설비 유형 결정

보관설비 유형은 영업 창고, 임대 창고, 자가 창고 등으로 분류할 수 있다. 각 유형은 장점과 단점을 지니고 있기 때문에 보관 특성에 따라 단일 또는 복수의 창고 유형을 이용할 수 있다. 보관 수요는 일반적으로 계절성이 강한 특성이 있기 때문에 단일 형태의 창고를 이용하기보다는 보관 공간을 일정기간 임대하거나 소유하는 것이 필요하다. 적합한 형태를 결정하는 문제는 통상적으로 경제성 비교에 근거하여 이루어진다. 창고 임대 또는 자가 창고 보유 결정은 5년에서 10년에 이르는 장기간의 문제가 되기 때문에 현금의 시간가치가 중요하게 된다. 즉, 예상 수입액의 현재 가치가 투자비용을 넘을 수 있는가를 비교하여 결정하게 된다.

양(+)의 NPV는 투자의 가치가 있음을 의미하며, 음(−)의 NPV는 주어진 조건에서 수익을 보장받을 수 없음을 뜻한다. 다른 방법으로서 수입의 현가와 투자 비용이 같아지도록 NPV를 0으로 놓게 되면 내부수익률(the internal rate of return: IRR)을 구할 수 있다. IRR이 기업의 기준수익률을 초과한다면 투자할 가치가 있게 된다[2].

간단한 예를 통하여 보관설비 유형을 결정하는 방법을 소개한다.

영업 창고를 이용하는 경우와 10년간 임대 창고를 이용하는 경우 어느 것이

표 13-24 창고 대안에 따른 비용

	영업창고	임대창고
연간하역비	2,000,000	−
연간보관비용	1,100,000	−
연간운영비용	−	850,000
언산 임대비용	−	1,500,000
설비 투자비	−	1,100,000
총 비용	3,100,000	−

2) 강석호(1986), 산업공학개론, 영지문화사; 이대주 외(1990) 경제성공학(역) 등 참조.

경제적으로 타당한가를 평가하려한다. 임대창고의 설비투자비에 대한 감가상각은 정액법을 따르며, 잔존가는 없는 것으로 하고 세율은 30%라 하자. 창고 대안에 따른 연간 비용은 [표 13-24]와 같다.

영업 창고 대신 임대 창고를 이용하는 경우 연간 현금흐름차이(절감액)는 3,100,000 - 850,000 = 2,250,000원이다. 매년의 현금유입을 계산하면 다음과 같다.

절감액 =2,250,000
설비투자에 대한 감가상각(정액법) =-110,000[3)]
세금 이전 수입 =2,140,000
세금(30%) =-642,000
세금 후 수입 =1,498,000
감가상각(자산인정) =+110,000
- -
세금을 공제한 현금 유입 =1,608,000

정액법으로 이자율 10%라 할 때 10년에 대한 현가계수는 복리계산식 또는 표에 의해 6.145이다[4)]. 이때 임대창고의 현금유입은 (6.145 × 1,608,000) = 9,881,160원이며, 현금비용은 임대비용과 설비투자비로서 (6.145 × 1,500,000) + 1,100,000 = 10,317,500이다. 따라서 순현가는 (9,881,160 - 10,317,500) = - 436,340이다.

순현가는 음이므로 임대 창고를 이용할 때 연간 10% 이상의 수익률을 보장받을 수 없다는 것이다 따라서 임대 창고 대신 영업 창고가 이용되어야 한다.

2. 하역시스템 선정

1) 하역시스템 설계 목표

오늘날 일부 자동창고 시설을 제외하면 보관거점에서 이루어지는 하역 작업은

3) 감가상각은 세금계산 시 비용으로 처리되기 때문에 현금흐름 계산 시 차감.
4) 현가계수 = {(1+i)n - 1}/{i(1+i)n} = {(1+0.1)10 - 1}/{0.1(1+0.1)10} = 6.145.

인력 의존도가 높은 활동이다. 전자, 제어, 컴퓨터, 인공지능 부문의 기술이 발달하면서 하역시스템의 자동화가 빠르게 진전되고 있다. 그러나 하역시스템의 목표는 자동화 수준이 아니라 경제성과 생산성에 모아지기 때문에 여전히 수동 장비에 의존하는 하역시스템이 주류를 이루고 있다.

하역시스템을 설계하는 구체적인 목표는 [표 13-25]에서 보듯이 생산성 향성, 비용절감, 서비스 수준 향상 등으로 집약된다. 생산성은 각 장비의 기본 사양이나 실적치 등을 통하여 객관적으로 파악할 수 있기 때문에 경제성 분석이 주 문제가 된다고 할 수 있다.

표 13-25 하역시스템의 설계 목표

목 표	목표치 예
	현상목표
- 하역효율의 향상(처리량의 증가)	15,000케이스/일 → 30,000케이스/일
- 성인화	40인 → 20인
- 물류비의 절감	40,000천원/년 → 30,000천원/년
- 재고량의 감소	1.0개월 → 0.5개월
- 작업정밀도의 향상(불량품의 절감)	0.05% → 0.025%
- 물류서비스의 향상	48시간 출하 → 24시간 출하

2) 하역 시스템 선정 방법

하역시스템 선정 시 초기 투자비, 운영비, 자본회수 기간 등 경제적인 측면과 취급화물 및 팔레트에 의한 제약, 보관시설의 물리적인 제약, 시스템 변경 및 재배치의 유연성, 생산성 등 다양한 요소들을 기준으로 평가를 하게 된다. 이 가운데 경제적인 요소 외에는 시스템 관련 자료 및 문헌 등을 통한 정성적인 평가가 가능하다.

시스템 대안의 경제적인 비교를 수행할 때 다음과 같은 절차를 따른다(장병만, 1992).

① 비교 평가할 대안 집합을 정한다.

② 비교를 위한 계획기간을 정한다.

③ 각 대안에 대하여 1년 단위로 현금흐름을 평가한다.

④ 사용할 수익률을 정한다.

⑤ 경제적인 성과의 평가 척도를 선택한다.

⑥ 평가 척도를 기준으로 대안을 비교한다.

⑦ 추가 분석을 수행한다.

⑧ 최적안을 선택한다.

물류센터와 관련된 하역시스템의 대안으로서는 포크리프트-팔레트 시스템, 콘베이어 시스템, 자동창고시스템(AS/RS), 또는 이러한 형태를 섞어 놓은 결합 시스템 등을 포함한다. 항만하역의 경우 크레인 종류(Reach Stacker, Transfer Crane 등)에 따라 다양한 대안을 설정할 수 있다. 대안을 선택하기 위한 재무 분석을 수행하기 위해서는 우선 각 장비별 비용을 도출해야 한다. [표 13-26]은 일반적인 장비 비용을 산정하는 예를 나타내 보이고 있다.

표 13-26 비용 집계 양식

		장비명:	장비명:	장비명:	장비명:
수명기간					
잔존가치					
투자비	구매가격				
	설치비용				
	설비비용				
	제세금				
	기타				
	총투자비				
운영비	이자				
	세금				
	보험료				
	관리비				
	인건비				
	부품비				
	동력비				
	기타				
	총운영비용				

투자의 경제성을 분석하는 기법에는 여러 가지가 있으나 하역시스템에 대한 분석은 순현재가치가 적합한 평가 척도이다. 초기 투자비용, 운영비용, 잔존가, 계획기간 n 등이 결정되면 다음과 같이 자본의 현재가치를 구할 수 있다.

$$NPV = -I - \frac{C_j}{(1+i)^j} + \frac{S_n}{(1+i)^n} \qquad (13\text{-}3)$$

여기서

NPV : 기간 0에서의 순 현재가치
I : 기간 0에서의 초기 투자비
j : 계획기간 j 년
n : 장비의 사용연수
Cj : j년의 운영비
i : 이자율
Sn : n년말의 잔존가치

컨테이너 화물의 하역을 담당하는 Reach Stacker와 Transfer Crane의 경제성을 비교 분석하는 예를 살펴보자. 대안평가 기준은 다음 표와 같다.

표 13-27 대안 평가 기준

	Reach Stacker	Transfer Crane
기대 수익률(%)	20	
연간 처리량(TEU)	50,000	
투자비(백만원)	500	3,000
수명주기(년)	10	10
잔존가(%)	20	
단위하역비용(원)	20,000	10,000

여기서 비용에 해당하는 초기 투자비(I)와 운영비(C)가 양(+)의 부호를 가지기 때문에 선택될 대안은 가장 낮은 NPV를 가지는 것이 된다. 즉, 비용이 최소가 되는 대안을 선정한다.

두 대안에 대한 현금흐름 분석 결과([표 13-28])에 따르면 Reach Stacker의 순현가가 Transfer Crane의 순현가 보다 낮은 값을 나타내기 때문에 Reach Stacker가 보다 높은 수익을 가져오는 것으로 평가할 수 있다. 최종적인 결정은 이러한 경제성 평가 외에 시스템의 신뢰성, 불확실성 등에 대한 경영자의 인식 등이 종합적으로 고려되어 이루어지게 된다.

표 13-28 컨테이너 하역 장비의 현금흐름 분석

(단위: 백만원)

	Reach Stacker		Transfer Crane	
	현금흐름	할인된 현금흐름[3]	현금흐름	할인된 현금흐름[3]
0	500[1]	500	3,000[1]	3,000
1	1,000[2]	833	500	417
2	1,000	694	500	347
3	1,000	579	500	289
4	1,000	482	500	241
5	1,000	402	500	201
6	1,000	335	500	167
7	1,000	280	500	140
8	1,000	233	500	117
9	1,000	193	500	97
10	900[4]	145	-100[4]	-16
		4,676[5]		5,000

주 : 1) 최기 투자비
2) 연간 운영비(20,000원 x 50,000TEU = 1,000백만원)
3) 1/(1+0.2)j 에 따라 20% 할인된 현금흐름
4) 잔존가 20% 고려(Reach Stacker의 경우 연간운영비 1,000백만원에서 장비 잔존가 100백만원 차감)
5) 소수점 이하 처리 관계로 복리계산표 현가계수(4.1925) 적용 시와 다소 차이가 있음

제 4 절 재고 보관 방법 결정

재고배치는 보관 구역 내에서 이루어지는 제반 활동들을 충족시키면서 하역비용을 최소화하고 보관 공간 활용을 극대화할 수 있도록 제품의 배치를 결정하는 문제이다. 결국 재고 배치는 반입 및 반출에 소요되는 총 하역비용을 최소화하거나 총 이동 거리를 최소화 하는 문제가 된다. 보관 구역 내에서 주문품 인출 작업 등이 수작업으로 이루어지는 경우 인건비의 비중이 높기 때문에 이러한 작업과 관련된 비용을 포함하여 총 하역비를 최소화하는 것이 주 문제이다.

1. 직관적인 방법

이러한 문제를 해결하는 방법은 경험에 의존하는 직관적인 기법과 수리 모형을 이용하는 과학적인 방법이 있다. 직관적으로 배치 문제를 해결할 때 보완성, 양립성, 이동 빈도, 품목 크기 등 4가지의 기준에 의하여 결정한다(Ballou, 1999).

표 13-29 직관적인 배치 기준

배치 기준	내 용	해당 제품 예
보완성	상호 연관성이 높은 품목들을 인접하게 배치	페인트와 솔, 면도기와 면도크림, 펜과 노트 등
양립성	상호 연관성이 없는 품목들은 분리 배치	식료품과 자동차 타이어
이동 빈도	회전율이 높은 품목을 인출지점 가까이 배치	여름철 생수 등
품목 크기	소규모 품목을 인출지점 가까이 배치	건전지, 필름 등

실제 각 품목들은 복합적인 특성을 지니고 있기 때문에 이상의 네 가지 기준 가운데 어느 하나를 따라서 재고를 배치할 때 이동 거리나 비용을 최소화하는 목적을 달성하기가 어렵다. 따라서 이들 기준을 복합적으로 적용할 때 보다 나은 결과를 얻을 수가 있다. 위의 기준 가운데서 이동 빈도와 품목 크기를 조합하여 쉽게 지표를 산출할 수 있다. 여기서 품목 크기-주문빈도 지표는 각 단위 제품이 차지하는 보관 공간 용적을 그 제품의 평균 1일 주문빈도로 나눈 값이다. 용적이 동일한 A와 B 품목 가운데 A 품목의 크기-주문빈도 지표가 크다는 것은 A 품목의 주문 빈도가 B 품목보다 낮다는 것을 의미한다. 따라서 지표 값이 작을수록 품목을 인출지점 가까이에 배치시키는 것이 총 이동 거리를 최소화하는 방안이 된다.

[표 13-30]에서 도출된 지표를 기준으로 배치를 하면 C 품목이 인출지점 가장 가까이 배치되고 그 뒤로 D 제품, A 제품, B 제품의 순으로 배치가 된다.

표 13-30 품목 크기-주문빈도 지표 산출

제품	용적(m^3)	평균재고 (개)	평균주문량 (개/일)	소요 보관공간(m^3)[1]	품목크기-주문빈도 지표[2]
A	10	500	150	5,000	33.3
B	15	600	250	9,000	36.0
C	8	1,000	700	8,000	11.4
D	11	1,200	800	13,200	16.5

주 : 1) 용적 × 평균재고
2) 소요 보관 공간/평균 주문량

2. 임의 보관 및 지정 보관 방법[5)]

제품의 보관에 필요한 시설 공간 규모를 산정하는데 [표 13-31]과 같은 보관분석도표(storage analysis chart)가 사용될 수 있다. 이러한 자료는 기존의 입하 및 출하 분석도표로부터 얻을 수 있고, 기존 자료를 이용할 수 없는 경우에는 해당 품목의 특성을 조사하여 필요한 자료를 집계하게 된다.

보관할 단위화물의 최대 및 평균 량(6행 및 7행)은 공간 배치계획에 있어서 핵심적인 요소이며, 재고관리 차원에서 사전 결정되기 때문에 공간 배치 계획단계의 입력 자료로 제공되어야 한다.

표 13-31 보관분석도표

회사명 작성일 원자재 중간재__________

작성자 문서 번호 공장소모품 완제품_____

내용	단위화물				단위화물보관량			보관공간			
	종류	용량	크기	무게	최대	평균	계획량	방법	공간 표준치	면적(ft^2)	소요 천장 높이

보관분석도표를 이용하여 주어진 최대, 평균 및 계획 보관량에 따른 보관공간 규모를 산출할 수 있다. 그러나 제품의 입고 및 출고량은 시간에 따라 가변적인

5) 창고보관배치에 관한 자세한 내용은 Tompkins, J.A. and White, J.A.(1984), Facilities Planning, pp.334-347 내용 참조.

특성이 있기 때문에 일정 기간 동안의 재고 수준을 기준으로 보관 방식을 검토하는 것이 필요하다.

[표 13-32]와 같은 일정으로 제품이 입고되는 경우 일반적인 보관 방식인 임의보관(randomized storage)과 지정보관(dedicated storage) 방식이 총 보관면적에 어떻게 영향을 미치는지 예를 들어보자. 08:00 - 18:00 기간 동안 4개 품목의 재고수준을 합하여 기간별 총 재고량 및 최대치, 제품별 최대 재고수준, 평균 재고수준 등을 도출할 수 있다.

표 13-32 4개 품목의 재고수준

(단위: 팔레트)

	제품				
기간	A	B	C	D	합계
08:00	12	22	6	5	45
09:00	9	25	3	2	39
10:00	7	22	10	20	59
11:00	5	16	9	20	50
12:00	6	14	7	14	41
13:00	22	15	4	14	55
14:00	24	11	7	7	49
15:00	21	8	7	8	44
16:00	14	5	5	20	44
17:00	17	33	4	18	72
18:00	13	30	7	15	65

기간별 총재고량의 최대치= 72 팔레트(17:00)
제품별 최대재고 수준들의 합 = 87(A제품 24, B제품 33, C제품 10, D제품 20의 합)
평균재고 수준 = 51.2
기간별 총재고량의 최소치= 39(09:00)

지정보관방식을 채택할 경우 [표 13-32]에서 보듯이 소요면적은 4개 품목의 최대재고 수준의 합인 87 팔레트를 기준으로 해야 한다. 반면, 임의보관방식의 경우 소요면적은 총 재고량의 최대치인 72 팔레트를 기준으로 해야 한다. 따라서, 보관 방식별로 소요 면적의 차이가 있음을 알 수 있으며, 주어진 상황에서는 지정보관방식이 임의보관방식에 비하여 약 20% 정도의 면적을 더 필요로 한다.

3. 입출고 빈도에 따른 배치[6)]

물류센터와 같이 다양한 제품의 입고 및 출고가 빈번하게 이루어지고, 입고 및 출고 지점이 건물의 양측으로 분리되어 있는 경우 제품의 보관 위치를 결정할 때 입고 및 출고 빈도를 고려하는 것이 필요하다.

[표 13-33]과 같이 6개 품목의 입고 및 출고량과 빈도가 주어졌을 때 [그림 13-8]과 같은 물류센터 내에 제품을 어떻게 배치할 것인가를 살펴보자.

표 13-33 품목별 입고 및 출고 정보

품 목	입고당 팔레트	입고 빈도	평균 고객주문량	출고 빈도
A	50	10	0.5	30
B	80	120	0.6	200
C	200	150	1.5	300
D	30	20	1.0	40
E	20	20	0.2	80
F	100	60	2.0	60

그림 13-8 물류센터 배치도 및 제품 배치도

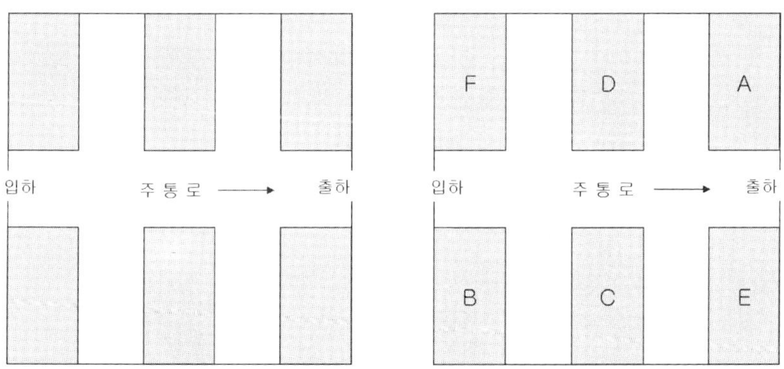

[표 13-33]을 기준으로 하여 도출된 입고 및 출고 비율은 [표 13-34]와 같다. 여기서 비율 1.0은 입고와 출고 빈도가 동일하다는 의미이며, 비율이 1.0 미만은 입고 빈도가 출고 빈도보다 낮다는 의미이다. 따라서 출고빈도가 높은 순서인

6) Tompkins, J.A. and White, J.A.(1984), Facilities Planning, pp. 355-357 내용 참조.

E, A, C, D, B의 순으로 출고지점 가까이에 배치하고, 입고빈도가 높은 F 품목은 입고지점 가까이 배치해야 한다.

표 13-34 입고 대 출고 비율

품 목	입고/출고
A	0.3
B	0.6
C	0.5
D	0.5
E	0.25
F	1

4. 선형계획법에 의한 배치

보관해야 할 제품의 종류가 많아지고 보관 구역이 여러 개로 나뉘어져 있을 때 재고 배치의 문제는 복잡하게 되며, 직관적인 방법에 의해서는 한계에 부딪치게 된다. 일반적인 문제의 형태는 보관 공간을 반영구적인 보관구역과 주문인출 구역으로 분할하는 것과 각 제품별 보관 위치를 결정하는 것이다.

이러한 문제는 선형계획법을 이용하여 간단하게 해를 구할 수 있다. 보관해야 할 제품의 종류와 보관량이 주어지고, 단위당 취급비용 혹은 거리, 보관 구역의 공간 용량 등이 주어질 때 보관 구역 내에서 이루어지는 총 이동거리를 최소화하는 선형계획모형을 설정할 수 있다. 보관 구역과 오더 피킹(order picking) 구역을 포함하는 재고 배치 문제의 일반적인 선형계획법 공식은 다음과 같다(Ballou, 1999).

목적함수는 다음과 같이 총 하역비용을 최소화 하는 것이다.

$$Z_{\min} = \sum_{i}^{M}\sum_{j}^{N} C_{ij}X_{ij}$$

세약조건은 다음과 같다.

– 보관(storage) 구역 용량 제약:

$$\sum_{j=1}^{N} \frac{1}{G_j^s} X_{ij} \leq 1.0 \qquad \text{for} \quad i = 1, 2, \ldots.., L$$

– 작업(assembly) 구역 용량 제약:

$$\sum_{j=1}^{n} \frac{1}{G_j^a} X_{ij} \leq 1.0 \qquad \text{for} \quad i = L+1,\ L+2, \ldots\ldots, M$$

– 오더 피킹 구역에 보관될 각 제품의 최소 단위 수:

$$\sum_{i=L+1}^{M} X_{ij} \geq R_j^a \qquad \text{for} \quad j = 1, 2, \ldots\ldots, N$$

– 전체 창고에 보관될 총 단위 수:

$$\sum_{i=1}^{M} X_{ij} \geq R_j \qquad \text{for} \quad j = 1, 2, \ldots\ldots, N$$

– 비음조건:

$$All \quad X_{ij} \quad \geq 0$$

여기서,

X_{ij} = 베이(bay) i에 보관되어 있는 제품 j의 양
C_{ij} = 제품 j를 베이(bay) i에 보관할 때 하역비
M = 보관 구역과 오더 피킹 구역의 보관 베이(bay) 수
N = 제품 품목 수
L = 보관구역의 베이(bay) 수
G_j = 하나의 베이(bay)에 보관될 수 있는 제품 j의 양
R_j = 제품 j의 총 보관량
R_j^a = 오더 피킹 구역에 보관될 제품 j의 최소량
s 그리고 a = 보관 구역과 오더 피킹 구역을 나타내는 기호

3 종류의 제품을 보관하는 6개의 보관 베이(bay)를 대상으로 보관 공간 배치 문제를 시간 최소화 관점에서 수리 모형으로 해결하는 예를 들어보자. 각 보관 베이에 보관된 제품 100개를 처리하는 데 소요되는 시간과 품목별 베이 용량은 아래 표와 같다.

표 13-35 보관 베이별 품목 보관작업 소요 시긴

보관 베이(bay)	A품목	B품목	C품목
1	0.90	0.75	0.90
2	0.80	0.65	0.95
3	0.60	0.70	0.65
4	0.70	0.55	0.45
5	0.50	0.50	0.45
6	0.40	0.45	0.35

표 13-36 품목에 따른 보관 베이(bay)의 용량

품 목	보관 베이(bay)의 용량(units)
A	9,000
B	6,000
C	10,000

품목별 보관 수요는 A 8,500개, 품목 B 5,000개, 그리고 품목 C 9,000개로 예측되었다고 하자. 의사결정문제는 모든 품목을 취급하는 데 소요되는 총 시간 혹은 비용을 최소화할 수 있도록 각 품목을 보관 베이에 할당하는 방법을 찾는 것이다. 따라서 다음과 같은 선형계획법을 이용하여 해를 구할 수 있다.

목적함수

$$Z_{\min} = \sum_i \sum_j C_{ij} X_{ij}$$

제약조건

$$\sum_i \frac{1}{G_j} X_{ij} \leq 1.0 \qquad \text{for} \quad i = 1,2,\ldots\ldots,M$$

$$\sum_i X_{ij} \geq R_j \qquad \text{for} \quad j = 1,2,\ldots.,N$$

LINDO 프로그램을 이용하여 해를 구할 수 있으며, 목적함수와 제약 조건식은 다음과 같다.

$$\begin{aligned} \min\ & 0.9X_{11} + 0.8X_{12} + 0.6X_{13} + 0.7X_{14} + 0.5X_{15} + 0.4X_{16} \\ & + 0.75X_{21} + 0.65X_{22} + 0.7X_{23} + 0.55X_{24} + 0.5X_{25} + 0.45X_{26} \\ & + 0.9X_{31} + 0.95X_{32} + 0.65X_{33} + 0.45X_{34} + 0.45X_{35} + 0.35X_{36} \end{aligned}$$

subject to

$$X_{11} + X_{12} + X_{13} + X_{14} + X_{15} + X_{16} \leq 9000$$

$$X_{21} + X_{22} + X_{23} + X_{24} + X_{25} + X_{26} \leq 6000$$

$$X_{31} + X_{32} + X_{33} + X_{34} + X_{35} + X_{36} \leq 10000$$

$$X_{11} + X_{12} + X_{13} + X_{14} + X_{15} + X_{16} \geq 8500$$

$$X_{21} + X_{22} + X_{23} + X_{24} + X_{25} + X_{26} \geq 5000$$

$$X_{31} + X_{32} + X_{33} + X_{34} + X_{35} + X_{36} \geq 9000$$

$$X_{11} \sim X_{36} \geq 0$$

참 고 문 헌

강석호, 「산업공학개론」, 영지문화사, 1986.

건설교통부, 유통단지개발종합계획, 건설교통부고시 제1997-323, 1997.

국토개발연구원, 유통단지개발계획, 1997.

권오성, 김지환, 물류배송센타, 한국능률협회컨설팅, 1994.

김정환, 이위식, 「보관과 하역관리」, 문영각, 2002.

문상원, 「물류의사결정」, 비봉출판사, 1994.

송계의, "항공화물터미널 규모산정, 물류연구센타 연구논문집," 한국해양대학교, 제2집, 1권, 1998.

원재무, 정책분석기법, 박영사, 1996.

이대주, 정승학, 이백, 이문규, 김중순, 경제성공학(역), 범한서적, 1990.

장병만, 설비계획, 경문사, 1990.

컨테이너부두공단, 컨테이너 유통추이 및 분석, 2002.

해양수산부, 광양항 3단계 자동화 컨테이너 터미널 개발 기본계획, 2003.

Adams, Nicholas D. and Brown, Terry W. and Firth, Rowland V.D. and Misenheimer, Laura P., Warehouse and Distribution Automation Handbook, McGraw-Hill, 1996.

Ballou, Ronald H., Business Logistics Management Fourth Edition, Prentice-Hall, 1999.

Cooper, M.C. and Innis, D.E. and Dickson, P.R., Strategic Planning for Logistics, Council of Logistics Management, 1991.

Dragovic, Branislav M. and Zrnic, Djordje N. and Radmilovic, Zoran R., Port & Container Terminals Modeling, Belgrade, Serbia & Montenegro, 2006. 1.

Frankel, Ernst G., Port Planning and Development, John Wiley & Sons, 1987.

Frazelle, Edward H., World-Class Warehousing, Logistics Resources International, 1996.

Frey, Stephan, Warchouse Operations: A Handbook, Beaverton, M/A Press, 1983.

Gattorna, John, Handbook of Physical Distribution Management Third Edition, Gower, 1989.

Jessop, David and Morrison, Alex, Storage and Supply of Materials Sixth Edition, Pitman Publishing, 1994.

Ogden, K.W., Urban Goods Movement: A Guide to Policy and Planning, Ashgate, 1992.
Tompkins, James A. and Smith, Jerry D., The Warehouse Management Handbook, McGraw-Hill, 1988.

제 14 장

물류 및 공급사슬의 성과평가

제 1 절 물류 및 공급사슬 성과평가를 위한 접근방법

전통적으로 기업들은 성과를 측정하는데 있어서 주로 재무회계적인 성과(예, 물류비용)를 중요시해 왔다. 재무회계적인 측정지표는 운영의 변화가 기업의 재무적인 건전성을 개선했는지 여부를 판단하는데 있어서 분명히 중요한 지표라고 할 수 있다. 그러나 공급사슬성과를 측정한다는 관점에서는 다음과 같은 단점들이 있다.

첫째, 재무적인 지표는 일반적으로 과거의 성과를 측정하는데 초점을 두고 있기 때문에 미래지향적인 관점이 부족하다는 것이다. 둘째, 고객서비스, 제품의 품질과 같은 전략적이고 비재무적인 측면의 성과를 측정할 수 없다는 단점이 있다. 셋째, 재무적인 지표만으로는 운영의 효과성이나 효율성을 평가하기에 한계가 있다.

공급사슬성과를 측정하는데 있어서 이러한 전통적인 재무회계적 방법의 단점을 보완하기 위해 다양한 접근방법이 개발되어 왔다.

- Balanced Scorecard(BSC)
- SCOR Model
- Logistics Scorecard
- Activity-Based Costing(ABC)
- Economic Value Analysis(EVA)

1) Balanced Scorecard

Robert S. Kaplan과 David P. Norton은 최고경영자들이 사업성과를 신속하면서 종합적인 관점에서 측정할 수 있는 성과측정 시스템으로서 Balanced Scorecard(BSC)를 개발하였다.

Balanced Scorecard에는 실행의 결과를 나타내는 재무측정지표와 이를 보완하면서 매래의 재무성과에 영향을 주는 운영활동인 고객만족, 내부 프로세스, 조직의 학습 및 개선능력과 관계된 3가지 운영측정지표가 포함되어 있다.

경영자는 Balanced Scorecard를 이용해서 사업을 4가지 관점으로 살펴볼 수 있다.

– 고객들은 우리 회사를 어떻게 보는가?(고객 관점)

그림 14-1 Balanced Scorecard의 구조

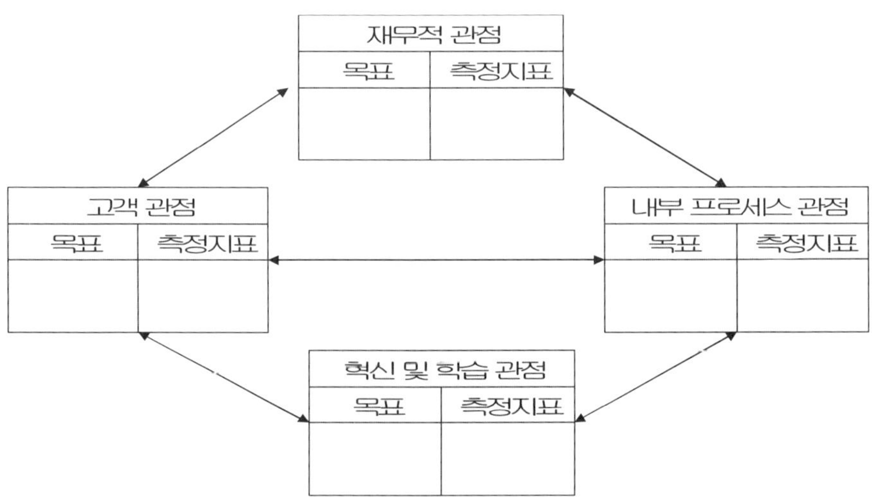

– 우리 회사는 어떤 점에서 탁월해야 하는가?(내부 프로세스 관점)
– 우리 회사는 지속적으로 가치를 개선하고 창출할 수 있는가?(혁신 및 학습 관점)
– 우리 회사는 주주들에게 어떻게 보일까?(재무적 관점)

이 방법은 공급사슬관리만을 위해 개발된 방법은 아니지만 공급사슬성과를 평가하는데 유용하게 활용될 수 있다.

• 재무적 관점(예, 제조비용, 창고비용)
• 고객 관점(예, 정시인도율, 주문충족률)
• 내부 프로세스 관점(예, 생산계획 달성도, 예측오류)
• 혁신 및 학습 관점(예, APICS 자격증 보유 종사자 수, 신제품개발 사이클타임)

2) SCOR Model

Supply Chain Council이 개발한 SCOR(Supply-Chain Operations Reference-Model) Model은 공급사슬 전반의 성과를 측정하기 위해 활용할 수 있는 측정지표들을 비교적 균형 있게 제시하고 있다.

• 사이클타임 지표(예, 생산 사이클타임, 현금화 사이클타임)
• 비용 지표(예, 출하 비용, 창고 피킹 비용)

그림 14-2 SCOR 모델의 성과지표 예시

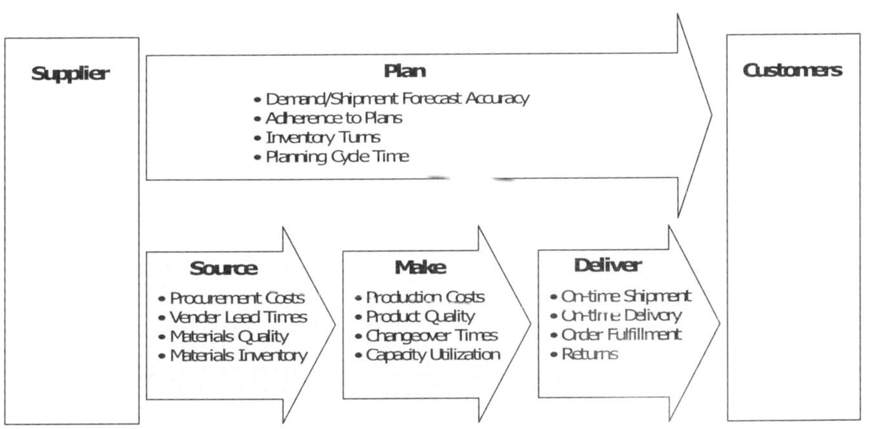

• 서비스/품질 지표(예, 정시 출하, 상품 손상)
• 자산 지표(예, 재고)

전략적인 수준에 초점을 두고 있는 Balanced Scorecard와 비교할 때 SCOR Model은 공급사슬관리의 성과를 측정하고 개선분야를 직접적으로 파악할 수 있는 구조를 가지고 있다는 장점이 있다.

3) Logistics Scorecard

공급사슬성과를 측정하는 또 다른 접근방법은 Logistics Resources International Inc.에 의해 개발된 Logistics Scorecard 방법이 있다. 이 방법에서는 다음과 같이 4개 분야의 성과측정지표를 제시하고 있다.

• 재무성과 지표(예, 비용, 자산수익률)
• 생산성 지표(예, 단위시간당 출하건수, 컨테이너 활용도)
• 품질 지표(예, 재고 정확도, 파손율)
• 사이클타임 지표(예, 운송시간, 주문입력시간)

다른 접근방법과 비교할 때 Logistics Scorecard는 보다 처방적이며 구체적인 공급사슬 성과지표의 사용을 추천하고 있는 특성이 있다. 하지만 측정지표들이 물류활동 분야에만 치중되어 있으며 공급사슬내의 생산이나 조달활동의 측정을 위한 측정지표는 거의 제시되어 있지 않다.

4) Activity Based Costing

Activity Based Costing(ABC)은 재무적인 지표를 운영성과와 연계함으로써 전통적인 회계방법의 단점을 극복하기 위한 목적으로 개발되었다.

기본적으로 ABC에서는 모든 활동(activity)을 개별 과업(tasks) 또는 코스트 드라이버(cost drivers)로 세분화하고, 이들 각각이 필요로 하는 자원(resources)(예, 시간, 비용)을 추정하게 된다. 다음으로 비용을, 기존의 간접비를 동일하게 또는 관련성이 낮은 기준에 기초하여 배분하는 전통적인 원가회계 방식이 아니라, 추징된 코스트 드라이버에 기초하여 배분하게 된다.

이 방법은 공급사슬 프로세스의 생산성과 비용을 보다 정확하게 평가할 수 있도록 해준다. 예를 들어 ABC 방법을 사용함으로써 기업이 특정 고객을 서비스하거나 특정 상품의 마케팅을 위해 소요되는 총 비용을 보다 정확하게 평가할 수 있도록 해준다. ABC가 전통적인 재무회계를 대체할 수는 없지만 공급사슬 성과를 보다 잘 이해할 수 있도록 해준다.

5) Economic Value-Added

전통적인 회계에 대한 비판의 하나로 이익이나 수입과 같은 단기적인 재무성과에 초점을 둠으로써 기업의 장기적인 가치창출을 위한 방향을 충분히 제시하지 못한다는 점이 지적되고 있다.

이러한 단점을 보완하기 위해 재무분석 전문가들은 자본수익률(return on capital)이나 경제적 부가가치(economic value-added)를 함께 활용할 것을 권고하고 있다. 이러한 논리는 기업이 자본수익률이 높아질수록 주주에 대한 가치창출 청도가 높아진다는 것을 가정하고 있다. 이러한 지표의 하나가 Stern, Stewart & Co.가 개발한 EVA(Economic Value Analysis) 개념으로, 기본적으로 투입자본을 초과하는 영업이익을 근거로 기업이 창출하는 가치를 계량화하는 방법이다.

이러한 지표를 활용하여 특정 기업이 공급사슬 내에서 창출하는 부가가치 기여도를 측정할 수 있다. 하지만 이 지표는 기업의 총량적인 기여도나 주주에 대한 가치창출 정도를 평가하는 데는 유용하지만 세부적인 공급사슬 성과를 측정하기에는 부족한 면이 있다.

제 2 절 물류 및 공급사슬 성과측정의 차원과 방향

위에서 언급한 접근방법들은 공급사슬 성과측정을 위한 개략적인 방향은 제시해 줄 수 있으나 구체적으로 어떤 측정지표를 사용해야 할 것인가에 대해서는 크게 도움을 주지 못한다.

측정지표 선정에 있어서 가장 중요한 원칙은 Balanced Scorecard에서 논의한 것처럼 반드시 전략적 목표와 연계되어야 한다는 점이다.

하지만 공급사슬전략은 각 기업마다 다르고 또한 현재 처한 여건이나 전략적 방향에 영향을 받게 된다. 기업들은 측정지표의 유형과 깊이를 결정하는데 있어서 일반적으로 다음과 같은 3가지 발전단계 중 하나에 속하게 된다.

① 기능별 경쟁력(functional excellence)

기업이 생산, 고객서비스, 물류담당 부서와 같은 개별 운영단위의 경쟁력을 확보하고자 하는 단계이다. 이 단계에 속한 기업은 개별 기능별 부서의 활동에 초점을 둔 평가지표가 필요하다.

② 기업내부의 기능 간 통합(enterprise-wide integration)

기업이 개별 기능별 부서보다는 기능 간(cross-functional) 프로세스의 경쟁력을 확보하고자 하는 단계이다. 이때는 기능 간 프로세스에 초점을 둔 평가지표가 필요하다.

③ 외부기업과의 기업간 통합(extended enterprise integration)

기업이 기업간(inter-enterprise) 프로세스의 경쟁력을 확보하고자 하는 단계이다. 이때는 외부 지향적이고 기업간 프로세스에 초점을 둔 평가지표가 필요하다.

전통적으로 대부분의 기업들은 기능별 경쟁력을 제고하기위한 성과측정에 초점을 두어왔다. 공급사슬의 통합을 목적으로 하는 공급사슬관리(SCM) 개념의 확산됨에 따라 기업 내의 기능 간 통합과 보다 확장된 기업간 통합 정도를 증대시키려는 목적을 가지게 되었다. 이러한 목적을 달성하기 위해서는 성과측정지표 또한 여기에 부합되어야 한다. 이러한 공급사슬 성과측정시스템의 구축을 위해서는 다음과 같은 5가지 영역을 적절히 반영하여야 한다.

- 기능기반(function-based) 측정지표
- 프로세스기반(process-based) 측정지표
- 기업 간(cross-enterprise) 측정지표
- 측정지표의 수
- 의사결정 과정과의 연계

1) 기능위주의 성과측정과 문제점

대부분의 기존 성과측정 시스템이 안고 있는 문제는 이들이 기능위주로 이루어져 있다는 점이다. 이러한 시스템에서는 개별 기능부서 별로 성과가 측정되고 조직구성원들은 자신이 속한 부서의 성과달성 정도에 따라 평가를 받기 때문에, 조직구성원들은 자신에게 해당되는 성과를 개선하는 방향으로 업무를 수행함으로써 가끔 타 기능부서의 성과를 저하시키는 결과를 초래하기도 한다. 또한 부서 이기주의를 심화시키거나 기업 전체의 목표와는 상충되는 결과를 초래하기도 한다.

• 고객서비스 및 판매

이 기능을 수행하는 부서에서는 구성원들이 고객서비스 수준을 유지할 수 있는 능력에 의해 평가된다. 때문에 구성원들은 고객들을 만족시키려는 목적으로 사이클타임을 줄이기 위해서 고객에게 가까운 다수의 창고에서 재고를 보유함으로써 높은 수준의 완제품 재고를 유지하려는 경향이 있다.

• 물류

이 기능을 수행하는 부서에서는 구성원들이 운송비용, 창고비용, 재고수준 등에 의해 평가된다. 때문에 구성원들은 재고수준을 낮게 가져가고 트럭의 적재율을 높이거나 피킹 작업을 최소화하기 위해 고객주문을 모아서 한꺼번에 처리하려는 경향이 있다. 또한 반입비용을 줄이기 위해 물품이 트럭에 만차(滿車) 상태로 창고에 반입하기를 원하는데 이는 한편으로 재고증가를 초래할 수 있다.

• 생산

이 기능을 수행하는 부서에서는 구성원들이 대개 생산성에 의해 평가된다. 때문에 구성원들은 높은 재고수준을 초래하는 대량생산 방식을 선호하게 된다. 주문생산(make-to-order) 방식을 채택하고 있는 경우에는 고객의 주문을 취합하여 대량으로 생산하려는 경향이 나타나게 되어 고객 수요의 동적인 변화에 대한 대응성이 떨어지게 된다.

• 구매

이 기능을 수행하는 부서에서는 구성원들이 구매비용, 공급업체의 제품 인도 성과 등에 의해 평가된다. 때문에 구성원들은 가격할인을 받기 위해 대량으로 구매하고 가격을 낮추기 위해 공급업체의 수를 늘이려는 경향이 있다. 이러한 행태는 과잉구매나 원재료의 품질저하를 초래할 수 있다.

이상에서 언급한 바와 같이 기능위주의 성과측정 방식을 활용하는 경우 조직 구성원들로 하여금 기능별 성과들을 서로 다른 방향으로 이끌어가게 할 가능성이 높다. 기능위주의 측정지표만을 사용할 경우 부서 이기주의를 심화시키고 부서 간에 상호 견제적인 업무처리가 조장되어 결국 공급사슬 프로세스의 대응력과 효과성을 저하시키게 된다.

2) 프로세스 중심의 성과측정 도입

공급사슬의 통합운영을 이루기 위해서는 무엇보다 기능 간 프로세스를 조직화함으로써 부서 이기주의를 타파해야 한다. 이를 위해서는 전체 프로세스를 관장하는 부서를 신설하거나, 특정 프로세스의 개선(예, 주문충족, 신상품개발, 총 사이클 타임)을 위해 관련 부서의 전문가들이 참여하는 팀을 운영하는 방법이 활용될 수 있다.

이러한 조직적 변화를 효과적으로 지원하기 위해서는 기능위주의 측정지표를 보완할 수 있는 프로세스 중심의 측정지표를 개발해야 한다. 이를 통해 기능위주의 측정지표를 모두 제거할 수는 없더라도 이러한 지표들의 활용을 통해 무엇이 전체성과에 영향을 미치는지를 평가할 수 있는 진단정보를 획득할 수 있다.

예를 들어, 완전주문은 고객주문에 대한 무오류 주문충족 비율을 측정하는데, 이 측정지표의 활용을 통해 기능 부서 간에 걸쳐 이루어지는 주문충족 프로세스의 효과성을 측정할 수 있게 된다. 주문라인에 있어서 결품(缺品)의 발생이나 문서오류 등 프로세스내의 한 단계나 부서에서 발생할 수 있는 요인이 무오류 주문충족이라는 전체목표를 달성하지 못하게 만들 수 있다. 나아가 전체 주문처리 프로세스에 대한 성과측정과 함께 충족프로세스내의 각 업무를 진단할 수 있는 지표가 함께 활용되는 것이 필요하다.

그림 14-3 프로세스 및 기능 측정지표의 위계적 관계

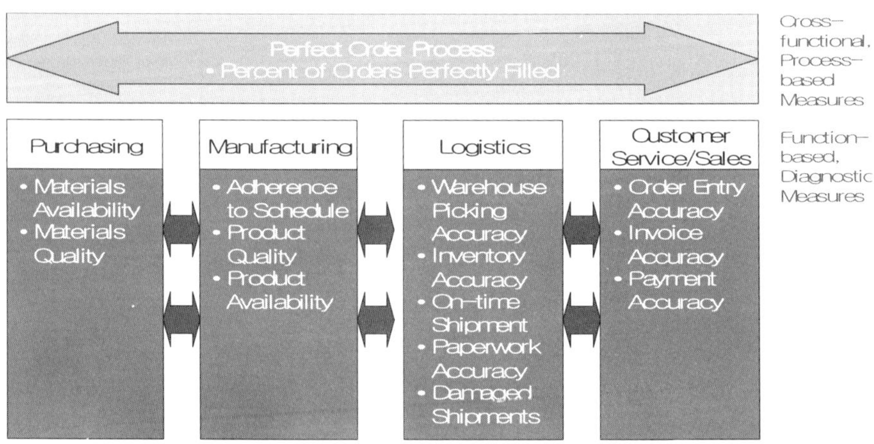

위의 [그림 14-3]은 완전주문 프로세스와 관련된 측정지표와 프로세스 및 기능 지표간의 위계적 관계를 보여주고 있다. 보다 구체적으로 [표 14-1]에서

볼 수 있듯이 기능 지표가 주로 특정한 문제를 파악할 수 있는 진단적인 속성을 가지고 있는 반면 기능 간, 프로세스 지표를 통해서는 공급사슬성과의 전략적 의미를 파악할 수 있다.

표 14-1 완전주문 프로세스 관련 측정지표와 진단 내용

측정지표	진단내용
제품의 보유	모든 주문을 충족시킬 수 있는 제품을 보유하고 있는가
주문입력의 정확성	품목과 수량 등 주문입력이 정확하였는가
창고피킹의 정확성	모든 품목이 정확한 양으로 피킹되었는가(make-to-stock 품목)
생산의 정확성	모든 품목이 정확한 양과 품질로 생산되었는가(make-to-order 내지 assemble-to-order 품목)
정시 제품출하	모든 품목이 고객에게 정시에 출하되었는가
정시 제품인도	모든 제품이 고객에게 정시에 인도되었는가
제품의 품질	모든 제품이 결함이나 손상없이 인도되었는가
문서의 정확성	모든 문서가 정확한가(사전출하통지(ASN), 송장 포함)
고객문의 서비스	주문처리에 대한 문의에 친절하고 신속하게 대응하였는가
청구서의 정확성	주문에 대한 청구서가 정확하였는가
대금결제의 정확성	대금결제 상황이 정확하게 기록되었는가

3) 기업간 성과측정으로 발전

공급사슬을 측정하기 위한 기능 간 프로세스 접근방법은 단일기업 뿐만 아니라 기업간 프로세스에도 적용될 수 있다. 예를 들어, 많은 전문가들이 전체 공급사슬의 성과를 측정하는데 가장 중요한 측정지표로 다음의 2가지를 들고 있다.

• 소비지에서 적정한 제품의 보유 정도

• 소비지까지 제품을 이동하는데 소요되는 총 비용(구매, 생산, 운송, 창고, 재고유지 비용)

이러한 공급사슬 성과가 한 조직에 의해서 달성되는 경우란 거의 없는데, 이는 공급사슬은 일반적으로 거래와 관련하여 일정부문의 업무를 담당하는 여러 거래당사자로 구성되어 있기 때문이다. 공급사슬관리의 원리는 공급사슬의 동기화와 최적화를 위헤 기업간에 관련 프로세스들을 통합함으로써 높은 편익을 얻을 수 있다는데 있다. 때문에 이러한 기업간 프로세스의 효과성이 적절히 측정되어야 한다. 그러나 한편으로는 “해당기업의 업무영역 밖에 있거나 통제할 수 없는 부분도 측정해야 할 것인가?”하는 의문이 제기될 수 있다. 이 경우 측정에 따른 유용성이 없거나 측정하더라도 이를 전혀 통제할 수 없는 영역에 대해서는 측정할 필요가

없을 것이다. 하지만 타 기업의 영역에 있더라고 해당 성과가 공급사슬의 효과성에 직접 또는 간접으로 영향을 미치는 것이라면 측정해야 할 것이다.

최근 제조업체들이 유통업체와의 협력관계 강화를 통해 전체 공급사슬의 성과를 높이기 위한 SCM 프로그램들을 도입하고 있는데, 이를 관련된 성과측정지표와 함께 예시하면 다음과 같다.

• VMI(Vender Managed Inventory) 프로그램: 고객 매출액, 매장재고 보유수준, 재고회전율

• CR(Continuous Replenishment) 프로그램: 고객 매출액, 매장재고 보유수준, 재고회전율

• Quick Response 정책: 고객 매출액, 매장재고 수준, 재고회전율

• 예측공유 프로그램: 예측정확도, 주문충족률, 재고회전율

• 생산일정공유 프로그램: 생산일정 달성도, 주문 사이클타임

• 카테고리관리 프로그램: 카테고리별 고객 매출액, 매장재고 보유수준

점차 많은 기업들이 SCM 프로그램을 도입함에 따라 기업간 프로세스에 보다 많은 강조를 두고 있다. 이러한 추이는 성과측정시스템에 있어서도 기업의 전통적인 관리영역을 밖의 외부 프로세스를 측정할 수 있는 지표를 포함하는 변화를 가져올 것으로 전망된다.

제 3 절 물류 및 공급사슬 성과측정과 벤치마킹

1. 물류프로세스 성과측정

물류프로세스를 평가하기 위한 성과측정은 일반적으로 ① 비용, ② 고객서비스, ③ 생산성, ④ 자산관리, ⑤ 품질의 5가지 분야로 나누어 살펴볼 수 있다.

1) 비 용

물류성과를 가장 직접적으로 반영하는 것은 특정한 운영목표를 달성하기 위해서 발생한 실제비용이다. 물류비용 성과는 일반적으로 총비용, 매출액에 대한 비율 또는 단위당 비용 등으로 측정된다.

2) 고객서비스

물류성과를 측정하기 위해 두 번째 보편적으로 사용되는 것은 고객서비스에 초점을 두고 있다. 여기에서는 특정 기업이 고객을 만족시킬 수 있는 상대적인능력을 평가한다.

표 14-2 물류프로세스 성과측정지표

측정분야	측정지표
비용	총비용분석, 단위당 비용, 매출액 대비 비용, 반입운송비용, 반출운송비용, 창고비용, 관리비용, 주문처리비용, 직접노무비용, 실제 대 예산 비교, 비용추세분석, 직접 제품수익성
고객서비스	주문충족률, 재고부족률, 출하오류, 정시인도, 납품지연, 사이클타임, 고객 피드백, 판매요원 피드백, 고객 설문조사
생산성	종업원 1인당 출하량, 단위노무비용 당 출하량, 판매점 당 주문량, 과거 표준과의 비교, 목표 프로그램, 생산성 지수
자산관리	재고회전율, 재고유지비용, 재고수준, 공급재고일수, 진부화 된 재고, 순자산 수익률, 투자 수익률
품질	파손빈도, 파손금액, 클레임 건수, 고객 반품건수, 반품비용

자료: Bowersox, Donald J. and David J. Closs, Logistical Management: The Integrated Supply Chain Process, McGraw-Hill, 1999.

3) 생 산 성

생산성은 생산된 산출물과 이 산출물을 생산하기 위해 시스템이 이용한 투입량 사이의 관계를 나타낸다. 만일 한 시스템이 명확하게 측정가능한 산출물과 그 산출에 해당하는 파악가능하고 측정 가능한 투입을 가지고 있다면 생산성 측정은 아주 기계적인 절차일 것이다. 하지만 만일 ① 산출을 측정하기가 어렵고 투입이 시기적으로 산출과 대응시키기 어려운 경우, ② 투입과 산출의 결합 또는 그 유형이 끊임없이 변화하는 경우, ③ 자료를 획득하기가 어렵거나 불가능할 경우에는 생산성 측정이 아주 어려울 수도 있다.

개념적으로 생산성의 측정에는 정적인 측정, 동적인 측정, 대리측성의 3가지 기본적인 유형이 있다. 만일 특정 시스템에 대한 모든 산출과 투입이 생산성 등식에 포함된다면 그것은 정적 총 요소생산성 비율이 된다. 반면 특정기간의 정적인 생산성 측정치를 다른 기간의 측정치와 비교한다면 이는 동적인 생산성 측정치가 된다. 세 번째 대리측정의 개념은 고객만족, 수익, 효과성, 품질, 효율성 등과 같이 일반적으로 생산성 개념에는 포함되지 않으나 생산성과 매우 깊은 관련이 있는 요소들을 타나낸다.

4) 자산관리

자산측정은 목표달성을 위해 시설 및 장비에 대한 자본투자의 활용도뿐만 아니라 재고에 대한 유동자산의 사용에도 초점을 둔다. 물류시설과 장비 그리고 재고는 기업자산의 상당부분을 차지할 수 있다. 도매업체의 경우 그 비중이 90%를 상회하기도 한다. 자산측정은 재고와 같은 유동자산이 얼마나 빠르게 회전하고 있는가, 혹은 고정자산이 얼마나 많은 투자수익을 창출하는가에 초점을 둔다.

5) 품 질

품질측정은 가장 과거 지향적이며 개별적인 활동보다는 일련의 활동이 가지는 효과성을 평가하는 측정치이다. [표 5-2]에 일반적인 물류품질과 관련된 측정치들이 제시되어 있으나 다른 물류성과 측정치들에 비해 그 활용도는 떨어지는 편이다.

품질측정과 관련해서 최근 관심을 끌고 있는 개념은 '완전주문(perfect order)'의 개념이다. 완전한 주문의 이행정도는 궁극적인 품질의 측정기준이라고 할 수 있다. 왜냐하면 완전한 주문이행은 개별적인 기능보다는 전체적으로 통합된 물류활동 수행의 효율성과 관련이 있기 때문이다. 이것은 주문입력, 신용조회, 재고보유여부, 정확한 피킹(picking), 정시인도, 정확한 송장, 정확한 지불로 이어지는 주문관리과정의 모든 단계에서 실수, 급송, 예외처리나 수동처리 없이 주문이 원활하게 처리되는지를 측정한다. 따라서 완전한 주문이행은 이상적인 상태의 물류성과를 의미한다고 볼 수 있다. 실무적으로는 ① 모든 요청 품목의 완전한 인도, ② 고객이 요청한 시간까지의 배달(24시간 시간 편차이내), ③ 포장명세, 운송장, 청구서 등 주문을 지원하는 완전하고 정확한 서류 작성 및 전달, ④ 오류, 결품, 손상 등이 없는 완전한 제품상태 등의 조건들을 충족할 경우에 이를 '완전주문'이라고 한다. 오늘날 최상의 물류조직은 55~60%, 기타 대부분의 조직은 20% 미만의 완전주문 성과를 보이고 있는 것으로 보고되고 있다.

2. 공급사슬 성과측정으로의 발전

최근 들어 공급사슬의 전반의 성과와 효과성에 대한 관심이 증가되면서 보다 통합적인 관점에서 성과를 측정하고 평가할 수 있는 측정지표에 대한 필요성이 대두되었다.

공급사슬 전반의 성과를 측정하고 평가하기 위해 1994년 10월 기업, 대학, PRTM 등이 공동으로 "공급사슬 성과측정을 위한 기본적인 틀"을 제안하였다.

공급사슬 성과를 측정하는 측정지표는 [표 14-3]과 같이 ① 고객만족/품질, ② 시간, ③ 비용, ④ 자산의 4가지 분야로 나누어 살펴볼 수 있다.

표 14-3 공급사슬 성과측정지표

분 야	성 과	진 단
고객만족/품질	완전주문충족 고객만족 제품품질	약속기일 인도율 보증·반품·할인 비용 고객문의 대응시간
시간	주문충족 리드타임	조달/생산 사이클타임 공급사슬 대응시간 생산계획 달성도
비용	총 공급사슬비용	부가가치 생산성
자산	cash-to-cash 사이클타임 공급재고일수 자산성과	예측정확도 재고진부화 설비능력 활용도

자료: PRTM, "Integrated-Supply-Chain Performance Measurement: A Multi-Industry Consortium Recommendation", 1994. 10.

1) 고객만족/품질

고객만족/품질 측정은 기업의 전반적인 고객만족 능력을 제공할 수 있는 능력을 측정한다. 고객만족/품질 측정은 완전한 주문이행, 고객만족, 제품품질 등을 포함한다. 완전주문이행은 요청된 날에, 정확한 문서와 함께, 완벽한 상태로 완전하게 인도되는 정도로 앞서 정의되었다. 고객만족은 수행 사이클타임, 완전주문충족, 주문상태 및 문의에 대한 대응성 등에 관한 인지도로 측정된다. 산출 측정치는 전체 프로세스의 효과성을 측정하는데 주로 활용되나 개별 활동들을 측정하는데도 유용하게 활용될 수 있다.

• 약속기일 인도율(delivery to original committed date): 원래 약속된 시일 또는 그 이전에 주문을 충족시킨 비율

• 보상비용(warranty costs): 매출액 대비 비율로 표시한 실제 발생한 보증비용의 평균치

• 고객문의에 대한 대응 및 해결시간(customer inquiry response and resolution time): 고객의 문의를 완전하게 해결하는데 필요한 평균소요시간

2) 시 간

시간 지표는 고객의 수요에 대응할 수 있는 기업의 능력을 측정한다. 즉, 고객의 구매요청이 정식으로 접수된 이후 그 고객이 주문한 제품을 사용할 수 있게 되기까지 얼마만큼의 시간이 소요되는가 하는 것이다. 구체적으로 리드타임의 구성요소에는 주문입력에서 출하까지의 소요시간, 고객으로의 운송시간, 고객의 제품수령 등에 소요되는 시간 등이 포함된다. 효과적인 모니터링을 위해서는 고객의 관점에서 전체 프로세스를 측정하는 것이 요구되며 아울러 이를 개별적인 요소로 분할하는 것도 필요하다.

표 14-4 공급사슬비용의 구성요소

A. 주문충족비용 1. 신제품 출시 및 유지 2. 고객주문 창출 3. 주문입력 및 유지 4. 계약/프로그램 관리 5. 설치계획 수립 6. 주문충족 7. 유통 8. 설치 9. 고객 회계업무
B. 물자획득비용(생산 물자에 한함) 1. 물자관리 및 계획 수립 2. 공급자 품질 엔지니어링 3. 반입운송비용 및 관세 4. 수령 5. 반입 검사 6. 부품 엔지니어링 7. 보조 도구
C. 총 재고유지비용 1. 자본/기회비용 2. 수량감소 3. 보험 및 세금 4. 진부화
D. 물류관련 재무 및 경영정보시스템 비용 1. 재무 2. MIS/시스템 3. 공급사슬 지원비용
E. 제조노무비 및 재고간접비용 1. 직접노무비 2. 간접노무비 3. 생산 및 품질 엔지니어링 4. 정보시스템 5. 폐기 및 재작업 6. 감가상각 7. 리스 경비 8. 공장부지 사용료 9. 상비 유지 10. 외부 지원 11. 환경비용

자료: PRTM, "Integrated-Supply-Chain Performance Measurement: A Multi-Industry Consortium Recommendation," 1994. 10.

• 조달/생산 사이클타임(source/make cycle time): 재고를 보유하고 있지 않거나 부품을 주문해 놓은 상태에서 출하 가능한 제품을 만들기까지 외부 및 내부활동에 소요되는 누적 리드타임

• 공급사슬대응시간(supply chain response time): 시장수요의 중대한 변화를 인지하고 이를 내부적으로 반영하여 수요를 재계획하고, 생산을 20% 증대시키는데 소요되는 이론적 시간

• 생산계획 달성도(production plan achievement): 생산일정 달성도(±5%)의 평균치

3) 비 용

공급사슬비용은 세 번째 측정지표이다. 이 비용에는 모든 공급사슬비용이 포함된다. [표 14-4]는 공급사슬비용의 구성요소들을 보여주고 있다. 부가가치 생산성은 기업의 총 부가가치 수입에서 외부로부터 조달한 물자의 가치를 차감한 금액을 전체 종업원 수로 나눈 것으로 정의된다.

4) 자 산

마지막 측정요소는 자산 활용에 관한 것이다. 물류관리는 재고, 시설, 장비 등과 같은 실질적인 자산에 책임이 있기 때문에 통합된 성과측정치도 자산측면의 특성을 반영해야 한다. 자산 측정치는 기본적으로 특정 자산 수준에서 지원될 수 있는 매출 수준에 초점을 둔다. 산출기반의 자산측정치에는 cash-to-cash 사이클타임, 공급재고일수, 자산성과 등이 있다. 현금 활용도의 효과성을 측정하는 cash-to-cash 사이클타임은 원자재를 구입하기 위해 지불한 금액이 완제품을 판매를 통해 회수되는 금액으로 실현되기까지 소요되는 이론적인 평균시간이다. cash-to-cash 사이클타임은 원자재 구입이나 지불 혹은 고객에 대한 신속한 제품인도이나 대금회수 등에 의해 향상될 수 있다.

공급재고일수는 재고의 속도나 회전율을 측정한다. 공급일수란 완제품 재고가 판매되기까지 소요되는 시간으로 정의된다. 재고의 증가가 수반되지 않는 판매의 증가는 재고의 속도나 회전율을 증가시키며, 이는 추가적인 이익이 추가적인 재고유지비용이 없이도 실형 가능하다는 것을 시사한다.

마지막 측정치는 총 자산 활용에 초점을 둔다. 자산 활용도는 총 자산에 대한 매출액의 비율로 정의된다. 이는 현재의 자산 활용도 및 보유 정도에 의해

영향을 받게 된다.

• 예측 정확도: 제품 수요예측의 정확도에 대한 최근 3개월간 절대 평균치

• 재고 진부화 정도: 평균 총 재고가치에 대한 재고 평가절하비용의 비율

• 설비능력 활용도: 현재의 실제 산출량을 24시간씩 1주일 동안 달성 가능한 산출량으로 나누어 측정한 현재 설비능력 활용 비율

3. 공급사슬 성과측정과 벤치마킹

1) 공급사슬 성과측정과 벤치마킹

성과측정과 관련하여 중요한 이슈는 기업이 공급사슬 성과를 판단하기 위해 성과지표를 어떤 식으로 활용할 수 있는가 이다. 성과측정을 수행함에 있어서는 다음과 같은 질문에 답할 수 있도록 개별 지표가 설정되는 것이 필요하다.

• 현재의 측정치가 과거와 비교하여 개선되었는가?

• 얼마나 개선되었는가?

• 얼마나 개선되어야 할 것인가?

평가가 의미를 가지기 위해서는 무엇보다 개선의 방향이 설정되어야 한다. 즉, 현재의 측정치가 감소되어야 하는가 아니면 증가되어야 하는가 하는 문제로, 예를 들어 생산성 측정치의 경우에는 증가가 개선을 의미하나 비용 측정치는 감소가 개선을 의미하게 된다. 이와 함께 측정치를 어디까지 개선해야 하는가는 또 다른 중요한 문제이다. 측정치의 목표를 설정하는 데는 일반적으로 4가지 방법이 사용될 수 있다.

① 과거 측정치에 기초한 목표 설정

② 외부 벤치마킹

③ 내부 벤치마킹

④ 이론적 목표

(1) 과거 측정치에 기초한 목표 설정

과거 측정치에 기초하여 목표를 설정하는 것은 가장 널리 활용되어 온 방법이다. 예를 들어 과거에 90%의 주문충족률을 달성하고 있는 기업이 이를 5% 정도 개선하기 위해 장래 성과목표를 95%로 설정할 수 있다. 이 방법이 가장 널리

활용되어 온 이유는 적용이 용이하기 때문이다. 다만 어느 수준까지 목표를 설정할 것인가에 있어서 어느 정도 자의성이 개재될 수 있다.

(2) 외부 벤치마킹

외부 벤치마킹은 현재 가장 관심을 받고 있는 방법이나 아직 적용의 어려움이 존재한다. 외부 벤치마킹은 유사한 업종에 속한 타 기업들의 성과측정치와 비교하여 해당 기업의 목표를 설정하는 것이다.

외부 벤치마킹 측정치가 수집되면 동종 상업의 우량 기업과 비교하여 열등한 부분의 성과지표의 차이(gap)를 극복하기 위한 개선방향과 개선전략을 수립하게 된다.

이 방법을 활용하기 위해서는 여러 기업들의 성과측정치에 대한 자료수집이 중요한 과제이다. 현재 일부 기관이 공식적으로 이러한 벤치마킹을 위한 데이터를 수집하고 있다.

(3) 내부 벤치마킹

내부 벤치마킹 자료를 이용하여 성과목표를 설정하는 방법도 많이 활용되고 있다. 이 방법에서는 기업 내부의 부서, 프로세스, 시설에 대한 성과를 측정하여 외부 벤치마킹과 동일한 방법으로 성과목표를 설정하게 된다.

(4) 이론적 목표

이론적으로 목표를 설정하는 것은 비교적 새로운 접근방법이다. 이 방법에서는 기업이 공급사슬 성과를 개선하기 위해 이론적인 분석과정을 통해 목표를 설정하게 된다. 이론적인 분석과정에는 최적화 기법이 주로 활용된다.

2) 외부 벤치마킹을 위한 데이터베이스

(1) 미국 Logistics Cost and Service Database

미국의 컨설팅업체인 Herbert W. Davis and Company가 1974년부터 물류비용 및 서비스에 대한 조사를 실시하여 이를 Logistics Cost and Service Database로 축적하고 있으며, 조사결과는 매년 CLM 연차총회에서 발표되고 있다.

2000년 북미의 200여개 제조업체와 유통업체를 대상으로 실시한 조사결과에 의하면 미국 기업들의 물류비는 매출액 대비 9.44%, 100 파운드당 57.24 달러 수준인 것으로 나타났다.

표 14-5 2000년 기업물류비 조사결과(미국)

	매출액 대비(%)	100 파운드당($)
수송비	3.49	21.71
창고보관비	2.36	13.71
주문관리/고객서비스	0.76	4.00
관리비	0.85	2.29
재고비	1.98	15.43
총 물류비용	9.44	57.14

자료: Herbert W. Davis and Company/Establish, Inc., Davis Database, 2001. 6.

그림 14-4 물류기능별 구성비(미국)

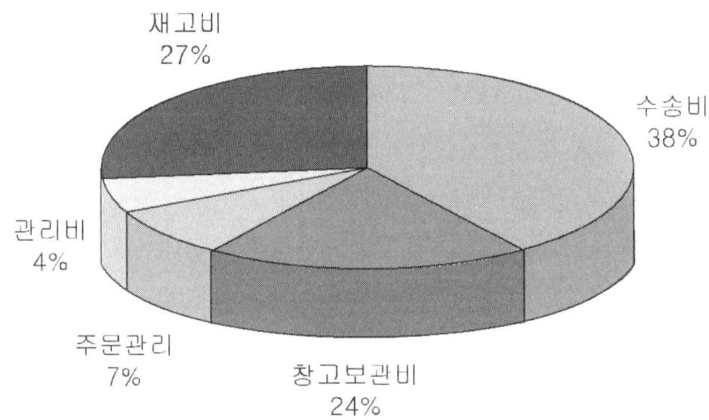

(2) The Performance Measurement Group, PRTM

SCM 벤치마킹 데이터베이스는 컨설팅업체인 Pittiglio, Rabin, Todd & McGrath(PRTM)의 자회사인 The Performance Measurement Group(PMG)가 실시하는 “Supply-Chain Management Benchmarking”이 대표적이다. 전 세계적으로 225개 이상의 기업이 이 벤치마킹 조사에 참여하고 있다.

또한 PRTM은 Supply Chain Council의 SCOR Model의 개발에 적극 참여하고 있으며, 특히 SCOR Model의 공급사슬 성과지표체계를 정립하는데 핵심적인 역할을 하고 있다.

1999-2000년 조사결과에 따르면 1995년과 비교할 때 최우수(best-in-class)

기업들의 생산 유연성은 65%, 총 공급사슬비용은 27%, 현금화 사이클타임은 18% 정도 개선된 것으로 나타났다.

인도성과를 나타내는 약속기일 인도율은 94%을 실현하고 있으며 일부 업종에서는 거의 100%를 달성하고 있는 기업도 있는 것으로 나타났다.

표 14-6 1999-2000년 공급사슬 벤치마킹 조사결과

		컴퓨터, 전자	소비재	산업재	의약, 화학	통신
약속기일 인도율(%)	최우수	94.3	97.6	97	99	93.9
	중간값	72.6	81.2	68.9	79	77
생산 유연성(일)	최우수	4.3	8.3	10	6	2.6
	중간값	30	42	30	30	25.5
총 공급사슬비용(%)	최우수	4	4.9	4.3	3.9	3.3
	중간값	8.3	9.2	10.2	11.2	8.3
현금화 사이클타임(일)	최우수	28.7	24.7	18.5	33.4	44.4
	중간값	75.1	66.6	67.6	91.2	100.2

자료: PRTM, "Supply-Chain Management Benchmarking Series: Executive Summary," 1999. 6.

(3) 주요 벤치마킹 데이터베이스

이외에도 SCM 관련 벤치마킹에 활용될 수 있는 외국의 주요 벤치마킹 데이터베이스에는 다음과 같은 것들이 있다.

- AMR Resesrch, Inc www.amrresearch.com
- APQC www.apqc.org
- Benchmarking Exchange www.benchnet.com
- Best Practices, LLC www.benchmarkingreports.com
- Center for Advanced Purchasing Studies www.capsresearch.org
- Hackett Best Practice www.haskettbestpractices.com
- iCognitive, http://www.icognitive.com/scorbenchmarkstudyv
- Industry Week Census of Manufacturers www.industryweek.com
- International Customer Service Association www.icsa.com
- Michigan Manufacturing Technology Center's Performance www.mmtc.org
- Penn State SMEAL College of Business, Center for Supply Chain Performance

www.smeal.psu.edu

• Performance Measurement Group www.pmgbenchmarking.com

제 4 절 공급사슬 성과지표의 계산방법

본 절에서는 주요 공급사슬 성과지표를 중심으로 성괴지표의 개념, 계산방법, 필요한 정보를 설명하고, 예제를 통해 구체적인 계산과정을 설명하기로 한다.

1. 신뢰성(Reliability)

1) 인도성과(Delivery performance)

(1) 개 념

인도성과는 기업이 채택하고 있는 주문관리 프로세스의 유형(그리고 수집된 정보의 정확도)에 따라 두 가지로 구분된다.

① 고객이 요청한 기일 또는 이전에 충족된 주문의 비율

② 당초에 계획 혹은 약속한 기일 또는 이전에 충족된 주문의 비율

대부분의 경우 고객은 상품이나 서비스가 인도되어야 할 기일을 요청하게 된다. 이를 "고객요청 인도기일(customer requested date)"라고 한다. 이에 대응하여 기업은 고객에게 구체적으로 인도기일을 약속하거나 고객이 언제까지 인도를 기대할 수 있는가를 제시하게 되는데, 이를 "계획 혹은 약속 인도기일(original scheduled or committed date)"라고 한다. 가장 이상적인 형태는 고객요청기일과 약속인도기일을 일치시키는 경우가 될 것이다.

(2) 계산방법

인도성과(%) = 정시에 완전한 수량으로 인도된 주문건수/총 주문건수

이 성과지표는 한 해 동안 모든 고객에게 인도된 모든 상품의 평균 인도성과로 계산되어진다. 이 결과는 동종업종 이나 전체 산업의 타 기업과 인도성과를 비교하기 위해 활용될 수 있다. 보다 정확한 인도성과를 판단하기 위해 이를 특정 고객, 특정 상품, 특정 기간에 국한하여 사용할 수도 있다.

(3) 필요한 정보

- 총 주문접수 건수(연간)
- 인도된 주문건수
- 완전한 수량으로 인도된 주문건수
- 고객요청 기일에 정시인도 된 주문건수
- 약속 기일에 정시인도 된 주문건수

(4) 계산 실제

- 총 고객주문 건수 : 1,000건
- 고객요청 인도기일에 정시인도 된 주문건수: 890건
- 890건 중 45건은 부분적으로 인도된 경우
- 약속 인도기일에 정시인도 된 주문건수: 920건
- 920건 중 50건은 부분적으로 인도된 경우

① 고객요청 기일에 대한 인도성과: (890-45)/1,000 = 84.5%

② 약속 기일에 대한 인도성과: (920-50)/1,000 = 87%

2) 완전주문충족(Perfect order fulfillment)

(1) 개 념

이 성과지표는 기업의 인도성과를 가장 종합적으로 평가할 수 있는 지표이다. 이 지표는 고객에게 정시에, 완전한 수량으로, 손상 없이, 정확한 문서와 함께 인도되었는지 여부를 평가하게 된다. 이러한 이유로 처음 이 지표를 평가하게 되면 상당히 낮은 점수를 가지게 될지도 모르며, 다음의 예는 100%를 달성한다는 것이 얼마나 어려운지를 보여주고 있다. 예를 들어 고객이 단일주문으로 5개의 상품에 대해 4,000개의 수량을 주문하고, 특정한 인도기일을 요청했다고 하자. 비록 기업이 4,000개의 수량을 정시에, 완전한 수량으로, 손상 없이 인도했다 하더라도, 청구서(invoice)에 일부 오류가 있었다면, 이 주문 전체가 완전주문(perfect order)에 포함되지 못하는 결과를 초래하게 된다.

(2) 계산방법

완전주문충족(%) = 정시에, 완전한 수량으로, 손상 없이, 정확한 문서와 함께

인도된 주문건수/총 주문 접수건수

이 지표는 한 해 동안 이루어진 모든 고객의 주문을 대상으로 한다. "정시" 출하란 인도성과와 유사하게 "고객요청 인도기일"을 기준으로 하며, "완전한" 수량이란 고객이 명시한 정확한 수량으로 부분적으로 인도된 경우는 포함되지 않는다.

(3) 필요한 정보

- 총 주문접수건수(연간)
- 인도된 총 주문건수
- 완전한 수량으로 인도된 주문건수
- 고객요청기일에 대해 정시에 인도된 총 주문건수
- 문서에 오류가 발생한 총 주문건수
- 인도과정에 손상이 발생한 총 주문건수

(4) 계산 실제

- 고객으로부터 접수된 총 주문건수 = 10,000건
- 고객에게 인도된 주문건수 = 10,000건
- 완전한 수량으로 인도된 주문건수 = 9,950건
- 고객요청기일에 대해 정시에 인도된 주문건수 = 9,500건
- 문서에 오류가 발생한 주문건수 = 1,000건
- 인도과정에 손상이 발생한 주문건수 = 50건

완전주문충족: (9,500−1,000−50)/10,000 = 84.5%

2. 대응성(Responsiveness)

1) 충족률(Fill rate)

(1) 개 념

이 성과지표는 재고로 보유중인 상품이 고객에게 출하된(shipped from stock to customer) 경우에만 적용되는 개념이다. 충족률이란 재고를 보유한 상태에서 주문 접수 후 24시간 내에 출하된 주문의 비율을 의미한다. 이 지표는 예측 또는 재고생산전략(make-to-stock)을 채택하고 있는 기업이 고객 주문에 얼마나 신속하

게 대응할 수 있는가를 측정하게 된다.

이 지표에서 운송부분은 포함되지 않는다. 이는 출하 이후 고객으로의 운송을 다른 조직이 담당하는 경우가 있기 때문이다.

(2) 계산방법

충족률(%) = 주문 접수 후 24시간 내에 출하된 주문건수/총 주문건수

이 지표는 한 해 동안 모든 고객에게 재고상태에서 출하된 모든 상품에 대한 평균 충족률로 계산된다. 이 결과는 동종업종 이나 전체 산업의 타 기업과 인도성과를 비교하기 위해 활용될 수 있다. 보다 정확한 기업의 충족률 성과를 판단하기 위해서는 이를 상품별, 고객별로 구분하여 측정하고, 나아가 분기별, 반기별로 계산하는 것이 바람직하다.

(3) 계산 실제

- 고객에게 인도된 주문건수 = 10,000건
- 재고로 보유중인 상품으로 인도된 주문건수 = 6,000건
- 주문 접수 후 24시간 내에 출하된 주문건수 = 5,000건

충족률: 5,000/6,000 = 83%

2) 주문충족 리드타임(Order fulfillment lead time)

(1) 개　　념

이 성과지표는 상품이 주문생산(make-to-order)될 때 사용되는 개념이다. 주문충족 리드타임이란 고객주문을 충족시키기 위해 소요되는 평균 주문 리드타임을 의미한다. 이 지표는 주문생산전략을 채택하고 있는 기업이 고객주문에 얼마나 신속히 대응할 수 있는가를 측정하게 된다.

주문충족 리드타임은 일반적으로 다음과 같은 8개의 요소로 구성된다. 그러나 주문충족 리드타임을 계상하기 위해 이들 8개 요소를 모두 측정할 필요는 없다. 기본적으로 주문확정(customer authorization)에서 설치완료(installation complete)까지 소요되는 시간이 알려져 있다면 주문충족 리드타임을 계산할 수 있다.

주문확정(customer authorization)이란 기업이 고객으로부터 확정된 주문을 접수하는 시각을 의미한다. 주문충족 리드타임은 기업이 상품이나 서비스를 고객에게 인도를 완료하였을 때 종료된다. 만일 상품이나 서비스가 작동되기 위해

별도의 조립과정이 필요한 경우 이를 포함해야 한다. 따라서 설치완료(installation complete)란 고객이 상품/서비스의 접수를 확정한 시각을 의미한다.

그림 14-5 주문충족 리드타임의 구성요소

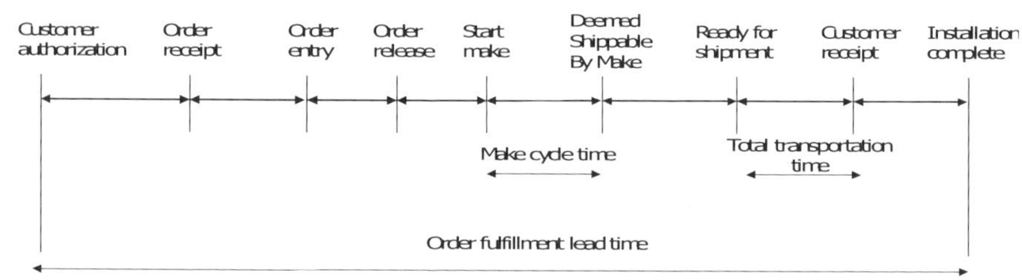

(2) 계산방법

주문충족 리드타임(일, 시간) = 출하된 모든 주문에 소요된 실제 리드타임의 합/출하된 주문건수

이 성과지표는 모든 고객에게 출하된 모든 주문에 대한 평균 리드타임으로 계산되며, 동종 업종이나 전체 산업의 타 기업과 비교를 위해 활용될 수 있다.

(3) 계산 실제

- 고객에게 인도된 총 주문건수 = 10,000건
- 주문생산 방식으로 인도된 상품의 주문건수 = 4,000건
- 각 주문별 실제 주문리드타임 측정치 = 30일, 29일, 33일, 31일, 27일 …

주문충족리드타임: (30+29+33+31+27 …)/4,000 = 30일

3. 유연성(Flexibility)

1) 공급사슬 대응시간(Supply chain response time)

(1) 개 념

이 성과지표는 시장에서의 변화에 대응할 수 있는 기업의 유연성(flexibility)과 대응성(responsiveness)을 측정하는 지표이다. 일반적으로 유연성을 측정하는 지표에는 다음과 같은 종류가 있다.

이 지표는 수요의 증가나 감소 등 비정상적인(심각한) 수요변화에 전체 공급사슬이 대응하는데 소요되는 시간을 의미하며, 특히 제조 유연성과 인도 유연성을 포함하게 된다.

표 14-7 유연성 측정지표의 유형

수량(volume), 제조(make), 또는 생산(production) 유연성	시장수요 변화에 대응한 생산량 증감 능력
상품(product) 유연성	시장수요 변화에 대응한 디자인 수정 능력 (SCM 성과에 포함되지 않음)
인도(delivery) 유연성	계획된 인도기일을 변경할 수 있는 능력
혼합(mix) 유연성	시장수요 변화에 대응한 상품 다양성 변경 능력
개발(launch) 유연성	새로운 상품을 개발, 생산할 수 있는 능력(기존 상품의 변경 포함)

여기서 심각한 수요변화란 수요의 증가나 감소가 일시적인 현상이 아니어서, 기존의 여유능력이나 오버타임, 하청계약 만으로는 이 문제를 지속적으로 해결할 수 없는 상황을 의미한다. 또한 기존의 원자재나 재공품(WIP) 재고로는 수요의 증가에 대응할 수 없거나 수요의 감소에 비해 너무 높은 재고를 보유하고 있어서 공급자의 생산계약을 변경해야 할 상황이 발생하는 경우도 포함된다. 즉 단기적인 처방보다는 장기적인 해결방안의 수립이 요구되는 상황을 의미한다.

(2) 계산방법

공급사슬 대응시간(시간, 일) = 주문충족 리드타임 + 조달 사이클타임

공급사슬 대응시간은 주문충족 리드타임과 조달 사이클타임의 합으로 계산된다. "정상적인" 수요변화에 대응할 수 있는 능력과 수요변화에 대응하기 위해 공급자와 얼마나 신속하게 원자재 수급을 변경할 수 있는가를 함께 측정하게 된다.

(3) 필요한 정보

① 조달 사이클타임(source cycle time)

조달 사이클타임은 내부 및 외부 공급자로부터 자재가격 기준으로 95%를 조달할 때까지 소요되는 누적 리드타임(공장에서의 수요파악 시점으로부터 생산시설에서 자재가 사용가능한 시점까지)을 의미한다.

일반적으로 누적 리드타임은 다음과 같은 프로세스들에 소요되는 시간을 포함하게 된다.

- 구매프로세스(purchasing process)
- 공급자 리드타임(supplier lead time)
- 공급자로부터 자재가 접수된 후 생산시설에 전달될 때까지

그림 14-6 조달 사이클타임의 구성요소

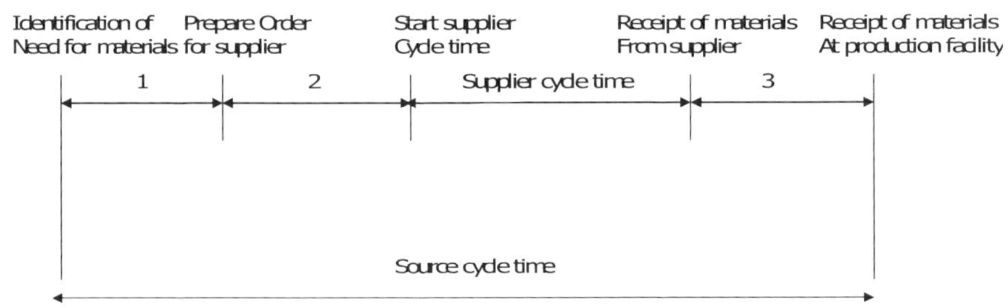

요소 1: 자재 요구를 파악한 시점에서 구매프로세스가 시작되기 전까지 평균적으로 소요되는 시간을 의미한다. 대부분의 기업에서 자재 요구는 자재 또는 구매계획 담당자나 IT 시스템(예, MRP, ERP)에 의해 파악된다. 구매 프로세스가 시작되기 전에 자재 주문계획, 승인 등에 일정 시간이 소요된다.

요소 2: 구매업체로부터 특정 품목을 구매하는데 평균적으로 소요되는 시간을 의미한다. 구체적으로 공급자에 대해 구매주문이 발송되기 전까지 내부에서 주문을 준비하기 위해 소요되는 시간, 즉 구매 사이클타임(purchasing cycle time)을 의미한다.

요소 3: 공급자로부터 재료가 접수된 후 생산시설에 재료가 전달될 때까지 평균적으로 소요되는 시간을 의미한다. 이 시간에는 공급자로부터 자재접수 프로세스, 구매물류 프로세스, 창고보관, 생산을 위한 자재투입 등에 관련되는 업무가 포함된다.

공급자 사이클타임: 구매주문 발송에서부터 공급자가 상품을 인도하기까지 소요되는 시간을 의미한다. 여기에는 공급자가 주문접수 후 상품을 생산하는데 소요되는 시간이 포함된다. 공급자에 따라 이 사이클타임이 다르게 나타나기

때문에 연간 자재 구매비용의 95%를 점유하는 공급자를 파악하고, 이 중 가장 긴 공급자 사이클타임을 적용해야 한다. 이는 모든 공급자가 2주내에 자재를 공급한다고 하더라도 한 업체가 4주가 소요된다면 완제품 생산을 위해서는 결국 4주를 기다려야 하기 때문이다.

② 조달 사이클타임 계산방법

요소 1 + 요소 2 + 공급자 사이클타임 + 요소 3

(4) 계산 실제

- 요소 1 평균소요시간 = 1일
- 요소 2 평균소요시간 = 3일
- 요소 3 평균소요시간 = 2일
- 연간 자재 구매비용 = 20,000 $
- 20개 공급자
- 12개 공급자가 전체 구매비용의 95% 점유
- 12개 공급자 중 가장 긴 공급자 사이클타임 = 2개월

조달 사이클타임: 91+3+60+2 = 66일

주문충족리드타임: 30일

공급사슬 대응시간: 66+30 = 96일

2) 생산 유연성(Production flexibility)

(1) 개 념

이 성과지표는 수요변화에 대응한 기업 내 생산설비의 유연성과 대응성을 측정한다. 수요변화에는 수요의 증가뿐만 아니라 감소도 포함된다. 따라서 이 지표는 다시 상부 유연성(upside flexibility)과 하부 유연성(downside flexibility) 2가지로 구분된다.

상부 유연성(upside flexibility)이란 계획되지 않은 20%의 생산량 증가를 소화하는데 소요되는 시간을 의미한다. 공급사슬 대응시간과 유사하게 오버타임이나 하청계약과 같은 임시적인 방법으로는 해결할 수 없는 심각한 수요의 변화가 발생한 경우에 대한 대응능력을 측정한다.

하부 유연성(downside flexibility)이란 추가비용이나 재고 페널티를 초래하지

않고 고객으로부터의 주문 감소에 대응할 수 있는 능력을 측정한다. 만일 주문이 너무 늦게 취소된다면 이미 생산된 제품의 재고가 발생하게 되고 이를 폐기해야 하는 경우도 발생하게 될지 모른다. 하지만 기업이 유연성을 확보하고 있으면, 이러한 주문 감소에 추가 비용의 발생 없이 대응할 수 있게 될 것이다.

(2) 계산방법

① 상부 유연성(일) = 계획되지 않은 20%의 생산량 증가를 달성하기 위해 소요되는 시간

– 현재 생산능력이 수요의 20% 증가에 대응할 수 있는가? 만일 현재 생산능력 활용도가 80% 이상이라면 이러한 대응에 문제가 발생한다. 이 경우 기업은 생산능력을 증대하기 위해(기계 구입, 인력 채용, 기존 설비 확장 또는 신규 설비 구입 등) 얼마의 기간이 필요한지를 추정해야 한다. 만일 기업이 추가 수요를 아웃소싱으로 해결하려 한다면 아웃소싱 계약의 협상과정에 소요되는 시간과 계약업체가 상품을 생산하는데 소요되는 시간을 추정해야 한다.

– 모든 공급자가 수요 20% 증가에 대응하여 20%(또는 그 이상의) 부품을 인도하기 위해 얼마의 기간이 소요되나? 만일 일부 공급자가 이러한 수요 증가에 대응할 수 없다면 다른 공급자로부터 조달을 해야 한다.

– 현재 운송능력이 수요 20% 증가를 처리하기에 충분한가? 만일 현재의 운송능력이 20% 증가된 물량을 처리할 수 없다면 추가로 차량을 구매하고 인력을 채용하거나, 3자 물류기업에게 아웃소싱을 추진해야 한다.

② 하부 유연성(%) = 재고나 비용 페널티 없이 인도 30일 전에 취소할 수 있는 주문량의 비율

– 이미 계획된 인도기일 30일 전에 모든 완제품을 생산하였는가? 만약 그렇다면 재고나 비용 페널티를 회피하기 어렵게 된다. 일부 완제품을 타 고객에게 판매할 수 있으나, 미래 판매를 대비하여 완제품 재고를 보유하고 있다면 재고나 비용 페널티를 회피할 수 없게 된다.

– 이미 완제품 생산에 착수하였는가?(이 경우 재공품(WIP)이 발생하게 된다) 만약 그렇다면 비용 페널티를 회피하기 위한 여러 대안이 존재한다. 하나의 대안은 재공품을 타 고객을 위한 상품 생산에 사용하는 방안이 있다. 모든 재공품을 이러한 용도로 사용할 수 없다면 재사용이 불가능한 재공품의 비율을 추정해야

한다. 또 다른 대안으로 추가 비용의 발생 없이 타 고객에게 반제품(semi-finished products)을 판매하는 방안이 있을 것이다.

– 이미 원자재를 구매하였는가? 이 경우 위와 유사한 대안을 적용할 수 있다. 이러한 대안을 적용하기도 어렵다면 불필요하게 될 원자재의 비율을 추정해야 한다.

(3) 계산 실제

– 현 생산능력 활용도 90%

– 생산능력 10%를 증가하기 위해 신규 설비를 완공하고 장비를 구입하는데 3개월이 소요될 것으로 전망됨(신규 생산시설은 6개월 전에 계획되어 추진되고 있음)

– 95%의 공급자가 3개월 내 산출을 20% 증가시킬 수 있음

– 2개의 공급자는 산출을 20% 증가시킬 수 있는 역량이 없음

– 다른 공급자로부터 자래를 공급하는데 2개월이 소요되고 새로운 공급자의 공급자 사이클타임은 2개월로 파악되어 추가 20%의 자재가 도착하기까지 4개월이 소요됨

– 운송능력을 15% 증가시키는데 2개월이 소요(5%는 기존 여유 운송능력 활용)

– 전체 주문량의 5%는 인도 30일전까지 완제품 상태로 보관되어 있어야 함

– 이들 상품은 다른 고객을 위해 전용될 수 없음

– 전체 주문량의 90%는 인도 30일 전까지 생산되어야 함

– 이 90% 중 10%는 다른 고객을 위해 전용될 수 있음

– 전체 주문량의 5%는 인도 30일 전까지도 생산에 들어가지 못함

– 전체 주문량의 70%를 위한 원자재 구매는 인도 30일전까지 이루어지고 있음

– 이 70% 중 25%는 다른 고객을 위해 전용될 수 있음

– 인도 30일전까지 구매되지 못한 30% 중 40%는 공급자에게 페널티 없이 취소할 수 있음

① 상부 유연성 : 120일

수요 20% 증가에 대응하기 위해 소요시간이 가장 긴 부분은 새로운 공급자로부터의 조달이다. 이것이 제약요인이 되며 4개월이 소요된다.

② 하부 유연성 : 10.5%

– 전체 주문량의 5%는 이미 생산이 완료되어 페널티 없이는 재사용될 수 없다.

– 주문량의 90%는 생산에 착수되어 재공품(WIP) 상태에 있다. 이 재공품 중 10%는 페널티 없이 재사용될 수 있으며, 이는 전체 주문량의 9%(=10%×90%)에 해당한다.

– 나머지 5%는 아직 생산에 착수하지 않아서 재공품이 없다. 자재의 70%가 인도 30일전에 구매되고, 이것이 5%의 주문량에도 적용된다면, 이 중 17.5%(=70%× 25%)는 타 고객을 위해 사용될 수 있다. 다른 12%(=30%×40%)는 공급자에게 취소할 수 있는 물량이다. 따라서 주문량의 29.5%(=17.5%+12%)는 페널티가 발생하지 않는 물량으로 전체 주문량의 1.5%를 차지한다.

– 따라서 전체 주문량의 10.5%(=0%+9%+1.5%)는 페널티 없이 취소할 수 있는 물량이 된다.

4. 비용(Cost)

1) 총 공급사슬관리비용(Total supply chain management cost)

(1) 개 념

이 성과지표는 공급사슬을 운영하는데 소요되는 모든 비용의 합을 의미한다. MIS, 재무, 계획, 재고관리, 자재획득 및 주문관리 등 공급사슬 관련 비용의 합으로 측정된다.

이 성과지표를 측정하는데 가장 어려운 점은 각 비용요소를 계산하기 위한 데이터를 수집하기가 쉽지 않다는데 있다. 많은 기업이 MIS 관련 비용을 측정하고 있으나 이 중 공급사슬 관련 활동에 소요된 부분을 별도로 파악하기에는 어려운 점이 있다. 재무나 계획비용도 마찬가지이다.

(2) 계산방법

총 공급사슬관리비용(%) = 공급사슬 관련 비용의 합/총 매출액

(3) 필요한 정보

① 공급사슬과 관련된 MIS 비용

– 상품관리

– 완제품 수요/공급 계획

– 조달/자재 획득

– 생산계획 및 실행

– 주문관리

– 물류 및 유통

– 유통경로 관리

– 현장 서비스 및 지원

– E-commerce(SCM과 관련이 없는 촉진, 광고, 견적, 기업 웹 사이트는 제외)

– 재무

– 계획

– 재고관리

② **공급사슬 재무비용**

– 대금 지불, 회계감사, 재고회계 및 매출채권 회수업무 등에 수반되는 비용. 고객의 청구서작성 비용, 일반 회계 및 MIS 관련 비용은 제외

③ **수요/공급 계획비용**

– 예측, 완제품 재고계획, 공급사슬 상의 수요/공급 조정 등에 수반되는 비용. MIS 관련 비용은 제외

④ **재고관리 비용**

– 원자재, 재공품((WIP), 완제품 재고에 수반되는 기회비용, 보험 및 세금, 멸실 및 손상 등에 수반되는 비용

– 기회비용 = 자본비용×연 평균 순재고 가격

– 보험 및 세금: 창고 유지에 수반되는 비용

– 멸실 및 손상: 멸실 및 손상으로 인해 발생하는 비용

⑤ **자재획득 비용**

– 자재관리 및 계획비용: 공급지 선정, 계약협상에 수반되는 비용과 자재 구매과정에 수반되는 비용

– 입하 운송비용

– 자재 접수 및 보관비용: 자재 접수 및 보관에 수반되는 비용으로 창고 스페이스 관리, 자재 접수 및 보관, 작업계획 등의 업무가 포함됨.

– 검수비용

– 자재 프로세스 엔지니어링 비용: 자재 사양을 결정하고 품질을 개선하기 위한 제반 업무에 수반되는 비용

⑥ **주문관리 비용**

– 고객주문 지원비용: 가격견적, 주문서 준비 등에 수반되는 비용

– 주문입력 및 유지비용: 고객 데이터베이스의 유지, 신용조사, 새로운 주문의 승낙 및 주문시스템에 추가, 주문변경 등에 수반되는 비용

– 주문충족비용: 주문처리, 재고배분, 내부 및 외부 공급자에 대한 주문, 출하 스케줄링, 주문 상태 보고, 출하착수 등에 수반되는 비용

– 유통비용: 창고 스페이스 및 관리, 완제품 접수 및 보관, 출하준비, 피킹 및 혼재, 운송업자 선정 등에 수반되는 비용

– 운송비용: 공장으로부터 최종 고객에게 운송되는 과정에 수반되는 지불 운송비

– 조립/설치비용: 조립, 설치, 청구서 확인 등에 수반되는 비용

– 청구서/회계비용: 청구서작성, 고객 지불처리, 고객만족도 조사 등에 수반되는 비용

(4) 계산 실제

총 매출액 = 14,000,000$

① **MIS 비용**

– 총 MIS 비용 = 100,000$

– MIS 비용 중 40%는 SCM과 관련이 없는 것으로 파악

② **재무비용**

– 총 재무비용 = 200,000$

– 재무비용의 25%는 SCM과 관련

③ **계획비용**

– 5명의 직원이 공급사슬활동을 담당

– 60%의 시간을 공급/수요 계획업무에 투입

– 직원 1인당 인건비 = 10,000$/년

– 기타 간접비 = 12,000$/년

④ **재고관리비용**

– 원자재, 재공품, 완제품에 대한 연간 재고관리비용 = 100,000$

⑤ **자재획득비용**

– 3명의 직원이 자재관리 및 계획업무를 담당

– 80%의 시간을 공급사슬활동에 투입

– 총 입하 운송비용 = 50,000$

– 10명의 직원이 창고부서에 종사

– 4명의 직원이 자재접수 및 보관 업무를 담당

– 이들은 90%의 시간을 SCM 관련 활동에 투입

– 총 간접비(창고, 자재하역장비 등) = 10,000$

– 40%의 간접비가 입하활동에 관련(20% 내부, 40% 출하)

– 2명의 직원이 검품을 담당(full time)

– 엔지니어링 부서에 2명, 품질관리 부서에 3명이 자재 프로세스와 관련된 엔지니어링 활동을 담당

– 이들은 80%의 시간을 SCM 관련 활동에 투입

– 이들의 간접비 = 5,000$

⑥ **주문관리비용**

– 5명의 직원이 주문서 작성 및 입력을 담당(full time)

– 총 간접비 = 100,000(이 중 2%가 주문관리와 관련)

– 이들은 80%의 시간을 SCM 관련 주문충족 활동에 투입

– 4명의 직원이 창고부서에 종사하며 배송 및 운송을 담당

– 창고부서 간접비 100,000$ 중 40%가 이러한 서비스와 관련

– 출하 운송비 = 50,000$

– 고객처에서 조립이 요구되지 않음

– 3명의 직원이 청구서 작성, 매출채권 관리 등 재무업무를 담당(full time)

– 재무부서 간접비 80,000$의 5%가 이러한 서비스와 관련

① MIS 비용 = 60%×100,000 = 60,000

② 공급사슬 재무비용 = 25%×200,000 = 50,000

③ 공급/수요 계획 = 60%×3×10,000+12,000 = 30,000

④ 재고관리비용 = 100,000

⑤ 자재획득비용:

(80%×3×10,000+2%)+50,000+(90%×4×10,000+40%×100,000)+(100%×2

×10,000)+(80%×5×10,000+5,000) = 215,000

⑥ 주문관리비용:

(100%×5×10,000+2%×100,000)+(80%×4×10,000)+(100%×4×10,000+40%×100,000)+50,000+(100%×3×10,000+5%×80,000) = 248,000

총 공급사슬관리비용

=(60,000+50,000+30,000+100,000+215,000+248,000)/14,000,000 = 5%

2) 부가가치 생산성(Value-added productivity)

(1) 개 념

부가가치 생산성이란 상품매출이라는 목표를 달성하기 위해 필요한 비용 및 생산성 성과를 측정하는 지표이다. 즉 기업의 공급사슬 프로세스를 운영하기 위해 자원을 얼마나 효율적으로 관리하는 가는 측정하는 지표이다.

(2) 계산방법

부가가치 생산성($) = (연간 총 매출액−연간 총 자재구입비용)/총 고용자 수

연간 총 매출액, 연간 총 자재구입비용은 재무제표에서 얻을 수 있다. 총 고용자 수 는 FTE(full time equivalent)로 측정되며, 정규직 및 계약직 고용자를 모두 포함하여 계산된다.

(3) 필요한 정보

- 연간 총 매출액
- 연간 총 자재구입비용
- 완제품을 생산과 관련된 직접 및 간접 자재구입비용을 포함)
- 총 고용자 수
- 정규직 및 계약직 고용자의 연간 총 근무시간을 파악하고 있지 않다면, 연간 평균 고용자 수를 적용할 수 도 있다. 이 경우 연초 및 연말 고용자 수의 평균치를 적용하면 된다.

(4) 계산 실제

- 총 매출액 = 320,800,000$
- 총 자재구입비용 = 80,000,000$

- 연초 고용자 수 = 3,500인
- 연말 고용자 수 = 4,500인
- 평균 고용자 수 = 4,000인

부가가치 생산성 = (320,800,000 - 80,000,000)/4,000 = 60,200$/인

3) 보증 및 반품비용(Warranty cost)

(1) 개 념

보증비용은 상품의 전반적인 품질을 측정하는 지표이다. 보증은 생산자가 상품이나 서비스에 대해 일정기간 품질을 보장하는 제도이다. 보증비용은 대개 매출액의 1.5~3% 정도를 차지 제조업자에게 비용부담이 되기 때문에 품질개선을 통해 이를 완화하려는 노력이 필요하다.

(2) 계산방법

보증비용(%) = 총 보증비용/총 수입

총 보증비용은 고객으로부터의 반품을 처리하는데 소요되는 비용으로 측정된다. 자재 및 노동(재처리)을 위한 직접 및 간접비용이 포함된다. 또한 상품 결함을 진단하는데 소요되는 비용과 회수물류비용(reverse logistics costs)이 포함된다.

(3) 필요한 정보

① 반품비용: 고객에 의한 반품과 관련된 비용. 반품에 대한 운송비용, 고객서비스 비용, 상품 교환비용 등이 포함됨.

② 진단비용: 반품된 자재의 검사와 원인을 진단하는 데 소요되는 비용.

③ 재처리 비용: 반품에 대한 재처리 비용.

④ 출하비: 재처리 또는 교환 상품을 고객에서 다시 출하하는 데 소요되는 비용.

(4) 계산 실제

① 반품비용

- 총 수입 = 10,000,000$
- 1인당 노동비용 = 10,000$
- 3명의 직원이 반품과 관련된 고객서비스 업무를 담당

- 50%의 시간을 이러한 활동에 투입
- 총 간접비 = 13,500$
- 총 입하 운송비 = 100,000$
- 5%의 입하 화물이 반품 자재
- 10명의 직원이 창고부서에 근무
- 4명이 입하 자재의 접수와 보관을 담당
- 이들은 10%의 시간을 반품 관련 업무에 투입
- 기업이 모든 반품에 대해 재처리를 원칙으로 하고 있음(직접 교환은 불허)

② **진단비용**

- 4명의 직원이 품질부서에 근무하며, 이 중 2명이 상품 테스트 업무를 담당
- 이들은 50%의 시간을 언급한 상품 진단활동에 투입
- 총 간접비 = 15,000$
- 장비에 대한 감가상각비 = 5,000$

③ **재처리 비용**

- 반품된 상품 중 10%를 재처리하며 이에 소요되는 비용은 40,000$
- 50명의 직원이 생산을 담당
- 이들은 5%의 시간을 재처리에 투입
- 재처리를 위한 직접 및 간접 자재비용 = 55,000$

④ **출하비용**

- 총 출하 운송비용 = 200,000$
- 이 중 5%가 재처리 상품을 출하하는데 소요

① 반품비용 = 25%×3×10,000+13,500+5%×100,000+10%×4×10,000 = 40,000

② 진단비용 = 50%×2×10,000+15,000+5,000 = 30,000

③ 재처리 비용 = 40,000+5%×10,000+55,000 = 120,000

④ 출하비용 = 5%×200,000 = 10,000

총 보증비용 = (40,000+30,000+120,000+10,000)/10,000,000 = 2%

5. 자산(Assets)

1) 공급재고일수(Inventory days of supply)

(1) 개 념

공급재고일수란 상품을 생산해서 판매하기까지 소요되는 일수를 의미한다. 이는 재고에 대한 투자가 상품의 판매로 전환되기까지의 시간을 의미한다. 생산된 재고가 얼마나 빨리 고객에게 판매되는지를 측정하는 지표이다. 공급재고일수가 길수록 판매되지 못한 완제품을 많이 보유하고 있다는 것을 의미한다. 낮은 재고회전율은 유동성 확보에 적신호로 작용한다.

이 지표를 계산하기 위해 필요한 모든 정보는 손익계산서와 대차대조표에서 얻을 수 있다.

(2) 계산방법

공급재고일수(일) = 연평균 재고자산/매출원가/365

연평균 재고자산은 5분기 평균치(5 point annual average)를 사용하여 계산된다. 즉 전년도 4분기 재고자산과 당해 년도 1분기 재고자산의 평균치로 계산된다.

① (전년도 1분기, 2분기, 3분기, 4분기 재고자산 + 당해연도 1분기 재고자산)/5

② (전년도 재고자산 × 4 + 당해연도 1분기 재고자산)/5

(3) 필요한 정보

- 전년도 분기별, 당해연도 1분기 재고자산
- 매출원가(COGS)

COGS = 연초 재고 + 제품제조원가 − 연말 재고

제품제조원가 = 자재구입 + 직접 인건비 + 간접 인건비 + 제조 간접비

(4) 계산 실제

- 분기별 재고자산

전년도 1분기	2분기	3분기	4분기	당해연도 1분기
32,000	33,000	31,000	35,000	37,000

– COGS: 손익계산서로부터 도출

총 매출액	320,800
반품 및 할인	32,800
순 매출액	288,000
당기 매입액	80,000
직접 인건비	20,000
간접 인건비	10,000
제조 간접비	16,500
매출 총 이익	161,500
판매비와 관리비(SGA)	84,000
감가상각비	8,500
영업이익	69,000

연초 재고 = 32,000

연말 재고 = 35,000

당기 매입액 = 80,000

직접 인건비 = 20,000

간접 인건비 = 10,000

제조 간접비 = 16,500

COGS = 32,000 + (80,000+20,000+10,000+16,500) – 35,000 = 123,500

공급재고일수 = 33,600/123,500/365 = 99일

2) 현금화 사이클타임(Cash-to-cash cycle time)

(1) 개 념

이 성과지표는 원자재를 위해 지불한 단위 금액이 기업으로 회수되기까지의 기간을 측정하는 지표이다. 이 지표는 기업이 공급자 및 고객으로부터의 재무흐름을 얼마나 효율적으로 관리하고 있는지를 판단하는 주요 지표의 하나이다.

현금화 사이클타임은 기업이 어느 정도의 유동성을 필요로 하는지를 결정한다. 현금이 상품이나 서비스에 투자된 시점에서 이러한 투자가 현금을 창출하는 시점사이의 기간을 나타낸다. 일반적으로 기업의 현금화 사이클(cash-to-cash cycle)은 다음의 4단계로 구성된다.

– 원자재의 구매, 상품의 생산, 재고의 보유

- 상품의 판매, 매출의 발생(모두 현금으로 결제되지는 않음)
- 매출채권의 발생
- 매출채권 회수, 현금수입 창출

현금화 사이클이 길어질수록 재고와 매출채권이 현금화되는 시간이 길어지며 보다 많은 유동자산이 필요하게 된다. 다시 말하면 현금화 사이클이 길어질수록 보다 많은 운영자본이 필요하게 된다. 다른 측면에서 고려해야 할 요소는 신용구매를 활용하는 것이다. 현금구매를 하지 않음으로써 유동성의 필요를 줄일 수 있게 된다. 한편 고객에게 신용구매를 많이 허락할수록 현금화 사이클은 길어지게 된다.

이 지표를 계산하기 위해 필요한 모든 정보는 손익계산서와 대차대조표에서 얻을 수 있다.

(2) 계산방법

현금화 사이클타임(일) = 공급재고일수 + 매출채권 회수기간 − 매입채무 변제기간

이 지표의 계산을 위한 재고자산, 매출채권, 매입채무는 공급재고일수의 경우처럼 모두 5분기 평균치를 사용한다.

(3) 필요한 정보

- 공급재고일수 = 연평균 재고자산/매출원가(COGS)/365
- 매출채권 회수기간(DSO) = 연평균 매출채권(AR)/총 매출액/365
- 매입채무 변제기간(DPO) = 연평균 매입채무(AP)/당기 매입액/365

(4) 계산 실제

다음과 같은 손익계산서와 대차대조표를 가지고 있는 기업을 가정하자.

손익계산서

총 매출액	320,800
반품 및 할인	32,800
순 매출액	288,000
매출원가	126,500
매출 총 이익	161,500
판매비와 관리비(SGA)	84,000
감가상각비	8,500
영업이익	69,000

대차대조표

	1998	1999
유동자산		
현금	10,000	10,400
유가증권	11,000	16,300
매출채권	24,000	24,500
재고자산	32,000	32,100
선급비용	8,000	8,700
총 유동자산	85,000	92,000
고정자산		
유형자산	40,000	40,100
장기투자	8,000	8,700
받을어음	6,000	6,900
영업권	8,000	9,300
자산총계	147,000	157,000

	1998	1999
유동부채		
매입채무	20,000	20,700
미지급비용	10,000	10,100
단기차입금	7,000	8,000
유동성장기부채	18,000	18,600
이연세금	2,000	2,200
총 유동부채	57,000	59,600
고정부채		
장기차입금	38,000	38,500
이연수익	23,000	23,600
총 부채	118,000	121,700
자본		
납입자본금	16,000	20,500
유보이익	13,000	14,800
총 자본	29,000	35,300
자산총계	147,000	157,000

– 공급재고일수 = [(32,100×4+34,000)/5]/126,500/365 = 94일

- 매출채권 회수기간 = [(24,500×4+24,000)/5]/320,800/365 = 28일
- 매입채무 변제기간 = [(20,700×4+24,500)/5]/80,000/365 = 98일

현금화 사이클타임 = 94+28−98 = 24일

3) 자산회전율(Asset turns)

(1) 개 념

이 성과지표는 기업 자산의 활용도를 의미하며 기업의 자산이 얼마나 효율적으로 활용되고 있는가를 측정하는 중요한 지표이다. 일반적으로 원가계산서와 대차대조표에 기초한 재무분석의 주요 지표로 활용되고 있다.

(2) 계산방법

자산회전율(회) = 총 매출액/총 순자산

(3) 필요한 정보

- 총 매출액
- 총 순자산 = 총 자산 − 총 유동부채

(4) 계산 실제

위의 현금화 사이클타임의 경우와 동일한 손익계산서와 대차대조표를 가지고 있는 기업을 가정하자.

- 총 자산 = (157,000+147,000)/2 = 152,000
- 총 유동부채 = (59,600+57,000)/2 = 58,300
- 총 순자산 = 15,2000−58,300 = 93,700

자산회전율 = 320,800/93,700 = 3.4회

참고문헌

Bowersox, Donald H. and David J. Closs, Logistical Management: The Integrated Supply Chain Process, McGraw-Hill, 1999.

Gintic Institute of Manufacturing Technology, SCOR Version 3.1 Details Metrics Calculation.

Herbert W. Davis and Company/Establish, Inc., Davis Database, 2001. 6.

Kaplan, Robert S. and David P. Norton, "The Balanced Scorecard - Measures That Drive Performance," Harvard Business Review, January/February, 1992.

Lapide, Larry, "What About Measuring Supply Chain Performance?," http://www.ascet.com, 2000.

PRTM, "Integrated-Supply-Chain Performance Measurement: A Multi-Industry Consortium Recommendation," 1994. 10.

PRTM, "Supply-Chain Management Benchmarking Series: Executive Summary," 1999. 6.

찾아보기

ㄷ

ㄹ

ㅁ

ㅂ

ㅅ

ㅇ

ㅈ

공저자 약력

남기찬

영국 Wales대학교 PhD(물류시스템)
NURI 항만물류사업단장
현: 한국해양대학교 물류시스템공학과 교수
부산항만공사 항만위원
종합물류경영기술지원센터 센터장

권오경

미 MIT대 공학박사(교통 물류시스템)
한국교통연구원 연구위원
현: 인하대학교 아태물류학부 및 물류전문대학원 교수
한국로지스틱스학회, 한국SCM학회 부회장

김상열

영국 Wales대학교 PhD(국제물류)
현: 부산대학교 국제전문대학원 교수
한국로지스틱스학회 이사

항만물류계획론

2009年 2月 20日 初版印刷
2009年 2月 28日 初版發行

共著者 남기찬 · 권오경 · 김상열
發行人 安 鍾 萬
發行處 (株)博 英 社
서울特別市 鍾路區 平洞 13-31番地
電話 (733) 6771 FAX (736) 4818
登錄 1959. 3. 11. 제300-1959-1호(倫)

www.pakyoungsa.co.kr e-mail: pys@pakyoungsa.co.kr

定 價 25,000원 ISBN 978-89-7189-015-8